BRASIL 200 ANOS

BRASIL 200 ANOS

trajetória, identidade e desafios

Marcello Simão Branco
Claudia Moraes de Souza
organizadores

alameda

Grafia atualizada segundo o Acordo Ortográfico da Língua Portuguesa de 1990, que entrou em vigor no Brasil em 2009.

Edição: Haroldo Ceravolo Sereza e Joana Monteleone
Projeto gráfico, diagramação e capa: Amanda Martinez e Sá
Assistente acadêmica: Tamara Santos
Revisão: Alexandra Colontini
Imagens da capa: Claudia Moraes de Souza

CIP-BRASIL. CATALOGAÇÃO NA PUBLICAÇÃO
SINDICATO NACIONAL DOS EDITORES DE LIVROS, RJ

B83

Brasil 200 anos : trajetória, identidade e desafios / organização Marcello Simão Branco, Claudia Moraes de Souza. - 1. ed. - São Paulo : Alameda, 2022.
378 p. ; 23 cm.

Inclui índice
ISBN 978-65-5966-118-3

1. Brasil - História - Independência, 1822. 2. Sociologia política. 3. Desigualdade social. I. Branco, Marcello Simão. II. Souza, Claudia Moraes de.

22-79398 CDD: 981.04
CDU: 94(81).043

Alameda Casa Editorial
Rua 13 de Maio, 353 – Bela Vista
CEP 01327-000 – São Paulo, SP
Tel. (11) 3012-2403
www.alamedaeditorial.com.br

Sumário

Desenvolvimentos e desigualdades

Soberania, identidade e presença mundial

Ideias de Brasil: perspectivas e possibilidades

Apresentação

Brasil duzentos anos: ainda a construir o melhor de sua história

Marcello Simão Branco
Claudia Moraes de Souza

Ao chegar ao bicentenário da independência o Brasil continua a ser um país com as apostas em aberto. Isso porque, a despeito de ser uma nação forte e viável, com a quarta área territorial contínua do mundo, uma população que passa dos 210 milhões, uma economia entre as dez maiores do mundo, influente em termos regional, diverso etnicamente e farto em recursos naturais, o país tem uma enorme desigualdade social e, mais recentemente, voltou a ter bolsões de pobreza e fome, em pleno século XXI. Ou seja, crescemos materialmente, mas com um modelo econômico historicamente concentrador, que não beneficia a maior parte da população e não supera problemas estruturais. Talvez por causa deste contraste angustiante, o Brasil permaneça como uma promessa, no sentido de ser um lugar em que o verdadeiro potencial do país não foi realizado. Por isso, permanecem apostas abertas sobre se poderá ainda se tornar o 'país do futuro'. Este livro procura trazer sua contribuição para a necessária reflexão sobre esta trajetória neste momento simbolicamente especial.

Neste sentido pensar o Brasil à luz desta efeméride é atualizar criticamente os vários projetos e mitos sobre o país, e é interessante constatar que estas imagens que se tem do Brasil não foram formuladas apenas por nós. Desde os primórdios esta terra é vista como uma grande possibilidade de realização civilizatória, econômica e de diversidade ambiental. Após o deslumbre dos intelectuais europeus durante os séculos de colonização – na "visão do paraíso" –, em termos contemporâneos, não nos contestam nomes como, por exemplo, o judeu alemão Stefan Zweig (1881-1942), por um lado e o nosso mineiro Darcy Ribeiro (1922-1997) por outro, na medida em que ambos, cada um do seu modo, viram no país a chance de construção de uma nova e promissora civilização em termos mundiais. Apostas de uma utopia tropical. Mas, então, por que, chegamos a 2022 sem realizar, ao menos em parte, aquilo que suscitou a imaginação e a esperança de tanta gente?

Talvez parte do problema não esteja na ideia em si de uma nova sociedade ou civilização com caráter mais diverso e solidário em relação a outros povos, mas na maneira como foram construídos e, principalmente, politicamente perpetuados alguns mitos em torno do país. A começar pela ideia de ser uma sociedade harmônica e sem conflitos. Aqui não houve guerra pela independência, nem processos revolucionários, nem movimentos populares poderosos o suficiente para destronar do poder governos autoritários. Repare que nem ao menos reformas estruturais, em termos históricos, ocorreram, como uma agrária e uma tributária para, ao menos, mas não sem importância, humanizar o capitalismo praticado entre nós. Apenas uma reforma política foi engendrada, no sentido de construir um regime democrático – e tardio, mais de 120 anos após a independência. Contudo, vivemos um processo político incompleto, cheio de percalços e retrocessos, com desafios para se consolidar entre nós. Como se costuma dizer no senso comum da linguagem política, o Brasil é o país da conciliação e dos arranjos, dos acordos feitos por cima. Em certo sentido está correto, se lembrarmos que este "por cima" revela a permanência histórica de uma estrutura elitista – patrimonialista, no conceito elaborado por Raymundo Faoro (1925-2003) –, que toma as decisões primeiramente em seu benefício e nunca a partir dos interesses gerais, que inevitavelmente contemplaria também os demais setores da sociedade, em especial os populares. Mais eloquente, contudo, para desmontar esta tese da harmonia social é a triste constatação de que o Brasil foi um país forjado no trabalho escravo. Primeiro com os índios e posteriormente – e por três séculos e meio! – com os africanos. Pois da escravidão se constituiu modos de relações sociais desumanos e desiguais que, de tão enraizados, se espraiaram nos costumes e valores de forma permanente e difusa. De tal forma que estrutura uma sociedade discriminatória e de menor oportunidade para os negros, num racismo mais difícil de ser combatido, porque dissimulado, fundamentalmente violento em termos de concentração de crimes e homicídios. Daí termos na ideia de 'democracia racial' um dos conceitos mais equivocados e que perpetuam o preconceito e a violência contra os negros, mulheres e demais minorias.

Deste mito liga-se outro bem problemático. A de que sejamos uma nação com um povo cordial e avesso a hierarquias. Mas em que sentido se imerso numa sociedade historicamente construída em estruturas autoritárias e valores patriarcais? Aqui a proposição de Sérgio Buarque de Holanda (1902-1982) sobre o 'homem cordial' foi distorcida para criar uma imagem do brasileiro alegre, hospitaleiro e ingênuo. O que justificaria poderes centralizados e opressivos, de tal maneira a 'enquadrar' um povo imaturo e despreparado. A cordialidade aqui se ligaria, sim, à informalidade, ao drible das normas rígidas, que não nos levaria apenas ao 'jeitinho brasileiro', mas a um modo de se relacionar com o outro menos formalizado. Por outro lado, esta visão dificultaria a luta e a emergência de uma consciência mais cidadã e a efetivação de uma sociedade baseada nos direitos iguais a todos. Base, aliás, de um regime verdadeiramente democrático.

Pois justamente, numa democracia que teima em se efetivar como valor universal, ainda condicionada de forma importante à interesses de setores historicamente privilegiados, com dificuldades em aceitar e conviver com aquilo que a democracia pode possibilitar para além do regime político formal: uma estrutura de direitos igualitária e assim reconhecida e praticada por todos, além da busca por mais igualdade social, que passa, inevitavelmente, por uma espécie de contrato social redistributivo, mesmo que limitado ao modo de produção capitalista.

A ideia do país especial por causa de sua natureza, talvez seja o único com uma promessa mais efetiva de visualização e realização. Pois, de fato, mais da metade do país, ainda hoje, é composto por biomas florestais, como a Amazônia, o que resta da Mata Atlântica, o Pantanal, o Cerrado, a Caatinga, o Pampa. País nenhum foi 'abençoado' com tal pujança de fauna, flora e biodiversidade. E o desafio sempre presente é tornar este potencial numa realidade bela em si mesma e que traga benefícios ao país e ao povo como um todo.

Neste sentido, o breve comentário de como estes mitos podem e devem ser desconstruídos, nos encaminha ao momento do bicentenário e o quanto se faz necessário, principalmente em datas como estas, uma maior reflexão sobre o que fez o Brasil ser o que é, sua trajetória e como superar seus problemas permanentes. De uma perspectiva de longo prazo, mas que tenha no presente o seu foco com vistas à construção de necessárias alternativas para a viabilização de um país que cumpra sua promessa de ser um país do futuro, modernizado numa perspectiva de desenvolvimento econômico, socialmente justo e democrático em sentido pleno.

Desta forma, no ano em que o processo político da independência do Brasil atinge os 200 anos é inevitável enfrentar a proposição de comemoração ou celebração de tal fato. A cada década, conjunto de décadas ou século, cabe aos historiadores e aos cientistas sociais enfrentarem a polêmica dos males atávicos das grandes comemorações – momentos nacionais que abriram polêmicas históricas. Lembrando o primeiro centenário de 1922, as comemorações se deram às voltas com as contestações da Semana de Arte Moderna de São Paulo que, em palavras de Di Cavalcanti (1897-1976), tratou-se de "uma semana de escândalos literários e artísticos, capaz de 'meter' os estribos na barriga da burguesia paulista". Em finais do século XX, no centenário da abolição em 1988, o evento trouxe à tona o debate de uma abolição realizada sem a adoção de nenhuma política pública de reparação aos 300 anos de cativeiro, assim como, na inauguração do século XXI, os eventos dos 500 do descobrimento abriram flanco para a contestação dos "encobrimentos" acerca do processo de colonização responsável pela estrutura social desigual do país, pobreza extrema, discriminação racial, opressão religiosa e cultural, dependência econômica e expropriação dos povos originários.

No bicentenário da independência política brasileira, o que significa comemorar? O que poderia significar as dimensões do lembrar e do esquecer, na verdade, as dimensões da memória social e da história, no momento presente da realidade brasileira? Na trajetória da história nacional, o pensamento brasileiro em muito já se deparou com a difícil tarefa de combater a história em sua dimensão utilitária – aquela em que a retórica, a pseudo-história, as distorções, os mitos de origem e os revisionismos se impõem sobre os esforços da compreensão sobre os problemas reais e efetivos do desenvolvimento sociocultural da nação. Muito próximo a nós, o período ditatorial – o regime autoritário civil-militar (1964-1985) – investiu intensamente no obscurecimento da história, eliminando os fatos inconvenientes, tais como o do genocídio indígena, do racismo estrutural, das contestações políticas do movimento social, das diversidades religiosas, da pluralidade cultural e sexual, ou seja, de tudo que não se ajustava aos padrões éticos, estéticos e ideológicos almejados no regime de exceção. Pois deste regime de exceção herdamos as narrativas que rechaçam a história dos conflitos políticos entre as classes sociais, que promovem o ocultamento dos múltiplos interesses econômicos que regem a governança territorial, escondem as disputas de hegemonia cultural entre as elites, optam pela exclusão social como forma de dominação, usam e abusam das opressões e da violência de Estado na preservação do poder. De lá para cá, no desmoronamento da ditadura civil-militar os esforços da ciência histórica e do pensamento nacional se empenharam e se empenham até hoje, em desvendar as armadilhas da história oficial repetidamente exercitada a partir 'de cima' configurando a exclusão das experiências sociais daqueles que vivenciam a história 'desde baixo'. A cada década, enfrentando a transição democrática brasileira, a reflexão histórica constrói esforços através de seus exercícios de rememoração, enfrentando os marcos cronológicos em sua relação com as múltiplas temporalidades e com a espacialidade a fim de trazer à cena acontecimentos enterrados, presentificar ausências, amplificar vozes silenciadas, desvendar intencionalidades ocultadas, demarcando o princípio primeiro do pensamento social contemporâneo – o de que a história se faz a partir dos impulsos do tempo presente.

É a partir do tempo presente, de sua dimensão incontrolável e fatídica, que a "incontrolabilidade" inata e a incessante dialética da história se impõe diante da natureza e do modo de controle do capitalismo mundial diante das nações, como defendeu Istvàn Mezaros (1930-2017), em *O Desafio e o Fardo do Tempo Histórico: O Socialismo no Século XXI* (2007). O que torna todo e qualquer esforço de eternização do presente em uma falácia, dada a dinâmica da transformação. É o presente, em sua fugacidade, que num instante, torna o presente em passado. E, é a História que, a partir do presente esclarece ou obscurece a trama do vivido, exalta ou silencia vozes, emerge ou submerge substâncias do passado, sedimenta ou oblitera o lugar de onde se fala, tendo a capacidade de transformar permanentemente a narrativa do passado sob a influência do presente.

Desta maneira, ao tempo presente atribuímos a capacidade de destruir, pura e simplesmente o passado, ou, contraditoriamente, podemos instituir um presente que se alimente do passado, restituindo sua substância como experiência social concreta. Talvez assim, os eventos rememorativos e as comemorações possam se fazer mais eficazes e legítimas. Num exercício reverso das rememorações utilitárias do passado nacional, a proposta de revisitar 200 anos da independência do Brasil neste livro, comporta a retomada de construções e desconstruções da trajetória econômica, política e sociocultural brasileira que apontam para a compreensão da dimensão dinâmica da realidade brasileira no presente em suas possibilidades de permanência ou mudanças históricas.

Nossa proposição é a de refletir sobre experiências históricas que podem apontar para os problemas estruturais dos dramas, tragédias e farsas da consciência histórica do Brasil-Nação. Com isso almejamos reabrir o debate acerca de questões centrais relativas as perspectivas da democracia brasileira, à trajetória do desenvolvimento e das desigualdades, assim como às questões da soberania nacional e relações internacionais. Conduzir estas reflexões implica em tratar dos temas centrais da construção democrática, que torne possível a superação das injustiças, dramas e conflitos permanentemente abertos na sociedade brasileira.

Como o leitor pode perceber os desafios são gigantescos e as soluções difíceis, mas não impossíveis, se acreditarmos que devemos ter em mente propostas de transformar a nossa realidade. Afinal, se o Brasil ainda é um país comparativamente jovem em relação às nações de outras partes do mundo, já há um caminho de dois séculos percorridos de forma independente. E é por esta via que os capítulos deste livro pretendem abordar cada um dos temas presentes. Não de forma a enfrentá-los de forma apenas específica, mas num sentido de convergência, pois estruturados numa visão de conjunto do país. Aliás, só possível mesmo desta forma, tais as contradições e complexidades forjadas num país tão diverso e desigual.

Neste sentido, a perspectiva é multidisciplinar, pois só com a soma e cruzamento de saberes específicos podemos almejar uma compreensão mais acurada e profícua da realidade brasileira em perspectiva histórica e prospectiva. A proposta é que a leitura dos capítulos possa permitir uma visão em conjunto dos problemas, e mostrar que eles dialogam e pedem soluções que vão além de suas particularidades, sem que caiamos numa generalização excessiva.

Problemas brasileiros neste livro

A obra está dividida em três grandes seções que se complementam: Primeiro, da trajetória e perspectivas da democracia e identidades; a seguir, sobre questões dos desenvolvimentos e suas desigualdades, em termos socioeconômicos; e em terceiro lugar, da abordagem e vinculações do Brasil com seu continente e da sua importância no cenário internacional. Conclui a obra um capítulo sobre as visões sobre o Brasil na literatura especulativa de ficção científica, e de como este olhar sensível e imagético nos abre perspectivas surpreendentes de se pensar nossa trajetória em direção à construção de uma nova sociedade, civilização, que se torne singular pela concretização dos potenciais, de certa forma, aludidos, em alguns dos mitos formadores do país.

Na primeira seção do livro "Trajetória e Perspectivas da Democracia e Sociedade", temos quatro capítulos que abordam criticamente aspectos relacionados à forma como o regime democrático tem sido construído no Brasil, suas características, virtudes e os muitos problemas e obstáculos ao seu aperfeiçoamento e institucionalização, além de um que contrasta esta discussão prospectiva com um olhar específico, mas convergente com a seção, a luta por existência e relevância das culturas dos povos originários, ainda mais com a questão contemporânea da sustentabilidade como direito, em que os indígenas podem contribuir com seu rico manancial de experiências com a natureza, desde que respeitados em suas especificidades à realidade nacional.

O primeiro capítulo é "Democracia Brasileira em Perspectiva Histórica", de Marcello Simão Branco. Aqui o enfoque é sobre o desenvolvimento da democracia da perspectiva da participação eleitoral e seus efeitos na consolidação do regime. Como ocorreu a extensão do sufrágio ao longo dos diferentes períodos históricos, suas dificuldades e particularidades, e como contribuiu decisivamente para as bases de um regime representativo que, gradativamente, tornou-se o único legítimo como forma de distribuir o poder no interior dos cargos do Estado, encaminhar a transição entre os governos e defender demandas dos cidadãos, classes e setores específicos da sociedade. No receituário um modelo democrático tradicional, mas que, na prática enfrenta dificuldades de institucionalização e universalização com relação, principalmente, aos seus valores. Falta à democracia brasileira, por um lado e principalmente, o reconhecimento sem condicionamentos de sua legitimidade para organizar a vida política do país. E esta carência responde, historicamente, pelas várias crises e algumas rupturas que o país viveu. Por outro, o desafio é também substantivo, por uma democracia que seja mais participativa e contribua também pela busca de uma sociedade mais igualitária em termos sociais. Pois o substrato de ambos os aspectos se relaciona com uma estrutura de direitos que seja igual para todos.

Por esta via o capítulo seguinte, "Construção aos Solavancos: Autoritarismo, Democracia e Cultura Política no Brasil", de Fábio Venturini avança, no sentido de refletir sobre as principais causas da permanência, e surpreendente vitalidade recente, da cultura e da prática autoritária no país. Pois à construção dos processos que solidificam a democracia, há uma corrente marginal e insidiosa, à espreita que, vez por outra, emerge e contesta os ganhos sociais e o alargamento da influência política de parte da classe média e das classes populares. Isso porque talvez o desafio não esteja propriamente na política institucional, mas no seu, digamos, recheio, os valores historicamente autoritários praticados pelos setores política e economicamente dominantes, que teimam em questionar os avanços em direção a um país que represente e seja de todos. Aqui, de novo, o problema se conecta com a difícil tradução entre direitos civis e direitos políticos. E, ainda além, do que se quer para o país.

No terceiro capítulo desta seção, "Cidadanias Insurgentes: Movimentos Sociais, Modernização e Democracia nos 200 anos de Brasil", Claudia Moraes de Souza destaca o papel das forças sociais rurais e urbanas na formação da cidadania e construção da democratização. Com a exploração do conceito de 'cidadania insurgente', afirma que direitos e garantias básicas dos cidadãos na história brasileira, foram conquistados a partir do enfrentamento de movimentos sociais junto ao Estado. E, neste processo, elementos do paradigma do "moderno" (como a liberdade de expressão, direito universal ao voto, direitos à educação e saúde, combate ao racismo, direitos das mulheres e direitos humanos) fomentaram a insurgência de uma cidadania protagonizada por grupos socioeconomicamente vulneráveis. Com o objetivo de reconstituir contextos da emergência das lutas sociais, procura recuperar suas trajetórias e demonstrar o "moderno" em seu sentido de justiça social e sedimentação de direitos, se deve a organização da sociedade civil e à contestação popular, sendo a Constituição de 1988 o marco legal destas contradições. Expõe uma trajetória de duração histórica que reflete sobre a convivência simultânea das estruturas de racismo, da discriminação, dos valores antipopulares e do patriarcalismo num tempo presente composto de permanências e rupturas em conflitos constantes.

A inflexão desta seção ocorre com "Tupi or Not Tupi: apropriações e conflitos entre os povos indígenas e o Estado nacional brasileiro", de André Roberto de A. Machado, em que o autor lança o olhar sobre os 200 anos de relação entre os povos indígenas e o Estado brasileiro destacando seus principais elementos estruturados no período imperial e que perduram até a contemporaneidade. A questão da etnicidade indígena – o ser ou não um índio – é apresentada como um dispositivo utilizado para ampliar ou negar direitos, escondendo algo muito mais profundo do inconsciente coletivo de uma sociedade que não soube resolver o problema do que é ser índio afinal. Sob a égide deste debate, o texto de Machado desvela a profundidade da questão: pois, desconsiderar o identitarismo, talvez seja a forma efetiva de desprezar direitos constitucionais e negar aos povos indígenas, em toda sua diversidade, seu maior direito – a terra.

Na segunda seção, "Desenvolvimentos e Desigualdades", temos quatro capítulos que abordam vários aspectos da construção social e econômica e suas complexidades que, se por um lado, tem perpetrado crescimentos materiais pujantes, à falta de uma certa direção e planejamento, se somam problemas mais sérios que reforçam desigualdades, injustiças e carências básicas, tornando os desafios de uma economia e sociedade com mais equidade e afluência um objetivo ainda distante.

No primeiro capítulo da seção, "Capitalismo no Brasil: a desigualdade como elemento estrutural", Julio Cesar Zorzenon Costa apresenta e reflete criticamente como se constituiu a formação do capitalismo no país, destacando os elementos de sua gênese pretérita – da colonização portuguesa –, na raiz da concentração de renda e desigualdade social que marcaram o desdobramento posterior, enquanto país politicamente emancipado. Nesta base subjaz, justamente, as características do processo econômico, ora voltado principalmente às vinculações externas subalternas, ora num vigoroso – embora errático – desenvolvimento nacional que teve, durante boa parte do século XX, sua gestação, sem superar, contudo, um relacionamento desigual com os países centrais do Norte e um processo de melhoria das condições sociais da maior parte da população.

Já Daniel Monteiro Huertas em "Formação territorial, (sub)desenvolvimento e integração nacional" aborda criticamente a formação territorial brasileira como resultado do entrelaçamento de ações diplomáticas, políticas, econômicas e culturais. Na análise identificam-se os movimentos de interiorização da economia e do povoamento, desde a formação do Império, correlacionando as marcas perversas da escravidão, da monocultura e do latifúndio com a ação política e diplomática estratégicas na manutenção e expansão da configuração territorial herdada da Coroa Portuguesa. O conceito de fundo territorial é utilizado pelo autor para expor os mecanismos da expansão econômica, que a partir de 1930, intensifica um projeto de integração nacional marcado pelas noções de ocupação do espaço vazio, pelo combate ao "sertão bárbaro" e, nos anos de 1950, pelo rodoviarismo que gerou as bases físicas do mercado nacional e dos deslocamentos populacionais. O período ditatorial brasileiro foi analisado como responsável pelo desfecho estratégico de um projeto de integração territorial que despreza a riqueza ambiental e a biodiversidade, assim como a presença dos povos originários e populações tradicionais, em nome das forças produtivas urbano-industriais.

No capítulo seguinte, "Mercado de trabalho e cidadania: da utopia do Emprego Protegido à distopia do neo-empreendedorismo", da dupla Claudia Alessandra Tessari e Murilo Leal Pereira Neto, o enfoque recai sobre as características e problemas do mercado de trabalho nacional brasileiro. Os autores reconstituem e analisam o processo de formação deste mercado, desde a passagem da mão de obra escrava para a mão de obra livre – em seus momentos cruciais de superação da regionalidade dos mercados –, das características de fragmentação e heterogeneidade, até o período varguista e o advento da Consolidação das Leis do Trabalho (CLT), como elemento de estruturação e regulação de um mercado nacional. No cerne da análise está a reflexão acerca da relação entre a constituição do mercado nacional e a formação de uma ordem social voltada ao estatuto da cidadania. O capítulo sedimenta o debate entre a importância do trabalho regulamentado e formal para a construção do cidadão pleno apontando a crítica necessária ao tempo presente que por meio da reforma trabalhista de 2017, recompõe dinâmicas passadas da desregulamentação do trabalho, trazendo à cena contemporânea problemas e efeitos negativos aos direitos do trabalho, à equidade econômica, cidadania e democracia.

O quarto capítulo, "Saneamento básico, políticas públicas e desigualdades. que Brasil é esse?", de Fábio Alexandre dos Santos, problematiza questões da equidade social e dos direitos constitucionais sob a ótica do direito ao saneamento básico no Brasil. A trajetória da análise culmina nas afirmações de que as barreiras do acesso ao saneamento básico e de qualidade são elementos reprodutivos da desigualdade imperante no país. Construindo um panorama de 200 anos, Santos apresenta a concepção de políticas públicas e serviços de abastecimento de água e esgotamento sanitário, sua execução e regulamentações, na relação diacrônica entre a forma como foram concebidos e constituídos esses serviços e a forma como as populações pobres e excluídas buscaram soluções por meio próprio às exclusões impostas pelo sistema desigual e discriminatório. O que se revela no capítulo, a despeito das políticas públicas e da expansão no atendimento, são os limites econômicos e políticos para a efetiva universalização dos direitos fundamentais e, portanto, dos serviços básicos, justificando a duração de lutas sociais travadas, desde o século XIX, contra uma sociedade marcada por determinações dadas pela cor da pele, etnia, origem social, naturalidade ou gênero.

Na terceira seção, o enfoque recai sobre a presença exterior do Brasil, "Soberania e projetos externos: presença mundial e continental", com dois capítulos que pretendem compreender a posição do Brasil no cenário latino-americano e mundial, a partir de seus relacionamentos e objetivos, que sempre estiveram em disputa em torno de um país mais autônomo e regionalmente influente, ou alinhado com as principais potências internacionais, em cada momento histórico. Pois, se por um lado contextualiza o real poder do país, por outro lado o tornaria aquém do exercício da influência por meio de seus valores: uma sociedade com identidade nacionalmente integrada, uma economia grande e diversificada e a preservação da maior biodiversidade do planeta.

No primeiro capítulo desta seção, "O Brasil no mundo: política externa em perspectiva histórica", Ismara Izepe Souza apresenta um panorama da política externa brasileira ao longo da sua história independente. A autora coloca a tarefa de responder a questões clássicas do tema: Quais foram as ideologias que respaldaram o pensamento e a atuação das elites políticas brasileiras neste campo? O Brasil exerceu autonomia em suas ações? A política externa do país se expressa, historicamente, como uma ação política de Estado ou de Governo? Nenhuma delas apresenta respostas definitivas, numa ilustração do processo de construção de definições e identidades do papel do Brasil, a influência que exerce e recebe, e sua importância no cenário global.

O segundo capítulo, escrito por André Kaysel e Fábio Barbosa dos Santos, "Alteridade ou pertencimento? reflexões sobre o lugar do Brasil na América Latina" se volta às questões sobre a formação e a construção de sua identidade, da perspectiva instigante de suas relações com seus vizinhos latino-americanos. Da própria ideia de América Latina, ideologicamente construída como referência imperialista e, principalmente, de resistência autorreferente às influências externas que, em boa medida, a formaram e condicionaram a se tornar o que é em termos pós-coloniais, o Brasil não deve ser inserido como se fosse um elemento de fora incorporado, mas, ao seu modo em suas especificidades de caráter principalmente linguístico, como constituinte de uma latino americanidade de fundo luso-hispano-americana. Contudo, no vivo debate sobre a questão do Brasil no contexto regional, os autores mostrarão que tal inserção não é consensual, dando margem a questionamentos ou relativizações sobre o papel brasileiro na América Latina.

Considerações sobre o que será do Brasil

Esta coletânea tem a principal tarefa discutir o Brasil e sua trajetória nestes 200 anos de independência política e, neste sentido, apresentamos um painel consistente sobre vários temas que, se estão longe de ser esgotados, nos dá uma boa ideia crítica, ajudando no debate cada vez mais necessário sobre o que tornou o Brasil assim, por que, e o que podemos não esperar, mas fazer dentro de nossas atividades específicas como cidadãos, para superar problemas e transformá-lo numa nação mais justa, próspera e civilizada.

Contudo, apesar da obra ser de base histórica, pelo próprio perfil de um país jovem como o nosso, se sugere também o que está por vir, e assim apresentamos o capítulo final "O Sonho Brasileiro e uma Teleologia do País do Futuro", de Roberto de Sousa Causo. Através da perspectiva estimulante e criativa da ficção científica, que tem entre seus principais interesses a especulação sobre o futuro, se faz a reflexão sobre eventuais conjunturas para o Brasil, o "País do Futuro". Ainda uma potência emergente, nação de presente atribulado, e futuro que ainda pode nos reservar esperanças melhores. Mas é fato também que a própria ficção científica brasileira tem demonstrado dificuldades em explorar os futuros do país como uma especulação social, política e científica coerente. Dificuldade essa relacionada, de acordo com Causo, à aceitação controversa do gênero pelo establishment cultural brasileiro, além de, por vezes, estabelecer uma dependência em relação a modelos e tendências estrangeiras. Mas é, justamente, quando produz obras com uma perspectiva brasileira, que trabalham temas de nossa cultura e história, é que a nossa ficção científica alcança seus melhores resultados em termos ficcionais e de possível reconhecimento literário. Aqui e no exterior.

Contudo, se o status do gênero e sua influência ainda é objeto de consideração, parte do que já especulou sobre cenários para o Brasil se relaciona com algumas visões que colocam o país nas possibilidades de novas sociedades, utopias tropicais ou de um sonho brasileiro. De como seus potenciais podem ser realizados em termos econômicos e sociais, de como sua sociabilidade com forte identidade interna e integração cultural pode marcar uma diferença e exemplo no contexto internacional, de como alguns dos mitos podem, ao invés, de mascarar injustiças e iniquidades, inspirar transformações em realidades concretas. Ou o oposto, de cenários de pesadelo, em que nossas piores mazelas inviabilizam o país em definitivo. Futuros distópicos, com autoritarismo político, fundamentalismo religioso, colapso climático, fome generalizada e, no limite, a própria desintegração territorial do país.

Embora tais considerações, aparentemente extremadas, numa visão de curto prazo tão eivada de problemas urgentes, possa parecer fora de lugar, são elas que podem nos direcionar, numa visão de longo prazo, a pensar as possibilidades reais para o Brasil. Ou, por outro lado, de possibilidades a evitar, pois como dizia Ray Bradbury (1920-2012), autor do clássico *Fahrenheit 451* (1953), a maior relevância da ficção científica é alertar para evitar possíveis problemas graves no futuro.

Se duzentos anos não é um período histórico pequeno, tão pouco é longo demais para sugerir que "o melhor já passou", ou que se perdeu a oportunidade de construir uma nação e sociedade do qual se tenha orgulho. Neste sentido, o Brasil é um país com uma épica do futuro, que tem potencial para construir uma história principal no porvir, até porque o que se edificou até o momento, como mostra os capítulos deste livro, não ajudou a superar problemas históricos estruturais: do autoritarismo, do racismo, da economia com renda excessivamente concentrada, da desigualdade social e de gênero, da posição subalterna do país no concerto mundial. Desta forma, trazemos aqui uma pequena, mas vigorosa, contribuição ao debate sobre o Brasil na esperança de que as apostas possam nos conduzir a um futuro mais democrático, economicamente desenvolvido, socialmente justo, biodiverso, culturalmente plural e influente no plano global.

Trajetória e características da democracia e sociedade

Democracia brasileira em perspectiva histórica

Marcello Simão Branco

> A democracia, dizem-nos, é apenas um instrumento de poder entre outros, apenas um meio, uma espécie de ferramenta. E isso está de tal modo enraizado na tradição política brasileira, que ficamos, com frequência, embaraçados diante da simples possibilidade de pensar a democracia como um fim em si mesmo.
>
> Francisco Weffort

Introdução

O Brasil se tornou independente mantendo a forma de governo monárquica, algo inédito entre as colônias europeias que se emanciparam durante o início do século XIX. O objetivo era buscar um sentido de união e identidade em torno do poder do Estado devido, em parte, ao receio justificado, de que ocorresse movimentos separatistas que levasse ao fracionamento do território. Como se vê, na própria formação inicial, não estava em pauta a criação de um regime político que tivesse uma concepção mais democrática, baseada, em alguma medida, numa fonte de legitimidade popular.

Mas o Brasil fazia eleições de forma contínua desde o período colonial. Já no início da presença portuguesa, ocorreram eleições em níveis locais, mais especificamente nas vilas para viabilizar a ocupação dos cargos nas câmaras, responsáveis pela administração, legislação e aplicação da lei. Como observa Jorge Caldeira (2015), elas gozavam de mais autonomia do que suas congêneres lusitanas, devido, principalmente, ao seu isolamento geográfico e ausência de pressões da nobreza. Contudo, esta prática eleitoral não forjou um sentido de mais igualdade ou participação, nem no período colonial e nem no país independente. Mas tal fato não ocorria apenas com o Brasil. As eleições começaram a ser praticadas noutros países também sem significarem democracia, principalmente no sentido a ela dada em termos contemporâneos.

Nesse sentido, escrever sobre a história política brasileira a partir da perspectiva da democracia, deve levar em conta o seu processo de desenvolvimento, suas características e sentidos em cada período. Evita-se assim o risco do anacronismo, mas também não se procura justificar por si mesmo formas de organização políticas excludentes e que beneficiaram a alguns poucos em cada período histórico.

Como lembra Bolivar Lamounier (1985), só surge no Brasil uma "questão democrática" a partir de 1945, quando se organiza um sistema político minimamente abrangente em relação ao que se entende ser uma democracia: eleições regulares, competitivas e justas; uma maior participação da população adulta;[1] instituições representativas que tenham certa autonomia e capacidade de controles mútuos, e um ambiente de maior liberdade de expressão e consciência. Ainda que de forma limitada e turbulenta, pois, como se verá, a primeira experiência democrática brasileira viveu uma sucessão de crises em torno da efetivação de seus valores, pois alternância de poder e eleitorado em expansão eram novidades.

Antes disso, o Brasil viveu variedades de regimes autoritários. Um regime monárquico no século XIX que equilibrava duas fontes de legitimação, uma de inspiração divina-medieval no centro do poder e outra eletiva, ainda que esta fosse exercida de maneira muito limitada, em termos de participação. Depois um primeiro ciclo republicano que estabeleceu as eleições como mecanismo de transferência de poder, mas sem a possibilidade de alternância: ou seja, por meio de pactos políticos entre elites oligárquico-regionais se garantiu a permanência delas no poder e, tão significativo quanto, com pouquíssima participação em termos eleitorais. Este sistema que poderíamos chamar de 'oligarquia competitiva' terminou superado por uma nova ordem, de caráter francamente autoritário. Forjou-se um Estado centralizador e na-

1 Este aspecto foi o de maior limitação à democracia deste período, pois os analfabetos (na média do período próximo da metade do eleitorado do país) não votavam. Como será visto, sufrágio universal no Brasil só será alcançado em 1985, meses após a posse do governo civil pós-autoritário.

cionalista, voltado ao desenvolvimento industrial e à cooptação de setores populares urbanos, por meio, principalmente, de uma generosa legislação social e do culto à liderança política. Curiosamente, contudo, lançou-se as bases eleitorais que iriam permitir um ponto de partida na nova reorganização política que o país viveria a partir de 1945.

Como se vê, experimentamos uma sucessão de regimes autoritários: monarquia, oligarquia, populismo – este último o dos anos 1930 e 1940 – ainda que o método de escolha por eleições tenha permanecido por quase todo este longo período. Podemos afirmar que esta ambiguidade está na base do desenvolvimento do processo democrático do país, e responda pela cultura autoritária de setores da sociedade e por crises e retrocessos já ocorridos – como na ditadura militar –, e ainda ameaçam a consolidação de uma sociedade democrática, como no período atual, principalmente a partir de sua recente crise, desde 2013.

Isso porque, se o país tem uma tradição eleitoral, apenas recentemente foi interpretada num sentido mais liberal-constitucional. Pois o sentido do liberalismo político brasileiro sempre foi de caráter conservador ou instrumental, como defende Francisco Weffort (1988). Em parte, para seguir a tendência de uma época, e para resolver as disputas entre os grupos política e economicamente dominantes, a elite sempre foi muito ciosa na defesa dos seus interesses e privilégios, e pouco afeita a reconhecer os direitos da maior parte da população. É neste equilíbrio problemático que se move, em termos históricos, a construção de um regime político democrático. Tanto em termos da adesão aos seus valores participativos e igualitários, como em relação a uma sociedade mais justa em termos sociais.

Por esta via, a democracia deve ser compreendida como um regime político multidimensional que envolve eleições, e os componentes liberais, participativos, deliberativos e igualitários (Bizarro; Coppedge, 2017), num processo de interação multifacetada, composta por diferentes atitudes, instituições e atores. Tal noção amplia uma tradição da Ciência Política mais voltada aos métodos eleitorais em si, vista na influente linha procedimental de Joseph Schumpeter (1961) e ampliada pelo pluralismo institucional de Robert A. Dahl (1997), embora reconheça que o ponto de partida para as outras dimensões tenha como base o processo eleitoral. Não há democracia sem eleições, mas somente elas não garantem um regime democrático. (Bethell, 2002; Moisés, 2013).

Neste sentido, a perspectiva de análise do desenvolvimento da democracia brasileira aqui adotada será a eleitoral, em conexão integrada com a dimensão liberal. Procuraremos abordar como a tradição eleitoral brasileira tem ajudado a construir o regime democrático e contribuído para a cidadania e uma sociedade civil mais organizada. Isso, a despeito da tensão com uma tradição liberal que não se efetiva, pois os valores sobre os direitos individuais têm um caráter limitado e conservador.

A partir desta tensão, em termos históricos, temos as duas tendências principais da democracia brasileira. 1) a alternância entre períodos democráticos e autoritários e 2) o incremento de mais democracia a cada nova retomada. O primeiro aspecto se relaciona com uma estrutura pendular da democracia no Brasil, como argumenta Leonardo Avritzer (2018), ora com movimentos pró-democráticos e outros pró-autoritários, não tornando possível assegurar que o regime possa se consolidar. Isso porque, "a institucionalidade brasileira possui amplas vias não eleitorais ou contra eleitorais de acesso ao poder que são utilizadas de tempos em tempos" (Avritzer, 2018, p.273), quando estas vias se sentem ameaçadas em seus interesses. Vincula-se à noção conservadora de parte da elite brasileira, ou instrumental. Já o segundo aspecto aponta para uma trajetória em espiral, por meio do qual "novas experiências democráticas tendem a superar as experiências anteriores em todos os quesitos". (Bizarro; Coppedge, 2017, p. 1), embora ainda não seja suficiente para garantir um processo de adesão irrestrita aos valores da democracia no Brasil. Ilustra estes dois aspectos o fato de que em 200 anos de vigência de independência política, o país tenha vivido 56 anos de regime democrático, pouco mais de um quarto, e com muita instabilidade política. (Branco, 2020, p. 101).

Se como defende Dahl (2001), a democracia é um projeto inacabado, sua prática no Brasil nos dois séculos de independência vai neste sentido, embora não haja um acordo, ainda hoje, sobre suas possibilidades na construção de uma sociedade mais igualitária. Assim, as seções deste capítulo não serão divididas nos períodos históricos tradicionais, mas a partir da interpretação do fenômeno democrático no interior deles. Inicialmente iremos analisar o que chamo de período pré-democrático (1822-1945) – quando surgem, se desenvolvem e se transformam os processos eleitorais, sem se constituir ainda numa democracia. Processo este que emergirá no pós-guerra em seu primeiro período até a regressão militar-autoritária (1945-1985), como um momento de vívida atuação democrática em nível nacional, mas que encontrou rapidamente seus limites numa concepção autoritária que levou ao golpe militar. A presença dos militares no poder encaminhou a sociedade brasileira para seu período mais opressivo de autoritarismo, a despeito, como veremos, de curiosamente, não ter fechado inteiramente os canais de representação política. Tal aspecto contribuiu para a transição política que nos devolveu à convivência da experiência democrática contemporânea, a mais abrangente e longa. Ainda que, como visto pela crise política dos últimos anos, não tenha consolidado o regime, ao não superar os problemas e contradições ligados às características estruturais (pendulares) e dos déficits provocados pelo contexto histórico de alta desigualdade socioeconômica, dois aspectos relacionados, justamente, a esta tensão normativa entre os direitos políticos e civis. O capítulo irá ser concluído com um balanço dos principais temas abordados, e de como a dimensão eleitoral – embora insuficiente por si –, tem contribuído para expandir a prática e a maior adesão à democracia em nosso país, desafios a serem conquistados para que tenhamos uma sociedade mais estável, justa e civilizada.

Período pré-democrático (1822-1945)

Embora o Brasil tenha uma longa tradição de realizar eleições, especialmente para o nível local, não se pode considerar que tenha havido democracia nesta fase, pois pouquíssimos votavam e mesmo aqueles que o faziam tinham uma ideia diferente do que pode significar o voto como meio de participação e mudança social. Referendavam apenas o *status quo* do regime monárquico e os resultados das eleições não traziam alterações em suas vidas, já que os eleitos tinham poucos poderes. Mas o que é mais significativo é que mesmo após sua independência o país demora mais de um século para, efetivamente, experimentar algo próximo do que podemos considerar como um regime democrático. Claro que esta situação não é nossa exclusividade, mas outros países conseguiram expandir o eleitorado e viabilizar processos competitivos que permitiram alguma alternância de poder, além de colocar em prática instituições que, grosso modo, representavam os cidadãos e se controlavam mutuamente entre si.[2]

2 A Europa Ocidental e os Estados Unidos viveram processos de democratização a partir da segunda metade do século XIX, com a expansão gradual do sufrágio masculino e, posteriormente feminino, a abolição do voto censitário e a criação do voto secreto, num processo que

Esta demora no caso brasileiro está relacionada com a estrutura política e social legada pela colônia. Em termos políticos, a forma de governo manteve a monarquia e ainda que tenha prosseguido com a tradição eleitoral, continuava a pouco significar na vida das pessoas, pois estava assentada numa estrutura social autoritária, baseada no latifúndio e na escravidão. É como ressalta José Murilo de Carvalho (2011): havia eleições, mas não havia cidadãos. Se os escravizados, obviamente, não eram cidadãos e não votavam, também seus proprietários dificilmente podiam ser considerados como tais. Apesar de serem livres e votarem, não tinham a consciência de cidadania, a ideia de igualdade de todos perante a lei, porque se julgavam, e na prática estavam, acima dela.

Mas decisiva para a não emergência de cidadãos foi a escravidão. Pois se havia eleições desde o período colonial, também havia a importação dos escravizados, desde a segunda metade do século XVI e de forma ininterrupta mesmo após a independência, até 1850. Estima-se que até 1822 cerca de 3 milhões de escravizados tenham sido trazidos à colônia e na época da independência havia cerca de 1 milhão deles, numa população total de 5 milhões de pessoas, incluindo perto de 800 mil indígenas. (Carvalho, 2011).

Dentro deste contexto desfavorável, o sistema político e as regras de preenchimento dos cargos foi definida na Constituição de 1824. Nasceu daí, mesmo antes do federalismo, uma estrutura política em três níveis (municípios, províncias e o governo central), com cargos eletivos nas três esferas, definidas por regras de votação majoritária, e com duas formas de votação, uma direta e outra indireta. A direta era para os cargos no nível local (vereadores para as Câmaras Municipais e juízes de paz para as paróquias de cada município). Já as eleições indiretas ocorriam para os demais cargos, nos níveis provinciais e nacionais: Assembleias Provinciais, Câmara dos Deputados e Senado. Mas do

levou cerca de um século para chegar ao padrão existente hoje. Do ponto de vista dos grupos políticos, surgiram partidos que contestavam a ordem capitalista, de diferentes gradações à esquerda, permitindo uma intensa participação de setores populares e, aos poucos, ao atendimento de parte de suas demandas nas instituições de governo. Já os poderes do Estado também estabeleceram práticas de autonomia e identidade próprias, e com mecanismos, ainda que com imperfeições variadas, de freios e contrapesos, essenciais para a limitação dos poderes e melhor funcionamento das instituições. Em todo este processo, a diferença é que no Brasil todo um conjunto de medidas semelhantes passou a ser praticada quase que de uma só vez, a partir de 1945. Mais detalhes em Jaguaribe, 1985.

que se tratava estas eleições indiretas? Numa primeira fase, os votantes escolhiam os eleitores que, por fim, elegiam os ocupantes dos cargos. Os votantes pertenciam à categoria dos que recebiam no mínimo 100 mil-réis por ano e os eleitores o dobro. Estes eram os chamados "homens bons", pertencentes aos estratos da elite agrária, comerciantes e servidores públicos.

A partir destas condições o voto era obrigatório para os homens a partir dos 25 anos, mas havia exceções, pois o limite caia para 21 anos para os casados, oficiais militares, advogados, religiosos e servidores públicos. Chama a atenção também que não havia restrição de voto aos analfabetos, significativo, pois 85% da população não preenchia este critério. A exigência de uma renda mínima servia para impedir o acesso, mas, segundo Carvalho (2011), a maioria dos trabalhadores ganhava acima disso por ano. Por volta de 1870, por exemplo, o menor salário do funcionalismo público era de 600 mil-réis. E votava-se com frequência, pois os cargos para o nível local aconteciam a cada três anos – embora os mandatos durassem apenas um ano[3] – e os para as assembleias provinciais, deputados e senadores a cada quatro. Após a eleição, os senadores eram definidos pelo imperador numa lista entre os três mais votados. Além disso, o escolhido tinha um mandato vitalício. Ou seja, este cargo correspondia mais à aristocracia do que aos métodos eleitorais.

Chama a atenção o voto dos analfabetos, pois nenhum país europeu da época tinha uma legislação tão liberal. Isso tornou a participação eleitoral no Brasil maior. De acordo com o censo de 1872, 13% da população votava, sem contar os escravizados. José Murilo de Carvalho compara a situação com outros países:

> ... em torno de 1870 a participação eleitoral na Inglaterra era de 7% da população total; na Itália, de 2%; em Portugal, de 9%; na Holanda, de 2,5%. O sufrágio universal masculino existia apenas na França e na Suíça, onde só foi introduzido em 1848. Participação mais alta havia nos Estados Unidos, onde, por exemplo, 18% da população votou para presidente em 1888. Mas, mesmo neste caso, a diferença não era tão grande. (Carvalho, 201, p. 30-31).

3 Desta forma, havia vereadores que só assumiam seus mandatos no segundo e terceiro ano da legislatura.

Mas voltamos a questionar: qual era o sentido deste processo eletivo? Afinal, 85% não sabiam ler e escrever e entre eles incluíam-se muitos dos proprietários rurais. Além disso 90% das pessoas viviam no campo, sob a influência dos fazendeiros. Para completar, muitos votantes e eleitores eram burocratas controlados pelo governo. Isso fazia com que, na prática, a compreensão do poder do voto e das atribuições e responsabilidades do próprio eleito ficasse muito comprometida. Se tanto, apenas uma minoria tinha noção da importância do voto.

Cabe destacar que o próprio processo eleitoral era marcado por muitas irregularidades. As eleições eram tumultuadas e violentas e o voto era fraudado das mais diversas maneiras. Contudo, não era uma mistificação. Se estava ausente seu sentido democrático, havia uma luta política intensa, pois o que se definia era o domínio político, principalmente nos níveis locais. Carvalho volta a observar que

> ... o voto tinha um sentido completamente diverso daquele imaginado pelos legisladores. Não se tratava do exercício do autogoverno, do direito de participar na vida política do país. Tratava-se de uma ação estritamente relacionada com as lutas locais. O votante não agia como parte de uma sociedade política, de um partido político, mas como dependente de um chefe local, ao qual obedecia com maior ou menor fidelidade. O voto era um ato de obediência forçada ou, na melhor das hipóteses, um ato de lealdade e de gratidão (Idem, 2011, p. 35).

Em 1881 foi aprovada a Lei Saraiva, responsável por um grande retrocesso. Isso porque, para combater o crescente custo das eleições e a fraude generalizada, foi limitado o direito de voto, para que apenas os mais educados e ricos pudessem votar.[4] A eleição em duas fases acabou, passou a ser apenas direta e de caráter facultativo. Em tese mais democrática, mas que por manter a renda mínima em 200 mil-réis afastou boa parte daqueles que haviam sido votantes. Mais prejudicial foi a proibição dos analfabetos. Ora, num país em que eles eram a esmagadora maioria, de uma só tacada, quase todo o eleitorado foi eliminado do processo.

---

4 De forma mais precisa não foi a Lei Saraiva no momento em que foi aprovada, que retirou o direito de voto para os analfabetos. Mas sim um artigo da mesma lei, modificado em 1882, que introduziu a mudança. Ver Nicolau, 2012.

É de se indagar também qual era o impacto das eleições na vida política concreta do país. Como defende Jairo Nicolau (2012), talvez se possa dizer que tenham sido úteis para forjar lideranças nas cidades e vilas e, a partir daí se qualificarem para cargos nos níveis provinciais e nacional. Com relação ao Legislativo nacional, os deputados e senadores tinham poucos poderes efetivos, já que existia grande influência da Coroa nos resultados das eleições. Elas eram efetivas para formar governos que sustentavam o gabinete escolhido pelo imperador. Mas quando havia problemas para manter o apoio, a Câmara costumava ser dissolvida e novas eleições realizadas.

Desta forma, quando promulgada a Constituição republicana de 1891 a base do sistema eleitoral é a da reforma restritiva realizada dez anos antes. Contudo, alguns acréscimos importantes ocorreram, como o fim do voto censitário e a realização de eleições para presidente e os governos estaduais. Ou seja, com a República, os cargos dos poderes Executivo e Legislativo deveriam ser preenchidos através de eleições.[5] Na forma, sem dúvida, o sistema tornou-se mais legítimo. Contudo, os problemas de conteúdo permaneceram.

A começar pelo tamanho reduzido do eleitorado, composto apenas pela população masculina alfabetizada. Com um índice médio de alfabetização em torno de 36,9%,[6] e ainda com metade deste total ausente – as mulheres –, cerca de 9% da população estava habilitada a participar das eleições. Ou seja, o que havia era um sistema eletivo oligárquico, pois apenas a elite tinha acesso ao voto e aos cargos em disputa. Mas isso não era tudo, pois a competição também não existia já que não havia partidos políticos com propostas diferentes. Estavam organizados em cada estado, para dar coesão às elites locais, tornando quase impossível que candidaturas alternativas tivessem acesso aos postos de poder.

O período da Primeira República (1889-1930) é de fato, conhecido por suas excentricidades. O federalismo muito descentralizado permitiu que os governadores dos estados mais ricos exercessem grande influência nos rumos do país, principalmente com o acordo entre São Paulo e Minas Gerais,

5 A Constituição Federal delegou para os Estados definirem as eleições nos seus respectivos municípios. Assim, não houve um processo de universalização e padronização das eleições no nível local. Como cada Estado poderia adotar seu próprio critério, havia cidades em que havia eleições e outras não.

6 Entre 1900 e 1930. Detalhes em Albuquerque, 2011.

o que lhes garantiu a presença alternada à frente da Presidência em quase todo o período.[7] Pode-se mesmo dizer que o ator chave era o governador de Estado, pois ele também exercia pressão e influência na outra ponta, a dos governos municipais, que careciam de autonomia, principalmente administrativa. Por meio de acordos com os chefes políticos locais – os coronéis do latifúndio –, destinavam recursos e verbas em troca de apoio para a eleição dos seus candidatos, nos âmbitos estadual e federal. Esta foi uma mudança nas relações políticas em relação ao Império, com esta atuação destacada dos governadores. (Leal, 1997). Mas, em termos de execução do processo eleitoral, prosseguiu-se o *modus operandi* do século XIX. É conhecida e tradicional a imagem de grupos de eleitores sendo conduzidos através de carroças, recebendo roupas e comida para votar nos candidatos do coronel, no chamado voto de cabresto. Na literatura brasileira, por exemplo, esta miséria política recebeu algumas abordagens satíricas, talvez a mais áspera a do país imaginário do romance *Os Bruzundangas* (1922), de Lima Barreto (1881-1922).

Os dados sobre a participação eleitoral neste período são precários. Por isso é difícil mensurar a quantidade de pessoas inscritas e as que votavam. Os mais utilizados são os das eleições presidenciais. Segundo José Murilo de Carvalho (2003), o Recenseamento de 1920 indica 3.218.243 eleitores aptos a votar, do total de uma população de 30.635.605, ou seja, 10,5%. A tabela abaixo mostra os números relativos às disputas para presidente, e são eloquentes quanto às características do pleito. A média de participação é de 2,6% e a dos votos obtidos pelo vencedor é de 81,4%, indicativo da competição inexistente. Ou seja, estas eleições não atendiam aos dois critérios de Dahl (1997) sobre uma democracia. Não tinham sufrágio universal e nem competição real entre os candidatos com propostas diferentes. Serviam para referendar os governantes do interior das elites dirigentes.

7 Ocorreram 11 eleições presidenciais com seis presidentes paulistas, quatro mineiros e um gaúcho, apoiados por São Paulo e Minas Gerais.

Tabela 1 – Características das eleições presidenciais, 1894-1930

Candidato vencedor	No. de votantes (mil)	% de votantes sobre a população	% de votos obtidos	% analfabetos
Prudente de Morais (1894)	345	2,2	84,3	-----
Campos Sales (1898)	462	2,7	90,9	-----
Rodrigues Alves (1902)	645	3,4	91,7	65,2
Afonso Pena (1906)	294	1,4	97,9	65,2
Hermes da Fonseca (1910)	698	3,0	57,9	65,2
Venceslau Brás (1914)	580	2,4	91,6	65,0
Rodrigues Alves (1918)	390	1,5	99,1	65,0
Epitácio Pessoa (1919)	403	1,5	71,0	65,0
Artur Bernardes (1922)	833	2,9	56,0	64,1
Washington Luís (1926)	702	2,3	98,0	62,4
Júlio Prestes (1930)	1.890	5,6	57,7	60,6

Fonte: Elaboração própria a partir de Carvalho (2003) e Albuquerque (2011).

Neste contexto, as ações políticas do povo excluído ocorriam, por vezes, fora do sistema político, como a criação de enclaves no interior do território (Canudos, 1896-1897; Contestado, 1912-1916), revoltas, contra medidas sanitárias (como a da Vacina, em 1904), e repressão militar (Chibata, 1910), e greves, que começaram a ocorrer em meados dos anos 1910, principalmente nas cidades de São Paulo e Rio de Janeiro. Tal caldo de insatisfação popular mostrava que estas ações reagiam contra a exclusão e, ainda mais, o arbítrio a que eram submetidos. Assim, por vias indiretas, se pressionava o sistema político por reformas democratizantes. Em todo caso, seria o povo neste contexto um fator de perturbação da elite? Isso porque ele era analfabeto ou pouco escolarizado, vivia em sua maioria no campo, dominado por coronéis e com um nível de informação crítica quase ausente. Não havia como ter sujeitos políticos conscientes em tal cenário. Mas aqueles que se beneficiavam não eram muito melhores. Fraudavam as eleições e impediam o surgimento de opositores, atuando com violência quando fosse o caso. A compreensão das liberdades individuais como válidas para todos não tinha força e, como veremos, ainda enfrenta problemas no país. Carvalho observa que

> vemos aí a presença de uma tradução cultural distinta, que poderíamos chamar de ibérica, alheia ao iluminismo libertário, à ênfase nos direitos naturais, à liberdade individual. Essa tradição insistia nos aspectos comunitários da vida religiosa e política, insistia na supremacia do todo sobre as partes, da cooperação sobre a competição e o conflito, da hierarquia sobre a igualdade. (Carvalho, 2011, p. 51).

Pois o novo sistema político forjado a partir da Revolução de 1930 aprofunda os aspectos menos liberais, com a cooptação popular junto a um Estado corporativo e medidas contra as eleições e os partidos políticos. A gênese já é questionável, porque nascida de um golpe de Estado. Para transformar de forma radical é repetido o expediente adotado na queda da Monarquia. E com a participação decisiva do Exército, um ator quase sempre presente de forma desestabilizadora nos momentos de crise política do país.

Getúlio Vargas e seus aliados investem contra a ordem política oligárquica, de forma gradativa e com êxito a partir de 1937. Intervém nos Estados, cancelam as eleições, suprimem as agremiações políticas, fecham o poder Legislativo nas três esferas de governo. Além disso, há o crescimento da burocracia e a padronização da administração pública, com intervenção em sindicatos e concessão de uma série de direitos sociais aos trabalhadores urbanos com carteira assinada, deixando ao léu a maioria, ainda presentes nas atividades agrícolas, sob a guarda dos coronéis latifundiários.

A estas características gerais ocorreu uma importante reforma eleitoral em 1932, quando ainda não estava claro que rumos políticos o regime teria. Aprovou-se o voto a partir dos 18 anos, a participação das mulheres, criou-se a Justiça Eleitoral – transferindo ao poder Judiciário a organização, fiscalização e o reconhecimento dos candidatos e eleitos, medidas para combater o falseamento histórico dos pleitos –, o voto secreto e obrigatório e as representações proporcionais e as corporativas.[8] Medidas de inegável caráter democrático que visaram mudar drasticamente as regras excludentes e fraudulentas vigentes até então. O problema é que elas só foram praticadas uma única vez, na eleição legislativa de 1934, responsável por elaborar uma nova

8 Esta vinculada à ideologia de inspiração fascista que animava o governo federal. Permitiu a eleição de deputados representantes de categorias profissionais. Num total de 254 deputados eleitos, 40 representavam sindicatos e associações profissionais liberais e de funcionários públicos. Jamais foi repetida na história do país.

Constituição. Assim, por onze anos, até 1945, após criar condições para o aumento do sufrágio e de uma competição eleitoral mais justa e segura, o Brasil teria o seu período mais longo sem eleições em sua história.

A Era Vargas (1930-1945) é conhecida por, entre outras coisas, incorporar o povo à política. Mas não por meio de sua livre organização em defesa de valores e interesses. Esta ambiguidade colocava os cidadãos em posição de dependência perante às autoridades, estabelecendo uma cultura política de deferência e paternalismo. Muito longe de uma concepção de cidadania democrática: ativa e reivindicadora. O povo foi cooptado no projeto nacional através dos sindicatos, como participante secundário de sustentação do governo, e recebeu a concessão de generosos direitos sociais. Que o beneficiou, mas que, ao contrário de outros países – em especial da Europa Ocidental –, por não serem resultados de lutas sociais, significou uma relação clientelista de apoio e lealdade passiva aos interesses do Estado.

Primeiro período democrático e regressão autoritária (1945-1985)

Abordaremos agora os próximos quarenta anos, em que o país viveu duas décadas de democracia e duas décadas de autoritarismo. O que explica a emergência da democracia no Brasil, sua posterior ruptura e construção de um longo regime autoritário? As condições não eram suficientes para sua consolidação? Mais do que apenas ocupar o poder, os militares tinham um projeto para o país?

O contexto da saída de Vargas da Presidência em 1945 está relacionado com o apoio aos Aliados na Segunda Guerra Mundial (1939-1945), mas também com os conflitos políticos no interior do país, vivendo sob o Estado Novo. Assim, mesmo deposto pelos militares, Vargas negocia e influencia a formação da nova ordem. A começar ainda antes de deixar o cargo, com uma estratégia de transição pela via eleitoral. O plano era baseado em dois pontos: controle sobre o alistamento eleitoral e eleições não competitivas. A ideia era recorrer aos sindicatos para alistar compulsoriamente os eleitores, inclusive com a possibilidade de criação de sindicatos rurais. Tudo isso para quebrar o poder das velhas oligarquias. Mas o governo perdeu, parcialmente, o controle do processo de transição que desencadeara quando as forças de oposição lançaram seu candidato, o brigadeiro Eduardo Gomes. (Limongi; Cheibub; Figueiredo, 2015). Em todo caso, conseguiu levar adiante o alistamento *ex-officio*, em que sindicatos e empresas faziam o alistamento dos eleitores, numa tentativa de vinculá-los às suas opções eleitorais.[9]

Outra iniciativa foi uma nova reforma política – a Lei Agamenon – que, entre outras medidas, estruturou o ingresso à política através de partidos. Pela primeira vez o Brasil passa a ter partidos políticos que fugiram a uma lógica de gabinete – como no Império –, ou regional – na Primeira República –, passando a ser organizados em caráter nacional. Além disso, dois dos três principais são formados por membros oriundos do Estado Novo: o Partido Social Democrático (PSD) – com integrantes da burocracia e do latifúndio –, e o Partido Trabalhista Brasileiro (PTB) – constituído por trabalhadores urbanos e sindicalistas. Partido ao qual se filia Vargas. Completava o trio, a União Democrática Nacional (UDN) – formado por opositores de Vargas e liberais do ponto de vista econômico.

Expressivo de uma democracia de recorte federativo, pela primeira vez todos os cargos dos poderes Executivo e Legislativo nos três níveis de governo (União, estados e municípios) passaram a ser eleitos, norma que seria retomada apenas com a promulgação da Constituição de 1988.

A novidade principal foi a emergência da competição política efetiva nas eleições. Abriu-se a chance de o eleitor escolher entre alternativas de partidos com propostas diferentes. Isso porque, até aqui, como vimos, as eleições foram sempre decididas entre frações do interior de grupos próximos aos governos, seja no Império, seja na Primeira República. Não havia competição política não só porque o eleitorado era inexpressivo, mas também porque os competidores pertenciam à mesma elite, no chamado fenômeno do governismo: no plano municipal os grupos em disputa lutavam para vencer as eleições e obter o apoio do governo estadual. No plano estadual e federal o governo fraudava a eleição para se manter no poder.

A instauração deste experimento democrático oferece mais de uma resposta, mas entre elas está a influência internacional do pós-guerra, e mudanças demográficas e econômicas, de um Brasil diferente do final dos anos

9 O alistamento *ex-officio* conviveu com o voluntário, e foi predominante nas áreas rurais até a reforma eleitoral de 1955, quando passou a ser responsabilidade do eleitor. Uma medida de caráter liberal, mas que reduziu o tamanho do eleitorado. (Limongi, 2012; Nicolau, 2012).

1920. Com uma população maior – de 35,5 milhões em 1930 para 45,7 milhões em 1945 –, e em processo de transição do campo para as cidades, além da transformação da estrutura econômica, menos agrícola e mais industrializada. Também em termos eleitorais, houve um aumento daqueles que podiam votar pois, finalmente, as reformas propostas no Código Eleitoral de 1932 passaram a ser praticadas. A única e significativa exclusão à participação continuou com os analfabetos que representavam em 1945, 53,4% da população, mais da metade!

Tabela 2 – Características das eleições presidenciais, 1945-1964

Candidato vencedor	no. de votantes (mi)	% de votos obtidos	% votantes sobre a população	% analfabetos
Eurico Gaspar Dutra (1945)	5,9	55,9	13,4	53,4
Getúlio Vargas (1950)	7,9	48,7	15,9	50,6
Juscelino Kubitchek (1955)	8,6	36,0	14,3	45,1
Jânio Quadros (1960)	11,7	48,0	18,5	39,7
João Goulart (1963)*	12,3	76,9**	19,5	37,9

Fonte: Elaboração própria, a partir de Albuquerque (2011), Carvalho (2011), Fausto (2012), Limongi; Cheibub; Figueiredo (2015) e Branco (2020).

* Plebiscito sobre sistema de governo, que restaurou o presidencialismo.
** A favor do presidencialismo, proposta defendida por Goulart.

A tabela acima consolida algumas das principais marcas deste período, mostrando que houve um aumento contínuo da participação nas eleições, ainda que parte expressiva do eleitorado estivesse impedida de votar. Em acréscimo, vale notar que se na eleição presidencial de 1945, apenas 13,4% da população adulta votou – ainda assim houve um aumento em relação a 1930, quando foi de 5,6% – equiparando o percentual de 1872, quando o voto ainda era estendido aos analfabetos. Em números totais, houve um salto de 1,8 milhão em 1930 para 12,3 milhões em 1963, na votação do plebiscito em 1963, chegando a 19,5% da população. Isso apesar da restrição aos analfabetos, corresponder a 37,9%.

Mas a competição política tinha limitações de outra ordem. A Constituição de 1946 estabeleceu um critério ideológico para o registro dos partidos. Eles não poderiam funcionar se não defendessem princípios democráticos representativos. Neste contexto, o Partido Comunista Brasileiro (PCB) foi legalizado, concorreu às eleições gerais de 1945, elegeu deputados e senadores, para logo depois ter seu registro cassado, em 1947. Contribuiu para isso, pressões de setores conservadores, em especial da UDN, e dos Estados Unidos, este em sua cruzada anticomunista internacional. Perdeu-se uma chance de que, com a participação eleitoral, o PCB tivesse se incorporado como uma agremiação de esquerda democrática. Excluído do sistema, partiu para estratégias de radicalização ou aproximação com setores dos governos Vargas (1951-1954) e João Goulart (1961-1964), que influíram na polarização dos anos 1950 e 1960.

Se o Brasil passou a encarar uma 'questão democrática" pela primeira vez, ela carregou consigo – como indicado acima – limitações que atestam uma adesão controversa. Isso porque se podemos acentuar os aspectos de mudança para uma nova ordem política (mais inclusiva e competitiva), a estrutura precedente, em boa medida, permaneceu, não só em termos da extensa burocracia do Estado varguista, mas dos fenômenos políticos antigos, em especial o forjado durante os anos 1930, o populismo. Uma espécie de sucessor da velha política coronelista para o cenário urbano, expressou, em boa medida, vinculações personalistas entre setores populares e políticos demagogos, a maior parte deles de perfil conservador. Em um sistema partidário incipiente, o fenômeno populista ganhou novo fôlego numa moldura de competição eleitoral, em um país que se transformava rapidamente, colocando em jogo a estrutura classista e a incorporação das demandas populares. Como argumenta Francisco Weffort (1978, p. 159): "A adesão das massas ao populismo tende (...) a obscurecer a divisão real da sociedade em classes com interesses sociais conflitivos e a estabelecer a ideia do povo entendido como uma comunidade de interesses solidários."

Assim, este processo medianamente eleitoral e competitivo explicitou as tensões entre os setores conservadores e os que defendiam processos democratizantes, com aumento progressivo da polarização. É esta ambiguidade, digamos, que explica as várias crises do período: pressão pela renúncia de Vargas e seu suicídio (1954); tentativa de impedir a posse de Juscelino Kubitschek em 1955; renúncia de Jânio Quadros e o veto militar ao vice João Goulart, com a criação do parlamentarismo, em 1961; restauração do presidencialismo (1963) e o golpe militar em 1964, levando ao colapso do regime democrático.

A democracia foi experimentada, mas o consenso em torno do que ela poderia gerar para a sociedade brasileira não estava claro: "Eleições sim, mas desde que o nosso grupo vença". Ora, este lema golpista repetido pelos próceres da UDN nada mais era do que o praticado desde a gênese do país pelas diferentes elites que ocuparam o poder, subjugando o povo de qualquer reconhecimento e participação. Neste sentido, justamente pela democratização possibilitar mais voz a segmentos populares e pressionar os governos por reformas redistributivas, o processo tornou explícito o desacordo sobre os projetos para o país.

Nesse sentido, se a maior novidade deste período foi a possibilidade de governos serem derrotados – fim do velho governismo – na prática, isso não representou uma alternância em termos substantivos. Pois se é razoável o argumento de que um teste importante para a consolidação de uma democracia é a vitória e o posterior governo de um partido de esquerda (Marenco, 2007), o Brasil fracassou. Podemos afirmar que houve duas tentativas de governos que representaram uma derrota dos setores tradicionais do país. Uma de caráter, digamos, parcial, do governo Vargas (1950-1954), que eleito por um partido de base sindical, compartilhou o poder com parcelas do campo conservador ligadas ao PSD, e outra mais efetiva, com João Goulart (1961-1964), embora ele não tenha sido escolhido para o cargo – foi eleito como vice. Mesmo assim, desde a realidade de sua posse, enfrentou resistência dos conservadores, levando a uma polarização radical, quando assume o governo no presidencialismo restaurado, em 1963.

José Murilo de Carvalho argumenta que a falta de convicção das elites foi decisiva, tanto da direita, como também da esquerda, pois os dois lados concorreram pelo controle do governo num processo que, a despeito da moldura democrática, passava ao largo dela.

> Direita e esquerda preparavam um golpe nas instituições. A direita, para impedir as reformas defendidas pela esquerda e para evitar o que achavam ser um golpe comunista-sindicalista em preparação. A esquerda, com Leonel Brizola à frente, para eliminar os obstáculos às reformas e neutralizar o golpe de direita que acreditavam estar em preparação. No calor da luta, foram sendo aos poucos abandonadas as possibilidades de negociação no Congresso e nos partidos. As lideranças caminharam na direção de um enfrentamento fatal para a democracia. (Carvalho: 2011, p. 150-151).

Este trecho vai de encontro com a perspectiva instrumental de Weffort (1988), mas talvez não seja apenas ela que tenha motivado o golpe, mas também as características do processo democrático em sua relação com a sociedade civil. O cenário se caracterizou por aquilo que Samuel P. Huntington (1975) chamou de 'sociedade pretoriana': altamente politizada, mas com instituições insuficientes para canalizar e estruturar as demandas e o conflito político, como as que caracterizaram, em geral, os países subdesenvolvidos do pós-guerra. Pois se havia um processo de maturação em curso, a sociedade civil era pouco organizada e incapaz de influenciar as lideranças políticas. Como lembra Carvalho (2011), não havia organizações representativas que pudessem resistir ao impulso da radicalização. Os sindicatos e o movimento estudantil, por exemplo, eram pouco enraizados junto às bases, funcionando como estruturas de cúpula. Com a exceção da participação eleitoral, houve perdas naquilo que estava em desenvolvimento nestes e outros setores da sociedade civil, relativas à suas formas de organização, identidade e vínculos com o sistema institucional.

Pela primeira vez na história brasileira os militares assumiram diretamente o poder. Antes, haviam agido como mediadores de crises, quando grupos políticos discordavam ao ponto de acionar o Exército, devido à fraqueza das instituições e da sociedade. Tanto é que todas as rupturas e novos ciclos históricos foram marcados por sua intervenção. Atuaram como uma espécie de poder 'moderador' informal quando, na verdade, desestabilizaram o sistema político. Apesar disso, a corporação entendia que não tinha legitimidade para assumir o governo. (Stepan, 1975).

Isso muda em 1964. Mas por quê? Parte da resposta talvez já tenha sido respondida com os argumentos acima: falta de convicção democrática dos civis, baixa articulação da sociedade civil, desacordo sobre os rumos do país e um contexto internacional de Guerra Fria. Certamente este último componente foi decisivo, dado o clima de disputa ideológica polarizada pelo qual o mundo passava.

Para "salvar a democracia", como tentaram justificar, os militares governaram o país por 20 anos, 11 meses e 16 dias. Na verdade, ao menos no início, não estava claro os rumos que o regime tomaria. Mas, aos poucos, o Exército foi se assenhorando do poder, intensificou o combate à oposição – especialmente da esquerda – e, em termos econômicos, após uma primeira fase liberal, implementou um desenvolvimentismo de caráter nacionalista, especialmente nos anos 1970. Tais características indicam que a ditadura militar rompeu com a tradição populista, mas prosseguiu no processo de modernização capitalista. Agora, com uma aliança entre o Estado, o capital nacional e o aumento do capital internacional. Surgiu um novo tipo de autoritarismo – também adotado na Argentina, Chile e Uruguai –, conceituado como um regime burocrático-autoritário (O'Donnell, 1987).

A ditadura começa a ganhar forma através dos atos institucionais, que desfiguraram o sistema político anterior, embora tenha mantido algumas de suas características. Assim, o Ato Institucional n. 2, baixado em 1965, extinguiu o sistema multipartidário e criou outro, com apenas dois partidos: Aliança Renovadora Nacional (Arena) – do governo – e Movimento Democrático Brasileiro (MDB) – da oposição. Além disso, suspendeu por tempo indeterminado as eleições diretas para presidente. Já o Ato Institucional n. 3 (1966) suspendeu as eleições diretas para os governos estaduais, prefeitos de capitais e cidades consideradas "áreas de segurança nacional". Mas nem todas as instituições representativas foram abolidas.

As eleições para os cargos do poder Legislativo nas três esferas de governo foram mantidas, além das prefeituras pelo interior do país. Assim, a vida político-partidária prosseguiu, mesmo com o Congresso sendo fechado algumas vezes (1966, 1968 e 1977) e com poucos poderes para legislar. Mas permitiu a manutenção de vínculos com a sociedade e negociações com os militares, nos diferentes momentos do regime.

Com a continuidade do calendário eleitoral para o Legislativo, o eleitorado brasileiro seguiu crescendo. Na eleição presidencial de 1960, votaram 11,7 milhões de eleitores; nas eleições para o senado em 1970 votaram 22,4 milhões; nas de 1982, 48,7 milhões e nas de 1986, 65,6 milhões. Se em 1960, 18,5% da população votava, chegou a 47% em 1986. Um crescimento de 254%! O eleitorado não só aumentou, mas acelerou. Outro dado relevante: 53 milhões de eleitores foram incorporados ao processo no regime militar mais do que a população do país em 1950. (Carvalho, 2011, p. 167).

O que pode ter contribuído para esta grande expansão? Primeiro, em termos institucionais, houve a ampliação da obrigatoriedade de alistamento para todas as mulheres[10] e a inclusão de mais sanções para os eleitores faltosos. Em

10 É curioso que tenha sido numa ditadura que o direito feminino ao voto tenha se universalizado. Isso porque, no período anterior, estavam autorizadas a votar apenas as mulheres que

segundo lugar, houve um aumento da alfabetização, resultado da ampliação das crianças nas escolas nas décadas de 1940 e 1950. Embora a taxa de analfabetismo ainda fosse alta, ela foi diminuindo: 1960 (39,7%), 1970 (33,8%), 1980 (25,5%). Além disso, a urbanização acelerada – de 35% em 1940, a 45% em 1960 até 70% em 1980 – também contribuiu por tornar menos difícil os custos do alistamento. (Albuquerque, 2011; Bethell, 2002; Nicolau, 2012).

Neste contexto é preciso ponderar dois aspectos. Por um lado, relativizar o significado destes votos em meio a um regime autoritário que, entre outras restrições, impedia a eleição para presidente, o cargo mais importante. Isso sem falar na violência contra a livre organização partidária e a fraqueza do Congresso e demais casas legislativas, subjugadas aos interesses do governo federal. Mas, por outro lado, este fenômeno permitiu que o eleitorado se mantivesse mobilizado e tenha contribuído para o processo de abertura do regime autoritário, quando o MDB se tornou um partido competitivo, nas eleições para o Congresso em 1974. Tanto é que o governo Ernesto Geisel (1974-1979) abriu negociações com sua liderança, tornando o partido um interlocutor reconhecido. Como resultado, o governo João Figueiredo (1979-1985) recriou o sistema multipartidário em 1979, com o objetivo de enfraquecer a oposição. Mas a pressão do ambiente político e da sociedade civil prosseguiu, e a partir da restauração da eleição para os governos estaduais em 1982, o regime autoritário entrou num ponto de não retorno, embora as forças mais radicais da instituição militar continuassem a se opor ao projeto de abertura.

A volta das eleições diretas para governadores serviu como uma espécie de plebiscito sobre o desempenho do governo federal. Os partidos de oposição elegeram 10 dos 22 em disputa e tiveram entre os eleitos, os governos de três dos mais importantes estados do país: São Paulo, Rio de Janeiro e Minas Gerais. O Brasil viveu a situação inusitada de estar sob escolha democrática em nível subnacional e autoritária em nível nacional. O que ajuda a explicar porque os governadores de oposição passaram a liderar o movimento Diretas-Já e, após a posterior derrota da emenda constitucional no Congresso, indicar entre eles o candidato que terminaria por vencer a eleição indireta no Colégio Eleitoral, encerrando o ciclo autoritário.

---

comprovavam alguma atividade produtiva. Desta forma, donas de casa não eram consideradas nesta categoria, e não votavam.

Segunda experiência democrática (1985 em diante)

Apesar de obedecer às regras do regime autoritário, e do candidato eleito por ela, Tancredo Neves, ter falecido, havia um clima misto de otimismo e apreensão em relação ao início da Nova República. Otimismo, porque depois de duas décadas os militares se retiraram do poder e um civil assumiu o governo, e com eleições estaduais e legislativas federais em 1986, das quais seriam eleitos os membros da assembleia que iria aprovar em 1988 uma nova Constituição. Apreensão, por causa do quadro econômico desfavorável, com uma crise inflacionária muito alta e de difícil condução, em que pesou o enorme déficit público, o desemprego e uma das maiores dívidas externas do mundo.

Além deste contexto conjuntural, a redemocratização foi marcada por um processo pactuado, com os militares negociando sua saída do poder para que o novo regime tivesse um perfil ideológico moderado e a Lei de Anistia, de 1979, não fosse revista, garantindo que não fossem punidos. Isso os manteve como atores influentes, pelo menos até ser completado o processo de transição com a eleição direta para presidente em 1989. Em todo caso, devido ao *impeachment* do presidente Fernando Collor (1990-1992), talvez seja possível estender a transição até 1994, quando Fernando Henrique Cardoso foi eleito. Pois ocorreu, ao mesmo tempo, o controle da inflação e a posse de um presidente com amplo apoio eleitoral e partidário. (Sallum Jr., 2003). Teríamos uma conjuntura crítica, que encaminhou o país para uma nova fase, marcada pela dupla estabilidade econômica e política que duraria, grosso modo, até 2014.

Apesar do Brasil ter demorado para achar o rumo da redemocratização, este processo esteve ligado, em parte, à continuidade das eleições no regime autoritário. Como já dito, democracia não é só eleição. É sua dimensão mais nobre e decisiva, mas deve vir acompanhada por instituições e poderes que tenham autonomia e se controlem mutuamente, liberdade de expressão e consciência, e uma sociedade ativa e abrangente, protegida por direitos civis extensos a todos. Mas se esta concepção do regime nunca foi plenamente praticada no país, talvez o cenário pós-1988 tenha sido aquele que chegou mais perto, a despeito dos muitos problemas em suas outras dimensões que não a eleitoral.

Pois justamente a partir da promulgação da Constituição de 1988 todos os cargos públicos nos poderes Executivo e Legislativo, nas três esferas de governo, voltaram a ser preenchidos por meio do voto. Pela primeira vez passou-se a não haver restrição à organização partidária, em termos ideológicos. Todas as correntes políticas podem se expressar e disputar o poder. Em termos de organização do calendário eleitoral não é trivial o fato de que, a partir de 1994, passou a funcionar de forma bianual, ou seja, a cada dois anos temos eleições no país. Uma geral, para presidente, senadores e deputados federais, governadores de estado e deputados estaduais. E outra municipal, para prefeitos e vereadores. A repetição regular deste processo ajudou a configurar as forças político-partidárias, primeiro num sentido nacionalizador (eleições gerais) e em segundo numa lógica local, redefinindo as alianças pré e pós-eleitorais, e trazendo mais previsibilidade ao processo político. Outra medida inovadora – colocada em prática a partir de 1998 –, foi o estabelecimento das reeleições para os cargos Executivos (presidente, governadores e prefeitos com população acima de 200 mil habitantes). Isso trouxe mais planejamento e continuidade para a efetivação de políticas públicas, com uma alta taxa de reeleições nas três esferas de governo.

Em termos de participação eleitoral, o direito de voto dos analfabetos foi, finalmente, recuperado. De uma alteração na Lei Saraiva em 1882, até uma emenda à Constituição que reestabeleceu seu direito em 1985, passou pouco mais de um século. O percentual ainda era de 22,9%. Sufrágio universal no Brasil é, assim, atingido de forma bem tardia. Passou a fazer parte do contingente eleitoral do país de forma obrigatória homens e mulheres a partir dos 18 anos. Analfabetos, jovens de 16 e 17 anos e aqueles acima de 70 anos podem exercer o direito de forma facultativa, embora os analfabetos e jovens não possam concorrer aos cargos. Além disso, a instauração das urnas eletrônicas em 1998 reduziu drasticamente os votos inválidos e as fraudes, tornando as eleições mais inclusivas, limpas e rápidas.

Desta forma, o processo de aumento do eleitorado prosseguiu, chegando a se estabilizar, como mostra a tabela abaixo:

Tabela 3 – Características das eleições presidenciais, 1989-2018

Candidato vencedor	Eleitorado (milhões)	% de votos obtidos	% votantes sobre a população
Fernando Collor (1989)	82,07	53,03	57,0
Fernando Henrique Cardoso (1994)	94,78	54,28	60,6
Fernando Henrique Cardoso (1998)	106,10	53,06	63,8
Lula (2002)	115,25	61,27	65,8
Lula (2006)	125,70	60,83	68,7
Dilma Rousseff (2010)	135,54	56,05	71,1
Dilma Rousseff (2014)	142,68	51,64	70,4
Jair Bolsonaro (2018)	147,31	55,13	70,7

Fonte: Elaboração própria a partir de Branco, 2020

Estes números impressionam nesta análise de longo prazo da extensão da participação eleitoral no Brasil. Se no primeiro ciclo presidencial republicano (1889-1930), a média de votantes sobre a população foi de 2,63%, e no segundo ciclo (1945-1964) chegou a 8,53%, na atual experiência democrática brasileira, depois de oito rodadas eleitorais, alcançamos a média de 66,0%. Da primeira para a segunda experiência democrática o aumento foi de 773,74%! A democracia brasileira, em termos eleitorais, se universalizou. Isso faz do Brasil a quarta maior do mundo, atrás da Índia, Estados Unidos e Indonésia.

Se, como vimos, a invenção das eleições precedeu, em termos históricos a democracia contemporânea, o Brasil é um ótimo exemplo disso. Tal situação ratifica as considerações de Bizarro e Coppedge (2017), de que a democracia brasileira se expande como uma espiral, com aumentos e recuos, e expansão, em especial, nos dois ciclos democráticos. No Império, mesmo que de forma modesta, ocorria um aumento da participação até a medida de exclusão dos analfabetos. Na Primeira República, os patamares foram muito baixos, embora com uma discreta melhora nas três últimas eleições presidenciais. Durante a Era Vargas a restrição foi quase completa e na primeira experiência democrática (1945-1964), houve novo aumento, recuperando percentuais da segunda metade do século XIX apenas na última eleição presidencial do período. O regime autoritário, como visto, acelerou o processo de incorporação, desaguando na atual experiência democrática, quando alcançamos os maiores patamares, próximos a 71%.

Se de uma perspectiva eleitoral a democracia brasileira, em termos contemporâneos, se revela muito bem-sucedida, tal pujança é seriamente contrastada com outras características da política brasileira, a principal delas a instabilidade. Assim, como vimos, cada período histórico é encerrado por uma ruptura institucional e mesmo no interior de cada período, ocorreram crises graves, entre setores que demandavam por mais participação e outros pela conservação do *status quo*.[11] Isso porque apenas em meados do século XX é que as demandas por mais participação se traduziram pelo desejo de construção de um regime democrático. Antes, os conflitos estavam situados entre setores da elite brasileira para obter mais poder, embora, por vezes, com projetos diferentes para o país.[12]

Entre outras explicações possíveis para este caráter de instabilidade crônica uma das mais promissoras é aquela que reflete sobre as relações entre os direitos políticos e os direitos civis. Ou seja, a expansão da democracia, mesmo que num longo prazo, não foi acompanhada da efetivação das liberdades individuais no país. De forma geral, setores da classe dominante e parcelas da classe média tiveram um comportamento ambíguo, pois se praticaram as eleições na maior parte do tempo, também desconfiaram e tiveram aversão à ideia de efetivação de direitos para todos e, ainda mais, de redistribuição da renda no país. Não é fortuito que o Brasil seja um dos países mais desiguais em termos socioeconômicos. Este problema se relaciona com uma tradição democrática fraca e, em termos substantivos, à alteração no modo de relacionamento entre a elite e o povo. Boa parte das crises foram originadas a partir da dissonância radical de interesses. Se é certo que o capitalismo é um sistema econômico inerentemente desigual, é errado considerar que precisaria ser tão socialmente injusto como o que foi construído em nosso país.[13]

---

11 Entre 1945-1964, dos cinco presidentes, três não terminaram o mandato (60%) e na democracia atual, dos cinco eleitos, em oito mandatos, dois não chegaram até o fim (25%).

12 Como os casos da queda da Monarquia e da Revolução de 1930. Na primeira havia uma disputa entre um Estado mais centralizador e escravocrata e outro mais descentralizador e oligárquico. Na segunda, justamente o grupo oligárquico foi destronado por uma corrente que defendia um governo mais nacionalista e desenvolvimentista, e que atendesse a reivindicações de caráter social.

13 Em parte por causa desta tradição democrática fraca, o Brasil é um dos poucos países que não fez uma reforma agrária extensiva e possui um sistema tributário regressivo, que penaliza

Se por muito tempo a democracia no Brasil foi vista como "um mal-entendido", nos dizeres de Sérgio Buarque de Holanda (1936), no sentido de que era um formalismo que não condizia com a realidade do país, em termos contemporâneos ela está universalizada em termos eleitorais e com uma série de direitos constitucionais que garantem a possibilidade de exercício da cidadania. Mas não inteiramente, o que permite que, de tempos em tempos, atores historicamente conservadores possam agir contra a democracia.

Entre 1994 e 2014 o Brasil viveu um ciclo de estabilidade política inédito através do governo de três presidentes em cinco mandatos e meio. Isso produziu políticas públicas que reduziram a desigualdade pois, mesmo com partidos diferentes, houve continuidade, como na saúde, assistência social, educação pública e políticas culturais diversas. Isso é uma prova de que regimes democráticos produzem resultados sociais no médio prazo, pelo menos se governados por partidos com orientações ideológicas mais progressistas, como os casos do Partido da Social Democracia Brasileira (PSDB) e, principalmente, do Partido dos Trabalhadores (PT).

Tal cenário suscitou a compreensão de que havíamos consolidado a democracia, principalmente em contraste com o cenário de 1945-1964 que, como vimos, chegou à ruptura devido à polarização radical entre uma direita conservadora *versus* um governo mais progressista. Assim, especialmente entre 2003 e 2016, o PT governou o país e apresentou resultados concretos na redução da desigualdade. Neste sentido, havia a compreensão na academia e em setores da sociedade, de que a regra democrática se tornara geral, e nenhum segmento político relevante se imaginava agindo fora das instituições, aceitando o resultado das eleições e competindo de novo, quando derrotados. A percepção era de que democracia era o único jogo disponível.

Contudo, ao que parece, esta avaliação foi prematura devido à crise política que o país passou a viver. A partir das manifestações de 2013, entramos num processo de inédita polarização política, primeiro expressa na contestação do resultado das eleições presidenciais de 2014 pelo partido perdedor, o PSDB, depois de sua quarta derrota no pleito; sem paz para governar, a presidente Dilma Rousseff terminou afastada num *impeachment* muito con-

os assalariados e isenta os ricos. Estes dois fatores são permanentes na história brasileira, não uma casualidade, e respondem por este processo problemático de direitos políticos que demandam reformas, e direitos civis que privilegiam setores da elite que, de forma geral, resiste a elas. (Pochmann, 2007).

troverso, que dividiu ainda mais o país;[14] finalmente, nas eleições de 2018 foi eleito Jair Bolsonaro apoiado por setores da extrema direita e comprometido com um projeto autoritário em plena democracia.

Como entender que após o país viver em relativa estabilidade e prosperidade tenha ocorrido um retrocesso de tal magnitude? Leonardo Avritzer (2018) oferece um bom argumento. Numa perspectiva histórica, a evolução da democracia brasileira não é constante, pois ela se comporta de uma maneira pendular. Ora com momentos de mais apoio e ora com menos. Assim, tivemos 1945-1946 e 1985-1988 pelo primeiro aspecto. E o reverso, como na crise que levou ao golpe, entre 1961-1964. Como afirmamos acima, o autor corrobora a ideia de que a maneira como a democracia se constituiu no Brasil não resolveu de maneira satisfatória a relação entre suas instituições democráticas – eleitorais –, e o que ele chama de antidemocráticas – que, por vezes, contestam os resultados das eleições ou as políticas públicas dos vencedores.

No fundo, o autor segue a tese de Raymundo Faoro (1977), de que estas instituições antidemocráticas estão conectadas historicamente com um Estado de perfil patrimonialista que se formou no país, que sempre concentrou poder e incluiu em sua estrutura frações da elite que se beneficiaram política e economicamente. Em termos concretos Avritzer se refere ao Judiciário, ao sistema econômico, e poderíamos acrescentar aqui ao Exército, do qual já nos referimos antes, que por seu papel ativo na vida política do país, sempre está à espreita. Mostra disso é o recrudescimento de sua atuação na vida política atual, ao participar de forma extensa – até para os padrões da ditadura que eles impuseram nos anos 1960 e 1970 – do governo Bolsonaro.

Assim, dos três poderes, o Judiciário, historicamente, é o único que não partilha de nenhum mecanismo eletivo para a escolha dos seus integrantes –

14 Este segundo processo de *impeachment* foi diferente do primeiro, em que houve provas de corrupção do mandatário e amplo apoio popular, ajudando a aumentar a crença na democracia. Em meio a um governo sob crise econômica, denúncias de corrupção na Petrobras e perda de apoio da coalizão no Congresso, Dilma Rousseff foi afastada por ter feito 'pedaladas fiscais", manobras contábeis para transferir recursos do Tesouro para cobrir gastos sociais. Acontece que outros governantes, presidentes, inclusive, usaram do mesmo expediente no passado e não foram sequer advertidos. O instrumento do *impeachment* foi pervertido em seu sentido original a serviço de interesses políticos de ocasião, num autêntico golpe parlamentar, no qual o governante perde o cargo por motivos injustos, mas o regime prossegue sendo democrático, apesar de enfraquecido (Santos, 2017).

coisa que existiu durante o Império no nível local –, tem uma organização interna e de tomada de decisões avessa à fiscalização e controle dos outros dois poderes e, mais recentemente, tornou-se um ator muito ativo na vida política do Executivo e do Legislativo, inclusive do ponto de vista eleitoral, com decisões que, por vezes, retiram do cidadão a escolha sobre o resultado de uma eleição. O que tem resultado em vários mandatos não reconhecidos ou cassados, nas três esferas de governo. (Marchetti, 2008). Mais recentemente, a atuação enviesada da Operação Lava Jato ilustrou ainda mais um ativismo político incompatível com um poder que deve ter como premissa, antes de mais nada, a busca pela isenção e a imparcialidade. Avritzer entende que o problema do Judiciário é mais geral, pois se insere na própria adesão de setores da elite aos valores democráticos. Isso porque as estruturas de direitos são historicamente frágeis e vinculadas não às garantias institucionais, mas a um arranjo interno entre elites que trocou o direito a todos por uma ideia de personalismo, em defesa de seus interesses ou de seus aliados de ocasião.

Já com relação ao sistema econômico, é fato que ele se constituiu historicamente como próximo do Estado. Em certo sentido compartilhou com este o modelo de capitalismo forjado no país, numa estrutura, justamente, patrimonialista. Os atores mudaram, de tempos em tempos, e o próprio sistema socioeconômico se metamorfoseou tremendamente, mas a vinculação e a compreensão do papel do grande empresariado, grosso modo, é semelhante, com seus interesses e privilégios vindo à frente da construção de uma sociedade mais inclusiva e redistributiva. Ora, não é por menos que o Brasil estava em 2020 com sua economia entre as dez maiores do mundo, mas com um índice de desenvolvimento humano na 84ª. colocação.[15]

Pois estas vias não eleitorais de ação política agem de tempos em tempos contestando a soberania popular. Particularmente, quando elas têm uma ideologia mais à esquerda ou com um projeto de desenvolvimento socioeconômico que redistribui renda e pressiona o modelo econômico concentrador. Como já apontado por Weffort (1988) e Carvalho (2011), o problema que conecta a atual crise da democracia brasileira com outros momentos históricos está na forma problemática com que o liberalismo político foi traduzido no país, ou seja, ambíguo em relação à democracia,

15 Ver em http://hdr.undp.org/en/content/latest-human-development-index-ranking.

pois vista de forma instrumental. As elites de traço patrimonial resistem ao avanço dos efeitos inclusivos e redistributivos, pois não vincularam a tradição liberal-constitucional a uma estrutura de direitos igualitária para todos os cidadãos, independentemente de sua condição social ou racial.

Neste sentido podemos incluir a análise de Scott Mainwaring e Anibal Perez-Liñan (2005), para a redemocratização na América Latina, vinculando ao contexto brasileiro. Para eles, a direita foi o grande obstáculo à trajetória da democracia no Brasil. Mantiveram-se no poder por muito tempo durante o século XX, e se recusaram a aceitar as regras democráticas sempre que se sentiam ameaçados de perder seus poderes e privilégios. "As elites políticas conservadoras frequentemente conspiraram contra a democracia no Brasil entre 1946 e 1964 e na Argentina, entre 1930 e 1976" (Mainwaring e Liñan, 2005, p. 46). Já a esquerda tinha como prioridade, grosso modo, a chegada ao poder por meio de um processo revolucionário socialista e a democracia era vista, de forma geral, como de caráter instrumental. A luta política travada entre os governos militares e as guerrilhas de esquerda durante a Guerra Fria não visava como fim último a restauração de um regime democrático.

Com os processos de transição dos regimes autoritários quem teve a maior mudança de atitude com relação à democracia foi a esquerda. Em nenhum dos países se constituiu historicamente como um grupo político majoritário, mas sua contribuição para a redemocratização foi importante porque "depois de ter experimentado a vida sob ditaduras brutais, a maioria dos sobreviventes concluiu que a democracia era necessária e desejável." (Idem, 2005, p. 45). Nesse sentido, o papel central do PT no processo democrático brasileiro comprova isso. E, justamente, por causa de seus governos presidenciais de caráter progressista e distributivista, é que houve uma reação destas vias não eleitorais ou antidemocráticas, que se acreditava, então, integradas de forma incondicional aos valores democráticos.

Desta forma, se é fato que o Brasil convive com a contínua expansão da franquia democrática de 1945 até nossos dias, este alargamento da participação eleitoral e consciência cidadã por ela gerada, não tem sido suficiente para universalizar a democracia enquanto valor. Ao invés, como mostra a crise dos últimos anos, houve um processo de desconsolidação que, no limite, poderá levar a um novo colapso da democracia em nosso país.

Conclusões

A trajetória da democracia brasileira nestes 200 anos está intimamente ligada com a prática da participação eleitoral. Ao longo de todos os períodos históricos foram feitas modificações nas regras e nos sistemas eleitorais, algumas para expandir as eleições e outras para restringi-las, bem de acordo com a mentalidade política de cada período, ora mais pró-eleições, ora contra a participação.

Neste sentido, como já observado, o Brasil repete o expediente histórico de outros países nos quais as eleições precederam a democracia. Entendida aqui como um regime político que pressupõe, além de eleições inclusivas e competição pelos cargos em disputa, um sistema amplo e reconhecido de direitos civis estendidos a todos os cidadãos.

Contudo, podemos afirmar que esta expansão gradual do processo eleitoral no país, responde por uma parcela da sociedade – e não só do povo, mas também parte da elite – que entendeu que os mandatos devem ser transferidos e ocupados pela via eleitoral. Mas não necessariamente com alternância de poder – até pelo menos meados do século XX – o que permite a crítica de vários intérpretes do Brasil à época, de que os processos eleitorais eram uma mistificação. A baixíssima participação permitida (exclusão das mulheres e analfabetos) e as fraudes generalizadas, reforçaram esta convicção. Mas como observaram Carvalho (2011) e Limongi (2012), as eleições se justificavam como uma luta política entre os que podiam participar. Foi a maneira encontrada para evitar a disputa violenta do poder, não significando, portanto, que eleições deveriam permitir a vitória da oposição ou ter uma base de legitimidade popular. Ora, é justamente por essas razões que a extensão do voto era controlada.

A partir do primeiro período de experiência democrática (1945-1964), em que as eleições começam a dialogar com uma estrutura de direitos, é que começa a expansão contínua do eleitorado, num processo que inclui até o período autoritário militar, e se conclui com o início da redemocratização em 1985, quando são estabelecidas as novas regras de participação nas eleições, com a mudança mais significativa, da extensão do voto aos analfabetos. Assim, tanto a instauração de um primeiro regime democrático, como a da expansão do sufrágio universal foram muito tardias.

As duas principais características da democracia brasileira, em termos históricos, vêm de encontro a estas questões. Pois, ela evoluiu em avanços e recuos, como se fosse uma espiral na feliz metáfora de Bizarro e Coppedge (2017). O que garante, neste momento, que em termos eleitorais o regime seja um sucesso, muito embora alguns setores da extrema direita questionem, nos últimos anos, a manutenção das urnas eletrônicas eleitorais.

A este desenvolvimento em espiral, se relaciona, justamente, a instabilidade, ligada à controvérsia que ocorre de tempos em tempos, com relação ao projeto de país que se deseja: mais patrimonialista e conservador ou mais democrático e progressista. Em diferentes momentos históricos, com conjunturas específicas, esta questão tem dividido o país, que não consegue coadunar uma estrutura de direitos que seja compreendida como tal, e estendida de forma igual a todos, e não enviesada para beneficiar certos setores historicamente poderosos. Como lembra Weffort (1988), o problema está ligado à ambiguidade com que a democracia vem sendo encarada pelas elites, ao interpretá-la de forma instrumental aos seus interesses. Para superar esta adesão condicionada, é preciso reconhecer o povo, em seu sentido amplo, como soberano em sua legitimidade.

Portanto, a partir do diagnóstico de Sérgio Buarque de Holanda, que identificava o problema da democracia com a fragilidade dos princípios liberais, a resposta talvez tenha de ser ampliada na relação entre a legitimidade democrática e a estrutura dos direitos. Pois, apenas assim é que a fraca tradição do liberalismo cordial no Brasil possa vir a ser superada.

Se é fato que, mesmo sob o capitalismo, as democracias mais antigas do pós-guerra redistribuíram a riqueza e melhoraram os serviços públicos, se tornando, assim, mais estáveis, prósperas e sólidas em seu apoio –, este desafio ainda está para ser atingido no Brasil. Embora a dimensão eleitoral contínua, e mais recentemente, universal, tenha democratizado as relações entre Estado e sociedade, ela não basta para a construção de um regime político mais estável, civilizado e socialmente justo em nosso país. A crise política dos últimos anos só comprova isso.

Referências

ALBUQUERQUE, Roberto Cavalcanti de. *O esenvolvimento Social do Brasil.* Rio de Janeiro: José Olympio/Fórum Nacional, 2011.

AVRITZER, Leonardo. O Pêndulo da Democracia no Brasil: uma análise da crise de 2013-2018. *Novos Estudos Cebrap,* vol. 37, n. 2, maio/agosto de 2018.

BARRETO, Lima. *Os Bruzundangas.* São Paulo: L&PM Pocket, vol. 89, 1998.

BETHELL, Leslie. Política no Brasil: de eleições sem democracia a democracia sem cidadania. BETHELL, Leslie (org.). In: *Brasil fardo do passado, promessa do futuro.* Rio de Janeiro: Civilização Brasileira, 2002.

BIZARRO, Fernando; COPPEDGE, Michael. Variedades da Democracia no Brasil. *Opinião Pública,* vol. 23, n. 1, Campinas, janeiro/abril de 2017.

BRANCO, Marcello Simão. Democracia e Instituições Políticas Brasileiras Pós-1988. BRANCO, Marcello Simão (org.). In: *Compreensão da Realidade Brasileira.* 2ª. edição. São Paulo: Alameda Editorial, 2020.

CALDEIRA, Jorge. Pero Lopes de Sousa e a Tradição Democrática Colonial (ou Os Intelectuais Brasileiros não Estamos Preparados para a Democracia). CALDEIRA, Jorge. In: *Nem céu nem inferno: ensaios para uma visão renovada da História do Brasil.* São Paulo: Três Estrelas, 2015.

CARVALHO, José Murilo de. Os três povos da república. *Revista USP,* São Paulo, n. 59, setembro/novembro de 2003.

CARVALHO, José Murilo de. *Cidadania no Brasil: o longo caminho.* 14a. edição. Rio de Janeiro: Civilização Brasileira, 2011.

DAHL, Robert A. *Poliarquia.* São Paulo: Edusp, 1997.

DAHL, Robert A. *Sobre a Democracia.* Brasília: Editora UnB, 2001.

FAORO, Raymundo. *Os Donos do Poder.* 2 volumes. 4ª. edição. Porto Alegre: Globo, 1977.

FAUSTO, Boris. *História do Brasil.* 14.a edição. São Paulo: Edusp, 2012.

HOLANDA, Sérgio Buarque de. *Raízes do Brasil.* 26. edição. Rio de Janeiro: José Olympio, 1994.

HUNTINGTON, Samuel P. *A ordem política nas sociedades em mudança.* Rio de Janeiro: Forense Universitária; São Paulo: Edusp, 1975.

JAGUARIBE, Hélio. O Experimento Democrático na História Ocidental. JAGUARIBE, Hélio; IGLÉSIAS, Francisco; SANTOS, Wanderley Guilherme dos; CHACON, Vamireh; COMPARATO, Fábio (orgs.). In: *Brasil, sociedade democrática*. Rio de Janeiro: José Olympio, 1985.

LAMOUNIER, Bolívar. Apontamentos sobre a Questão Democrática Brasileira. ROUQUIÉ, Alain; LAMOUNIER, Bolívar; SCHVARZER, Jorge (orgs.). In: *Como renascem as democracias*. São Paulo: Brasiliense, 1985.

LEAL, Victor Nunes. *Coronelismo, enxada e voto*. 3ª. Edição. Rio de Janeiro: Nova Fronteira, 1997.

LIMONGI, Fernando. Eleições e Democracia no Brasil: Victor Nunes Leal e a Transição de 1945. *Dados*, vol. 55, n. 1, 2012.

LIMONGI, Fernando; CHEIBUB, José Antonio; FIGUEIREDO, Argelina. Participação Política no Brasil. ARRETCHE, Marta (org.). In: *Trajetória das Desigualdades*. São Paulo: Centro de Estudos da Metrópole/Editora Unesp, 2015.

MAINWARING, Scott.; PÉREZ-LIÑAN, Anibal. Latin American Democratization since 1978: Democratic Transitions, Breakdowns, and Erosions. HAGOPIAN, Francis; MAINWARING, Scott (orgs). In: *The Third Wave of Democratization in Latin America: Advances and Setbacks*. New York: Cambridge University Press, 2005.

MARENCO, André. Devagar se Vai ao Longe? A Transição para a Democracia no Brasil em Perspectiva Comparada. MELO, Carlos Ranulfo; SAÉZ, Manuel Alcántara (org.). In: *A Democracia Brasileira: balanço e perspectivas para o século 21*. Belo Horizonte: Editora UFMG, 2007.

MARCHETTI, Vitor. Governança Eleitoral: o modelo brasileiro de justiça eleitoral. *Dados*, Rio de Janeiro, vol. 51, n. 4, 2008.

MOISÉS, José Álvaro. Desafios da Maioridade das Eleições Democráticas. MOISÉS, José Álvaro; MENEGUELLO, Rachel (orgs.). In: *A desconfiança política e os seus impactos na qualidade da Democracia*. São Paulo: Edusp, 2013.

NICOLAU, Jairo. *Eleições no Brasil: do império aos dias atuais*. Rio de Janeiro: Zahar, 2012.

O´DONNELL, Guillermo. *Reflexão sobre os estados burocrático-autoritários.* São Paulo: Vértice/Revista dos Tribunais, 1987.

POCHMANN, Márcio. O País dos Desiguais. *Le Monde Diplomatique Brasil,* outubro de 2007.

SALLUM JR., Brasílio. Metamorfoses do Estado Brasileiro no Final do Século XX. *Revista Brasileira de Ciências Sociais,* vol. 18, n. 52, junho de 2003.

SANTOS, Wanderley Guilherme dos. *A Democracia Impedida: o Brasil no Século XXI.* Rio de Janeiro: Editora FGV, 2017.

SCHUMPETER, Joseph. *Capitalismo, socialismo e democracia.* Rio de Janeiro: Zahar, 1961.

STEPAN, Alfred. *Os militares na política.* Rio de Janeiro: Artenova, 1975.

WEFFORT, Francisco. *O populismo na política brasileira.* Rio de Janeiro: Paz e Terra, 1978.

WEFFORT, Francisco. Por que Democracia? STEPAN, Alfred (org.). In: *Democratizando o Brasil.* São Paulo: Paz e Terra, 1988.

Construção aos solavancos

Autoritarismo, democracia e cultura política no Brasil

Fabio Venturini

Há algum consenso entre os principais intérpretes do Brasil de que os arranjos para resolver as crises do País têm sido realizados "por cima". Isso não significa que movimentos de base (trabalhistas, sociais, sindicais ou de qualquer natureza) sejam ausentes, mas que eles encontram dificuldades para alcançar qualquer tipo de horizonte político emancipatório potencialmente produtor de mudanças tão radicais quanto abruptas na organização social, política e econômica brasileira. O debate se torna mais necessário quando o segundo centenário do Brasil como país independente é alcançado em meio a um turbilhão político no qual a democracia e o neofascismo estão sobre a mesa como alternativas igualmente possíveis, viáveis e aceitáveis por parcelas relevantes da população.

A condição atávica de dependência das classes proprietárias brasileiras em relação à burguesia do núcleo do capitalismo, como condição fundamental para manutenção de sua subordinação à burguesia externa, cristalizando sua posição de dominante internamente, gerou uma estrutura inflexível de dominação, subjugação e humilhação das classes subalternas durante os 200 nos de história do Brasil como nação independente.

No limiar da "crise do antigo sistema colonial", usando os termos de Fernando Novais (2011), com a abertura dos portos, o vasto território da América Portuguesa foi reposicionado internacionalmente a uma nova forma de dependência do Norte, sem a intermediação entre Portugal e o emergente Império Britânico. As oligarquias escravistas, ao longo das décadas seguintes, ajustaram-se a essa conformação, mesmo mantendo o comércio no Atlântico Sul e os interesses comerciais em território africano, como mostrou

Luís Felipe de Alencastro (2000). A hegemonia econômica e política sobre a Coroa se deslocou para a produção cafeeira no Centro-Sul, mais dinâmicas por serem de um produto ajustado às demandas urbanas da vigorosa revolução industrial na Europa (principalmente na Inglaterra) e, já na segunda metade do século XIX, nos Estados Unidos.

A produção material brasileira, mesmo depois da independência, pelo menos até os anos 1930, voltou-se a satisfazer as necessidades da reprodução do capital do Hemisfério Norte com produtos primários, seja na fase concorrencial do capitalismo, seja na fase monopolista que desembocou na I Guerra Mundial. Sendo a terra o principal meio de produção, a sua repartição entre oligarquias regionais puxou a transformação de uma parte em burguesia por "coalescência", nos termos de Florestan Fernandes (2006), e propiciou o surgimento de uma fração industrial aberta à inclusão de novas origens imigrantes. Mantendo, mesmo com a incipiente indústria, uma estrutural e orgânica relação de dependência e subordinação às classes proprietárias no norte, as frações burguesas e as oligarquias brasileiras se mimetizaram e se cristalizaram contra qualquer forma de autonomia e independência nacional de fato, bem como à garantia de direitos e representatividade das classes subalternas.

Nessa relação atávica, violenta e autoritária, as demais classes se estratificaram dialeticamente em extratos médios, responsáveis pela operacionalização de um sistema econômico primário-exportador; trabalhadores livres com alguma qualificação ao trabalho mais necessário à reprodução do capital interna e externamente; e uma parcela sem qualificação profissional e estabilidade de renda, dependente de trabalhos sazonais ou sem prestígio, necessários para pressionar economicamente os estratos médios e os trabalhadores livres desde o sistema escravista, passando pela industrialização. Essas classes, às quais Jessé de Souza se refere como "ralé" (2017), formam o "subproletariado", conceito de Paul Singer que referenciou a construção da categoria "Lulismo" por André Singer (2012). A "ralé" ou o "subproletariado" descendem diretamente dessa parcela mais explorada da população no sistema escravista. A produção material brasileira se organizou, portanto, sem compromisso com o consumo interno, sendo as forças produtivas distribuídas distantes de qualquer preceito de direitos e cidadania e um sistema de circulação penso para a costa atlântica.

As transformações no Norte, como a necessidade de mercados consumidores, pressionaram por mudanças na periferia do sistema capitalista histórico e mundializado. A abolição da escravatura e a proclamação da república, resultaram de um pacto por cima que arrefeceu e acomodou, inclusive pela coerção "republicana" no governo de Floriano Peixoto, movimentos abolicionistas e revoltas regionais. Introduziu no Brasil a necessidade de modernizar a sociedade, converter as milícias imperiais em um efetivo Exército nacional (o que foi estabelecido na Constituição de 1891) e estabeleceu critérios aceitáveis de escolha e sucessão de governantes com uma cidadania fortemente restrita a homens alfabetizados, ou seja, uma ínfima minoria da população, colocando o país num sentido evolutivo e simultaneamente fustigando possibilidades de avanços das classes subalternas.

Cabe ressaltar que a exclusão das mulheres da capacidade de influência não se deu de forma homogênea. Sendo uma república de homens e alfabetizados (naquele momento, ricos, chegando apenas a algumas parcelas de estratos médios), obviamente que a população branca obteve o monopólio da formulação de políticas governamentais, orientadas para relações, nos termos de Raymundo Faoro (2009), patrimonialistas. As mulheres brancas tiveram assim, por ação não formal, maiores condições de influenciar rumos pelo exercício de influência sobre parentes e amigos brancos e ricos. Já os poucos negros que obtiveram status de cidadão se valeram de brechas para alguma ascensão social favoráveis a homens. Sem universalização do sufrágio a cidadania se tornou inviável para a maioria esmagadora da população e, simultaneamente, fortaleceu uma relação autoritária e de dominação, subjugação e humilhação em rede em toda a população, como tratamos no livro *Compreensão da Realidade Brasileira* (2020): as classes proprietárias sobre as subalternas, o homem sobre a mulher, os brancos sobre os negros, os adultos sobre as crianças, os jovens sobre os velhos etc. As condições dos indivíduos potencializam sua condição de humilhante e humilhado. Homens brancos acima das mulheres brancas, acima do homem negro, acima da mulher negra, acima da criança negra etc. O autoritarismo tem se mostrado, como tratamos anteriormente, não apenas como estilo de governo, mas como a ossatura das relações societais no país que se traduzem em governos autoritários com apoio de parte significativa da massa.

A realização, feita com estrito controle pelo topo, resultou numa república de oligarcas com pouquíssimas possibilidades de se estabelecerem direitos, expansão da base de cidadãos plenos e escolhas que refletissem anseios de grandes parcelas da população, sendo que na parte de baixo da pirâmide as relações de subjugação, humilhação e opressão se tornaram tão corriqueiras quanto aceitáveis.

Mudança externa, possibilidade interna

O declínio do Império Britânico e a ascensão do "século americano", nos termos de Giovanni Arrighi (2007), ou do "breve século XX" (Hobsbawn, 1995) se deu num conjunto de tragédias que envolveram as duas guerras mundiais e a grande crise de 1929. Esse período que durou cerca de 40 anos abriu uma janela histórica para que nações subordinadas na periferia do sistema ensaiassem algum tipo de desenvolvimento, com maior ou menor grau de autonomia, auxiliadas pela Espada de Dâmocles sobre a burguesia ocidental representada pela Revolução Russa e o acelerado desenvolvimento social, econômico, tecnológico e militar da União Soviética.

No Brasil essa possibilidade se materializou sob a liderança de extratos médios, eminentemente de oficiais do Exército, desejosos por construir uma nação pujante, moderna, industrial, mas com valores claramente autoritários e conservadores. No período Vargas, iniciado na assim chamada "Revolução de 1930", tentou-se promover mais um acordo "por cima" de modo a conformar a economia brasileira em bases industriais autônomas, potencializando a atuação e as possibilidades da incipiente indústria aqui surgida como subordinada ao setor primário-exportador, conservando as relações de exploração, subjugação e humilhação das classes subalternas e a notável e imobilidade social, ambas herdadas do período imperial.

A disputa política do período Vargas formou pelo menos três blocos históricos: 1) setores conservadores pró-industrialização, constituído por frações de burguesia, classes médias urbanas e grande parte do Exército; 2) reacionários a favor de uma matriz essencialmente primário-exportadora, também de classes médias retardatárias do pensamento econômico liberal, oligarcas e frações financeiras da burguesia; 3) e um emergente movimento comunista defensor de desenvolvimento autônomo e progressivo, representado por intelectualidade pequeno-burguesa, uma parte minoritária do Exército e sindicatos, maioria urbanos.

Pelo menos até 1937, as frações de classes proprietárias disputaram entre si, mas se unificavam na luta contra o comunismo. O Partido Comunista Brasileiro (PCB) foi colocado na ilegalidade em diversos momentos para uma disputa, pelo flanco direito, de sua relevante base eleitoral e social, com o "trabalhismo" cultivando o anticomunismo também nas classes subalternas. A cidadania e a representatividade numa república em processo de conflituosa modernização conservadora se deram pela imposição de alternativas antipopulares e antitrabalhadores, mitigando a auto-organização das classes subalternas, sendo elas, frequentemente, consideradas ilegais, ora como banditismo, ora como crime contra a soberania nacional, como descreveram Maria Helena Moreira Alves (2005) e René Armand Dreifuss (1981).

Os conflitos internos do assim chamado "Estado Novo" (1937-1945) propiciaram que o bloco pró-industrialização, normalmente categorizado como "nacional-desenvolvimentista", aglutinasse também as parcelas operárias e urbanas que organicamente seriam aderentes ao movimento comunista. O "trabalhismo", com um partido de massas pela perspectiva do capital, o Partido Trabalhista Brasileiro (PTB), fazia a interface eleitoral do bloco "desenvolvimentista" de corte nacionalista enquanto o bloco pró-subordinação às nações do núcleo do capitalismo radicalizava no conservadorismo, reacionarismo e no anticomunismo, tendo como expressão político-eleitoral a União Democrática Nacional (UDN).

O período do assim chamado "populismo", segundo os termos de Francisco Weffort (2008), resultou em importantes impulsos culturais, intelectuais, econômicos, bem como na ampliação do consumo, direitos e cidadania, mesmo com ritmo lento e desigualdades incrivelmente resilientes. O Brasil pós-1930 até 1964 apresentou um sentido de desenvolvimento que naquele período só tinha paralelos na União Soviética. A relação estrutural de subordinação externa das classes proprietárias, no entanto, trouxe à tona a escolha recorrente em ultrajar até os próprios interesses econômicos para impedir o surgimento de uma forma autônoma de desenvolvimento econômico que flexibilizasse as atávicas estruturas de manutenção das classes. Os eventos desde o fim do Império, a Revolução de 1930, ascensão e queda do Estado Novo já indicavam que a conquista de direitos e ampliação do status de cidadão até alcançar universalmente a população era um processo com constantes fatores contrários que faziam as lutas vindo de baixo promoverem conquistas até um certo ponto, seguidas por um contramovimento pelo topo que adaptava tais conquistas a uma estrutura atávica de imobilismo social ou, quando possível e necessário para classes proprietárias internacionalmente subordinadas, revogar tais conquistas pela via autoritária.

A dignidade de vida da população brasileira perante os próprios governos e classes dominantes transcorreu nesses dois séculos em uma dinâmica de solavancos: acumula força, avança, as classes proprietárias se reorganizam, contra-atacam, empurram para trás, as classes subalternas se reorganizam e tentam novamente avançar. Uma vez que a instituição política mais relevante e formuladora de projetos nacionais no século XX foi o Exército, os golpes e as tentativas de golpes se tornaram um elemento orgânico e secular dos avanços e truncamentos tanto do desenvolvimento econômico quanto da democracia.

No limite, o empresariado do período do "populismo", seja o "desenvolvimentista" ou o "dependente", se juntou em torno da classe em vez da nação (Cardoso, 2020) ou de pactos interclasses propiciando expansão de direitos e cidadania. O golpe de 1964 interrompeu assim uma tendência de progresso econômico e democrático no Brasil, inaugurando um regime em benefício à atávica estrutura de dominação, subjugação e humilhação das classes subalternas. Se no Estado Novo, o PCB foi ferido o suficiente para ressurgir como aliado do PTB no período do "populismo", a ditadura militar com implacável violência física e institucional decapitou as lutas populares, sociais e sindicais impondo um desenvolvimento econômico associado, subordinado e dependente em relação à burguesia do centro do sistema, a construção de uma robusta infraestrutura voltada à indústria como *locus* da acumulação capitalista, deixando os setores mais sofisticados para o capital estrangeiro.

As políticas de constante arrocho salarial e a brutal carestia percebida por parte da massa como insuportável na segunda metade dos anos 1970 impulsionou novas lutas das classes populares, as quais conseguiram construir organizações capazes de acumular força. Além da recomposição de setores trabalhistas, o Partido dos Trabalhadores (PT), a Central Única dos Trabalhadores (CUT) e as pastorais da igreja católica, resultando, entre outros, no Movimento dos Trabalhadores Rurais Sem Terra (MST), conseguiram recompor uma parte da capacidade de reivindicação e influência nas políticas públicas para recuperação ou avanço de direitos democráticos e cidadãos.

Externamente, contudo, o mundo socialista mergulhou na crise econômica e o neoliberalismo avançou no coração do sistema capitalista. Enquanto no Brasil os movimentos populares e sindicais avançavam para reconquistar direitos democráticos e de cidadania, com um pensamento empresarial ainda aceitando o papel impulsionador do desenvolvimento para o Estado, nos Estados Unidos e na Inglaterra os direitos eram solapados em favor do capital com hegemonia financeira. É como se o Brasil avançasse sobre uma esteira correndo no sentido contrário, de um mundo que retrocede. A Nova República nasceu com um arcabouço jurídico e político positivado na Constituição de 1988 tentando resgatar um sentido nacional-desenvolvimentista enquanto o mundo capitalista empurrava as periferias ao consenso neoliberal e a uma vocação primário-exportadora.

Sem a alternativa militar viável, os setores conservadores e subordinados à burguesia do núcleo do sistema encontraram na comunicação de massa uma forma de controle da agenda pública para mitigar avanços democráticos e de cidadania, bem como construir consenso em torno de seu programa de reversão para um modelo primário-exportador. O poderoso aparato privado de mídia organicamente emanado das classes proprietárias jogou com a propaganda neoliberal na conformação da visão de mundo meritocrática a partir das contradições dos modos de vida da própria massa trabalhadora.

Como mostrou Singer (2012), mesmo defendendo um estado protetor, pelo seu conjunto de valores, a massa trabalhadora, particularmente o subproletariado, sempre teve tendência eleitoral conservadora. Tal comportamento se ajusta aos interesses subordinados, principalmente de oligarquias regionais. O uso da mobilização de viés no debate público impediu a eleição direta de um programa popular com Lula, sendo que o discurso neoliberal, consagrado pelo voto em 1989 com Fernando Collor, se valeu dos argumentos recorrentes de anticomunismo, a imagem de "eficiência na gestão" com a adição das promessas do neoliberalismo potencializadas pelo colapso do bloco soviético.

Os anos 1990 foram um período de lentas e ininterruptas reformas constitucionais para reverter o sentido nacionalista e desenvolvimentista da carta de 1988 pactuado sob a pressão dos movimentos sindicais e populares, até serem interrompidas pelas crises internacionais e energética que paralisaram o segundo mandato presidencial do Partido da Social Democracia Brasileira (PSDB) e fez Lula ser o candidato favorito em 2002. Em campanha, Lula assumiu na chamada "Carta aos Brasileiros", o compromisso de realizar o pacto firmado pela Assembleia Constituinte e o arcabouço jurídico resultante do ciclo de reformas neoliberais dos anos 1990, acalmando os temores das classes proprietárias a respeito de "radicalismos" em um futuro governo do PT.

O Brasil chegou às vésperas de completar seu segundo centenário com uma estrutura social em transformação, flexibilizando seu caráter subjugador e humilhante, mas a tendência foi prontamente restituída à sua característica atávica, antidemocrática e negadora da cidadania por recursos autoritários, como se a herança colonial e oligárquica dos meados do seu primeiro centenário, particularmente da hegemonia primário-exportadora e financeira, fossem uma vocação do País.

Durante o século XX, as classes proprietárias, além da burguesia formada numa revolução passiva, impulsionada por um processo de industrialização dependente e subordinado, para tomar emprestado os termos de Gramsci no argumento de Florestan Fernandes (2006, op. cit), se mantiveram com uma relação de dominação local pelo controle de burocracia pública, fluxos de circulação de mercadorias e aparelhos de violência, sejam privados ou apropriados das Forças Armadas ou policiais, típicos das oligarquias pré-1930. O "moderno" e o "atrasado", mantiveram relações tensas e contraditórias, no entanto demonstram capacidade de mimetismo e reação conjunta quando há a possibilidade de que a dinâmica socioeconômica permita transformações estruturais e mobilidade social de indivíduos entre as classes no sentido de ascensão.

As classes trabalhadoras se forjaram numa hierarquização entre si. A fração do "proletariado" (operariado ou daqueles explorados na esfera da circulação) ganhou impulso no pós-1930 por um projeto nacional de desenvolvimento que envolveu qualificação de força de trabalho para a indústria e o comércio. A massa originada da maioria escrava, o "subproletariado", o qual sobrevive da venda da sua força vital em demandas sazonais, sem necessidade de qualificação e em funções de baixo ou nenhum prestígio que se mantiveram, historicamente forma uma massa defensora de um Estado provedor, porém mantém valores conservadores, demonstrando a permanência e até mesmo a cristalização das relações clientelistas, paternalistas e mimetismo com patrimonialismos de oligarquias regionais.

O seu grau de instabilidade, exploração e herança escravocrata é representado, por exemplo, na dependência do subproletariado da renda das empregadas domésticas e a relação dessas mulheres com as patroas, não raro marcadas por "paternalismo" (com perdão do oxímoro). A relação de hiperexploração de uma massa trabalhadora pouco qualificada com traços pelas classes proprietárias e intermediárias, com traços de perversão, sociopatia e psicopatia, formaram seus interesses de transição (ora coincidentes com os interesses dominantes, ora com os interesses dos explorados) na operacionalização dessa estrutura atávica de dominação, subjugação pela força e humilhação dos subalternos. As frações "ideológicas", tomando o termo de Marx (2004), viabilizam tal estrutura no aparato estatal, tendo o seu equivalente numa tecnocracia privada. A pequena burguesia tentou historicamente reproduzir em escalas significativamente menores as relações de exploração, subjugação e humilhação do proletariado e do subproletariado de acordo com o porte de suas operações econômicas.

A amálgama dessa estrutura atávica tem sido o conjunto de valores e ideologia das classes proprietárias em sentidos conservador ou reacionário. Os valores de justiça social e desenvolvimento se concentram em parcelas minoritárias das classes de transição e em parte do proletariado, marcadamente no operariado urbano durante um período do século XX (o que se explica na tradição burguesa "desenvolvimentista" de buscar coesão com as frações conservadoras e reacionárias em limiares de crise). A figura a seguir ilustra a estruturação e as relações entre as classes fundamentais e as classes de transição no Brasil na entrada do século XXI e nas vésperas do seu segundo centenário.

Classes proprietárias	**Burguesias**		**Oligarquias agrárias**
	Industrial, comercial e financeira		Dominação regional, proprietários fundiários, controle de estamentos
Classes de transição	**Classes ideológicas**	**Pequena Burguesia**	**Tecnocracia privada**
	Juízes, promotores, militares, forças policiais, tecnocracia estatal, docentes de instituições públicas, profissionais de saúde	Profissionais liberais, industriais de pequeno e médio porte, comerciantes locais, pequenos e médios proprietários rurais, pequenos transportadores autônomos	Executivos de empresas, jornalistas, intelectuais, profissionais de nível superior na iniciativa privada
Classes trabalhadoras	**Proletariado**		
	Produtores de valor: operariado urbano, assalariados rurais, autônomos informais (construção civil, micro industriais, artesãos)		Explorados na circulação: profissionais de nível fundamental, autônomos e microcomerciantes informais, caminhoneiros assalariados, trabalhadores de aplicativos, assalariados de nível médio e básico em serviços de saúde e educação etc.
	Subproletariado.		
	Força de trabalho latente para exploração sob demandas breves e imediatas.		

Fonte: tabela elaborada pelo autor.

Petismo, lulismo e a inaceitabilidade do reformismo fraco

Com oposições dilaceradas, a ditadura militar logrou pela força a desarticulação momentânea do comunismo e do trabalhismo. Mas em 10 anos de regime, o arrocho salarial, a má gestão pública, a corrupção militar-empresarial, a péssima distribuição de renda e a forte carestia estimularam as organizações populares. Sem instrumentos políticos partidários sólidos, coube aos espaços existentes na Igreja Católica a aglutinação de interesses populares. O "novo sindicalismo" que deu origem ao PT, as pastorais católicas e categorias comerciárias urbanas, como os bancários, se uniram aos setores de esquerda da classe média e a veteranos da luta armada contra a ditadura.

O "petismo" foi uma grande frente com hegemonia de setores do proletariado que captou amplo apoio urbano, absorveu parte da agenda trabalhista, atenuou a pauta socialista radical (o que permitiu aceitação na população temerosa pelo "ateísmo comunista") e se tornou a principal força política progressista do país com a passagem de Lula para o segundo turno das eleições de 1989. O petismo, no entanto, não acumulou força suficiente para vencer o conservadorismo popular, particularmente no subproletariado e marcadamente no Nordeste (a nossa "questão setentrional", nos termos de Singer, 2012, op. cit.) para vencer eleitoralmente a união antipopular neoliberal de burguesias, oligarquias, classes de transição e a sustentação eleitoral decorrente de clientelismos, relações paternalistas e valores conservadores do subproletariado.

Somente com o fracasso socioeconômico dos governos neoliberais nos anos 1990 se abriu uma brecha para o petismo, impulsionado por uma agenda popular com elaborações em parcelas de esquerda das classes de transição, principalmente acadêmicas. Lula chegou à presidência com o compromisso de realizar a Constituição de 1988 e implantar um programa negociado e sem estimular conflitos entre as classes, chamado por Singer de "reformismo fraco" (2012, op. cit.). Em um arranjo "produtivista", aliando interesses de operariado urbano, burguesia industrial, parte da burguesia agrária e mantendo taxas de lucratividade no setor financeiro, o primeiro mandato de Lula realizou reformas que retiraram direitos do funcionalismo, exceto judiciário e militares, tendo como principal medida a reforma da previdência de 2004 que atingiu em cheio os setores de esquerda da classe média, principalmente a acadêmica, a qual se afastou do PT, enquanto Lula, com políticas de distribuição de renda, regulamentação profissional pela Consolidação das Leis do Trabalho em atividades de pouca qualificação e prestígio, com consequente viabilização de acesso à seguridade social, conquistava eleitoralmente o subproletariado, principalmente no Nordeste. Ao mesmo tempo, a movimentação pela direita, com imprensa burguesa, judiciário e escândalos produzidos como cinematografia, particularmente o caso do assim chamado "mensalão", geraram uma coesão, à esquerda e à direita, da classe média contra Lula e o PT.

Nos anos que se sucederam, o "reformismo fraco" foi responsável por notáveis afirmações e realizações de direitos e elevação de grande parte da população à cidadania. Há uma crítica recorrente no campo da esquerda intelectualizada no sentido de que os governos petistas realizaram inclusão apenas pelo consumo. Se voltarmos à caracterização dos sistemas econômicos feita por Marx (2011), a relação entre produção e consumo é determinante para que uma sociedade chegue à distribuição de suas forças produtivas, inclusive no estabelecimento das relações entre as classes fundamentais. O Brasil em sua estrutura atávica de dominação, subjugação e humilhação mantém essa dinâmica, entre outros fatores, pela restrição do consumo das classes populares, da massa trabalhadora, gerando inclusive a distinção entre cidadãos de primeira, segunda e terceira categorias. A inclusão pelo consumo é, ao mesmo tempo, inclusão ao status da cidadania e, recorrendo ao arcabouço marxista que sustenta tais críticas, por mudar a vida vivida, alterar o movimento do real na distribuição das próprias forças produtivas, também forma consciência.

As próprias contradições internas do "lulismo" resultaram em dois movimentos nas bases da sociedade determinantes para que nas classes médias e proprietárias houvesse a clara percepção de alterações inaceitáveis na atávica estrutura de dominação, subjugação e humilhação das classes subalternas, preparando o terreno para o último solavanco antidemocrático do segundo século do Brasil independente, vivido no pós-2013, truncando mais uma vez o desenvolvimento em ambiente democrático:

1) A inclusão de 26,3 milhões de pessoas, antes vivendo abaixo da linha da pobreza, no mundo do consumo, geraram pressão sobre a produção do País. Com um consumo interno potencializado, a dependência externa foi reduzida e as forças produtivas iniciam um novo processo de redistribuição, gerando pressão sobre as formas oligárquicas ou assemelhadas da propriedade.

2) Os programas de distribuição de renda, associados à expansão de direitos previdenciários, como o Benefício de Prestação Continuada, elevaram o padrão de consumo fora das capitais e grandes cidades, alterando a corre-

lação de forças na exploração entre regiões, principalmente do Sul e Sudeste com o Nordeste.

3) As regulamentações profissionais de funções típicas de subproletariado, como as empregadas domésticas, e as políticas de valorização do salário-mínimo aumentaram o poder de barganha das classes subalternas, gerando profundo descontentamento nas classes proprietárias e nas parcelas das classes médias que emulam em escalas menores tais relações de exploração.

4) A dinamização da economia e os avanços tecnológicos geraram para o subproletariado empregos com maior estabilidade do que os trabalhos sazonais, mas manteve a baixa qualificação necessária, o pouco prestígio e impôs jornadas extenuantes de trabalho, em relações econômicas e jurídicas inferiores às do proletariado fortalecido no processo de construção da nova República, formando um "precariado" no Brasil (Braga, 2015). Em termos de renda, essa fração de classe fez um movimento ascendente em termos de consumo, mas descendente em condições de trabalho e direitos em relação àquelas que construíram originariamente o petismo.

5) A expansão do ensino superior impulsionou ascensão social da juventude oriunda de famílias do subproletariado diretamente para classes de transição, gerando insatisfação por perda de prestígio, bem como a criação de um vácuo na ossatura autoritária da sociedade brasileira – o direito do operariado urbano e das classes médias tradicionais de ter alguém do subproletariado disponível a quem humilhar.

6) O avanço econômico foi traduzido pela mídia neoliberal e pelas religiões e seitas neopentecostais junto à população como obra ora meritocrática, ora divina, fazendo com que a massa trabalhadora dissociasse as melhorias de condições de vida material, simbólica e em termos de direitos e cidadania da ação política levada adiante pelos instrumentos construídos historicamente pelas classes trabalhadoras e das políticas públicas distributivas dos governos petistas.

7) O papel protagonista do Brasil com política externa autônoma, associado à elevação do país à condição de uma das maiores reservas energéticas do planeta, seja em matrizes limpas, renováveis ou de hidrocarbonetos, transformou o Brasil em alvo de ambições neocoloniais vindas do Hemisfério Norte, especialmente dos Estados Unidos.

8) A ascensão social do proletariado e do subproletariado em termos de renda e consumo, sem uma elevação equivalente das classes médias, gerou grandes perdas de capital simbólico das classes ideológicas, da pequena burguesia e da tecnocracia privada, fomentando um desejo carregado de sociopatia, psicopatia e perversão em busca do rebaixamento dos padrões de consumo, direitos e cidadania do proletariado e do subproletariado.

Com a eleição e posse de Dilma Rousseff, o terceiro mandato petista tentou aprofundar políticas, como categorizou Singer (2018), do tipo "rooseveltianas". As transformações na estrutura da sociedade estavam, no entanto, por demais insuportáveis para as classes proprietárias e as médias, incluindo aqui setores da esquerda que perderam a disputa interna do petismo e fundaram partidos menores, sem força política, porém com reverberação e capacidade de formação de opinião para propagandear que os governos petistas, por não terem alterado radicalmente a estrutura neoliberal do estado construída nas reformas dos anos 1990, havia traído a classe trabalhadora e nem poderiam ser considerados governos populares, sendo, no máximo, do tipo "social-liberal", seja lá o que isso queira dizer.

Em abril de 2013, Dilma gozava de aprovação na casa de 60% ao seu governo. No começo de junho, as manifestações em São Paulo contra o aumento da passagem de ônibus, puxadas por movimentos de esquerda oriundos dos muitos rachas do petismo desde os anos 1980, foram violentamente reprimidos pela polícia militar e captaram simpatia da população, aumentando a adesão até serem conhecidas como "Jornadas de Junho". Na primeira semana de julho daquele ano, a aprovação do governo Dilma caiu para 30%. A economia do país era a mesma, os problemas e as virtudes, idem. A percepção, no entanto, descarrilou e as ruas que começaram clamando por mais investimentos em transporte, saúde e educação terminaram com um consenso à direita, potencialmente fascista, clamando genericamente pelo fim da corrupção.

As grandes manifestações de 2013 converteram a agenda do debate público brasileiro da economia e dos direitos para uma pauta moralista, de viés identitário à esquerda e purismo na gestão pública à direita, de modo que o país marchou coeso contra o PT, seus governos e o pacto constitucional de 1988, reformado nos anos 1990 e resguardado pelo "lulismo". Destituir o PT, punir seus membros por envolvimento em corrupção (inclusive forjando processos com apoio da mídia), superá-lo por ter feito um pacto reformista excessivamente fraco (argumento à esquerda) ou que violou demasiadamente o capital simbólico (impulso para a direita) unificou praticamente todas as frações de classes proprietárias e classes médias contra a república de 1988.

O caos criado em 2013, a despeito da reeleição de Dilma em 2014, deu o sentido geral da vitória da direita em longo prazo. O empresariado se aglutinou em torno de uma agenda neoliberal, a classe média radicalizou e o Congresso Nacional, eleito com alto financiamento empresarial, encampou a deposição de Dilma para implantar um programa rechaçado nas urnas. Na esquerda, setores acadêmicos e do funcionalismo público se dividiram em duas linhas: 1) entre o apoio dissimulado ao golpe parlamentar na forma de *impeachment*, através da defesa de um movimento para depor simultaneamente Dilma, o vice-presidente conspirador Michel Temer e os presidentes das casas legislativas (Eduardo Cunha, na Câmara, e Renan Calheiros, no Senado), obtendo assim eleições gerais, quando apenas Dilma estava em processo de remoção do cargo; 2) condenar o golpe com críticas públicas e colunas de jornais aos governos petistas, o que, por serem "indefensáveis", não mereceriam a defesa feita pelo altruísmo da esquerda purista. O governo Dilma foi pego com a roupa muito curta, era golpe, mas merecia cair.

A coesão em torno do golpe de 2016, mesmo que por motivos distintos, foi poderosa. A operação em torno do *impeachment* de Dilma Rousseff foi levada adiante por instituições do Estado tendo atuação voltada a objetivos políticos: as denúncias do Ministério Público, as investigações da Polícia Federal e as sentenças da justiça federal foram produzidas sob medida para permitir que o Estado fosse ocupado por um bloco financista, subordinado aos interesses norte-americanos e com sufrágio controlado pelo espetáculo público em torno da agenda de costumes.

Com a prisão de Lula no dia do jornalista, em 7 de abril de 2018, ainda seria necessário consagrar um presidente pela direita que continuasse uma agenda de destruição do pacto constitucional de 1988 e reversão neocolonial do Brasil como satélite norte-americano. A despeito de uma ampla coligação, o governador de São Paulo, Geraldo Alckmin, do PSDB, não demonstrou capilaridade eleitoral suficiente para vencer Fernando Haddad, substituto de Lula, impedido em um processo fraudado pelo Ministério Público Federal (MPF) do Paraná e pelo então juiz Sergio Moro, com anuência do Tribunal Regional Federal da 4ª Região, o Superior Tribunal de Justiça e o Tribunal Superior Eleitoral, acossados por pressão do comandante do Exército, general Eduardo Villas Boas.

Toda a direita embarcou numa alternativa neofascista ao aderir à candidatura de Jair Bolsonaro. O ex-militar, parlamentar pelo Rio de Janeiro destacado pela atuação e falas grotescas, envolvimento com milícias e chefe de um consórcio de mandatos parlamentares com os três filhos mais velhos (Flavio, Carlos e Eduardo Bolsonaro), foi alçado à condição de alternativa antipolítica captando votos antes lulistas das massas trabalhadoras, principalmente do subproletariado do Norte, Centro-Oeste e Sudeste, de uma forma que os neoliberais "puros" não eram mais capazes. De fato, a radicalização da direita para a extrema-direita liquidou as aspirações democráticas e republicanas dessa parte do campo político, ficando dependente da extrema-direita, a qual passou a ser conhecida como "bolsonarismo". Sem um consenso neoliberal aderente por vias democráticas, foi produzido um consenso neofascista, um casamento do neoliberalismo radical de planilhas típico de fundos de investimento com o fascismo societal subordinado a interesses estrangeiros, discurso patriótico e práticas de ódio e destruição do próprio país.

Em outubro de 2018, 58 milhões de eleitores deliberaram pelo assassinato em massa de opositores do governo sufragado. Tal catástrofe só foi possível pela instrumentalização do ódio contra o PT como forma de dar vazão aos sentimentos mais perversos de medo e ódio ao pobre, o desejo de se restabelecerem relações humilhantes que estavam se perdendo. De 1994 a 2014, a disputa eleitoral para a presidência e a agenda do debate político no Brasil orbitou entre o neoliberalismo capitaneado pelo PSDB e o estado indutor do desenvolvimento com ampliação da cidadania puxado pelo PT. Em 2018 o debate foi entre uma mistificação do petismo, apresentado como corrupto, promíscuo e inepto na gestão, contra o antipetismo liderado por um discurso de extrema-direita. O neoliberalismo rompeu inequivocamente com a democracia no Brasil a partir dali e do lodo não encontrou formas de sair sem ser aprofundando cada vez mais a putrefação institucional em que o Brasil foi jogado para responder ao "reformismo fraco" com um "contra-reformismo forte" sem qualquer base democrática.

Bolsonaro assumiu com anuência para aniquilar o Estado, as estatais, as universidades e os institutos federais, a educação pública, o Sistema Único de Saúde e, com tudo isso, prender e aniquilar a oposição de esquerda, desde que não ameaçasse os interesses das classes proprietárias. No entanto, seu governo não foi programático, mas uma tentativa constante de imposição de sua figura como soberano, comprando brigas com setores importantes da burguesia, como o Grupo Globo, afinado aos discursos paranoicos da extrema-direita que o alçou a grande liderança do bloco neofascista-neoliberal. No começo de 2020, contudo, o imponderável trouxe a pandemia de Covid-19, de modo que a promessa bolsonarista de exterminar opositores, comunistas, gays, maconheiros, petistas e toda ordem de mistificação sobre a "esquerda" se transformou em ampliação do assassinato em massa para a sua própria base de apoio, particularmente nas parcelas evangélicas do proletariado e do subproletariado, mais expostas à infecção e à morte por assistência inadequada no sistema de saúde em franco processo de desmonte neoliberal.

O presidente, com um pensamento parte negacionista, parte idiótico, sequer foi capaz de proteger seus apoiadores no subproletariado ou mesmo estabelecer uma proteção social seletiva captando simpatia pelo seu ensaio neofascista. Adicionado ao fracasso econômico, social, político e sanitário do governo Bolsonaro, as condenações que bloqueavam direitos políticos do ex-presidente Lula foram expostas em seu caráter fraudulento pelo vazamento de conversas entre os procuradores da Operação Lava Jato. Não que a sociedade brasileira, em geral, já não soubesse da fraude processual, mas o fato de a notícia ter entrado no debate público por um veículo estrangeiro (*The Intercept*), assinado por um jornalista norte-americano vencedor do Prêmio Pulitzer (Glenn Greenwald), destruiu qualquer aparência de realização dos anseios da "voz das ruas" contra a corrupção evocadas pela direita no ano de 2013. Foi um golpe de Estado e ficou difícil defendê-lo mantendo aparências democráticas enquanto ainda se dependia de vencer eleições.

O Brasil entra no ano do seu segundo centenário, iniciando o terceiro século de independência, com um governo construído sob o signo da morte, prometendo assassinato em massa, eleito para isso, com os potenciais mortos entregues à sorte das milícias pelos próprios parentes e amigos em nome de uma agenda de costumes e a radicalização religiosa. É um grau muito elevado de dano nas sociabilidades para se recuperar em uma geração.

Esse movimento foi associado (e em certa medida potencializado) pelo momento histórico de troca de hegemonia no capitalismo mundializado, em que o império decadente cai atirando impiedosamente com o fomento a golpes e tentativas de golpes em toda a América Latina. O mais recente solavanco é distinto dos anteriores. Desde que houve no Brasil a intenção e realizações para o desenvolvimento e modernização, a dinâmica havia sido de recuo, impulso e retomada até encontrar um truncamento forçado vindo das classes proprietárias subordinadas aos interesses do núcleo do sistema. Como o próprio sistema está chacoalhando pela ascensão da civilização chinesa como potência global, o Brasil chega aos 200 anos sem conseguir sequer viabilizar a sua chegada como país e como Estado nacional independente e capaz de garantir vida digna, direitos e o status de cidadão para o conjunto de sua população. Para que o Brasil, como tal, alcance um terceiro centenário, tem uma tarefa civilizatória: deve vencer o caráter atávico da sua ossatura autoritária, o imobilismo social crônico e o conjunto de valores sociopatas emanados das suas classes proprietárias, aderidos pelas classes médias e, em certa medida, acolhido pela massa trabalhadora em nome do direito a ter alguém a quem humilhar.

Referências

ALENCASTRO, Luís Felipe. *O trato dos Viventes. Formação do Brasil no Atlântico Sul.* São Paulo: Companhia das Letras, 2000.

ALVES, Maria Helena Moreira. *Estado e oposição no Brasil (1964-1985).* São Paulo: EDUSC, 2005.

ARENDT, Hannah. O Que é Autoridade? In: *Entre o passado e o futuro.* São Paulo: Perspectiva, 2000.

ARRIGHI, Giovani. *O Longo Século XX.* Rio de Janeiro: Contraponto, 2007.

BRAGA, Ruy. *A política do precariado: do populismo à hegemonia lulista.* São Paulo: Boitempo, 2015.

CARDOSO, Fernando Henrique. *Empresário industrial e desenvolvimento econômico no Brasil.* Rio de Janeiro: Civilização Brasileira, 2020.

CHAUÍ, Marilena. Uma ideologia perversa. *Folha de S. Paulo,* "Mais", 14/9/1999.

COSTA, Emília Viotti da. *Da Monarquia à República: momentos decisivos.* São Paulo: Unesp, 2010.

DREIFUSS, René Armand. *1964, a conquista do Estado: ação política, poder e golpe de classe*. Petrópolis, 1981.

FAORO, Raymundo. *Os donos do poder*. São Paulo: Edittt.ora Globo, 2009.

FERNANDES, Florestan. *A Revolução Burguesa no Brasil*. São Paulo: Editora Globo, 2006.

HOBSBAWN, Eric. *Era dos Extremos: o breve século XX*. São Paulo: Companhia das Letras, 1995.

MARX, Karl. *O Capital: crítica da economia política. Livro I: O Processo de Produção do Capital*, vol. I, 22ª edição. Rio de Janeiro: Civilização Brasileira, 2004.

MARX, Karl. *Grundrisse*. São Paulo: Boitempo, 2011.

NOVAIS, Fernando A. *Portugal e Brasil na Crise do Antigo Sistema Colonial (1777-1808)*. São Paulo: Hucitec, 2011.

SINGER, André. *Os sentidos do Lulismo: reforma gradual e pacto conservador*. São Paulo: Companhia das Letras, 2012.

SINGER, André. *O Lulismo em crise: um Quebra-cabeça do Período Dilma (2011-2016)*. São Paulo: Companhia das Letras, 2018.

SOUZA, Jessé. *A ralé brasileira: quem é e como vive*. São Paulo: Contracorrente, 2017.

VENTURINI, Fabio. Tradição Autoritária e Prática Democrática no Brasil. In: BRANCO, Marcello Simão (org.). *Compreensão da realidade brasileira*. 2ª edição. São Paulo: Alameda Editorial, 2020.

VENTURINI, Fabio. Do antipetismo ao bolsonarismo: o processo de destruição da Nova República. Tuany Baron; Fabio Augusto de Souza; Erick Alan de Lima (orgs). In: *Direitos Humanos no caso do Estado Social: da derrocada à resistência*. Curitiba: Amazon, 2020.

WEFFORT, Francisco. *O populismo na política brasileira*. São Paulo: Paz e Terra, 2008.

Cidadanias insurgentes:

Movimentos sociais, modernização e democracia nos 200 anos de Brasil

Claudia Moraes de Souza

Introdução

A reflexão sobre a história dos 200 anos do Brasil independente, que move a proposição central deste livro, está definida pelas questões do tempo presente. Concepções de uma história problematizadora, múltipla e interdisciplinar nos apresentam o propósito de compreender o momento presente e, mais do que isto, de enunciar hipóteses explicativas dos nossos problemas. Na intenção de compreender o tempo presente e enunciar possíveis explicações, o historiador de ofício recua ao passado rebuscando as raízes do contemporâneo. Recorrentemente, essa prática científica tem sido o exercício fundamental que desencadeia a reflexão das experiências humanas e das representações sociais, uma prática que nos leva a conhecer e reconhecer trajetórias múltiplas que determinam o viver e o pensar da sociedade global. Assim, o historiador assume responsabilidades de desvendar processos sociais, econômicos, culturais e políticos enfrentando a crítica às representações sociais, atribuindo sentido às experiências históricas dos sujeitos e desvendando o processo social em movimento, diante de historicidades dotadas de múltiplos arranjos de temporalidades que confrontam tempos longos, conjunturas e a história imediata.

Ao enfrentarmos o desafio de refletir sobre a trajetória dos movimentos sociais no Brasil nos últimos 200 anos optamos por romper com os olhares sobre a fixidez das estruturas e buscar a compreensão das sociedades humanas estudadas em seus impasses, possibilidades e ações. Apontando nessa direção buscaremos entender os conflitos entre as múltiplas temporalidades que compõem o processo histórico, assumindo a responsabilidade da crítica do conhecimento estabelecido em processos lineares e homogeneizantes da história brasileira e do tempo social. Isto significa alçar perspectivas da longa duração, no sentido braudeliano[1] do tema, e simultaneamente, distinguir as múltiplas temporalidades históricas que constituem as relações sociais e as experiências humanas. É preciso entender o conjunto de experiências históricas do homem comum e como elas mesmas se compõem de historicidades – tempos que se entrecruzam entre a modernidade e o arcaísmo, ausências e presenças, silenciamentos, insurgências e representações sociais que atuam sobre a realidade social.

Em decorrência destas escolhas se faz necessário o diálogo com conhecimentos já estabelecidos, além do empreendimento de novos esforços em desvelar significados históricos não apreendidos e hipóteses pouco exploradas. Como hipótese central, defendemos a ideia de que na trajetória brasileira, elementos do paradigma do "moderno" (como a autonomia política, o abolicionismo, o direito à terra, a liberdade de expressão, o direito universal ao voto, os direitos à educação e saúde, o combate ao racismo, o direito das mulheres e das minorias, os direitos humanos em geral, o direito a cidade, etc.) foram quesitos conquistados/reivindicados a partir da insurgência de uma cidadania protagonizada por grupos socioeconomicamente vulneráveis em confronto com o conservadorismo dominante de elites econômicas, políticas e seus apoiadores. Essa hipótese nos leva a problematizar os movimentos sociais contemporâneos em sua relação com a modernização e a democracia.

Articulam-se nesta problemática as ações de reordenamento político, de hegemonia e de controle social decorrentes da tentativa de domesticação, interdição ou eliminação da longa duração de rebeldias e resistências cotidianas que alimentam tradições de confrontos e lutas sociais no Brasil. Desta forma, não há como caracterizarmos o processo de edificação do estado brasileiro e a modernização do país, sem enfrentarmos o conceito de modernização con-

1 Para Fernand Braudel, a História era ciência incumbida de explicar a duração social, um intervalo de tempo, curto, médio ou longo composto de simultaneidades e contradições componentes da vida econômico-social dos homens. A importância da disciplina resultava de sua capacidade de desvendar a "dialética da duração", isto é, oposições e/ou permanências entre o presente e o passado. A longa-duração seria o tempo histórico privilegiado para o entendimento das formações econômico-sociais, o tempo estrutural, indispensável para uma metodologia da história como ciência do homem no tempo.(Braudel, 1992).

servadora, ou como definido por Peter Eisenberg (1977), "*uma modernização sem mudança*", associando a modernização aos conflitos gerados pelas respostas vinculadas ao movimento social, ao ativismo da sociedade civil e aos atores das lutas sociais que se opõem aos projetos conservadores que inviabilizam a vida do homem comum ou interditam mudanças profundas.

Partimos da ideia de que a temática dos movimentos sociais se articula ao tema da modernização econômica e política brasileira e, que, a presença dos movimentos sociais ao longo de nossa história foi, e continua sendo, imprescindível diante dos preceitos conservadores e excludentes desse processo, o que afirma o movimento social como o sujeito coletivo dos direitos, da democracia e da busca do bem viver.

Na produção sociológica (Ghon,1995; Paoli, 1995; Sader, 2001; Alonso, 2009; entre outros), é bastante forte e reconhecida a trajetória de um sem-número de lutas, revoltas, protestos e movimentos sociais que, desde o período colonial, traçaram múltiplos caminhos em oposição à exploração econômica, à exclusão social, ao autoritarismo do estado e das elites, contra a opressão e o silenciamento cultural, pela redistribuição de riquezas e da terra e, mais recentemente pelo reconhecimento identitário. Há que se reconhecer, em comparação à sociologia, a necessária crítica à ascensão tardia no campo da história, de uma história social preocupada especificamente com os movimentos sociais e com a história das classes pobres e populares em sua participação na luta política e no protesto social.[2]

Em termos genéricos podemos afirmar que, a preocupação com o mundo do trabalho – a história do trabalho e dos trabalhadores, as organizações populares e sua cultura política – começaram a repercutir no universo dos historiadores brasileiros, a partir do final da ditadura civil-militar, através das concepções e influências da historiografia inglesa e os estudos do mundo do trabalho, dos costumes, do homem comum e sua vida cotidiana nascida da

2 Sidnei Munhoz (2004) afirma que ao examinar a produção histórica relativa ao estudo dos protestos sociais e a ação das multidões, até meados da década de 1950, na historiografia ocidental edifica-se a falsa impressão de efemeridade e de insignificância desses conflitos. As análises históricas referentes ao tema tinham como regra geral a superficialidade baseada em preconceitos advindos da criminologia e da psicologia das multidões. Essa observação não indica a inexistência de produção sobre o assunto, mas a pouca atenção do profissional da história dispensada ao tema.

crítica marxista no pós-segunda guerra.[3] De sua ascensão tardia deriva a pequena extensão da historiografia sobre a história dos movimentos sociais, lutas, levantes e organizações das classes, grupos populares e sua cultura política. De outro lado, há que se destacar, além dos silêncios da história social, as negligências do pensamento histórico e, também do pensamento sociológico quanto à relevância da participação das camadas populares e das pessoas pobres na política nacional e internacional, o que nos levou à uma certa indolência da razão acadêmica[4] ao reconhecimento da presença do projeto modernizante na cultura política das lutas e movimentos sociais brasileiros, fato este que levou à invisibilidade de trabalhadores/as rurais, os negros/as, mulheres, minorias identitárias e dos povos indígenas nas lutas políticas e nas conquistas sociais, econômicas e culturais para a cidadania.

Desde a inauguração de uma história brasileira produzida no interior do Instituto Histórico e Geográfico (1838), a representação de uma "Nação Brasileira" fundada em uma identidade patriarcal e miscigenada entre povos europeus, ameríndios e africanos, suprimiu o debate necessário sobre o silenciamento de gênero, a expropriação da terra dos pobres, a exploração de ameríndios e afrodescendentes, além da subjugação política e cultural colonialista. Num sentido temporal linear e progressivo levado da independência à abolição, do Império à República, uma certa biografia da nação foi construída desprezando toda e qualquer atividade popular e subalterna em favor de uma história política tradicional elitista que se projetava no nascedouro da nação (Borges, 1992).

Tanto a sociologia, quanto a historiografia nacional transitaram entre paradigmas da ausência e do silenciamento das experiências do homem/mulher comum em direção aos paradigmas do desconhecimento efetivo sobre os sujeitos sociais que compõem as classes populares. Nos primórdios da

3 A história social inglesa abre espaço para o tema dos movimentos sociais na historiografia em geral, no pós-guerra e passa a se referir à história das classes pobres e suas lutas e resistências. Mais especificamente significou uma história do trabalho, das organizações socialistas, sindicais, comunistas, os costumes e a vida cotidiana das classes populares, combinando o econômico e o social na problematização da história. Thompson (1998) e o conceito de Economia Moral da Multidão, Hobsbawn (1978) e os estudos pioneiros sobre os rebeldes primitivos, Rudè (1982) e o desvendamento dos movimentos rebeldes da plebe inglesa inauguraram importante linha historiográfica influente no Brasil.

4 Ver Santos (2000).

historiografia nacional, os estudos do movimento social e suas lutas partiram de vieses positivistas com marcas do preconceito e do antipopular. Como nos apresentou Chalhoub e Silva (2009), as primeiras elaborações interpretativas do país se inauguraram com a ideia do Brasil como "um país sem povo",[5] justificada pela elaboração de uma imagem de mulheres e homens escravizados, coisificados e, de trabalhadores pobres e livres como incapazes, indolentes e desqualificados. Um verdadeiro "paradigma de ausências", apenas suplantado recentemente quando a experiência historiográfica se dispõe a configurar novos olhares que permitam a compreensão da identidade cultural e da formação da consciência política dos grupos populares e seus construtos, compreendendo os elementos essencialmente materiais que formam a ação e a consciência popular, centradas na negociação, nas trocas, na obtenção de resultados, escolhas e decisões tomadas diante dos domínios territoriais de donos do poder, de instituições repressoras e de poderes normativos centralistas e autoritários.

De fato, a partir desta proposição, na visão das experiências culturais e políticas das classes populares, o que ganha significado relevante é o desvendamento das relações de poder considerando-se as formas e maneiras como os cativos e subjugados resistem à exploração econômica, as violações físicas e morais e à coerção política oligárquica. Raciocínio que nos conduz a uma posição que considera a relevância da cultura na construção da identidade de uma luta ou de um movimento social, concebendo articuladamente, a importância dos elementos da cultura, identidade e representações sociais, ao cenário originado nas formações sociais e econômicas responsáveis pela sociedade de classes e sua dialética.

Se, no momento inicial da nação nos faltava "o povo", como explicar as revoltas urbanas e rurais, as sedições e insurreições conduzidas por ideais radicais, humanitários, o federalismo, o abolicionismo e o republicanismo? Segundo José Murilo de Carvalho (2017) se o povo não opinava e pouco votava, o fato devia-se à consciência do desprezo das elites por seus direitos civis e políticos. Neste sentido, há que se direcionar o olhar para a história

5 "O Brasil é um país sem povo." Foi esta a famosa assertiva de Louis Couty, feita na década de 1880, afirmação lida por muitos intelectuais como constatação de um fato ou mesmo tomada como ponto de partida para a elaboração de paradigmas interpretativos da história do Brasil. Ver Chalhoub e Silva (2009).

brasileira e seus conflitos. Uma história de conflitos suficientemente capaz de revelar (em contraposição à representação oficial de uma imagem pacifista e pacata dos populares no berço da nação) uma história de guerras, revoltas, sedições e lutas, todas essas desbaratadas violentamente pelo Estado em associação com grupos dominantes regionais, nacionais e internacionais. Transformar o povo em incapaz era conveniente para a oligarquia interessada em submetê-lo. Em contrapartida à ideia de povo inativo, pacífico ou pacato, entre a Independência e a República observamos um povo preocupado com o sistema político, com a corrupção nos processos eleitorais, com a autonomia financeira dos municípios, com a descentralização política e com os espaços para sua manifestação cultural. Povo totalmente disposto a se manifestar quando necessário, sempre de forma reativa aos direitos não alcançados.

Mesmo distante do protagonismo do movimento político de 1822, em 1831, foi um levante popular que exigiu a renúncia do Imperador, e, dessa data em diante, no Brasil nascente, revoltaram-se com frequência, os populares das diversas províncias. Num primeiro momento, uma rebeldia dotada de valores regionalizados, valores de justiça social baseados em costumes, tradições, e, também em preceitos religiosos, informaram os movimentos e lutas. Porém, a partir daí, um sem-número de revoltas e lutas populares apontam a trajetória de uma cidadania que se conquista à duras penas. Uma cidadania insurgente, baseada na emergência de lutas sociais que ganham o espaço público como arena de reivindicações e embates onde irrompem manifestações que demandam acesso a direitos, denunciam privilégios e questionam injustiças sociais na formação social e econômica brasileira.[6]

Sedições, insurreições e revoltas do Império ao nascimento da República

Em um sobrevoo pela história de lutas, revoltas e guerras brasileiras, o protagonismo está, em boa parte delas, nos grupos socioeconômicos e identitários

6 Utilizamos aqui o conceito de cidadania insurgente, muito bem trabalhado por James Houston (2013) que realiza a discussão acerca da emergência de uma cidadania no Brasil, nascente no território das grandes cidades como espaço e objeto de reivindicações, arenas políticas e palco de manifestações que reivindicam o acesso a direitos, denunciam injustiças e desestabilizam privilégios historicamente enraizados nas estruturas brasileiras.

mais vulneráveis: mestiços, homens e mulheres escravizados e seus descendentes, homens e mulheres pobres destituídos do direito à terra, grupos sociais das classes populares e médias oprimidos pela violência estatal e, por algumas vezes, elites dissidentes premidas por movimentos de defesa de espaços econômicos ou liberdade política e de pensamento. Dessa forma, é possível afirmar que: um dos fenômenos políticos mais significativos da história brasileira nos últimos 200 anos tem sido os movimentos e lutas populares. Fenômeno capaz de explicar uma trajetória própria da sociedade brasileira marcada por avanços modernizantes vinculados à força das lutas sociais em questionar o status quo, reivindicando e conquistando direitos. José de Souza Martins (1986) atribuiu um verdadeiro sentido progressista das lutas populares no campo e nas cidades do território brasileiro, sentido de uma história de insubmissões – iniciada desde os tempos coloniais contra a dominação pessoal, contra a expropriação da terra, exploração do trabalho. Por sua vez, esta insubmissão se contrapõe à exclusão das classes populares do pacto político oligárquico presente na independência do país e nos primórdios da República, e, posteriormente, nas constantes lutas e disputas sociais e políticas pelo estabelecimento da democracia e da cidadania de direitos.

No que tange ao momento de formação do Estado Nacional brasileiro, a interpretação de que o regionalismo foi característica dominante das revoltas e lutas populares, assume sentido político de diminuir significado e a importância destes eventos. Na verdade, classificar as lutas populares e os movimentos sociais do período (1822-1840) como "motins" ou insurreições regionalistas nos levam ao questionamento da significância das rebeliões populares e seus sentidos. Quando classificados como meros motins e ação desgovernada da multidão deprecia-se o caráter político e a capacidade organizativa das multidões impedindo o entendimento do que essas revoltas expressam. Nesta perspectiva destacamos os embates radicais em defesa das autonomias provinciais, os pensamentos e visões diferentes sobre o nacionalismo brasileiro, a elaboração de propostas diferentes sobre a configuração do Estado Nacional, as reivindicações de direitos relativos às classes desprivilegiadas, suas deliberações políticas e autoconsciência.

A Cabanagem (1835) é um significativo exemplo destes embates. Revolta pouco conhecida e aprofundada pela historiografia nacional, tendo sido mais estudada em nível local sem conseguir despertar o merecido interesse relativo ao seu impacto histórico,[7] a luta dos cabanos nos revela elementos de uma região que vivenciou de forma diferente as relações metrópole versus colônia e consequentemente a Independência do Brasil. Essas relações peculiares motivaram práticas de rebeldia – principalmente entre os revoltosos negros, índios e mestiços – em direção a demandas específicas e, em contradição com a prática dos cabanos brancos – a elite local – interessados em ascensão social, espaços e postos na estrutura do poder político que opunham o Grão-Pará ao centralismo do Rio de Janeiro.

Nossa perspectiva destaca o olhar urgente e atento para a ação popular e das multidões na perspectiva crítica de George Rudé (1982) assinalando a necessidade do entendimento do conceito de multidão considerando sua composição social, seus objetivos e todas as categorias histórico-políticas, sociais e econômicas que compõem suas metas de ação. Dessa forma ensejamos abrir a possibilidade de enxergar na Cabanagem (e em outras revoltas correlatas) a potencialidade da luta da população negra escravizada por sua emancipação somada à luta de índios, mestiços e brancos pobres pela posse da terra e pela justiça social. Isto explica inclusive, as transformações no interior da luta Cabana, quando os cabanos brancos passaram a manifestar preocupações com as radicalidades e ações violentas dos cabanos não-brancos e sua práxis política.

Nos primórdios do Império, entre 1824 e 1840, identificamos outras rebeliões políticas que amplificaram os embates travados entre o centralismo monárquico e a construção da autonomia política das províncias – Cabanada, Balaiada, a Guerra dos Farrapos entre outras[8]. Nesse contexto ressaltamos que muitas foram as marcas da rebeldia e do protesto popular presentes no interior dessas revoltas, expressando que os movimentos políticos populares radicalizavam a pauta política das chamadas "revoltas regenciais" quando interseccionavam questões de classe, etnias, raça, gênero, identidade cultural e origem social ao embate por autonomia regional. Paralelamente a este fenômeno, revoltas de cunho radical/popular como a Revolta dos Malês (1835) e, antes dela, todo um conjunto de rebeliões escravas na Bahia, Minas Gerais e Rio de Janeiro, demonstravam a agitação dos escravos urbanos e dos terri-

7 Ver Pinheiro (1998).

8 Ver Souza (2020).

tórios quilombolas em seus ensejos de liberdade e abolição. Uma polissemia de vozes com disposição em lutar contra o domínio da elite branca como um todo. Entre as muitas rebeliões deste tipo, citamos os levantes de escravos entre 1814 e 1830 em Salvador-BA, a revolta de Carrancas-MG (1833), o levante quilombola de Manuel Congo em Vassouras-RJ (1839).[9] Destacamos nesta modalidade de agitação popular a disposição de homens e mulheres escravizados(as) em enfrentar a estrutura do poder monárquico, o domínio dos poderosos locais e a estrutura do poder econômico, arriscando a própria vida para reivindicar um direito fundante moderno das nações: a liberdade individual e igualdade jurídica. Desta maneira, assim como as elites dissidentes, atores sociais diversos, vindos dos mais baixos extratos sociais da sociedade brasileira, empreenderam ações coletivas de caráter político fazendo com que, ao final do Império, a esfera pública já estivesse tomada por lutas políticas responsáveis por transformações na sociedade civil brasileira.

A resistência dos escravizados como luta popular de longa duração, somou-se ao movimento abolicionista demarcando o fim da ordem escravista no Brasil e no mundo do XIX.[10] Aglutinando demandas, lideranças, organizações civis, entidades e atores diversos, o movimento abolicionista (guardadas as nuances regionais), estruturou uma primeira rede de ação coletiva caracterizando-se como um verdadeiro movimento social.

As pressões inglesas pelo fim do tráfico negreiro e a interdição ao uso da mão de obra escravizada se somaram ao processo de transformação científica e cultural de influência europeia e, ambos os fatores, orientaram segmentos da elite e classes médias criando condições para que elementos modernizantes do pensamento científico positivista impulsionasse ideias e objetivos de transformação que superassem o sistema escravista na formação social e econômica brasileira. Alonso (2014) destaca que, na segunda metade do século XIX, o movimento abolicionista se generalizou para o território e o conjunto da sociedade urbana, conseguindo adesão de segmentos variados socialmente, tendo como aliado o cientificismo positivista como impulsio-

9 Ver Reis (2014).

10 Sobre a resistência à escravidão e a luta dos homens e mulheres negras na abolição, a partir dos anos 1980, com inspirações na história dos vencidos, estudos historiográficos buscaram reconstruir a resistência dos escravos no cotidiano, nas lutas judiciais, fugas, rebeliões, participação na imprensa e ações clandestinas (Reis, 2003; Moura, 2004).

nador de transformação e superação do sistema produtivo escravocrata em direção ao desenvolvimento das relações capitalistas.

A agenda de lutas em torno da abolição colocava, nesse período, vários segmentos sociais com interesses fundamentais divergentes na defesa por interesses "comuns". Os escravos, que eram os requerentes mais legítimos e os maiores interessados em se libertar das amarras daquele sistema, impulsionavam, com suas ininterruptas insurreições, o jogo de interesses representados pelos militares, intelectuais de formação positivista e pelas demais forças "progressistas" surgidas entre os setores políticos e da oligarquia rural.

Como movimento social, o abolicionismo foi composto, ora da resistência cotidiana (como faziam escravo/as e ex-escravos/as em revoltas, fugas e resistências ao trabalho),[11] ora como resistência política e jurídica organizada e visível (como o fizeram suas lideranças Joaquim Nabuco e Luiz Gama). Dessa maneira, o abolicionismo conquistou espaços, se solidificando como um movimento social por liberdade e igualdade jurídica.

Devemos lembrar que ameaças constantes de rebelião escrava povoavam o universo mental do momento das independências, desde a rebelião do Haiti, e, segundo Moura (2004), o medo generalizado tomava as extensas áreas da cafeicultura no Vale do Paraíba em São Paulo e Rio de Janeiro, o que tornou possível a disseminação de uma opinião pública crítica à escravidão fortalecendo o ideário abolicionista.

Como movimento social com ações políticas e performances públicas, o abolicionismo brasileiro foi influenciado pelo abolicionismo inglês e norte-americano. Em suas performances utilizou-se da pressão política, da circulação de manifestos pela imprensa, e das ações clandestinas de "libertação de escravo/as" como forma de ganhar simpatias da sociedade e de pressionar o Estado pela lei da abolição. Em atitudes mais confrontantes atuou pela desobediência civil invadindo fazendas, libertando indivíduos e/ou dando suporte à fuga. O movimento se distribuiu por mais de duas centenas de cidades no país e por todas as províncias imperiais, interligando sujeitos e associações abolicionistas em nível nacional. Articulado às ações pela modernização necessária ao desenvolvimento da economia cafeeira do oeste paulista (Costa, 1997) o movimento abolicionista acabou por alcançar

11 Ver Moura (1988).

o objetivo da extinção da escravidão partindo de uma práxis organizada e ativa o suficiente para conquistar o preceito máximo do ideário moderno: a liberdade individual.

A arquitetura da exclusão social na Primeira República

O advento da República, em 1889, colocou fim à monarquia dos Bragança, tornando vitorioso o movimento embalado por ventos do progresso e da ordem social. Bradando pelo federalismo e pela modernização econômica, o Exército nacional tomou a dianteira do golpe republicano assemelhado à uma verdadeira quartelada, que destituiu o imperador e colocou militares à frente do poder da nação.

A República uniu forças econômicas em expansão – oligarquias agroexportadoras ligadas ao trabalho livre e classes urbanas médias (civis e militares) – em prol de pautas reformistas controladas fortemente pelos oligarcas empenhados em sua vocação não democrática.[12] Resultante de uma cisão das elites dominantes (oligarquia escravista *versus* não escravista), a República nasceu elitista e afeita ao autoritarismo, na medida em que, as classes urbanas, de forma clientelística, apoiaram o vetor não escravista, adotando seus valores e aderindo seu programa conservador. Daí resulta o fato de que as forças políticas da República se sustentem no conservadorismo, no autoritarismo e no controle social, eliminando qualquer perspectiva progressista, democratizante e popular. Perspectiva essa derrotada pelo pacto nacional oligárquico que fez raiar o regime republicano.

Logo em seus primeiros anos a instabilidade política se fez uma constante na república oligárquica. Os centros urbanos se mantiveram agitados e os militares foram incapazes de pacificá-los. Civis passaram a discordar do protagonismo militar e a Revolta Federalista no Rio Grande do Sul colocou fim a dominância dos militares alçando os civis ao poder político.[13] Destinados a enfrentar as instabilidades políticas do início do regime republicano as elites civis se conscientizaram da necessidade de se sobrepor aos militares e de

12 Ver Costa (1998).

13 O governo Floriano Peixoto (1891-1894) desrespeitando a Constituição republicana na sucessão de Deodoro da Fonseca provocou a Revolta Federalista que acabou por prejudicar a hegemonia política militar. Detalhes em Souza e Machado (1997).

controlar a rebelião e a insatisfação popular tornando este o principal mote da república – o controle social.

Este regime político, como resultado de cisões internas das classes dominantes, direcionou o país à uma República assentada sobre o autoritarismo e dotada de concepções e valores conservadores. A contraposição de um Brasil moderno, afeito a democracia, progressista e centrado em valores de uma cidadania de direitos não se fez presente. Sobressaíram-se relações de produção colonialistas sobre relações modernas e de independência política.

No urbano uma massa de trabalhadores pobres nacionais e imigrantes disputavam espaços de sobrevivência e possibilidades de venda da força de trabalho, submetendo-se a degradação da vida social e a miséria econômica. No campo, onde vivia a maioria da população, as relações de produção vigentes e as formas de exploração do trabalho mesclavam temporalidades distintas entre o arcaico e o moderno – imprimindo os resquícios do trabalho escravo e seus trezentos anos de predominância como problema estrutural. Faziam-se presentes múltiplas formas de exploração da mão de obra pobre e livre nas relações de compadrio, posse, parceria e arrendamentos. Reproduziam-se os vínculos sociais de prática do favor, o clientelismo, a dependência, a servidão por dívidas, pagamentos de foro e de cambão, isso sem contar a permanência das situações análogas à escravidão.

Martins (1986), em seus estudos referenciais acerca do campo brasileiro e dos processos de sujeição dos sem-terra e dos camponeses, afirma que, a história do campesinato brasileiro se inicia na colonização contra a dominação pessoal dos "donos da terra", persiste e se atualiza na luta contra a expropriação da terra em si, a grilagem, a exploração do trabalho agrícola e a devastação ambiental. Do XIX ao século XX, enfrentou-se o jogo da exploração econômica das grandes empresas capitalistas aliadas às políticas econômicas de Estado e a expansão dos interesses do capital internacional em direção à atividade terciária. Na práxis política o poder republicano edificou uma verdadeira arquitetura social da exclusão expressa pela desigualdade econômica, pelo jugo político, pela desvalorização cultural e ratificada pelo controle social. Fato expresso em uma República fundada no conservadorismo político e no controle social, que adquiri sentido claro quando visualizamos a trajetória de uma história republicana assentada sobre os alicerces trágicos das guerras camponesas de Canudos e Contestado.

200 anos de movimentos sociais no campo brasileiro

Canudos e Contestado justificam o termo guerras camponesas e no raiar da república são as duas maiores expressões de nossa história. As mudanças estruturais nos mais distantes rincões do chamado "Brasil profundo", nos interiores e sertões brasileiros, iniciadas com a Lei de Terras de 1850 e aprofundadas na instauração republicana, atuam no centro da conjuntura das Guerras de Canudos (1896-1897) e Contestado (1912-1916). Esta conjuntura revelava uma elite dirigente preocupada em renegociar sua posição nas relações internacionais, dedicada a enfatizar a exportação monocultora. Uma elite que voltava todos seus olhares para o Atlântico e o norte do planeta, fomentando a urbanização mimetizada da *belle époque* europeia como forma modernizadora, sem atentar-se para o território brasileiro como um todo e todas as suas peculiaridades e idiossincrasias.

Por volta de 1893 Antônio Conselheiro e seus seguidores fixam o Arraial de Canudos no sertão da Bahia, assim como, em 1912, o monge José Maria fixa seu povoado em terras do município Curitibanos, na região contestada entre Paraná e Santa Catarina. Nas motivações destas lutas populares estavam os múltiplos impactos das transferências de terras devolutas ao patrimônio estatal da União Federativa (Lei de Terras de 1850), proibitiva da configuração de novas posses de terras nos processos de abertura de fronteira agrícola.[14] Sendo as terras devolutas propriedade do Estado, e, o Estado um lócus de elites latifundiárias e agroexportadoras, logicamente toda a sorte de camponeses empobrecidos se sujeitaram à expropriação e expulsão pura e simples da terra e aos mecanismos de grilagem que favoreciam os poderosos. Como resultado deste processo vivemos os dois maiores conflitos de nossa história, ambos dirigidos por lideranças do catolicismo rústico popular[15]. Segregados pela modernização autoritária de uma República oligárquica, os sertanejos de Canudos e Contestado formaram territórios rebeldes, insurretos, insubmissos, inventivos de uma concepção de mundo própria, uma

14 Ver Moraes (2005).

15 A noção de catolicismo rústico foi primorosamente trabalhada por Maria Isaura Pereira de Queiroz (1968). Segundo a autora o povo brasileiro desde a colonização se adaptou a condições de ausência da representação sacerdotal nos rincões da colônia, propiciando o surgimento de elementos não pertencentes à religião oficial, seus dogmas e sua liturgia. Os cultos populares suplantaram e substituíram elementos centrais da religião oficial.

religião popular e acima de tudo uma forma de propriedade comunitária e coletiva contestadora do monopólio da terra.

Canudos e Contestado somadas a um conjunto de revoltas populares nascidas nos sertões brasileiros – a revolta do caldeirão e a revolta de Pau de Colher – definiram-se a partir das contradições entre o monopólio da terra, o poder da dominação pessoal de "donos da terra", as religiosidades e a interferência do Estado como defensor da propriedade privada.

A Revolta de Caldeirão de Santa Cruz do Deserto, e o massacre que a envolve, reúne os elementos exemplares dessas contradições. O Caldeirão eclodiu no Ceará, como uma comunidade liderada pelo beato José Lourenço, nos moldes dos movimentos predecessores de Canudos e Contestado. Em 1926, Padre Cícero protegeu membros da comunidade e seu beato alojando a todos em uma fazenda de propriedade dos Jesuítas, situada no Crato-CE. Trabalho comunitário, roçado coletivo, instrumentos de trabalho coletivos, divisão igualitária da produção e comercialização do excedente trouxeram prosperidade a fazenda que passou a centrar seu discurso sobre os ideais do igualitarismo. O Caldeirão passou a receber famílias de trabalhadores rurais destituídos de terra, que abandonaram fazendas e patrões para viver do próprio trabalho. Após a morte de Padre Cícero (em 1934), o protetor pessoal do lugar, proprietários de terras e o governo estadual passaram a combater amplamente a comunidade.[16] Em 1937, o governo Getúlio Vargas, sobre a égide do discurso anticomunista, ordenou a invasão do lugar e sua destruição, ordem cumprida pelo Exército aliado à polícia estadual do estado do Ceará. O número oficial de mortos no Massacre do Caldeirão gira em torno de 400 pessoas executadas e enterradas em vala comum. Organizações e entidades ativistas de direitos humanos e da justiça restaurativa estimam cerca de 1000 mortos no massacre. Atualmente, requerem reparação às famílias, em ação civil contra o Estado brasileiro, pelo direito ao conhecimento do local da vala comum construída pelo Exército para esconder os corpos.

Na esteira dos acontecimentos de Caldeirão de Santa Cruz do Deserto, a origem da Revolta de Pau de Colher (1938),[17] na Bahia, remonta à fama da fazenda de Padre Cícero e seu igualitarismo. O povoado baiano da frontei-

16 Sobre A Revolta do Caldeirão ver Gomes (2009).

17 Sobre a Revolta de Pau de Colher ver Leandro (2003).

ra com Pernambuco e Piauí fez fama aglutinando sertanejos inspirados em Caldeirão, reunidos em torno de duas lideranças religiosas e incomodando latifundiários. Pau de Colher transformou-se em novo ponto de aglutinação de despossuídos que sonhavam retomar os preceitos da comunidade de Caldeirão de Santa Cruz. Da mesma forma que no Crato-CE, a comunidade de Pau de Colher foi dizimada por forças policiais dos três estados com apoio do Exército, inclusive sua força aérea. Estima-se cerca de 500 sertanejos assassinados em uma batalha de forças desiguais, em que metralhadores atiravam contra homens e mulheres armados com porretes de madeira (pau de colher). Denuncia-se, até os dias de hoje, a violência do massacre, as prisões ilegais dos sobreviventes e a perda dos direitos pátrios de pais sobre filhos, filhos esses que foram entregues como força de trabalho compulsório (escravo) a famílias latifundiárias da região.

O Caldeirão e a Revolta de Pau de Colher indicam a situação contraditória e desordenada das relações de dependência no campo e as funções do Estado. A questão da terra confronta camponeses e "donos da terra". O conflito se configura quando camponeses se tornam independentes nas relações econômicas, e, em contrapartida, o Estado assume o controle repressivo contra o campesinato que se desgarrou das relações pessoais clientelistas com latifúndio.

Mesmo entre limites de rebeldia dados pelos elementos das religiosidades, rusticidade católica e principalmente na ausência de preceitos políticos democráticos e representativos, essas lutas populares demonstraram, com a contestação da propriedade da terra, o indicativo da urgência de um projeto de modernização democrático e preocupado com a população pobre e destituída da propriedade. Em ambos os casos, embora firmada culturalmente em costumes, sobre valores patriarcais e religiosos, estes movimentos de revolta enfrentaram o governo Vargas questionando a legitimidade de seu discurso modernizador – fruto de um projeto essencialmente autoritário centrado em se sobrepor à soberania popular e que se rendeu as permanências dos domínios territoriais terratenentes. Martins (1986) categórica e assertivamente nos afirmou que, a repressão e intervenção militar em Canudos, Contestado, Caldeirão, entre outras guerras camponesas, acabou por transformar guerras camponesas mediadas pelo catolicismo rústico em guerras políticas, revelando a matriz profunda destas guerras: a contestação do poder privado sobre a terra, e, como apontou Euclides da Cunha na saga *Os Sertões* (2003), não era a monarquia a ser combatida pelo Exército, era em si, a insurreição, a rebelião popular e a subversão dos pobres.

Em uma perspectiva de longa duração, a história contemporânea brasileira revela a permanência da questão agrária e do monopólio da terra como foco central das lutas sociais no campo.

No decorrer desta trajetória de 200 anos, as diferenças e novas perspectivas dos movimentos sociais do campo se fazem presentes a partir dos anos de 1950, quando de fato, o movimento camponês assume características de movimentos social com primazia de perspectivas políticas e recorte de classe social. Através da sedimentação do trabalho livre, do assalariamento, da diminuição das relações de dependência, contestação ao coronelismo e da disseminação de processos modernizantes na produção agrícola, as transformações dos anos 1950 e 1960, geraram novas formas de luta camponesa no campo brasileiro fazendo surgir – paralelamente à luta pela reforma agrária – a luta pelo direito a organização sindical e demandas pelo direito do trabalho no campo.

A Revolta de Porecatu, a Revolta de Trombas e Formoso e as Ligas Camponesas[18] são consequências da expansão e consolidação do projeto capi-

18 Dentre os eventos decorrentes da Marcha para o Oeste – governo Vargas – temos a Revolta de Porecatu, envolvendo posseiros, pequenos proprietários, trabalhadores e colonos, vindos de todas as regiões do Brasil e que ocuparam as áreas rurais de Porecatu, Jaguapitã e Centenário do Sul, na região norte do estado do PR – onde o governo central disponibilizara mais de 120 mil hectares para a colonização. Assentados em pequenas glebas, os camponeses cultivavam café e outros produtos alimentícios além de criar porcos. Aos poucos, aquelas terras às margens do rio Paranapanema foram se valorizando, o que chamou a atenção dos grandes fazendeiros para a grilagem. A violência dos jagunços que trabalhavam para grileiros se alastrou e o fato chamou a atenção do Partido Comunista Brasileiro (PCB) que se voltou à articulação política dos trabalhadores rurais. Em 1948, parte dos posseiros armados, partiram para a resistência nas terras, levando o governo do estado do PR a articulação de um processo repressivo que envolveu: Exército, Força Pública, poder judiciário e o Departamento de Ordem Política e Social (Dops). Em 1951, o movimento de Porecatu estava desbaratado, com o saldo de dezenas de trabalhadores rurais presos e centenas de famílias expulsas da área. Sobre as Ligas Camponesas afirma-se que foram associações de trabalhadores rurais criadas inicialmente no estado de Pernambuco, e que posteriormente se alastraram pela Paraíba, entre os anos 1955 e o golpe de Estado de 1964. A partir de 1959, estas associações se expandiram por outros estados, Rio de Janeiro (Campos) e Paraná, aumentando o impacto político do movimento. Apesar de terem finalidades trabalhistas e assistenciais jurídicas e médicas, o preceito da autodefesa, nos casos graves de ameaças a quaisquer de seus membros, foram suficientes para a criminalização das Ligas Camponesas. Em 1964, o golpe de Estado eliminou as organizações, e perseguiu seus principais líderes.

talista e sua interiorização. Desde as ações de colonização das fronteiras brasileiras com Getúlio Vargas e sua Marcha para o Oeste, somando-se às ações desenvolvimentistas de Juscelino Kubitschek complexara-se o quadro fundiário movimentando politicamente trabalhadores agrícolas, oportunistas grileiros e proprietários de terras. Entre os anos de 1950 e o golpe de Estado civil-militar de 1964, os movimentos sociais do campo tomaram o território nacional. Organização de posseiros expulsos de terras nos processos de construção de rodovias, barragens hidroelétricas e abertura de fronteiras agrícolas motivaram rebeliões, articulações políticas de camponeses em partidos e a organização formal de sindicatos e movimentos sociais.

A Revolta de Trombas e Formoso é exemplo crasso desta situação. O conflito resultou da expulsão de posseiros ao longo da estrada Transbasiliana (Rodovia Belém-Brasília/BR153), em Goiás. Com a construção de Brasília e da BR-153, a valorização de terras atraiu poderosos grileiros da região, articulados com juízes corruptos, que passaram a grilar a maioria das terras e expulsar violentamente seus moradores. Em paralelo, posseiros antigos e recém-chegados apoiados por membros do Partido Comunista Brasileiro (PCB) optaram pela defesa de direitos da posse da terra.

Era o ano de 1954. Organizados para defesa armada, produção em mutirão e ações jurídico-políticas, os camponeses fundaram a Associação dos Lavradores de Trombas e Formoso encarregada de representar os posseiros no reconhecimento da propriedade da terra. Diversos confrontos armados entre jagunços contratados pelos grileiros e camponeses se deram, até meados do ano de 1957. Neste ano, o governo estadual optou por organizar o desbaratamento final do território camponês pela ação de um forte contingente militar. Com a finalidade de evitar um confronto violento e sanguinário na região, militantes do partido comunista intermediaram acordo entre governo estadual e forças repressivas – a associação de camponeses e representantes dos grileiros -negociando a permanência dos posseiros na região.

A região permaneceu pacificada até 1964, quando após o golpe de Estado, o Exército invadiu a cidade de Formosa (assim batizada pelos posseiros organizados) perseguindo até a morte ou prendendo suas lideranças, entre elas, o deputado José Porfírio de Souza (PTB/PSB),[19] desaparecido político, desde 1973. Trombas e Formoso, Porecatu e as Ligas Camponesas trazem a público o fato de que: a luta pelo acesso à terra foi e tem sido a fórmula definitiva dos conflitos contemporâneos que envolvem os movimentos sociais no campo brasileiro.

Na contemporaneidade o Movimento dos Trabalhadores Sem Terra (MST), desde idos de 1980, centra sua ação na modernização agrária via reforma agrária, definindo a organização popular e a resistência na terra como estratégias de conquista do direito à propriedade.

Em sua origem, o MST resulta do processo histórico, no sul do território nacional (RS, SC, PR), em que a concentração fundiária imposta pelo modelo econômico aplicado pela ditadura civil-militar acirrava conflitos entre famílias camponesas e latifundiários. Processos de alagamento de grandes áreas agricultáveis com a construção de barragens e hidroelétricas como a de Itaipu, somadas aos subsídios e estímulos governamentais para a produção da soja, alteraram fortemente a estrutura fundiária regional favorecendo a grande propriedade e expulsando o proprietário familiar, os posseiros e trabalhadores rurais assalariados de seus territórios.

Desintegravam-se o modo de vida do campesinato, seus costumes e valores sociais. Neste contexto local passaram a atuar agentes institucionais importantes, como foi o caso da Igreja Católica. Acompanhando recomendações reformistas do Concílio Vaticano II,[20] o clero latino-americano passou a se aproximar de modo efetivo dos "excluídos da terra" (no caso urbano dos "excluídos" das periferias) acionando a defesa dos pobres e despossuídos, num entendimento teológico denominado Teologia da Libertação.[21] A partir deste momento, a vasta engrenagem institucional católica foi acionada na defesa dos camponeses empreendendo um trabalho pastoral capilarizado em todo o país, com cunho organizativo e cooperativo. Através das

19 Rompido com o Partido Comunista desde o XX Congresso do Partido Comunista da União Soviética, Porfírio se lançou candidato à Assembleia Legislativa de Goiás em 1962 pela coligação PTB-PSB, sendo eleito o primeiro deputado de origem camponesa da história do Brasil.

20 Foi uma série de conferências realizadas entre 1962 e 1965, consideradas o grande evento da Igreja Católica no século XX, cujo objetivo era modernizar a Igreja e atrair os cristãos à praxis social católica.

21 Ver Iokoi (1996).

Comunidades Eclesiais de Base (CEBs), a praxis católica alcançou amplos setores rurais e urbanos propondo respostas organizativas frente a crise econômica e política que se estabelecia nacionalmente no declínio agonizante do governo ditatorial brasileiro.

Em apoio a luta dos sem-terra, e tantos outros movimentos sociais, a Igreja Católica foi responsável por um conjunto de ações políticas fomentando a defesa dos direitos humanos no território latino-americano. A Comissão Pastoral da Terra e a Comissão de Justiça e Paz articulavam cidade e campo na defesa jurídica de direitos civis, sociais, econômicos e políticos. Como centros de apoio jurídico, de pesquisa, estudos e organização, essas comissões coletavam informações, realizavam dossiês de denúncia, formavam ativistas, fortaleciam a articulação política, associativa e cooperativa em bairro e comunidades rurais, dando vida à resistência organizada da sociedade civil brasileira, denunciando a repressão e as injustiças sociais promovidas no contesto da modernização conservadora da ditadura brasileira.

No território onde brotou o MST, o município de Ronda Alta no Rio Grande do Sul, uma encruzilhada – a Encruzilhada Natalino – localizada na estrada entre Ronda Alta e Passo Fundo, foi ocupada por 500 famílias de agricultores sem-terra originários da região. A Comissão Pastoral da Terra respondia por toda a logística da ação, junto como um núcleo de lideranças políticas que se tornariam germinadores do maior movimento social organizado da América Latina – o MST. Inaugurando o processo de ocupações de terra como estratégia de resistência e denúncia do latifúndio, os agricultores se estabeleceram em barracas de lona preta, sob sol, chuva ou frio, permanecendo na área entre abril de 1981 e março de 1982. A significância numérica dos acampados, suas condições de saúde e carência causaram múltiplos impactos nacional e internacionalmente. Dezenas de agentes locais, regionais e nacionais se envolveram na questão, sem dúvida, o principal deles foi a Igreja Católica. As comissões pastorais e a Confederação Nacional dos Bispos do Brasil, tornaram-se os mediadores da questão entre sem-terra, poderes regionais, forças repressivas, proprietários de terras e sociedade civil.

Após um ano de resistência do acampamento, um massacre estava previsto para março de 1982 – planejava-se uma ação militar definitiva envolvendo uma brigada do Exército e forças as policiais estaduais. A Conferência Nacional dos Bispos do Brasil (CNBB) removeu as famílias da área para uma terra de 108 hectares adquirida pela organização. Para lá se transferiram as famílias formando o Acampamento Ronda alta. A solução final veio em setembro de 1983, com o assentamento de 210 famílias, quando o governo do estado adquiriu área de 1870 hectares, para fins de reforma agrária, distribuindo os lotes a serem pagos pelas famílias num prazo de 15 anos.

Ronda Alta é um marco na história brasileira entre os movimentos sociais, na trajetória da luta pela terra no Brasil, um marco fundante de um novo agente político – o MST. Resulta dali o fato de que, a política de modernização e tecnificação do campo com concentração fundiária, implantada na ditadura, provocou e fez surgir o maior movimento social do Brasil. Hoje, em 2021, o MST está organizado em 24 estados, nas cinco regiões do país, apresentando um total de 350 mil famílias assentadas por meio da luta de ocupação e resistência na terra. Sem dúvida alguma, se, a reforma agrária é um passo para a modernização de um país, o MST é efetivamente um agente modernizador do campo brasileiro, preocupado inclusive com a sustentabilidade da produção agrícola. Um novo sujeito social e político, de suma importância e responsável pelo desencadeamento de uma série de políticas públicas, práticas cooperativas, competitividade dos produtos dos assentamentos no mercado, melhoria das condições de vida para as famílias assentadas, formação e capacitação de agricultores familiares, propositor de projetos educacionais para o campo, promoção da agricultura orgânica, economia solidária, proteção ambiental, permacultura, dentre outras ações.[22]

Lutas sociais nas cidades: dos novos aos novíssimos sujeitos políticos urbanos

Dando continuidade à análise dos 200 anos da história do movimento social no Brasil cabe-nos ainda destacar o papel dos movimentos sociais urbanos e suas potencialidades em ressignificar os territórios onde surgem, ativando sujeitos e atores responsáveis pela construção cidadã e democrática do processo político. Esse foi o sentido dado ao exercício regressivo de retrospectiva histórica dos movimentos sociais gestados no campo brasileiro.

22 Ver Bernat (2012).

Cabe-nos agora trazer à tona o espaço social privilegiado da organização dos movimentos sociais: as cidades.

Quando pensada do ponto de vista político e filosófico, a cidade tende a estimular discussões que envolvem a perspectiva de constituição do conjunto de direitos do indivíduo no urbano. Segundo Henri Lefebvre (2001) a cidade moderna se configurou a partir de uma díade contraditória: 1. a luta social, definida como todo e qualquer ato de resistência do humano para sua sobrevivência e, 2. a materialização do sócio metabolismo do capital, que engloba o movimento do capital em superar limites e subsistir como modo de produção hegemônico. De acordo com o autor, a aceleração do crescimento das forças produtivas, alcançado pela Revolução Industrial, provocou na cidade um processo complexo de fragmentação, homogeneização e hierarquização do espaço. Após a concentração de capitais, de pessoas e bens, os núcleos urbanos explodiram, estendendo-se em todas as direções do território global. A circulação de pessoas e mercadorias assumiu a condição de função urbana preponderante e peça-chave do circuito produtivo. Toda esta lógica submeteu a cidade ao lucro, inviabilizou a cidade como obra e arte humana, fazendo prevalecer o domínio do valor de troca e da mercantilização do solo sobre o valor de uso e de livre fruição das coisas.

A cidade se transformou num produto para o consumo, respeitando as lógicas da equivalência entre mercadoria e dinheiro. Instalaram-se no urbano os espaços de dominação do capital (estruturados, organizados e repleto de serviços e possibilidades) versus os espaços degradados de submissão ao capital (os espaços da exploração do trabalho, da ausência do saneamento básico, da violência e do abandono). Ou seja, as cidades industriais modernas foram responsáveis pela demarcação dos espaços diferenciados entre a riqueza e a pobreza, onde a lógica de instalação da pobreza nada mais é do que a lógica da submissão e inclusão marginal.

Seguindo este raciocínio, a luta social se caracteriza pela contestação da supremacia do valor de troca em detrimento do valor de uso, instaurando no urbano o acirramento da contradição do desenvolvimento do capital versus o desenvolvimento da vida social. No escopo desta definição, a luta social urbana foi e tem sido o único valor possível na subsistência daquele que é pobre ou miserável, excluído e destituído da propriedade. A luta social decorre de um movimento em que, o valor de uso se sobrepõe ao valor de troca e insurge no interior de resistências, rebeldias e lutas por direitos econômicos, políticos e humanos. O geógrafo David Harvey (2012), numa clara reinterpretação de Lefebvre, evidencia o direito à cidade como elementar ao processo civilizatório moderno e promulga o envolvimento dos sujeitos da cidade na construção da "liberdade na cidade", recompondo a crítica lefebvreana direcionada às imposições da mercantilização do território urbano e seus sujeitos.

No processo brasileiro, as cidades emergentes do processo emancipatório em 1822, se apresentaram como promessas ilusórias da integração, da mestiçagem, da possibilidade de prosperidade econômica para o novo país que nascia. Na verdade, o urbano concentrou a população que se moveu em direção a esse lugar em busca de ofertas econômicas e perspectivas de sobrevivência, aglutinando toda a sorte de trabalhadores, homens e mulheres, que perfilavam um exército de mão-de-obra desvalorizada e explorável.

Na passagem do XIX para o XX, nos centros metropolitanos, podíamos visualizar, de maneira privilegiada, um conjunto de contradições geradas pela economia industrial europeia em contraponto ao lugar da economia agroexportadora brasileira, perfilada pelo trabalho precário, pelo trabalho infantil, pela permanência do trabalho escravo, pelos salários submínimos, pela inexistência de direitos do trabalho, habitações superpovoadas, deterioradas condições de saúde, educação inexistente ou inadequada, ausência de saneamento básico ou água potável.

Seguindo este raciocínio, uma díade de questões se interconecta: a problemática da pobreza e dos direitos e a questão das lutas sociais, sendo a grande cidade contemporânea, o espaço/tempo da convivência simultânea destes fenômenos. No espaço urbano nascente pós-independência, homens e mulheres pobres, ex-escravos(as), imigrantes, deslocado(as) do campo, tornam-se uma presença constante, desempenhando papéis fundamentais na economia do território, porém com pouquíssimos direitos ao mesmo. Toda a América Latina independente vivenciou uma história de construção de suas metrópoles a partir da ampla mobilidade humana, seja de nacionais ou internacionais, o que torna ainda mais complexas as fronteiras desta urbanidade. Ela apresenta os dilemas do desigual e do subordinado em escalas das fronteiras nacionais e transnacionais, culturais e econômicas, sociais e políticas.

Movimentos sociais no raiar da República

A história da cidade de São Paulo e Rio de Janeiro foi ilustrativa da participação destes múltiplos sujeitos: elites empresariais em movimento acelerado, tecnocratas da cidade, diásporas humanas; despossuídos, moradores em situação de rua, trabalhadores das mais diversas nacionalidades, ex-escravizados. Na virada do XIX ao XX, o Brasil assumia sua nova posição de país independente na expansão do sistema capitalista mundial e, as cidades centrais da economia cafeeira como São Paulo, Santos e Rio de Janeiro foram o lócus de um processo modernizador estimulado pelas novas necessidades da empresa do café – a exemplo - a construção de um amplo sistema de transporte ferroviário, a ampliação e modernização de serviços portuários, a instalação de serviços modernos de comunicação e, consequentemente o embelezamento das cidades.

No início do século XX, a capital da República e seu porto (Rio de Janeiro) concentravam a exportação do café vindo do Vale do Paraíba na região fluminense e paulista, além do café do sul de Minas Gerais. Centro de transações políticas e com o porto mais importante do país, a capital Guanabara se colocava como intermediária privilegiada das transações comerciais e circulação de dinheiro. As transformações urbanas se acirravam no governo Rodrigues Alves (1902-1906). O ápice das reformas urbanas da capital se deu no mandato do prefeito nomeado Francisco Pereira Passos (1902-1906) e seu aliado, o sanitarista Oswaldo Cruz. A reforma portuária foi uma das prioridades unindo objetivos de modernização portuária aos objetivos higienistas e eugenistas de combate às moléstias tropicais e outras doenças, como febre amarela e varíola. Compunham objetivos da modernização o combate das formas e estruturas habitacionais dos pobres do Rio de Janeiro, as péssimas condições sanitárias das moradias populares no centro da cidade e na região do porto que, nessa lógica conservadora e autoritária assolavam negócios internacionais. Remodelação das ruas, demolição das habitações coletivas, inspeções sanitárias atingiram a população pobre que se transladava para os morros circundantes do perímetro urbano.

Das resistências de trabalhadores e trabalhadoras, moradores destituídos de suas habitações, homens e mulheres negros(as) mestiços(as) pobres surgiram conflitos icônicos como a Revolta da Vacina (1904), a Revolta da

Chibata (1910) e as greves operárias entre 1902 e 1920. Decorrente diretamente das obras do Mangue da Gamboa e do alargamento das ruas centrais da cidade do Rio de Janeiro, a Revolta da Vacina se relaciona ao empreendimento da Saúde Pública chefiada por Oswaldo Cruz, que resolveu enfrentar o surto de febre amarela e a febre bubônica proeminentes.

Em 1903, as brigadas sanitárias acompanhadas de soldados da força pública percorriam áreas populares desinfetando, limpando, interditando estabelecimentos e moradias. A atitude era de rechaço a tudo que fosse popular, antigo e pobre, expondo a atitude excludente e discriminatória contra a maioria da população.

Em 1904, a notícia da vacinação obrigatória contra a varíola foi o estopim para o protesto popular e a tomada das ruas. Opositores ao governo Rodrigues Alves, aproveitaram a insatisfação popular e somaram ao fato uma ampla campanha antigoverno. A grande imprensa inundou a opinião pública com um debate oposicionista e críticas exacerbadas contra Oswaldo Cruz. Em cinco de novembro fundou-se a Liga Contra a Vacina Obrigatória no Centro Classe Operária, uma associação assistencial de trabalhadores da indústria. A Liga organizou um comício e clamou a agitação popular contra a campanha de vacinação e os poderes municipal e estadual. No dia do Comício, Rua do Ouvidor, Rua do Teatro, Praça Tiradentes se transformaram em palco do protesto popular que fez uso dos entulhos das reformas urbanas para formar barricadas e enfrentar as forças repressivas. Na noite, calcula-se que três mil pessoas se reuniram no Centro da Classe Operária e realizaram uma passeata até o Palácio do Catete. Novos conflitos de rua se estabeleceram, bondes foram atacados e queimados, depredação da iluminação pública e o enfrentamento de policiais e populares resultaram em um saldo de um civil morto e centenas de feridos.

Seguiram-se dias e dias de conflitos transformando os eventos em uma verdadeira rebelião popular. As ruas do centro foram tomadas por barricadas, a população se armava e combatia a força pública sem controle algum. Colocou-se em curso um golpe de estado, articulado por militares partidários de Floriano Peixoto, alunos da Escola Militar da Praia Vermelha, e, interessados em depor Rodrigues Alves. Enfrentaram-se: as tropas leais ao governo, os populares e as tropas insurretas florianistas forçando Rodrigues Alves a suspender a Campanha de Vacinação, retirando os populares do combate e, imediatamente, reprimindo violentamente os mesmos.[23]

A Revolta da Vacina revelou a apropriação do protesto popular por agentes políticos de um confronto entre autoridades brasileiras. Porém, sob a ótica do protesto popular, a revolta expôs o descontentamento de massa contra a autoridade governamental demonstrando a potencialidade da rebelião popular em elaborar respostas de resistência ao autoritarismo, a partir de uma motivação de economia moral – baseada nos costumes e no senso de justiça da população.[24] Como fruto de uma economia moral a rebelião motivou-se no interior dos conflitos de classe sendo regulados, não pela consciência de classe em si, mas por mecanismos de regulação social estabelecidos por uma ética e moral popular, responsável por um senso de justiça social capaz de manter o pacto social entre dominante e dominados.

De outro lado, a Revolta revela também, a luta pelo direito a cidade, a tentativa de sobreposição do valor de uso do espaço urbano em detrimento do valor de troca. Uma luta incessante e utópica de dimensões anticapitalistas em direção a uma sociabilidade não dirigida pelo mercado que almeja transformar a cidade em local do bem viver e não mais em espaço único da especulação imobiliária.

Nesta mesma lógica, da luta anticapital, pelos direitos e pela justiça social o movimento operário do começo do século XX se fez protagonista das lutas sociais brasileiras. São Paulo, a capital do café e da indústria foi o lócus de disseminação do anarquismo e da organização operária no alvorecer da República.

A partir de 1890, a cidade de São Paulo passou a crescer aceleradamente com a expansão da economia cafeeira pelo oeste paulista. A população

23 No rastro da repressão violenta do poder republicano, o saldo da revolta foi de um número de 30 mortos, uma centena de feridos e cerca de mil prisões, às quais se seguiram um número de ao menos 460 deportados do Rio de Janeiro para o chamado "inferno" amazônico no Norte do país.

24 O conceito de economia moral da multidão cunhado por Edward Palmer Thompson (1998), concebe a economia moral como o conjunto de forças e/ou mecanismos de regulação social estabelecidos a partir de uma ética e moral popular. Esta ética se estabelece dentro do conflito de classes a partir da análise moral do que é correto ou incorreto nas ações do estado ou das classes dominantes das quais o popular é sempre vítima. A economia moral é responsável por regular o pacto social, estabelecendo uma lógica comportamental e um senso de justiça social que por vezes motiva a rebelião e o protesto popular.

paulistana passou de 30 mil, em 1870, ao número de 286 mil habitantes, na virada do século. De cidade caipira e de menor importância econômica, tornou-se a "cidade do café", rica e propulsora do crescimento do setor terciário e da atividade industrial. Transitava-se da economia baseada na mão de obra escrava para a economia de mão de obra livre e assalariada recebendo-se um número imenso de imigrantes substitutos da mão de obra escrava na lavoura e aptos a trabalhar na nascente indústria do sudeste brasileiro. A imigração sustentou-se a partir do sonho de estabelecer melhores condições de vida para uma massa imensa de trabalhadores europeus empobrecidos.

A capital paulista e seus arredores oferecia trabalho e junto com ele condições marginais de sobrevivência. Entre 1902 e os anos de 1920, Rio de Janeiro e São Paulo, transformaram-se em território de vida, sofrimento, organização e luta operária revelando uma situação urbana repleta das contradições do mundo do trabalho. Contradições estas que se concretizavam na expropriação do operário no sistema fabril, aglutinando um sem-número de razões responsáveis pelas células iniciais das instituições operárias do século XX e, suas primeiras performances em espaço público.

Naquele momento, a classe operária brasileira era composta de trabalhadores e trabalhadoras diversos, representantes de diferentes categorias de trabalho: ferroviários, portuários, operários do sistema fabril, da indústria alimentícia, servidores braçais do setor público, dentre outros. A diversidade setorial caracterizava um movimento operário de múltiplas orientações políticas: liberais radicais, socialistas, anarquistas e posteriormente comunistas. Possivelmente esta diversidade funcionasse como um fator desagregador, no entanto, as condições de alta exploração e expropriação do trabalho permitiram a aglutinação dessas forças. Uma cidadania interditada pela miséria social, pela impossibilidade de participação política, pela ausência de direitos sociais e econômicos culminou em uma conjugação de forças suficientes para a explosão do movimento operário no espaço urbano.

As greves compunham o universo prático operário, em cidades brasileiras, desde o XIX. O número de greves nas fábricas de São Paulo sempre foi significativo (entre 1880 e 1900 cerca de 24 greves; entre 1901 até 1914 cerca de 119; entre 1915 e 1929 foram cerca de 116 movimentos grevistas) (Pinheiro, 1981). Somando efeitos da Grande Guerra de 1914, aos efeitos da Revolução Bolchevique de 1917 e o contexto paulista, São Paulo foi o território inicial da grande greve geral de 1917, disparada no mês de junho, no bairro da Mooca, onde estava instalada a fábrica de tecidos Cotonifício Crespi.

A motivação pontual vinculava-se a reivindicação do aumento salarial e a não aceitação, por parte dos trabalhadores, da ampliação da jornada de trabalho noturno proposto pela fábrica. O Cotonifício Crespi funcionou como um mecanismo disparador de um movimento que se alastrou nacionalmente. Primeiro, da Crespi para outra indústria têxtil – a Estamparia Ipiranga – e, em julho, das têxteis para a Cervejaria Antártica, também localizada na Mooca.

A partir daí, o movimento grevista tomou a cidade sofrendo forte repressão policial. A repressão da Força Pública culminou com o assassinato do sapateiro José Martinez. O enterro de Martinez levou uma multidão ao Centro de São Paulo, acirrando o conflito entre as autoridades públicas, empresários e operários e funcionando como um amplificador do movimento para uma paralização de trabalhadores que atingiu 35 mil trabalhadores em cerca de 35 empresas. Paralelamente, a difusão e repercussão da Greve Geral Operária em SP, levou o movimento ao Rio de Janeiro, onde cruzaram os braços, em paralisação, cerca de 60 mil trabalhadores.

A greve geral somou cerca de 95 mil trabalhadores parados, e no auge de sua força ampliou a pauta de reivindicações : jornada de 8 horas diárias, semana de cinco dias e meio de trabalho, fim ao trabalho de menores, segurança no trabalho, pontualidade no pagamento dos salários. Elaboraram-se também reivindicações junto ao setor público e governos: solicitando política de redução dos preços dos aluguéis, dos preços dos gêneros fundamentais, direito de sindicalização, libertação dos operários presos durante a greve e recontratação dos grevistas demitidos.

O movimento obteve sucesso frente ao governo central e industriários, conduzidos à negociação pela força da greve. Um comitê de jornalistas, em São Paulo, mediou o acordo que concedeu aumento salarial, pagamento de salários em data fixa ao mês, recontratação dos grevistas e continuidade de negociações com industriais para a melhoria da vida do operário.

Os efeitos de 1917 se fizeram presente até 1920 no eixo RJ-SP. Em 1919, novas mobilizações continuaram atingindo contingentes de trabalhadores. O ano de 1920 guarda, no entanto, uma conjuntura específica de arrefecimento do movimento operário – intensificaram-se as práticas repressivas – e, a classe empresarial se articulou politicamente em resposta à capacidade de articulação operária. De forma rápida, o governo republicano respondeu com a ampliação da repressão, realizou o ataque ao movimento operário com medidas impeditivas de associação política, atingindo as ligas operárias e suas lideranças. O Código Penal, em si intolerante e controlador, foi alterado para impedir a manifestação popular e do trabalho, legitimando o uso da violência policial na contenção aos protestos e reuniões operárias, e, a imprensa operária impedida de se expressar livremente. Em atitudes xenófobas, as lideranças imigrantes, foram submetidas à legislação específica, sendo perseguidas, presas e/ou deportadas.

Com a proximidade da nova década, em 1930, o governo que instalou a república agonizava. Exercia o poder ancorado na intolerância, no combate à manifestação popular e na repressão policial. Motivava seu próprio fim. A república dos privilegiados consolidou-se sobre uma prática repressiva que negava a cidadania plena de direitos, a participação política ampla. Sua atitude hierarquizava culturas, criminalizava os movimentos sociais, desqualificava a pobreza, desprezava o direito social, político e econômico do mundo do trabalho. Suas marcas foram os consequentes motivos de sua agonia profetizada pelo movimento político de 1930.

Dos ventos do modernismo ao novo sindicalismo: entre novos e novíssimos movimentos sociais

Entre 1920 e 1930 a sociedade brasileira viveu praticamente sob o Estado de sítio. Vozes discordantes se faziam ouvir e se concentraram em oficiais do Exército das classes médias, que gestaram a rebelião tenentista. Em 1922, sopravam os ventos de mudança modernistas e reverberavam as ações do nascente Partido Comunista Brasileiro (PCB). O Brasil viveu o rol de conflitos necessários ao movimento de passagem de país essencialmente agrário para país urbanizado no caminho da industrialização. As lutas e rebeldias operárias anarquistas foram insistentemente combatidas, e, em seu lugar, ascenderam dissensos entre oligarquias e movimentos políticos de classes médias, o que culminou na Revolução de 1930.

Permanecendo no debate da relação entre a organização operária e o movimento social urbano, avaliamos que, entre 1930 e 1945, o intervencionismo do Estado no setor produtivo e na organização do trabalho, prejudicou a autonomia, a organização e desenvolvimento do movimento operário e seu papel no movimento popular e no protesto social. Tendo sido, os sindicatos, atrelados ao Estado, controlados e fidelizados ao governo de Getúlio Vargas, selou-se o controle e a colaboração do setor do trabalho a um projeto de governo.

Consideramos que o protagonismo do movimento operário nas lutas e no movimento social se reconstituiu pós-1945. Entre 1945 e 1964 ocorreu um verdadeiro *boom* de paralizações, e, nos anos pós-1950, o Brasil vivenciou uma das fases mais dinâmicas de mobilizações operárias. Nessa fase, destacamos, em 1953, a greve dos 300 mil.

Desencadeada a partir das indústrias do setor têxtil, a greve se alastrou a diversos outros setores industriais, mobilizando um enorme contingente de trabalhadores. Tendo como mote central a alta inflacionária e a corrosão do poder de compra dos salários dos operários, o movimento grevista tomou as ruas. Em 18 de março de 1953, em São Paulo, uma passeata gigante denominada "Panela Vazia" reuniu 60 mil pessoas. Os grevistas, seus apoiadores e familiares caminharam da Praça da Sé (SP) até a sede do governo do Estado (Campos Elísios), exibindo as palavras de ordem e suas reivindicações de reajuste salarial. Uma semana depois, a greve se espalhou para os setores da metalurgia, gráficos, químicos, e, cerca de 300 mil pessoas paralisaram suas atividades laborais.

O movimento inaugurou uma nova situação organizacional que rompia com o atrelamento sindical da Era Vargas. Os trabalhadores edificaram comitês independentes formados a partir de seus locais de trabalho. Uma rede entre os comitês locais originou uma Comissão Intersindical, gerando espaços para uma militância de operários autônomos em relação ao aparelhamento do Estado. A vitória da greve dos 300 mil transcendeu o aumento salarial conquistado. Apontou para a comunicação intersindical e para a organização local interna dentro das empresas, além de fomentar ações colaboracionistas e solidárias entre as categorias de trabalhadores em suas comunidades locais, bairros e famílias.

A capacidade organizativa e de articulação política do movimento operário foi visível, tornando-se dado enfático na luta pelas Reformas de Base do Governo João Goulart, nos anos 1960/64. Demonstrava-se a força de articulação entre operários, movimento social popular e o movimento camponês. De fato, o golpe de Estado de 1964 tem impressões digitais no combate a este movimento político. Entre 1961-1964 eclodiram centenas de greves no país e diversos movimentos do campo, da educação e da cultura – Ligas Camponesas, Movimento de Educação de Base (MEB), Círculos Populares de Cultura (CPC) – somavam ações à efervescência do movimento de trabalhadores urbanos.

O objetivo em depor João Goulart só foi atingido na ação de perseguição, desbaratamento e repressão ao movimento popular em geral e, ao movimento operário urbano em particular. Em 1964, a repressão imediata paralisou a classe operária que submerge, no mínimo até 1968. Nesse ano, ressurgem nas greves de Osasco (SP) e Contagem (MG), reprimidas ostensivamente pelo AI5. As forças operárias permaneceram submersas em seu protagonismo político no país para emergir novamente, no final da década de 1970, com as greves no setor automobilístico do ABC paulista.

Inicia-se o momento de emergência dos novos sujeitos e movimentos sociais. Na crise do regime político autoritário, sujeitos em suspenção ou submersos se rearticulavam. Na organização da luta de resistência à ditadura cabe destacar o fato de que o movimento operário sempre resistiu e cultivou lógica própria como sujeito clássico da sociedade civil moderna. Ao fim da ditadura civil-militar, assim como no campo surgia o novo sujeito político – MST – na região metropolitana paulista surgiria o novo sindicalismo – nas greves do ABC e suas lideranças de expressão nacional.

Somando-se aos personagens centrais da cena, no espaço urbano, territórios ocupados por centros de cultura, paróquias, associações de moradores, associações desportivas etc., tornaram-se espaços de ação das Comunidades Eclesiais de Base (CEBs) que multiplicaram a capacidade organizativa de sujeitos e lutas sociais desdobrando-se no Movimento pelo Custo de Vida (MCV), Movimento de Alfabetização de Adultos (Mova), Clubes de Mães e Movimento por creches, Movimento por moradia, Centros de Defesa dos Direitos Humanos, dentre muitos outros.

Esta amálgama de movimentos e lutas sociais por direitos foi o marco da história política da transição brasileira, culminando com as conquistas refletidas na Constituição de 1988. A "Constituição Cidadã" responsável por registrar em lei, as demandas e reivindicações de direitos civis, políticos e sociais pautados na trajetória histórica das lutas sociais urbanas. Estes novos sujeitos assumiram importância central na ação cooperativa e associativa, valorizando a dimensão social coletiva, a decisão participativa, a representatividade, nos garantindo assim, a transição democrática. De acordo com Gohn (2017), estes "novos movimentos sociais" sustentaram-se nos preceitos da identidade de classe e nas interseccionalidades entre demandas de gênero, etnia, classe, cultura, envolvendo movimentos da negritude, das favelas, feministas, movimento dos povos indígenas, dentre outros.

De lá para cá, no alvorecer do século XXI, os sujeitos nascidos da transição democrática dos anos de 1980, permanecem em cena sendo capazes ainda de defender seus interesses, se articular politicamente, propor políticas públicas e interagir na solução de conflitos. Buscam garantir direitos conquistados no trabalho e na vida social, cultural e econômica, quase que como guardiões da Constituição Cidadã, empreendendo a oposição ao campo de ação neoliberal que se instalou pós-ditadura, no Brasil e na América Latina.

A cena, no entanto, se diversificou com a ascensão dos chamados "novíssimos sujeitos" sociais. Na contestação das hierarquias e estruturas típicas dos anos 1970 e 1980, os sujeitos contemporâneos reivindicam a heterogeneidade e a horizontalidade. Ocupam as ruas e as redes sociais com intentos de alargar ainda mais o espaço público e promover os espaços de "fala" imprescindíveis à democracia horizontal. O autonomismo e o antiglobalismo inspiram os "novíssimos sujeitos" e suas performances políticas. No Brasil, 2013 presenciou a estreia da força destes sujeitos.

Considerações finais

Em epílogo, afirmamos que a força do movimento social tem importância na história e papel central na construção democrática brasileira. O lugar ocupado pela história dos movimentos sociais na historiografia, não necessariamente lhe faz jus como elemento explicativo dos projetos de modernização brasileira, da construção democrática e da efetivação de direitos. Ao sugerirmos uma trajetória das lutas sociais nas cidades e no campo almejamos afirmar, no pensamento histórico e social, as representações sociais modernas e os aportes políticos radicais que se aplicam à estas lutas e movimentos. Em nosso ponto de vista, como ações coletivas empreendidas por sujeitos históricos oriundos de diferentes classes, gêneros e raças, ao politizar demandas econômicas, sociais e culturais, os movimentos e lutas sociais desencadeiam processos de defesa dos interesses comuns e/ou públicos contribuindo para fortalecimentos de identidades coletivas inter-relacionadas com as diferenças, a pluralidade, a diversidade, a desigualdade, a inequidade, a exploração.

As inovações sociais, a ampliação e aquisição de direitos, a prática econômica solidaria, a equidade social e econômica acabam por decorrer das múltiplas inovações e conquistas que gerações e gerações de movimentos e lutas sociais no Brasil empreenderam ao longo de nossa história. Rebelião, insubmissão, desobediência, protesto, insubordinação, reversão da ordem social, são elementos políticos presentes, desde os tempos coloniais, nas lutas sociais camponesas e urbanas. Lutas estas que explicitam as tensões sociais resultantes das reivindicações populares diante da nua e crua realidade social.

Referências

ALONSO, Angela. As teorias dos movimentos sociais: um balanço do debate. *Lua Nova,* São Paulo, n. 76, 2009.

ALONSO, Angela. O Abolicionismo como movimento social. *Novos Estudos Cebrap,* São Paulo, n.100, 2014.

BERNAT, Isaac Gibibet. Um novo jeito de organizar. a nova organicidade do movimento: luta pela terra, luta na terra e identidade sem terra na área de influência da brigada salvador Allende-MST (Paraná, Brasil). Tese de Doutorado. Universitat de Lleida, 2012.

BORGES, Vavy Pacheco. História e política: laços permanentes. *Revista Brasileira de História,* São Paulo, vol.12, n. 23/24, 1992.

BRAUDEL, Fernand. *História e Ciências Sociais: a longa duração.* Perspectiva, 1992.

CHALHOUB, Sidney. *Visões da liberdade. Uma história das últimas décadas da Escravidão na Corte.* São Paulo: Companhia das Letras, 1990.

CHALHOUB, Sidney; SILVA, Fernando Teixeira da. *Sujeitos no imaginário acadêmico: escravos e trabalhadores na historiografia brasileira desde os anos 1980. Cadernos AEL,* vol. 14, n.26, 2009.

CARVALHO, José Murilo. *Cidadania no Brasil: o longo caminho.* Editora José Olympio, 2017.

COSTA, Emília Viotti da. *Da senzala à colônia.* São Paulo: Unesp, 1997.

COSTA, Emília Viotti da. *Da Monarquia à República: momentos decisivos*. São Paulo: Unesp, 1998.

CUNHA, Euclides da. *Os sertões*. Rio de Janeiro: Ediouro, 2003.

EISENBERG, Peter L. *Modernização sem mudança: A indústria açucareira em Pernambuco, 1840-1910*. Rio de Janeiro: Paz e Terra, 1977.

GOMES, Antônio Máspoli de Araújo. A destruição da terra sem males: o conflito religioso do caldeirão de Santa Cruz do Deserto. *Revista USP*, n. 82, 2009.

GOHN, Maria da Glória. Movimentos sociais na contemporaneidade. *Revista Brasileira de Educação*, Rio de Janeiro, v. 16, n. 47, 2011.

GOHN, Maria da Glória. *Manifestações e protestos no Brasil: correntes e contracorrentes na atualidade*. São Paulo: Cortez, 2017.

HARVEY, David. O Direito à Cidade. *Lutas Sociais*, n. 29, 2012.

HOLSTON, James. *Cidadania insurgente: disjunções da democracia e da modernidade no Brasil*.São Paulo: Companhia das Letras,2013

IOKOI, Zilda Grícoli. *Igreja e Camponeses. Teologia da Libertação e movimentos sociais no Campo*. São Paulo: Hucitec, 1996.

LEANDRO, Ana Lúcia Aguiar Lopes. *O Movimento de pau de colher na perspectiva dos atores sociais: relações entre significações da religião e da miséria*. 2003. Dissertação de Mestrado. Universidade Federal de Pernambuco, 2003.

MARTINS, José de Souza. Os camponeses e a política no Brasil. 2. edição. Petrópolis: Vozes, 1986.

MORAES, Antônio Carlos Robert. *Território e História no Brasil*. São Paulo: Annablume, 2005.

MOURA, Clóvis. *Rebeliões da Senzala*. Porto Alegre: Mercado Aberto, 1988.

MOURA, Clóvis. Formas de resistência do negro escravizado e do afrodescendente. *O Negro na sociedade brasileira: resistência, participação, contribuição*. Brasília: Fundação Palmares, 2004.

MUNHOZ, Sidnei J. Thompson, o Marxismo e o Estudo dos Protestos Populares. *Esboços: Histórias em contextos globais*, vol. 11, n. 12, 2004.

PAOLI, Maria Célia. *Movimentos Sociais e democracia no Brasil*. São Paulo: Marco Zero, 1995.

PINHEIRO, Luís Balkar Sá Peixoto, *Cidade: Nos Subterrâneos da Revolta: Trajetórias, Lutas e Tensões na Cabanagem*. Tese de Doutorado, Pontifícia Universidade Católica - SP, 1998.

PINHEIRO, Paulo Sérgio; HALL, Michael M. *A classe operária no Brasil: documentos (1889-1930). Condições de vida e de trabalho; relações com os empresários e estado*. São Paulo: Brasiliense, 1981.

QUEIROZ, Maria Isaura Pereira de. Sociologia: O Catolicismo Rústico no Brasil. *Revista do Instituto de Estudos Brasileiros*, n. 5, 1968.

LEFEBVRE, Henri. *O Direito à Cidade*. São Paulo: Centauro, 2001.

SADER, Eder. *Quando Novos Personagens Entraram em Cena: Experiências, Falas e Lutas dos Trabalhadores da Grande São Paulo, 1970-80*. 4ª edição. Rio de Janeiro: Paz e Terra, 2001.

SEVCENKO, Nicolau. *A Revolta da Vacina: Mentes Insanas em Corpos Rebeldes*. São Paulo: Editora Unesp, 2018.

SANTOS, Boaventura de Souza. *A Crítica da Razão Indolente: Contra o Desperdício da Experiência. para um Novo Senso Comum: A Ciência, o Direito e a Política na Transição Paradigmática*. São Paulo: Cortez, 2000.

SOUZA, Claudia Moraes de. Cidadania e Movimentos Sociais no Brasil: Da Monarquia à República dos Privilegiados. In: BRANCO, Marcello Simão (org.). *Compreensão da Realidade Brasileira*. 2. edição. São Paulo: Alameda Editorial, 2020.

SOUZA, Claudia Moraes de; MACHADO, Ana Claudia. *Movimentos Sociais no Brasil Contemporâneo*. São Paulo: Loyola, 1997.

THOMPSON, Edward. *Costumes em Comum*. São Paulo: Companhia das Letras, 1998.

HOBSBAWN, Eric. *Rebeldes Primitivos: Estudos de Formas Arcaicas de Movimentos Sociais nos Séculos XIX e XX*. Rio de Janeiro: Zahar, 1978.

REIS, João José. *Rebelião Escrava no Brasil: A História do Levante dos Malês em 1835*. São Paulo: Companhia das Letras, 2003.

REIS, João José. Há Duzentos Anos: A Revolta Escrava de 1814 na Bahia. *Topoi*, Rio de Janeiro, 15 (28), 2014.

RUDÉ, George. *Ideologia e Protesto Popular*. Rio de Janeiro: Zahar, 1982.

Tupi or not tupi

Apropriações e conflitos entre os povos indígenas e o Estado Nacional Brasileiro

André Roberto de A. Machado

> Só a Antropofagia nos une. Socialmente. Economicamente.
> Filosoficamente.
> Única lei do mundo. Expressão mascarada de todos os individualismos,
> de todos os
> coletivismos. De todas as religiões. De todos os tratados de paz.
> Tupi, or not tupi that is the question.
> (...)
> Queremos a revolução Caraíba. Maior que a revolução Francesa. A
> unificação de todas as
> revoltas eficazes na direção do homem. Sem nós a Europa não teria
> sequer a sua pobre
> declaração dos direitos do homem.[1]

O Manifesto Antropófago de 1928, escrito por Oswald de Andrade, dá novo fôlego à primeira geração do Modernismo, imprimindo para sempre a marca do radicalismo e da ironia ao gênio de Oswald. Tupi or not Tupi é uma síntese marcante de um movimento que se julga um herdeiro dos cânones europeus (como Shakespeare, neste exemplo), mas não o macaqueia: ao contrário, o deglute, incorpora e apresenta-se no novo. Tal como no ritual tupi da antropofagia.

Talvez seja justamente a eleição da antropofagia como símbolo do movimento que o faça tão marcante. Em primeiro lugar, por uma sensível

1 Manifesto Antropófago de Oswald de Andrade, publicado originalmente em 1828. Essa citação toma como base a versão publicada com notas explicativas na revista *Periferia*, Volume 3, n. 1, 2011.

compreensão do significado da antropofagia entre os indígenas, o ritual mais espetacular da principal característica dos homens que os portugueses encontraram na América: a abertura para o outro, o que significava incorporar as características desejadas daquele que era deglutido (como a valentia de um guerreiro), mas sem se transformar no outro. Assim, os indígenas poderiam aproximar-se de liturgias católicas para devorar o outro, mas sem se converter de fato para desespero dos soldados da Companhia de Jesus.[2] A antropofagia caia como uma luva para a analogia oswaldiana.

Ao mesmo tempo, é igualmente interessante a escolha da antropofagia porque esta foi sempre a característica – verdadeira ou outras tantas vezes atribuída falsamente a grupos que não a praticavam – para pôr em marcha verdadeiros massacres. A vinda da família real para a América, em 1808, põe em marcha uma revolução em vários aspectos do mundo português. A Abertura dos Portos põe fim ao Antigo Sistema Colonial propriamente dito, enquanto que o acanhado Rio de Janeiro deixava de ser uma coleção de improvisos e rusticidade para ter ares de uma cidade europeia, ainda que frequentemente pestilenta e mortal, além de cercada pela escravidão por todos os lados de modo a ninguém esquecer que estava nos trópicos.[3] Mas além dessas mudanças, a instalação da Coroa nas Américas teve quase que como uma ação inaugural a declaração de guerra justa aos Botocudos, um ataque constante por mais de 20 anos que teve como principal argumento o combate a indígenas que mantinham práticas antropofágicas.[4]

Usar os indígenas como âncora da brasilidade é algo que transcende à própria ideia de Brasil, quando na América existia apenas um arquipélago de colônias portuguesas que os ingleses, inclusive, nomeavam pelo plural, algo como "Brasils". No entanto, ainda que alguns vejam uma certa continuidade entre o "Caramuru" de Santa Rita Durão, no século XVIII, e o *Guarani* de José de Alencar, já no XIX, parece fora de dúvida que o auge da utilização do indígena como um símbolo identitário, inclusive explorando aspetos etnológicos, aconteceu durante o romantismo, no século XIX.[5] E, mesmo nesse momento de gigantescos malabarismos retóricos em que o herói indígena se oferecia nas

2 Ver Castro (2002).

3 Ver Dias (2005) e Malerba (1997).

4 Miki (2018).

5 Sobre esse debate, veja Morel (2018) e Treece (2008).

histórias indianistas em sacrifício para o nascimento da futura nação brasileira[6], jamais o romantismo ousou tocar na antropofagia, tema tabu que, em extremo, contrapunha na visão dos ocidentais a civilização e a barbárie.

Contudo, mesmo muito mais radical do que o indianismo, o movimento antropofágico guarda uma semelhança com o movimento do século XIX: enquanto os indígenas – ou ao menos a prática antropofágica deles – era erigido à símbolo da alma brasileira nas artes, o que o Estado punha em prática era a sua tentativa de assimilá-lo, torná-lo qualquer coisa que não fosse mais o próprio indígena. Aliás, esta foi uma prática constante até 1988, quando pela primeira vez se garantiu constitucionalmente o direito dos povos indígenas à autodeterminação. Até então, o Império Português ou Brasileiro sempre teve como objetivo último transformá-los em cristãos, em portugueses e, finalmente, em brasileiros. Contemporâneo ao movimento antropofágico, de 1928, estes eram os primeiros anos do Serviço de Proteção ao Indígena, o famoso SPI. Quando Oswald escreveu seu manifesto, o SPI só tinha deixado há dez anos de ter em seu nome uma outra parte: Localização dos Trabalhadores Nacionais. Apesar dessa mudança, o órgão nascido em 1910 mantinha firme o propósito de transformar os indígenas em nacionais. O lema de Rondon – "morrer, se preciso for; matar, nunca" – apesar de pôr freios a uma política de extermínio como prática de Estado, sempre manteve uma lógica cara aos ocidentais: assimilação dos indígenas, controle do território e, sempre que possível, uso da sua força de trabalho.[7]

Mais de trinta anos depois, na década de 1960 e em plena ditadura militar, as ideias do movimento antropofágico ganhariam um contorno ainda mais radical no multicolorido Tropicalismo. Os graus de menção à raiz Oswaldiana variaram de artista a artista, bem como a própria matriz do pensamento indígena. José Celso Martinez Correa e o teatro Oficina tornavam explícita a voz de Oswald Andrade, inclusive montando peças escritas por ele. Em outros casos, a ideia de deglutir a tradição e criar o novo se misturava à própria agitação daqueles dias, no impactante mundo de 1968, na incor-

6 Ver Graça (1998).

7 Ver Cruz (2018).

poração de guitarras à música brasileira e em toda e qualquer resistência à ordem reinante.[8]

Ironicamente, este também é o período em que se dá fim ao Serviço de Proteção ao Índio (SPI) após as horripilantes revelações do Relatório Figueiredo, produzido entre 1967 e 1968. Tantos anos depois da sua criação, o SPI continuava fazendo incursões de "pacificação" que terminavam por exterminar povo inteiros, antes em isolamento, que não tinham resistência a doenças trazidas pelos brasileiros. Da mesma forma, o manejo de grandes populações para outros territórios, várias vezes justificada como um mal menor para garantir que os indígenas estariam a salvo, era prática do SPI que abria caminho para a fronteira agrícola.[9]

Se não bastasse a violência acima, o chamado Relatório Figueiredo anunciou ao mundo um verdadeiro genocídio praticado contra os indígenas pelos agentes do Estado ou com a sua conivência. Entre as coisas mais chocantes, estão os relatos de crucificação de indígenas, recorrentes citações de práticas de torturas, homicídios bárbaros, além da distribuição de crianças para trabalhar como domésticas, às vezes em outros Estados, e muitas vezes também para serviços sexuais. Escândalo de dimensões internacionais, o Relatório Figueiredo desapareceu, convenientemente, por décadas e só foi encontrado graças à persistência dos pesquisadores da Comissão Nacional da Verdade, em 2012.[10]

A extinção do SPI e a criação da FUNAI (Fundação Nacional do Índio) no entanto, estava longe de ser a solução, pois a maior parte da sociedade envolvente continuava vendo o destino necessário para o indígena como a sua assimilação e o seu aproveitamento econômico. O próprio procurador Figueiredo, que liderou as investigações contra o SPI e empresta o seu nome ao relatório final, tinha suas críticas ao SPI concentradas na ideia de que os desvios, desmandos e escândalos prejudicavam o objetivo do órgão que era a assimilação desses povos e sua transformação em trabalhadores. O avanço do projeto desenvolvimentista da ditadura militar nos anos seguintes mostrou que o problema não era apenas o SPI. Em um dos mais escandalosos

8 Ver Jezzini (2010).

9 Valente (2017).

10 Ver Guimarães (2015).

episódios dessa época, a Petrobras celebrou um acordo com a petrolífera francesa Elf Aquitaine, em 1981, que lhe permitiu entrar no território dos indígenas Sateré Mawé, no Amazonas, para fazer estudos sobre a existência de petróleo na região, valendo-se para isso, inclusive, de explosivos. Foram abertos mais de 300 quilômetros de clareiras e picadas que provocaram a fuga de animais de caça e, até mesmo, a morte de alguns indígenas por intoxicação.[11] Os Sateré Mawé conseguiram pôr fim às incursões da Elf Aquitaine e até mesmo receber uma indenização (sob forma de doação), a partir de uma mobilização intensa que ia desde a própria organização dos indígenas até a aliança com vários movimentos organizados da sociedade civil que tinham eleito a defesa dos povos indígenas como mote. Isso permitiu desde uma assessoria jurídica de peso, liderada pelo professor e jurista Dalmo Dallari, até a conexão com acadêmicos franceses, o que ajudou a levar o escândalo para a sede da Elf Aquitaine.[12]

Não se tratava de um acontecimento isolado. Talvez como reação a violência progressiva que os povos indígenas sofreram durante a ditadura militar, o fim desse período – no qual o episódio da Elf Aquitaine se insere – assiste também a emergência de um indigenismo não estatal, uma série de organismos que Marcos Rufino (2022) diz serem conhecidos naquele período como "amigos dos índios". Entre os órgãos mais poderosos estão as Comissões Pró-Índio, o Conselho Indigenista Missionário, o Instituto Socioambiental e o Centro de Trabalho Indigenista. Paralelamente, e em colaboração com as organizações citadas anteriormente, nascem associações dos povos indígenas, a maioria de caráter regional, mas algumas que também tentam ter uma feição federativa. O fortalecimento dessas associações e sua ação conjunta permitiu uma redação da constituição, em 1988, extremamente favorável aos indígenas. Entre os vários avanços, destaca-se o direito à diferença. Ou seja, pela primeira vez o Estado brasileiro reconhecia o direito dos povos indígenas de se manterem segundo suas tradições e culturas. Enterrava-se na constituição o assimilacionismo como política de Estado.[13]

11 Ver Lorenz (1992).

12 Idem.

13 Sobre este movimento da criação das sociedades civis à Constituição de 1988 ver Rufino (2022).

Isto não significava, em absoluto, que os povos indígenas não continuassem em ataque. O julgamento no Supremo Tribunal Federal (STF) acerca da demarcação da Terra Indígena Raposa Serra do Sol, em 2009, teve ares de um evento esportivo, com uma ampla cobertura midiática. Antigos fantasmas, como a possível fragilidade da fronteira foram novamente ressuscitados. Atualmente, no ano de 2021, outra ameaça inventiva põe os indígenas em perigo: no STF corre outra ação, o chamado "Marco Temporal Indígena" que nada mais é do que a doutrina de que os povos indígenas só podem reivindicar as terras nas quais estavam até a promulgação da Constituição de 1988. No entanto, não há dúvida de que nada representou um maior retrocesso do que a ascensão de Jair Bolsonaro à presidência em 2018: em um insistente discurso de que o indígena deve ser assimilado e integrado à sociedade brasileira, o presidente faz letra morta do direito à diferença conquistado na constituição de 1988 e torna vigente a alma do extinto SPI.

Tupi or not Tupi: that is the question! A genial paródia de Oswald não apenas ecoa os sons originais da mais famosa frase de Shakespeare como tem a felicidade de transformar o verbo "ser" na palavra "tupi". Afinal, identificar-se ou ser identificado como indígena parece ter sido ao longo dos últimos 200 anos não só uma constatação de descendência, mas também um ato político de significados diferentes ao longo do tempo e a depender do ator que faz essa identificação.

Quando os portugueses chegaram a América as estimativas dão conta de que existiam 5 milhões de indígenas onde posteriormente será o território do Brasil. Este número foi decrescendo até chegar a pouco mais de 290 mil indivíduos em 1991, subindo até 2010 para mais de 800 mil.[14] As razões do expressivo aumento dessa população, revertendo a tendência de queda, sempre é alvo de polêmicas. Sem dúvida, parte disso se explica por métodos de censo mais adequados, mas só isso não explica. Há aqueles que acreditam que a progressiva demarcação de terras e o aumento de direitos colaborou para um crescimento populacional consistente. Provavelmente, isto teve sim um impacto, mas há um fator que parece ter sido mais decisivo: um fenômeno conhecido como etnogênese.

14 Agradeço pelo repasse dessas estimativas a Fernanda Sposito.

De maneira sintética, durante muito tempo a identidade indígena foi omitida ou esquecida por seus descendentes, uma vez que politicamente e socialmente estava atrelada a uma série de preconceitos e perseguições por parte da sociedade envolvente. Com o avanço dos direitos indígenas, com a maior divulgação da sua história e ações correlatas, uma série de indivíduos e comunidades se auto reconheceram como povos indígenas, inclusive vinculando o seu pertencimento a povos anteriormente tidos como extintos. Este ressurgimento e/ou recriação de identidades é o fenômeno da etnogênese. Por se tratar de um fenômeno que movimenta direitos políticos, como a demarcação de terras comunais, frequentemente essas comunidades são acusadas de falseamento. A acusação de que são "índios falsos" é um argumento recorrente na boca de grupos como os ruralistas, somada a ideia frequente de que não existiam antes grupos indígenas nas áreas onde hoje são grandes fazendas. Talvez também para afastar a ideia de um falseamento ou até mesmo o aspecto biologizante do termo "etnogênese", o grande antropólogo João Pacheco de Oliveira (2016) prefira dizer que estes indígenas estão fazendo a "viagem da volta".[15]

A acusação de que muitos do que se dizem indígenas não o são, mistura estratégia política para tomar os seus bens, mas também uma secular incompreensão dos ocidentais em relação a essas identidades. Novamente, João Pacheco de Oliveira lembra que os indígenas do nordeste foram frequentemente encarados, inclusive por antropólogos, como indígenas fora do padrão, por serem "misturados". Ou seja, por não terem uma identidade etnográfica claramente definida, fruto das sucessivas políticas indigenistas que objetivaram sempre a sua "assimilação".[16] No entanto, como lembra John Monteiro, uma das características dos povos indígenas é constante recriação das suas identidades. Nesse sentido, insistia que o fenômeno que nós chamamos hoje de etnogênese já acontecia até mesmo antes da chegada dos europeus na América. De forma irônica, John Monteiro (2001) afirmava que as identidades étnicas são uma obsessão da sociedade envolvente e não dos povos indígenas.

Ao longo desses comentários iniciais, o objetivo foi demonstrar que há dois eixos permanentes na relação entre os povos indígenas e o Estado

15 Ver Oliveira (2016).

16 Idem.

brasileiro: o primeiro é o processo de incorporação desses indígenas no que se entendia como espírito nacional, ao mesmo tempo em que avançava um processo contraditório e conflituoso de reconhecimento e exclusão desses povos no campo dos direitos da nova nação. O segundo ponto é a exploração desses povos através da mão de obra e das suas terras.

Compreende-se que os momentos decisivos, em que esses dois eixos são estruturados, estão no século XIX, sobretudo na sua primeira metade. Em razão disso, faremos algumas considerações tendo as questões acima como guia.

O contraditório processo de inclusão e exclusão dos indígenas no nascente Estado nacional brasileiro

Na década de 1860, no auge da literatura indianista no Brasil, foi erguida uma estátua equestre em homenagem a D. Pedro I na antiga Praça da Constituição[17], na cidade do Rio de Janeiro. Na mesma época, o historiador Mello de Moraes fez uma crítica ácida, resgatada por Alencastro (1999) para o monumento em que D. Pedro I aparece majestosamente a cavalo segurando o ato de independência, ladeado por jacarés e indígenas. Mello de Moraes insistia que tudo naquele cenário era ridículo, terminando por perguntar: "que parte tiveram esses índios e aqueles jacarés na independência do Brasil?"

Nivelar os indígenas aos jacarés em termos de importância no nascimento do Brasil dá contornos claros de que para Mello de Moraes a importância dos povos indígenas no processo histórico da formação do Brasil era nula. Mais do que isso, a bestialidade dos jacarés empresta a esta analogia a ideia de total alheamento dos índios no processo que convencionamos chamar de "Revoluções Atlânticas". No entanto, a ideia de que os indígenas eram desimportantes para a história do Brasil não era consensual. É verdade que o mais notável historiador brasileiro do século XIX – Francisco Adolfo de Varnhagen – foi em sua fase madura um anti-indianista fervoroso, cunhando uma frase emblemática contra o próprio reconhecimento dos indígenas como seres históricos. Dizia Varnhagen que "de tais povos na infância não há história: há só etnografia"[18] Mais que isso, Varnhagen propunha que os

17 Hoje Praça Tiradentes.

18 *Apud* Monteiro (2001).

indígenas fossem integrados ao Estado Nacional como trabalhadores, reservando para os que se recusassem o uso da força e o direito que, os que os resgatassem, pudessem usá-los em serviços forçados por 15 anos. Ou seja, os indígenas deviam, obrigatoriamente, deixar de serem indígenas para se tornarem brasileiros. Dizia Varnhagen:

> Ora os nossos índios ou são cidadãos brasileiros ou não; para o serem não cumprem nenhuma das obrigações das leis e andam vadiando e com as orelhas e os beiços furados, em vez de serem guardas nacionais e vestir uniforme etc. E não é vergonha no meio de um país civilizado aturar tais canibais? (Puntoni, 2003).

Contrariando o senso comum a este respeito, o indianismo neste período ainda era forte o suficiente para que essas ideias de Varnhagen o impedissem de galgar postos de maior prestígio que aspirava.[19] Nesse sentido, no Instituto Histórico e Geográfico Brasileiro (IGBH), em 1845, a tese vencedora do concurso "Como se deve escrever a História do Brasil" foi proposta pelo naturalista Carlos Frederico von Martius e justamente defendia que a História da nova nação era o encontro de brancos, negros e indígenas. Não faltaram historiadores que criticaram a posição subalterna na história reservada por von Martius aos negros e aos indígenas, mas estes se esquecem que o naturalista escrevia em pleno século XIX. A ousadia da proposta fica explícita pela quantidade de vezes que von Martius pede desculpas aqueles que provavelmente ficariam incomodados pela sua inclusão na construção da nova nação de povos para além dos brancos. Também é muito significativa a transformação por ele da miscigenação como algo positivo, ideia para a qual usa a Inglaterra como um suposto símbolo de mistura de raças.[20]

A tese de von Martius não foi um acidente de percurso. Ao contrário, a grande importância dada pelos homens do século XIX aos indígenas na história da formação do Brasil pode ser medida pela enorme incidência desse assunto nas primeiras décadas de publicação da *Revista do Instituto Histórico Geográfico Brasileiro* (IHGB), a principal publicação do Instituto. Isto fica patente no gráfico abaixo, elaborado por Juliana Carvalho:

19 Puntoni (2003).

20 Martius (1845) e Kodama (2009).

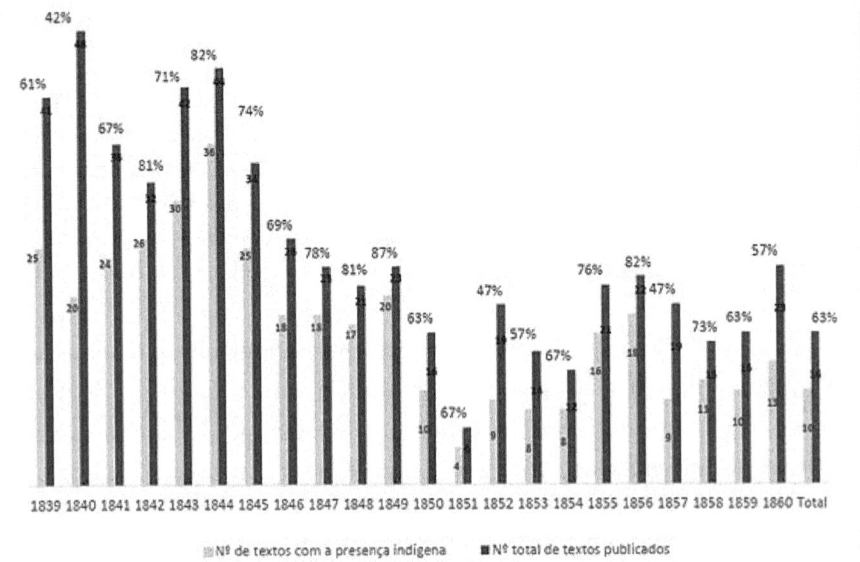

Fonte: Presença indígena no total de textos publicados na revista do IHGB. In: Carvalho (2021).

A importância do indígena na História sobre o Brasil no século XIX não estava apenas na grande presença de artigos sobre eles na revista do IHGB. Para além disso, todas as limitações ligadas a construir uma história sobre esses povos – como a dificuldade em encontrar fontes escritas - levou aos grandes debates do Instituto sobre o próprio ofício do historiador.[21] Havia limitações, é claro, especialmente a partir do nosso olhar de hoje. Se é um equívoco dizer que os indígenas não tinham um papel central na historiografia mesmo no século XIX – algo hoje repetido a exaustão – é verdadeiro dizer que a sua própria lógica nas ações não era alvo de grande atenção, pois se queria sempre chegar ao cume dessa aventura historiográfica: a formação do Brasil.

Isso não está presente só na historiografia propriamente dita, mas também na literatura que tem uma ligação umbilical com o próprio IHGB no

21 Ver Carvalho (2021). Em um sentido mais amplo, sempre é interessante voltar ao clássico Guimarães (1988).

século XIX.[22] Um dos maiores exemplos disso é a epopeia *Confederação dos Tamoios*, a obra-prima de Gonçalves de Magalhães e que Pedro Puntoni (1996) lembra que teve maior influência no discurso historiográfico do que na própria tradição literária. O próprio Puntoni destaca que Magalhães tinha uma enorme preocupação com detalhes, inclusive etnográficos. No entanto, tudo isso se submetia a necessidade de alinhar essa narrativa à formação da nação. Então, a lógica de ações dos indígenas se submete à lógica da guerra entre os portugueses e franceses na conquista do que posteriormente será o Rio de Janeiro, sem um sentido próprio. No extremo do malabarismo narrativo, um dos personagens centrais da epopeia – um tamoio aliado aos franceses – é levado por São Sebastião para ver o futuro e entender que o seu sacrifício era necessário para a posterior criação de uma grande nação: o Brasil. O que pareceu para muitos uma coleção de contradições bizarras, tinha uma linha clara: a necessidade de criticar os antigos colonizadores portugueses, o que levava ao elogio dos Tamoios que eram aliados dos franceses que tinham instalado uma colônia na região da Guanabara. Mas como os Tamoios não podem ser os pais da pátria, o seu sacrifício faz garantir a posse do território onde posteriormente será a Corte do Império do Brasil.[23]

Hoje a historiografia consegue avançar muito mais nos sentidos próprios dos indígenas em suas ações que foram frequentemente narradas no século XIX. Para voltar ao mesmo palco usado por Magalhães – a guerra em torno da posse da Guanabara, no famoso episódio da "Confederação dos Tamoios" – hoje é possível entender que havia uma outra guerra para além daquela travada entre franceses e portugueses: havia uma guerra entre indígenas muito antiga e que foi habilmente explorada pelos europeus, fazendo com que franceses e portugueses se aliassem aos lados opostos dessa guerra anterior a sua chegada na América e vissem isso como um fator decisivo para a vitória.[24] Tanto isso era evidente para os homens do período que um dos episódios mais interessantes da saga de Hans Staden na América é quando ele foge dos indígenas que o tinham aprisionado e chegando ao barco de comerciantes franceses pede abrigo. Estes negam fazer esse favor, dizendo que

22 Araújo (2008).

23 Para um sentido mais geral da obra de Magalhães, veja Ferretti (2011).

24 Almeida (2001).

jamais poderiam pôr em risco a aliança que os franceses tinham com aqueles indígenas.[25] A grande autora contemporânea sobre a guerra da Guanabara – Maria Regina Celestino de Almeida – vai além e criou uma máxima de grande plausibilidade: a de que a colonização inicial da América Portuguesa só progrediu rapidamente nas regiões em que os europeus encontraram grupos indígenas aos quais foi possível se aliar.[26]

Isso vale para o período da independência: hoje sabemos que, ao contrário do que pensava Mello de Moraes, vários grupos indígenas envolveram-se nos conflitos do período da independência no Brasil, mas sempre orientados por suas próprias lógicas e não exatamente pautados por uma disputa entre portugueses da Europa e os seus congêneres na América. Ainda que apenas na Bahia seja popular a participação dos indígenas nesses acontecimentos – com direito a presença de estátuas representando um casal de indígenas em uma espécie de carro alegórico que desfila em Salvador no quase carnaval anual do dois de julho, data da expulsão das tropas portuguesas na Bahia, em 1823 – hoje conseguimos identificar ações de outros grupos indígenas em diversas províncias.[27]

Na própria Bahia, a imagem do indígena como uma simples extensão dos independentistas é mais um folclore nacionalista do que algo real. Enquanto existiam indígenas que fizeram parte das tropas independentistas, a ponto do líder das tropas portuguesas na Bahia noticiar isso a Lisboa como um fator perigoso, outros grupos indígenas aproveitaram-se dos conflitos entre os brancos para obter vantagens pontuais, como o roubo de gado.

Em províncias como Pernambuco e Ceará, assiste-se a mobilizações de grupos indígenas ora utilizando o discurso liberal e declarando obediência às Cortes de Lisboa, ora rechaçando os liberais e aliando-se aos conservadores e defensores de D. João VI para depois, por fim, romper também com este último grupo. O que aos olhos da sociedade envolvente pareceria uma inconstância dos indígenas era, na verdade, coerência pura: como vários historiadores já demonstraram, essas alianças guiavam-se pelos interesses específicos dos indígenas. Então, o alinhamento aos liberais – inclusive com a incorpo-

25 Staden (1998).

26 Almeida (2010).

27 Sobre a independência na Bahia e as comemorações do Dois de Julho, veja Tavares (2005), Rego, (2014), Serra (2012) e Guerra Filho (2014);

ração do moderno vocabulário político das Revoluções Atlânticas – podia se dar pelo entendimento que essas mudanças poderiam ampliar os direitos do seu grupo. A aliança contrária aos independentistas – fenômeno que ocorreu em várias partes da América – muitas vezes era explicada pelo receio em quebrar os vínculos com os monarcas absolutistas, com os quais alguns grupos indígenas tinham um histórico de acordos, além do fato de muitos liberais independentistas serem também membros das elites locais com uma série de envolvimentos na disputa por terras com os grupos originários.[28]

Mais ao sul, na então capitania de Rio Grande de São Pedro, o interesse dos indígenas mostrava-se claramente para além não só das fronteiras dos futuros Estados nacionais, mas também fora dos limites que separavam os antigos Impérios Ibéricos na América. Os guaranis que estavam no lado português das missões – e que desde o século XVIII eram alvo de disputa entre os Impérios Espanhol e Português – passaram a ser assediados – na década de 1810, a aderir ao projeto político da "Liga dos Povos Livres", que por volta de 1815 reunia Entre Rios, Corrientes, Santa Fé, Córdoba e a parte das Missões do lado espanhol. Quem escrevia aos guaranis do lado português também era um indígena, o lendário André Artigas, então chefe das missões e o próprio comandante em chefe de um considerável exército indígena responsável por ações militares espetaculares na região. O convite não poderia ser mais enfático: o de deixar uma terra que escravizava esses indígenas para partir para um projeto político que seria dirigido por eles mesmos. Apesar de não existir um número exato de quantos guaranis do lado português aderiram a esse projeto, sabe-se que não foram poucos.[29]

Saltando do extremo sul para o extremo norte, na província do Pará os grupos indígenas foram protagonistas nos conflitos do período da independência de maneira inconteste. Lá o envolvimento dos indígenas foi particularmente expressivo por dois motivos: o primeiro, pela grande quantidade já vivendo nas vilas, povoados e na cidade de Belém, como uma grande massa de despossuídos, mas também como indivíduos dotados de propriedades, inclusive de escravos africanos, vivendo de negócios e ocupando cargos pú-

28 Ver Carvalho (2002), Dantas (2015 e 2016); Costa (2016); Dantas (2016). Sobre indígenas contrários aos independentistas fora das fronteiras da América Portuguesa, veja Echeverri Munoz (2016).

29 Melo (2017)

blicos, de juízes a oficiais militares. O segundo motivo interessante é que um dos padrões de ação desse grupo foi o de reivindicar para si vários direitos resultantes dos movimentos políticos da época, sobretudo durante as Cortes de Lisboa. A lógica de que a condição de cidadão os abonava da antiga tradição de prestar trabalhos forçados – algo que foi explicitamente declarado pelas Cortes de Cádiz, mas foi totalmente silenciado nas Cortes de Lisboa[30] – mostra como os povos indígenas tinham uma apropriação particular desses eventos históricos e buscavam alargar os seus direitos. Quando a independência aconteceu, o movimento dos indígenas não refugou: ao contrário, foram uma das molas propulsoras de uma guerra civil que cobriu a província até 1824, na qual os rebeldes várias vezes invadiram vilas aos gritos de que queriam fazer "vencer a verdadeira causa da independência". Ou seja, para eles, a independência não era algo conservador, controlado pelos proprietários. Era um movimento revolucionário.[31]

Evidentemente, em todas as províncias e casos citados os protagonistas desses movimentos eram, sobretudo, indígenas que viviam nas vilas e povoados, com alguma interação com a sociedade envolvente. Sobre os indígenas que viviam na floresta, com menos relações com a sociedade envolvente, temos muito menos dados. De toda forma, só esta questão em si mostra a complexidade de qualquer discussão envolvendo os indígenas, pois sempre ronda a questão primeira: o que é um indígena?

A exploração dessa multiplicidade de interpretações sobre o que era um indígena foi habilmente utilizada a todo momento no século XIX, ora pelos próprios indígenas para ampliar direitos, ora pelos políticos brasileiros como forma de excluir esses povos da condição de cidadãos. Durante a Constituinte brasileira de 1823, durante os debates para definir quem eram os cidadãos brasileiros do novo Império, tornou-se famosa a intervenção do deputado baiano Francisco Gê de Acaiaba Montezuma, que ironicamente assumia um nome indígena, mas se pronunciava durante a Assembleia Constituinte contra os direitos desses povos:

30 As Cortes de Cádiz foram a primeira Assembleia Constitucional Espanhola, enquanto que as Cortes de Lisboa foram a sua congênere em Portugal.

31 Machado (2010).

> Levanto-me para responder ao illustre preopinante, que trouxe por aresto os indios e os crioulos captivos. Eu cuido que não tratamos aqui senão dos que fazem a sociedade brazileira, fallamos aqui dos subditos do imperio do Brazil, unicos que gozão dos commodos de nossa sociedade, e soffrem seus incommodos, que têm direitos e obrigações no pacto social, na constituição do estado.
> Os indios porém estão fóra do gremio da nossa sociedade, não são subditos do imperio, não o reconhecem, nem por consequencia suas autoridades desde a primeira até a ultima, vivem em guerra aberta comnosco: não podem de fórma alguma ter direitos, porque não têm, nem reconhecem deveres ainda os mais simplices (fallo dos não domesticados), logo: como consideral-os cidadãos brazileiros? (...) Não é minha opinião que sejão desprezados, que não ponhamos os necessarios meios de os chamar á civilisação: o facto de nascerem comnosco no mesmo territorio; a moral universal, tudo nos indica este dever. Legislemos para elles; porém neste sentido: ponhamos um capitulo proprio e especial para isso em a nossa constituição; sigamos o exemplo dos venesuelenses. Mas consideral-os já neste capitulo? Isto é novo.[32]

O sentido dúbio aplicado por Montezuma a essa discussão é uma constante em todo o século XIX. Claramente, defendia que os indígenas que estavam fora da sociedade envolvente (que ele chama de não domesticados) não podiam ser considerados cidadãos, mas não tratava dos demais porque, como era senso comum entre os seus pares, esses outros já eram brasileiros e não indígenas. Essa metamorfose desejada – transformar indígenas em brasileiros – expressa-se, inclusive, no fato de que o Projeto Constitucional de 1823 reserva aos indígenas apenas uma curta menção no final do texto, sendo que na Carta de 1824 nem essa menção aparece.

Isso significa que os indígenas estavam excluídos ou não da condição de cidadãos enquanto se considerassem como indígenas? Apenas o abandono dessa condição anterior lhe permitia ser cidadão? Essa é uma resposta difícil de precisar.

Afinal, é possível encontrar documentos em que os indígenas reivindicam sua condição de cidadão e não renunciam à sua identidade como povos originários. Do outro lado, parece claro que a estratégia de muitos grupos políticos

32 *Apud* Sposito (2012).

era o de reconhecer esses indivíduos como cidadãos brasileiros, o que na sua interpretação significava que eles teriam deixado a condição de indígenas.

Obviamente, essa não era uma interpretação sem consequências. Como lembra John Monteiro, logo depois da instalação do Congresso brasileiro, em 1826, os congressistas enviaram cartas a várias províncias pedindo que fosse feito um panorama da situação dos povos indígenas nessas localidades. Em mais de um caso, a resposta foi a de que não existiam mais indígenas nessas províncias, uma vez que esses homens estariam misturados ao restante da população. Na interpretação de muitos historiadores esse será um artifício usado várias vezes no século XIX – e no século XX – que ao negar a esses povos uma qualidade específica – a de indígenas – permitia que também ficassem vetados a eles condições especiais, como o acesso às terras coletivas.[33] Seria, portanto, uma estratégia de expropriação de terras. Essa percepção fez com que alguns autores, no Brasil e no exterior, afirmassem que o reconhecimento dos indígenas como cidadãos era algo prejudicial para eles.[34]

No entanto, mais uma vez, é preciso perceber que não se deve entender os direitos dos povos indígenas no Império do Brasil apenas pelos debates dos legisladores ou pelos interesses dos proprietários. Como mencionado sobre os episódios da independência, os indígenas tinham suas próprias interpretações e buscavam usar as mudanças legais a seu favor. Um exemplo disso é o episódio envolvendo os indígenas da Vila de Itaguaí, resgatado pelo trabalho de Vania Moreira (2012). Esta era uma área de litígio antigo, com moradores buscando avançar sobre essas terras. D. Pedro I, em 1824, reconheceu esses indígenas como cidadãos e exigiu deles o pagamento de foro sobre as terras, o que Vania entendeu como uma quebra de direitos que remontavam a séculos anteriores. No entanto, no mesmo artigo, Moreira mostra como esse não era um caminho de direção única: pouco tempo depois, esses mesmos indígenas se valeram do recente reconhecimento como cidadãos para reivindicar direitos. Segundo ela, esses homens passaram a dizer que a condição de cidadãos os liberava da posição de tutelados e da obrigação de prestar trabalho obrigatório. Os direitos dos indígenas e a sua inclusão

33 Ver Monteiro (2001).

34 Ver Moreira (2012). Para um panorama desse debate internacional, veja De Jong e Ohmstede (2016).

na nova nação também era uma ação dos mesmos e não apenas o resultado de acontecimentos externos a eles.

Como pode se ver, boa parte das disputas giram em torno do ser ou não índio: tupi or not tupi. A depender de cada agente e de cada momento, isto era mais que uma ação identitária. Era uma ação política.

Terra e trabalho: o caminho das tensões entre os povos indígenas e a sociedade brasileira

Os dilemas da política indigenista na província do Ceará nas primeiras décadas do Império do Brasil traduzem com perfeição a centralidade da expropriação de terras e do trabalho indígena como o ponto central de tensão entre esses povos e a nova nação Americana. Aliás, como visto nas páginas acima, terra e trabalho continuariam sendo o ponto de tensão na relação entre os povos indígenas e a sociedade brasileira mesmo no século XX. João Paulo Peixoto Costa mostra com sagacidade essa história das primeiras décadas do século XIX e o caráter não excludente dos temas terra e trabalho na questão indígena.

Lembra Costa que ainda durante a regência de D. João, grupos indígenas vieram ao Rio de Janeiro pedir à monarquia o fim do Diretório no Ceará. O Diretório – um sistema de controle tutelar sobre os indígenas, criado por Pombal em meados do século XVIII – é frequentemente associado pelos historiadores como um mecanismo para garantir a liberdade dos povos originais frente à sanha dos colonizadores que deveriam, sobretudo, buscar a mão de obra entre os escravos de origem africana. No entanto, o Diretório era muito mais que isso: era um eficiente regulador da exploração da mão de obra indígena para atividades do Estado e de particulares.[35] Isso era tão importante em localidades como o Ceará que a despeito da ordem direta da Corte para suspender o Diretório, o governo local em associação com os grupos de poder e mando cearenses optou por manter o sistema tal como estava.

Mais tarde, já na década de 1830, o Diretório passou a ser letra morta no Ceará, uma vez que os grandes proprietários estavam mais interessados em expropriar as terras coletivas dos povos indígenas. Se dá, novamente, o argu-

35 Ver Sampaio (2012).

mento do desaparecimento desses indígenas, supostamente misturados ao geral da população. O surpreendente, no entanto, é que uma década depois, em 1843, a Assembleia Provincial do Ceará recria o Diretório através de uma lei local. A bem da verdade, não era uma reedição do Diretório porque as vantagens colocadas nela para os indígenas, que tinham o objetivo de atraí-los para o Império português, não estavam lá. O que estava sendo reeditado era o mecanismo de recrutamento e controle da mão de obra indígena que existia no Diretório. E isso retornou porque os homens de poder e mando no Ceará perceberam que sem a tutela a mão de obra dos indígenas tinha se dispersado pelo território, trazendo prejuízos para aqueles que a exploravam.[36]

O exemplo do Ceará, mostra como é equívoco dizer que as tensões em torno dos povos indígenas e o Império do Brasil que surgia no século XIX se restringia aos assuntos ligados às disputas pela terra. O argumento nessa direção, em geral, alega que a demanda pelos braços de trabalhadores indígenas teria desaparecido, sendo completamente substituída pela mão de obra africana.[37] Ao contrário disso, como mostram os exemplos do Ceará, as questões ligadas à disputa da terra, em geral, estavam também conectadas a formas de controle de mão de obra. Afinal, tirar terras dos indígenas era um dos primeiros passos para transformá-los em trabalhadores comuns, dependentes de salários. No próprio exemplo já apresentado de Itaguaí, no Rio de Janeiro, o que parecia uma simples disputa por terras, logo se revelou mais complexa com os indígenas reivindicando o seu direito como cidadãos para não serem obrigados a trabalhar compulsoriamente.[38]

Evidentemente, isso não significa que a disputa por terras não fosse um dos grandes motes das disputas com os povos indígenas, como é até hoje. E isso se dava de maneiras as mais diversas possíveis. Em alguns casos, as disputas eram no dia a dia da política local e acabavam por ter consequências graves. Uma das mais famosas aconteceu na vila de Cimbres, em Pernambuco. Lá em Cimbres, pouco antes da independência e já no período da Revolução Liberal do Porto, as autoridades locais decidiram pela extinção do aldeamento indígena. Em termos práticos, isso significava o sonho dos

36 Costa (2016).

37 Cunha (1992).

38 Moreira (2010).

grandes proprietários de terras: negar a esses indígenas o direito sobre terras coletivas e avançar sobre suas posses. As consequências foram imediatas e tiveram grande vulto nas ações militares do período da independência. Até pouco tempo, a historiografia retomava as narrativas daquele período que davam conta que existiam indígenas defensores de D. João VI e contrários a independência do Brasil. Esse registro era repisado pelo fato de que a força militar desses indígenas não era inexpressiva, sendo considerada, na época, como algo girando em torno de 600 soldados. No entanto, os indígenas não eram realistas exatamente, tanto assim que romperam a aliança com os conservadores mais a frente. A grande questão é que os liberais foram considerados na época como os grandes responsáveis pelo avanço sobre as suas terras, pois era este grupo que controlava a Câmara da Vila de Cimbres quando votou-se pela extinção do aldeamento.[39]

No entanto, os ataques às terras indígenas pós independência não se restringiram ao varejo da política. Ao contrário, estiveram nas diretrizes de políticas centrais do Império do Brasil. Nessa direção, a primeira lei geral indigenista do Império – O Regulamento das Missões, de 1845 – tinha entre os seus dispositivos a concessão de autoridade aos Diretores dos Índios para que esses decidissem a forma de parcelar as terras daqueles povos, podendo definir terras individuais, terras coletivas e até mesmo decidir por reservar uma parte desse território para arrendar a terceiros. Em suma, uma forma agressiva de expropriação das terras indígenas.[40] A própria ação dos missionários capuchinhos – responsáveis pela parte religiosa das novas missões criadas no Império – muitas vezes é mais identificada como uma forma de preparar a acomodação dos imigrantes do que o próprio trato com os indígenas.[41] Em São Paulo, Soraia Dornelles mostra que o desaparecimento estatístico dos indígenas se intensifica após a promulgação do Regulamento das Missões, o que ela justifica como uma estratégia em declarar como terras públicas o que antes eram territórios indígenas. Com a Lei de Terras, em 1850, a declaração desses lugares como propriedades públicas teria como consequência uma grande expropriação.[42] Percebe-se, então, que os proprietários

39 Dantas (2015).

40 Sampaio (2010).

41 Amoroso (2014).

42 Dornelles (2018).

usaram todo o aparato do Estado para avançar de forma mais veloz contra as terras coletivas indígenas.

Em paralelo a isso, a exploração dos indígenas como mão de obra continuou sendo uma prática constante mesmo após a independência. Evidentemente, havia regiões em que o uso dessa mão de obra era mais importante quando comparadas a outras partes do país já bastante irrigadas com a mão de obra escrava de origem africana. Apesar de ocorrer com intensidades diferentes, pode-se dizer que os indígenas continuavam sendo mão de obra importante em todo o Império do Brasil.

As formas de emprego desses trabalhadores variaram bastante, de região para região, no tempo e a depender do grau de interação desses povos com a sociedade envolvente. Obviamente, a primeira coisa que se pensa ao lembrar dos indígenas como mão de obra no século XIX é a prática da escravidão ilegal. De fato, ela foi intensa e recorrente em quase todas as regiões. Em São Paulo, em meados do século XIX, ela ainda era uma preocupação importante para o Diretor-Geral dos Índios, Machado de Oliveira, que denunciava a permanência de um verdadeiro tráfico de escravos indígenas, desviados de missões legalmente constituídas para fazer guerra contra povos tidos como hostis. Um pouco antes, em 1847, relatório de autoridades paulistas fala de uma escravidão de indígenas generalizada em vilas como Itu, Sorocaba, Capivari, Porto Feliz e Pirapora, chegando-se a ter entre esses cativos os filhos dos escravos indígenas originais.[43] No Espírito Santo, na década de 1820, fazendeiros tentaram legalizar a posse sobre escravos indígenas, sendo repreendidos pela Corte, mas sem uma atitude mais impositiva. A consequência não poderia ser outra: em 1848, o presidente do Espírito Santo lastimava a quantidade de indígenas mantidos como escravos nas fazendas. Na Bahia, igualmente há registros de escravidão indígena, sobretudo de Botocudos, perpetuando-se ao longo do XIX. Em Minas Gerais, em 1830, a opressão por essas práticas levou a uma rebelião indígena em uma fazenda no Córrego Novo, distrito de Calhão, que terminou com a morte da família do proprietário pelos indígenas.[44]

43 Dornelles (2018).

44 Os exemplos acima estão descritos em Morel (2018).

A ousadia em relação a escravidão ilegal de indígenas chegava a permitir, inclusive, uma espécie de tráfico interprovincial no começo do século XIX. Caio Prado Jr., chega a retomar uma memória que descreve a prática de caçar indígenas no Maranhão, marcá-los a ferro – como se fazia com os africanos – e vendê-los no Pará.[45] Longe de ser uma prática apenas em regiões periféricas – aliás, já citamos aqui vários exemplos nas províncias mais importantes – há registros ainda em meados do século XIX da venda de escravos indígenas no coração do Império, a Corte do Rio de Janeiro. Não bastasse isso, havia em várias partes do Brasil também a prática disseminada de brancos ficarem com a guarda de crianças indígenas tiradas do controle dos seus pais através dos mais variados meios. Essas crianças indígenas – que depois cresciam e viravam trabalhadores para os seus tutores – ora eram compradas, ora eram dadas como presente de forma parecida como se doam animais domésticos. Até mesmo o Imperador aceitou esse tipo de presente que hoje nos é evidentemente cruel, mas que era visto com grande simpatia no período.

Para além da escravidão ilegal, havia ainda vários outros expedientes para a exploração ilegal da mão de obra indígena no século XIX. Um dos mais comuns era o abuso de funcionários públicos ou de ordens religiosas que deveriam preservá-los da ganância dos proprietários, mas várias vezes eram acusados de se valer dessa mão de obra para interesses próprios. Em Minas Gerais, o influente Teófilo Otoni, acusou algumas vezes os missionários capuchinhos – peça essencial da política indigenista do Império no século XIX – de se apropriarem da mão de obra dos povos originários para fins particulares.[46] Tantas arbitrariedades na exploração da mão de obra indígena fizeram o oficial da marinha inglesa Henrique Lister Maw, em 1829, desacreditar em qualquer possibilidade do Império brasileiro conseguir proteger os indígenas, sobretudo em regiões afastadas. Em uma parte cortante do seu relato, Maw alegava:

> O fato é, que nas partes remotas da província do Pará, a força constitui direito, e poder e interesse, e não a justiça, formam a administração prática da lei. O Imperador poderá embora expedir decretos, e o Presidente ordens, mas o isolado branco é ele mesmo um imperador, e absoluto senhor

45 Ver Prado Jr. (1972:100).
46 Ver Miki (2018).

> de suas vontades. Fatos atestam a verdade do que assevero; o Imperador tem declarado que todos os seus súbditos Índios são livres; mas os brancos continuam a ir a caça deles e a escravizá-los; de que servem por tanto tais declarações e ordens do Governo? Se se considerar porém que se faz necessário ao menos um ano para que se receba na fronteira do Amazonas uma resposta do Rio de Janeiro, não causará admiração que as comunicações sejam tão raras, e que o Governo saiba tão pouco do que se passa nesta parte do Império. (Maw, 1989, p. 290-291).[47]

Se os exemplos acima deixam evidente que eram muitos os caminhos para a exploração ilegal da mão de obra indígena no nascente Império do Brasil, por sua vez seria um erro acreditar que essa exploração ocorria apenas na ilegalidade. Ao contrário – e talvez isso seja algo que mereça ainda mais atenção dos historiadores – todo aparato do Estado Imperial brasileiro, suas leis e forças repressivas, garantiram diversas modalidades legais de apropriação da mão de obra indígena ao longo do século XIX, algumas delas ainda reminiscentes da colônia e outras tantas inteiramente novas.

Entre as formas legais de exploração da mão de obra indígena que tinha suas bases na colonização estava a própria escravização desses povos como resultado das chamadas "Guerras Justas". As "Guerras Justas" eram, em síntese, ataques da sociedade envolvente contra povos indígenas que supostamente eram hostis aos portugueses europeus e americanos, contrários à expansão da fé católica ou praticavam a antropofagia. Além de autorizar a morte dos resistentes, um dos subprodutos desses embates mais apreciados pelos não indígenas era a possibilidade de manter na condição de escravos os prisioneiros, ainda que por um período determinado, mas suficientemente longo para ser economicamente atrativo. A decretação de "Guerras Justas" ocorreu durante toda a colonização e foi sensivelmente acelerada logo na chegada da família real ao Rio de Janeiro, em 1808. Até 1811 foram sucessivos os decretos de D. João que permitiram ataques a diferentes povos, sobretudo no entorno da Corte. Havia, portanto, uma escravidão legal dos indígenas no período da colônia e esta se manteve até 1831 quando foi finalmente abolida.[48] Enquanto existiu, o expediente das "Guerras Justas" era uma po-

47 A grafia foi atualizada.

48 Sposito (2012).

lítica que dependia da alta hierarquia do Império, mas a excessiva liberdade de interpretação dos decretos dava campo a toda sorte de abusos, inclusive a escravização de povos indígenas da América Espanhola, na fronteira sul.[49]

Apesar da escravidão indígena – e, sobretudo, sua modalidade ilegal – ser a forma de emprego da mão de obra desses povos mais rapidamente associada ao século XIX, a verdade é que existiram várias outras modalidades de exploração desses braços, valendo-se inclusive da força do novo Estado nacional. Entre essas possibilidades, destaca-se o fato de que os indígenas, mesmo sendo considerados homens livres tanto na colônia quanto no Império brasileiro, podiam ser submetidos a trabalhos compulsórios. Isso não estava nem um pouco perto de ser uma exceção: ao contrário, cada vez mais fica claro o quanto a concepção de trabalho livre que temos hoje é bastante distinta do século XIX, sendo bastante comum que homens livres estivessem submetidos a algum tipo de compulsoriedade.[50] No Império do Brasil, um dos exemplos mais conhecidos de trabalho compulsório é aquele reservado aos chamados "africanos livres": uma vez capturados dos negreiros ilegais após 1831, esses africanos eram protegidos de serem escravizados, mas não se tornavam livres para fazer o que bem entendessem. Ao contrário, passavam vários anos obrigados a prestar serviços que, supostamente, os integrariam à civilização.[51] Ainda que esse seja o caso mais famoso, cada vez mais ficam conhecidos no Império do Brasil o uso em larga escala de trabalhadores compulsórios, tanto em serviços públicos como para particulares.[52]

No caso dos indígenas, as diversas políticas coloniais sempre previram o trabalho como algo a ser exercido pelos povos originais, a mando dos europeus, de maneira obrigatória. Assim, na chamada política dual, para os inimigos estava reservado o extermínio ou a escravização; já para os ditos aliados sempre esteve previsto a prestação obrigatória de serviços, invariavelmente, justificados como uma forma de corrigir a inclinação dos indígenas ao

49 Melo (2017).

50 Para uma discussão mais geral sobre essa questão, veja Steinfeld (1991) e Linden (2013).

51 Mamigonian (2017).

52 Esse tema vem ganhando grande força na historiografia brasileira nos últimos anos. Sobre isso destaco a produção inédita de Télio Anísio Cravo que vem abordando o tema a partir de diversos grupos sociais, o que é uma relativa novidade. Estrutura e dinâmica do trabalho compulsório e livre na infraestrutura viária do Império do Brasil: africanos livres, escravizados e livres na província de Minas Gerais (1854-1856).

ócio.[53] Assim, mesmo com todo o barulho que os moradores faziam contra os aldeamentos indígenas liderados por ordens religiosas, como os jesuítas, a organização desses aldeamentos previa a cessão de parte dos aldeados para prestar serviços a particulares. A grita dos moradores, frequentemente, tinha sua razão por quererem acesso sem limites aos braços indígenas ou porque acusavam os religiosos de monopolizarem esses braços. A miragem da riqueza nababesca dos jesuítas na Amazônia, que em parte serviu para justificar a sua expulsão, é provavelmente o melhor exemplo disso. Já outras políticas indigenistas coloniais, como o Diretório Pombalino ou a Carta Régia de 1798, todas elas previam que os indígenas seriam submetidos ao trabalho compulsório[54] para o Estado ou para particulares como uma condição do seu caminho para a civilização.[55]

Essas eram políticas coloniais, mas atravessaram os primeiros anos do Império como referências para as políticas indigenistas, já que uma das primeiras medidas legislativas foi a de manter em vigor no Império do Brasil as leis portuguesas anteriores às Cortes de Lisboa, o que incluiu as leis indigenistas. No que tange às políticas indigenistas, o começo do Império tem várias balizas legais válidas que se sobrepunham, numa confusão que fazia prevalecer em cada lugar um marco a depender do balanço de forças entre proprietários e indígenas.[56] Apenas a partir de 1831 houve uma ação mais efetiva do governo central, especialmente através do congresso, que foi derrubando leis coloniais dessa natureza.

Para muitos isso caracterizaria que a exploração do trabalho indígena por mecanismos compulsórios era uma herança colonial que tendia a desaparecer no novo Estado brasileiro. A história do século XIX, no entanto, desmente essa interpretação otimista. A partir da Regência e, sobretudo, das reformas constitucionais de 1834, abre-se espaço para que as províncias tenham mecanismos para criar leis locais, sem aval do governo central. Frequentemente, essa mudança é vista de uma forma positiva na historiografia, muitas vezes simplesmente replicando o discurso dos próprios políticos

53 Ver Perrone-Moisés (1992).

54 No caso da Carta Régia de 1798, apenas os indígenas que não tivessem como comprovar ocupação regular é que estavam sujeitos ao trabalho compulsório.

55 Sampaio (2012).

56 Para uma melhor descrição desse processo veja Machado (2020).

do período que se definam com liberais e deixaram muitas fontes sobre o processo do qual também eram protagonistas. De modo contrário, Manuela Carneiro da Cunha (1992), que fez provavelmente o maior levantamento de leis indígenas do Império, insistia que deixar a política indigenista nas mãos das províncias – e, portanto, mais próximo dos interesses locais – sempre foi algo fatal para os indígenas, razão pela qual ela lamentava que só em 1845 tenha sido editada uma política indigenista de cunho nacional.

As evidências demonstram que Manuela Carneiro da Cunha estava certa. Com a criação das Assembleias Provinciais, a partir de 1834, muitas leis indigenistas são criadas e várias delas impõe novamente mecanismos compulsórios para obrigar os indígenas a trabalharem. Esse é o caso já citado do Ceará, onde a Assembleia Provincial teria recriado, em 1843, a política do Diretório, mas no que restringia aos mecanismos de compulsoriedade do trabalho.[57] Em Goiás, uma das primeiras leis aprovadas pela Assembleia Provincial permitia que se abrisse uma guerra contra os indígenas canoeiros que, em muitos pontos, lembrava as Guerras Justas: afinal, permitia o extermínio dos que resistissem e a escravização dos sobreviventes por 10 anos.[58] Aliás, em Goiás já tinha se tentado uma lei local bastante agressiva contra os indígenas e claramente interessada em sua mão de obra: em 1832, através do Conselho Geral de Província – que podia propor leis locais, mas dependia da aprovação de deputados e senadores no Rio – propôs-se uma medida que permitiria retirar as crianças indígenas dos seus pais, no maior número possível, e entrega-los a mestres de ofício.[59]

Entre essas leis de trabalho compulsório, criadas pelo próprio Império do Brasil, provavelmente a mais abrangente e duradoura foi o Corpo de Trabalhadores, criado pela Assembleia Provincial do Pará em 1838. No meio da repressão à Cabanagem, a Assembleia Provincial criou essa lei sob a justificativa de que ela seria uma medida para pacificar a província, ao ocupar os vadios. No entanto, foi uma lei que teve vigência por mais de 20 anos, deixando claro o seu interesse: a mão de obra de todos os homens que não fossem brancos e não pudessem comprovar trabalho regular. Uma medida

57 Costa (2016).

58 Cunha (1992).

59 Rocha (2014).

draconiana, que horrorizou a Câmara dos Deputados ao ser denunciada por um deputado eleito pelo Pará que descrevia a imagem de homens livres acorrentados às margens dos rios de toda a província a espera de embarcações que os levariam a pontos onde seriam distribuídos para seus novos trabalhos. O horror dos deputados, no entanto, não foi forte o suficiente para se decretar a inconstitucionalidade da medida. Os indígenas – principal alvo do Corpo de Trabalhadores – passariam ainda mais duas décadas sob trabalho compulsório, com regras ao gosto dos proprietários e com menos garantias do que tinham na colônia.[60]

Ainda que bastante sucinto, este breve panorama acima exposto deixa claro o quanto a exploração de terras e do trabalho indígena estavam conectados e continuaram sendo um problema central após a independência do Brasil.

Ser ou não ser indígena: eis a questão

Como sintetizar em poucas páginas os 200 anos de relação entre os povos indígenas e o Estado brasileiro? Esta é uma tarefa difícil, mas talvez a expressão acima seja um bom mote ao considerarmos o que foi desenvolvido nas páginas anteriores.

Como vimos, há alguns pilares dessa relação que fincaram a sua estrutura no Império brasileiro e perduram até o momento atual, muitas vezes em uma forma quase fantasmagórica em relação a frases e pensamentos defendidos no Império. Ser ou não ser indígena é um recurso utilizado para ampliar ou negar direitos, mas, ao mesmo tempo, a expressão de uma dúvida que a sociedade envolvente nunca soube resolver: afinal, o que é um indígena? Afinal, para a sociedade envolvente esse parece ser um estado puro que pode sempre se perder quando alguém usa uma calça jeans ou invoca direitos constitucionais. E se para os indígenas não há direitos constitucionais, tanto mais fácil avançar sobre a exploração de suas terras e de sua mão de obra.

60 Dentre outros ver Fuller (2008).

Referências

ALENCASTRO, Luis Felipe de. Vida Privada e Ordem Privada no Império. In: ALENCASTRO, Luis Felipe de (org.). *História da Vida Privada no Brasil.* Vol. 2*: Império: A Corte e a Modernidade Nacional.* São Paulo: Companhia das Letras, 1999.

ALMEIDA, Maria Regina Celestino de. *Metamorfoses Indígenas: identidade e cultura nas aldeias coloniais do Rio de Janeiro.* Rio de Janeiro: Arquivo Nacional, 2001.

ALMEIDA, Maria Regina Celestino de. *Os índios na História do Brasil.* Rio de Janeiro: FGV, 2010.

AMOROSO, Marta. *Terra de índio: imagens em aldeamentos do império.* São Paulo: Terceiro Nome, 2014.

ANDRADE, Oswald de. Manifesto Antropófago com Notas Explicativas. *Revista Periferia,* vol. 3, n.1, 2011.

ARAÚJO, Valdei Lopes de. *A Experiência do tempo: conceitos e narrativas na Formação Nacional Brasileira (1813-1945).* São Paulo: Hucitec/ Fapemig, 2008.

CARVALHO, Juliana Saez de. *O indígena na produção historiográfica da Revista do Instituto Histórico e Geográfico Brasileiro (1839–1860).* Dissertação de Mestrado. Guarulhos: Unifesp 2021.

CARVALHO, Marcus J. M.. Os índios e o ciclo das insurreições liberais em Pernambuco (1817-1848): Ideologias e resistência. In: Almeida, Luiz Sávio; Galindo, Marcos. (org.). *Índios do Nordeste: temas e problemas – Volume 3.* Maceió: Edufal, 2002.

CASTRO, Eduardo Viveiros de. O mármore e a murta: A inconstância da alma selvagem. In: CASTRO, Eduardo Viveiros de. *A Inconstância da Alma Selvagem.* São Paulo: Cosacnaify, 2002.

COSTA, João Paulo Peixoto. *Na lei e na guerra: políticas indígenas e indigenistas no Ceará (1789-1845).* Tese de Doutorado. Campinas: Unicamp, 2016.

CRAVO, Télio. Estrutura e Dinâmica do Trabalho Compulsório e Livre na Infraestrutura Viária do Império do Brasil: Africanos Livres, Escravizados e Livres na Província de Minas Gerais (1854-56). Inédito.

CRUZ, Alvaro Ricardo de Souza. *Relatório Figueiredo: genocídio brasileiro*. Rio de Janeiro: Lumen Juris, 2018.

CUNHA, Manuela Carneiro da. Prólogo. In: CUNHA, Manuela Carneiro da. *Legislação Indígena no Século XIX*. São Paulo: Edusp, 1992.

DANTAS, Mariana Albuquerque. *Dimensões da Participação Política Indígena na Formação do Estado Nacional brasileiro: Revoltas em Pernambuco e Alagoas (1817-1848)*. Tese de Doutorado. Niterói: UFF, 2015.

DANTAS, Mariana Albuquerque. Do Discurso sobre o Desaparecimento à Participação Política de Indígenas na Confederação do Equador (Pernambuco e Alagoas, 1824). In: SOUZA, Fábio Feltrin de; WITTMANN, Luisa Tombini (orgs.). *Protagonismo Indígena na História*. Tubarão: UFFS, 2016.

DIAS, Maria Odila Leite da Silva. A Interiorização da Metrópole. In: DIAS, Maria Odila Leite da Silva. *A Interiorização da Metrópole e Outros Estudos*. 2a edição, São Paulo: Alameda, 2005.

DORNELLES, Soraia Sales. A produção da invisibilidade indígena: sobre construção de dados demográficos, apropriação de terras e o apagamento de identidades indígenas na segunda metade do XIX a partir da experiência paulista. Revista Brasileira de História & Ciências Sociais – RBHCS Vol. 10 Nº 20, Julho - Dezembro de 2018.

DORNELLES, Soraia Sales. Trabalho Compulsório e Escravidão Indígena no Brasil Imperial: Reflexões a Partir da Província Paulista. *Revista Brasileira de História*. São Paulo, vol. 38, n.79, 2018.

ECHEVERRI MUNOZ, Marcela. *Indian and Slave Royalists in the Age of Revolution: Reform, Revolution, and Royalism in the Northern Andes, 1780–1825*. New York: Cambridge University Press, 2016.

FERRETTI, Danilo José Zioni. Gonçalves de Magalhães e o Sacerdócio Moral do Poeta Romântico em Tempos de Guerra Civil. *Almanack*, n. 2, 2011.

FULLER, Claudia Maria. Os Corpos de Trabalhadores: Política de Controle Social no Grão-Pará. *Revista de Estudos Amazônicos*, vol. III, n. 1, 2008.

FULLER, Claudia Maria. "V. Sa. não manda em casa alheia": Disputas em Torno da Implantação dos Corpos de Trabalhadores na Província do Pará, 1838-1844. *Revista de Estudos Amazônicos*, vol. III, n. 2, 2008.

GARCIA, Elisa Frühauf. *As diversas formas de ser índio: políticas indígenas e políticas indigenistas no Extremo Sul da América Portuguesa*. Rio de Janeiro: Arquivo Nacional, 2009.

GRAÇA, Antonio Paulo. *Uma poética do genocídio*. Rio de Janeiro: Topbooks, 1998.

GUERRA FILHO, Sérgio Armando Diniz. *O povo e a guerra: participação das camadas populares nas lutas pela Independência no Brasil e na Bahia*. Salvador: UFBA, 2014.

GUIMARÃES, Elena. *Relatório Figueiredo: entre tempos, narrativas e memórias*. Rio de Janeiro: Unirio, 2015.

GUIMARÃES, Manoel Luís Salgado. Nação e Civilização nos Trópicos: o Instituto Histórico e Geográfico Brasileiro e o projeto de uma História Nacional. *Revista Estudos Históricos*. Rio de Janeiro, n. 1, 1988.

JEZZINI, Jhanainna Silva Pereira. Antropofagia e tropicalismo: identidade cultural? *Visualidades*, vol. 8 n. 2, jul-dez 2010.

JONG, Ingrid de; OHMSTEDE, Antonio Escobar (orgs.). *Las Poblaciones Indígenas en la Conformación de las Naciones y los Estudos en la América Latina Decimonónica. Ciudad de México.* El Colégio de México/CIESAS/ Zamora, Michoacán: El Colégio de Michoacán. Apresentação, 2016.

KODAMA, Kaori. *Os Índios no Império do Brasil: a etnografia do IHGB entre as décadas de 1840 e 1860*. São Paulo/RJ: Edusp/Fiocruz, 2009.

LINDEN, Marcel van der. *Trabalhadores do mundo: Ensaios para uma história global do trabalho*. Campinas: Unicamp, 2013.

LORENZ, Sônia da Silva. *Sateré-Mawé: os filhos do guaraná*. São Paulo: Centro de Trabalho Indigenista, 1992.

MACHADO, André Roberto de A. *A quebra da mola real das sociedades: a crise do Antigo Regime Português na Província do Grão-Pará*. São Paulo: Hucitec, 2010.

MACHADO, André Roberto de A. O direito e o arbítrio em Tempos de Guerra: Os debates no parlamento em torno das garantias constitucionais durante a repressão à Cabanagem (1835– 40). In: NEVES, Lucia Maria Bastos Pereira das; FERREIRA, Tania Bessone da C. (orgs.). *Dimensões Políticas do Império do Brasil*. Rio de Janeiro: Contra Capa, 2012.

MACHADO, André Roberto de A. O trabalho indígena no Brasil Durante a Primeira Metade do Século XIX: um labirinto para os Historiadores. In: RÉ, Henrique Antonio; SAES, Laurent Azevedo Marques de; VELLOSO, Gustavo (orgs.). *História e Historiografia do Trabalho Escravo no Brasil: Novas Perspectivas – Volume 1*. São Paulo: Publicações BBM/Alameda Editorial, 2020.

MALERBA, Jurandir. *A Corte no Exílio. Interpretação do Brasil Joanino (1808-21)*. Tese de Doutorado. São Paulo: USP, 1997.

MAMIGONIAN, Beatriz. *Africanos Livres: a abolição do tráfico de escravos no Brasil*. São Paulo: Companhia das Letras, 2017.

MARTIUS, Carlos Frederico von. Como se deve escrever a história do Brasil. *Revista do Instituto Histórico Geográfico Brasileiro* (IHGB), n. 24, janeiro de 1845.

MAW, Henrique Lister. *Narrativa da passagem do Pacífico ao Atlântico através dos Andes nas Províncias do Norte do Peru, e descendo pelo Rio Amazonas até o Pará*. Manaus: Associação Comercial do Amazonas, 1989.

MELO, Karina Moreira Ribeiro da Silva e. *Histórias Indígenas em contextos de formação dos Estados Argentino, Brasileiro e Uruguaio: Charruas, Guaranis e Minuanos em Fronteiras Platinas (1801-1818)*. Tese de Doutorado. Campinas: Unicamp, 2017.

MIKI, Yuko. *Frontiers of Citizenship: A black and indigenous History of Postcolonial Brazil*. New York: Cambridge University Press, 2018.

MONTEIRO, John. *Tupis, Tapuias e Historiadores: Estudos de História Indígena e Indigenismo*. Tese de livre docência. Campinas: Unicamp, 2001.

MOREIRA, Vânia Maria Losada. De Índio a Guarda Nacional: Cidadania e Direitos Indígenas no Império (Vila de Itaguaí, 1822-1836). *Topoi*, vol. 11, n. 21, jul-dez 2010.

MOREIRA, Vânia Maria Losada. Deslegitimação das diferenças étnicas, 'Cidanização' e desamortização das Terras de Índios: n otas sobre Liberalismo, Indigenismo e Leis Agrárias no México e no Brasil na Década de 1850. *Revista Mundos do Trabalho*, vol. 4, 2012.

MOREL, Marco. *A Saga dos Botocudos: guerra, imagens e resistência indígena.* São Paulo: Hucitec, 2018.

OLIVEIRA, João Pacheco de. *O Nascimento do Brasil e outros Ensaios: 'Pacificação', regime tutelar e formação de Alteridades.* Rio de Janeiro: Contracapa, 2016.

PAZ, Adalberto. Free and Unfree Labor in the Nineteenth-Century Brazilian Amazon. *International Review of Social History*, 62 (S25), 2017.

PERRONE-MOISÉS, Beatriz. Índios Livres e Índios Escravos: os princípios da Legislação Indigenista no Período Colonial (Século XVI a XVIII). In: CUNHA, Manuela Carneiro da. *História dos Índios no Brasil.* São Paulo: Companhia das letras, 1992.

PRADO JR., Caio. *Formação do Brasil Contemporâneo (Colônia).* 12ª. Edição. São Paulo: Brasiliense, 1972.

PUNTONI, Pedro. A Confederação dos Tamoyos de Gonçalves de Magalhães: a poética da História e a Historiografia do Império. *Novos Estudos Cebrap*, n. 45, julho de 1996.

PUNTONI, Pedro. O Sr. Varnhagen e o Patriotismo Caboclo: O Indígena e o Indianismo Perante a Historiografia Brasileira. In: JANCSÓ, István (org.). *Brasil: Formação do Estado e da Nação.* São Paulo: Hucitec, 2003.

REGO, André de Almeida. *Trajetórias de vidas rotas: terra, trabalho e identidade indígena na Província da Bahia (1822-1862).* Tese de doutorado. Salvador: Universidade Federal da Bahia, 2014.

ROCHA, Leandro Mendes; OLIVEIRA, Maria de Fátima. Matutina Meyapontense e a questão indígena em Goiás no Século XIX. *Outros Tempos*, vol.11, n. 18, 2014.

RUFINO, Marcos Pereira. Protagonismo, Direitos e Política Indigenista no Brasil Contemporâneo. In: MACHADO, André Roberto de A.; MACEDO, Valéria (orgs.). *Povos Indígenas entre olhares.* São Paulo: SESC/Unifesp, 2022 (no prelo).

SAMPAIO, Patrícia Maria de Melo. *Espelhos partidos: etnia, legislação e desigualdade na Colônia.* Manaus, EDUA, 2012.

SAMPAIO, Patrícia Melo. Política indigenista no Brasil Imperial. In: GRINBERG, Keila; SALLES, Ricardo. *História do Brasil Imperial.* 3 volumes. Rio de Janeiro: Civilização Brasileira, 2010.

SERRA, O. Triunfo dos Caboclos. In: CARVALHO, Mr., and CARVALHO, Am. (orgs.). *Índios e Caboclos: a história Recontada* [online]. Salvador: UFBA, 2012.

SPOSITO, Fernanda. *Nem cidadãos, nem brasileiros: indígenas na Formação do Estado Nacional Brasileiro e Conflitos na Província de São Paulo (1822-1845).* São Paulo: Alameda Editorial, 2012.

STADEN, Hans. *A Verdadeira História dos Selvagens: Nus e ferozes devoradores de Homens (1548-1555).* Rio de Janeiro: Dantes, 1998.

STEINFELD, Robert J. *The Invention of Free Labor: the Employment Relation in English & American Law and Culture, 1350-1870.* North Carolina: The University of North Carolina Press, 1991.

TAVARES, Luis Henrique Dias. *Independência do Brasil na Bahia* [online]. Salvador: UFBA, 2005.

TREECE, David. *Exilados, aliados, rebeldes: o Movimento Indianista, a Política Indigenista e o Estado-Nação Imperial.* São Paulo: Edusp, 2008.

VALENTE, Rubens. *As flechas e os fuzis: história de sangue e resistência Indígena na Ditadura.* São Paulo: Companhia das Letras, 2017.

Desenvolvimentos e desigualdades

Capitalismo no Brasil

A desigualdade como elemento estrutural

Julio Cesar Zorzenon Costa

> Trem sujo da Leopoldina
> correndo, correndo parece dizer
> tem gente com fome; tem gente com fome; tem gente com fome
> [...] Só nas estações quando vai parando, lentamente começa a dizer
> se tem gente com fome, dá de comer; se tem gente com fome, dá de comer
> Mas o freio de ar, todo autoritário
> manda o trem calar
> Pisiuuuuuuuuu
> Tem gente com Fome, Solano Trindade

Este capítulo visa discutir – o capitalismo existente no Brasil e a persistência, ao longo desses duzentos anos que nos separam da Independência política ocorrida em 1822, de várias formas de desigualdades como elementos expressivos de sua manifestação. A realização desse intento, ou seja: a abordagem de um tema tão amplo em um texto que deve obrigatoriamente ocupar um espaço limitado em um livro que tratará de vários assuntos, implica a sua composição em uma escala bastante reduzida, como uma espécie de mapa mundi, que nos permite uma visão ampla, a localização de aspectos de grandes dimensões, mas que não nos permite a observação e nem o aprofundamento dos detalhes. Por isso, esse é um texto que parte de uma perspectiva geral, que procura, por isso, estabelecer uma compreensão também geral para o tema proposto.

Para tal, em princípio, é importante reafirmar que as manifestações recorrentes, observáveis a partir de nossas experiências cotidianas e imediatas, das desigualdades existentes no Brasil só poderão ser efetivamente compreendidas se o olhar sobre elas ultrapassar os seus aspectos superficiais e incorporar elementos não totalmente perceptíveis num primeiro momento, elementos que constituem o seu enquadramento e, principalmente, o pano de fundo que permitem o seu destaque fenomênico.

Isso significa dizer que a compreensão do caráter concentrador e desigual do capitalismo existente no Brasil e, por isso, da construção de possibilidades de sua superação, só pode ocorrer se nos atentarmos para o seu processo histórico de constituição que, partindo de características herdadas da colônia, foi presidido por grupos sociais que, ao assumirem o comando do novo Estado nacional que se formava, tinham por interesses apontar para uma nova situação política que, paradoxalmente, preservava situações econômicas e sociais pregressas.

Procurando deixar mais concreto: a assunção dos grupos dominantes na colônia à condição de dirigentes do novo Estado implicou, para a garantia de seus interesses, a manutenção do caráter subordinado da economia e do Estado nacional brasileiro na ordem internacional constituída após a dupla Revolução da virada dos séculos XVIII/XIX.[1] Implicou, ainda, a manutenção do caráter excludente do sistema produtivo, com intensa exploração e forte repressão sobre os trabalhadores. Implicou, portanto, uma sociedade que não visava a incorporação de outros segmentos sociais numa comunidade de direitos. Implicou a criação de um novo Estado nacional sem a incorporação total do conceito de nação, pois como escreveu José Murilo de Carvalho: "[O Brasil] como nação não podia ser pensado. Para isto era necessário que toda a população fosse incluída na comunidade nacional, e a escravidão significava exatamente a exclusão de muitos dessa comunidade" (Carvalho, 1988, p. 15). Daí também o fato de que a essa classe dirigente, o país deveria ser muito mais entendido como um território do que uma sociedade (Moraes, 2011, p. 83) e que construir a nação significava, para ela, muito mais se expandir territorialmente do que incorporar o povo numa "comunidade de direitos".

O grupo social que atualmente detêm as maiores parcelas de poder e que impõe a direção política ao Estado brasileiro, apesar de tentativas de mudanças que ocuparam certo tempo na nossa história recente, em parte dos

1 Revolução Industrial e Revolução Francesa.

últimos 90 anos, é herdeiro direto do grupo social que presidiu a construção do Estado Nacional e do capitalismo no Brasil nos momentos subsequentes à independência.[2] Por isso o grupo social majoritariamente dirigente no Brasil de hoje continua incorporando e aplicando, nas prescrições políticas, econômicas e sociais emanadas do Estado brasileiro e de outras organizações da sociedade, valores marcados pela consciência social dominante no período de nossa independência, ou seja: a subordinação externa, a exclusão, a violência e o autoritarismo em relação àqueles que não possuem propriedades ou que precisam sobreviver com os rendimentos alcançados a partir de seu trabalho.

Para tentar argumentar favoravelmente à compreensão apresentada, o trabalho divide-se em três grandes seções: a primeira discute a constituição do capitalismo no Brasil e a definição de suas principais características estruturais; a segunda procura apresentar as desigualdades e concentrações como elementos estruturais do capitalismo existente no Brasil; e a terceira procura abordar os limites do interregno histórico de tentativas mudanças e a reação contrária a essas tentativas. Vamos a ele.

1. A constituição do capitalismo no Brasil e a definição de suas principais características estruturais

Falar do tema do capitalismo no Brasil, das principais características de sua forma particular de expressão nesta parte do mundo, é algo bastante apropriado para um livro que reflete sobre os duzentos anos da independência. Isso porque só é possível falar em capitalismo no Brasil a partir de seu processo de independência, com a formação do Estado nacional, o rompi-

2 Quando aqui se afirma que o grupo social que hoje predomina na direção do Estado brasileiro é herdeiro direto do grupo que presidiu o processo de formação do Estado nacional brasileiro é preciso interpretar tal afirmação de forma dialética. Isso porque essa fração mercantil tanto é, quanto não é, ao mesmo tempo, a mesma força social que dominou o Estado no período logo posterior à independência. É a mesma pois seus interesses expressos em questões como o reforço ao caráter exportador da economia brasileira, a subordinação nas relações econômicas mundiais, as formas de consideração pelos trabalhadores como custo de produção e a constante procura pela sua exclusão estão mantidos. Não é a mesma força social, pois as suas características mudaram ao longo do tempo, pela própria mudança do capitalismo nesses dois séculos, e também pela transformação dos processos de acumulação capitalista que são incomensuravelmente diferentes nos dias atuais.

mento com o pacto colonial e com o fim do exclusivo comercial metropolitano, o chamado monopólio. E, também, porque as características assumidas em seu processo de desenvolvimento histórico marcam o capitalismo existente no Brasil até os dias atuais.

Embora o Brasil tenha feito parte, desde o início de sua colonização, do processo de constituição histórica do capitalismo, durante o período da chamada idade moderna (meados do século XV a finais do século XVIII), e tenha contribuído de forma decisiva para a aceleração deste processo, por meio da extroversão e apropriação, pelas economias centrais do Antigo Sistema Colonial, da maior parte de seu excedente econômico produzido ao longo do período colonial, não é possível falar em capitalismo no Brasil, no período anterior à independência, no período que antecede à superação de sua condição colonial.[3] Seja porque foi a partir desse momento que a acumulação de capital se internalizou de forma muito mais intensa; seja porque, também, a partir desse momento, o Brasil passou a ser um Estado nacional. Anteriormente à independência, a ação dos "mecanismos" que ajustavam a colônia às formas de exploração colonial impedia que os "móveis capitalistas do comportamento econômico (que) foram introduzidos no Brasil juntamente com a colonização" atingissem o seu pleno potencial para o desenvolvimento capitalista local (Fernandes, 2006, p. 39).

Como sabemos, o capitalismo se desenvolveu originalmente em uma área delimitada do globo, a Europa centro-ocidental. Seu plurissecular processo histórico de consolidação, no entanto, no período correspondente ao que conhecemos como Idade Moderna, foi amplamente favorecido pelo seu processo de expansão, com a formação de periferias, as colônias, que podem ser compreendidas como as várias somas territoriais que foram, ao longo do tempo, transformando-se em áreas econômicas complementares às economias das nações expansionistas, as chamadas metrópoles. Nesse processo, o capitalismo em formação, nucleado pelo capital mercantil, possuía plasticidade suficiente para se ajustar a diferentes formas de organização produtiva, pois a incorporação de novas áreas ao seu processo de reprodução econômica se dava, primeiramente, pela esfera da circulação (Moraes, 2011, p. 1).

3 É um anacronismo pensar, inclusive, em Brasil, da maneira como ele se configura hoje, uma vez que não havia garantias efetivas de que o território da antiga colônia portuguesa não se desdobraria em vários Estados nacionais após a sua independência.

A ocupação territorial e econômica do Brasil como área periférica de interesse do capital mercantil europeu, mesmo necessitando, para a sua efetiva colonização, da criação de uma estrutura produtiva, obstruiu a possibilidade de que "os móveis capitalistas",[4] instalados para a produção de mercadorias destinadas ao mercado europeu, apesar de dotados de objetivos comerciais, desenvolvessem o capitalismo internamente na colônia, de maneira simultânea ao que ocorria no centro do sistema, que, obviamente, situava-se na Europa. Pelo contrário, a necessidade da produção de gêneros tropicais em larga escala, impunha o estabelecimento de relações sociais de produção essencialmente distintas das relações sociais capitalistas que se constituíam na Europa, no centro do Antigo Sistema colonial.

As colônias latino-americanas, e o Brasil em particular, eram áreas destinadas à exploração colonial, por meio da produção ou da extração, em larga escala, de mercadorias de alto valor-peso ou agrícolas tropicais sem similares na Europa, com a consequente transferência, às metrópoles, do máximo possível da renda gerada pela produção colonial. Por isso, apesar da existência da produção de mercadorias nas colônias, essa produção não se dava com relações sociais de produção que se constituiriam paulatinamente, ao longo do processo de constituição histórica do capitalismo, como capitalistas. Ao contrário, a exploração colonial se processou recriando e adaptando relações sociais de produção baseadas no trabalho compulsório. As formas de servidão e semisservidão, nas áreas extrativas, e o escravismo colonial, nas regiões de produção agrícolas, são exemplares dessas relações de produção[5] recriadas e adaptadas às condições históricas e espaciais das colônias.

Assim, embora partícipe, como um importante elemento do desenvolvimento histórico do capitalismo, as colônias latino-americanas, e o Brasil

---

4 Segundo Florestan Fernandes podem ser apontados como exemplo de "móveis do comportamento capitalista no Brasil", durante o período colonial, os engenhos e as plantações de açúcar. Ver Fernandes, 2006, p. 39.

5 Essas questões expressam o paradoxo da colonização: por serem frutos de um processos de expansão e por serem montadas como somas territoriais nas quais se desenvolvem atividades econômicas complementares às desenvolvidas nas metrópoles, elas possuem alto grau de determinações externas; por terem uma estrutura específica para atenderem ao objetivo anterior, elas possuem alto grau de especificidade, possuindo uma lógica interna própria de funcionamento, que não se reduz totalmente às determinações externas. Ver Mariutti; Nogueiról; Danielle Neto (200, p. 370).

em particular, não se caracterizavam por possuir internamente, durante o período colonial, características capitalistas. O capitalismo no Brasil somente se construirá a partir das importantes transformações ocorridas após a independência e que foram dotadas, paradoxalmente, de uma série de permanências em relação à ordem colonial. Daí a necessidade de encararmos esse processo de independência, com aquilo com que ele representou em relação às mudanças e às permanências, pois estas constituir-se-ão em elementos determinantes das características do capitalismo existente no Brasil.

1.1. A economia nacional

A independência, com a superação do pacto colonial e com a eliminação definitiva do regime de monopólio, o chamado exclusivo comercial metropolitano, que já havia sido iniciada por ocasião da abertura dos portos, a partir da transferência da corte portuguesa para o Brasil em 1808 e do tratado de 1810, ensejou, também, além do processo de construção de um Estado nacional, o início do processo de construção de uma economia nacional no Brasil.[6]

O processo de estabelecimento de uma economia nacional no Brasil se explica pelo fato de que a primeira atividade exportadora de vulto, aquela que foi paulatinamente se tornando a principal atividade econômica após a independência, a cafeicultura, baseou-se, para a realização de seus investimentos produtivos, em recursos financeiros internos, acumulados principalmente em atividades mercantis e usurárias desenvolvidas durante o período colonial. Mas o que efetivamente caracterizou o início do processo de constituição de uma economia nacional é o fato de que, após a independência, o processo de acumulação de capital se internalizou, devido à maior possibilidade de retenção interna do excedente econômico. Cabe, no entanto, ressaltar que, embora a acumulação de capital tenha se internalizado, a economia brasileira não se caracterizou, durante mais de um século após a independência, por ser um espaço econômico nacional integrado, caracterizava-se, sim, pela existência de vários complexos econômicos

6 Talvez fosse mais correto afirmar o "início de uma economia controlada nacionalmente no Brasil", pois uma economia nacional integrada, com intercâmbios entre as suas várias partes, só começará, efetivamente, a se constituir a partir dos anos 1930. No entanto, o termo nacional será mantido, na maior parte das vezes, com o objetivo indicar a superação da condição colonial da produção no Brasil.

regionais, a maioria voltada à exportação e, que por isso, relacionavam-se mais com o exterior do que com o restante do país. O início de construção de um espaço econômico nacional somente ganhará forte impulso no pós-1930, por ação deliberada do Estado.[7]

O modo como se deu o processo de internalização da acumulação de capital no Brasil, reeditando, de maneira concentrada no espaço e no tempo, embora bem menos intensa e de forma apenas aproximativa,[8] o processo de acumulação primitiva de capital ocorrido, entre os séculos XV e XVIII, no centro do Antigo Sistema Colonial, marcará, com condicionantes estruturais, o capitalismo existente no Brasil e a sua dinâmica nesses duzentos anos que nos separa da independência.

1.2. Elementos de mudança e elementos de permanência

Como importantes intérpretes do capitalismo existente no Brasil já afirmaram, a independência do Brasil se realizou com a convivência e síntese de elementos transformadores e conservadores, de mudança e de permanência.[9]

Dentre os elementos denotativos das transformações encontram-se o próprio processo de construção do Estado nacional e a decorrente necessidade de definição de uma sede política, uma capital, para a sua administração e organização da vida política; a transformação de uma parte importante dos grandes proprietários e dos grandes comerciantes exportadores, o grupo economicamente dominante, em classe política dirigente desse novo Estado; e, com isso, a formação de um centro político urbano que iniciou o processo de desligamento desses proprietários e comerciantes, convertidos, paulatinamente, em dirigentes e políticos radicados na capital, das antigas características localistas dos grandes proprietários rurais do período colonial. A criação das instituições estatais e sua fixação na corte, na cidade do Rio de Janeiro, na capital do novo Estado nacional em processo de constituição, deu origem a um grupo social que, apesar de oriundo de uma aristocracia rural

7 Para tal, ver Cano (2007) e Huertas (2020).

8 O processo de acumulação primitiva de capital, apresentado por Marx, no célebre capítulo XXIV de *O Capital*, foi mais complexo do que efetivamente ocorreu no Brasil, mas sua aproximação com o que se pretende neste texto tem o objetivo de ressaltar a importância da estrutura colonial de produção e comercialização para a formação de uma burguesia de caráter mercantil.

9 Ver Fernandes (2006), Cardoso de Mello (2009).

com fortes vínculos localistas, vai assumindo, aos poucos, uma perspectiva e uma responsabilidade de caráter nacional ou, pelo menos, uma visão um pouco mais cosmopolita do que a que marcava os grandes proprietários rurais e comerciantes, na época da colônia.

Outro elemento de mudança, já aduzido anteriormente, é o processo, também paulatino de surgimento de uma economia nacional que se expressará pela nacionalização, ou pelo menos, pela internalização das decisões econômicas. De decisões relativas a aspectos como: em que, quanto, e onde se investir? De decisões acerca de qual mercadoria deveria ser priorizada nas relações econômicas e comerciais, no mercado mundial?

Esses elementos de mudança acima apontados estiveram, entretanto, combinados com uma série de permanências, de heranças coloniais, que impuseram limites claros a eles e estabeleceram características estruturais ao capitalismo que, começava, apesar de tudo, a ter condições de se desenvolver no Brasil. Foram esses condicionantes estruturais, elementos de lenta mudança, que deram ao capitalismo existente no Brasil um caráter bastante específico em relação àquele que se desenvolveu e se consolidou na Europa, no centro do Antigo Sistema Colonial, assim como os de outras partes do mundo.

Para a compreensão desse processo, é importante relembrar que a independência, da forma como foi encaminhada, não mudou e, nem poderia mudar, de uma vez só, o centro dinâmico da economia da antiga colônia, convertida, a partir do processo de independência, em uma economia que vai assumindo características nacionais. O centro dinâmico da economia permaneceu sendo o mercado externo.

A reafirmação da atividade exportadora como elemento motriz da economia brasileira, no novo contexto de um Estado nacional independente, revigorou, por paradoxal que possa parecer e por certo período que se estende durante até a metade do século XIX, as características coloniais dessa economia.[10] Na atividade econômica exportadora que estava ganhando importância no período da independência, a economia cafeeira, o espaço produtivo privilegiado permaneceu sendo o latifúndio monocultural exportador e as relações sociais de produção internas mantiveram-se escravistas. Como esclareceu João Manuel Cardoso de Mello.

10 Certamente até 1850, quando ocorre a proibição definitiva do tráfico de escravos.

> A queda do "exclusivo metropolitano" e a subsequente formação do Estado Nacional marcam, indiscutivelmente, o início da crise da economia colonial no Brasil.
> Os rumos da crise, porém, não estavam de forma alguma prefixados. Poderíamos ter regredido à economia escravista de subsistência, tanto mais se tendo em conta o esgotamento, por insuficiência de oferta, da "economia mineira" e a falta de perspectivas de vários outros produtos de exportação.
> Não foi o que sucedeu, e é necessário compreender de que maneira nasceu a economia mercantil-escravista cafeeira nacional. Vale dizer como o espocar da crise marca, ao mesmo tempo, a revitalização do caráter mercantil da economia e o revigoramento da escravidão, dentro, no entanto, dos quadros de uma economia controlada nacionalmente. (Cardoso de Mello, 2009, p. 45).

Ou seja, a novidade encontrava-se amalgamada ao antigo, o futuro se deslanchava impregnado de passado. E isso de certa forma ocorreu, pois a estruturação econômica colonial se forjou no processo de constituição histórica do capitalismo, no período em que se desenvolvia a chamada acumulação primitiva de capital, nas economias centrais do Antigo Sistema Colonial. A independência não representou a ruptura com o capitalismo, cuja formação se processou no período moderno, mas, pelo contrário, representou a adesão ao capitalismo de novo tipo, consolidado pela dupla revolução dos finais do século XVIII, no qual a nova modalidade de acumulação nos países centrais passou a ser nucleada pela industrialização.

Esse novo padrão de acumulação dos países centrais impunha mudanças, pois necessitava romper com os obstáculos coloniais, representados pelo monopólio de comércio, ao livre trânsito de mercadorias, mas não impunha, de imediato, uma superação da divisão internacional do trabalho instituída desde o início da colonização,[11] ao contrário reforçava-a. Neste sentido, a nova ordem capitalista reafirmava, a partir do momento histórico que nos ocupa, a divisão internacional do trabalho que havia sido constituída no período colonial. A reafirmação da divisão internacional do trabalho se dará, no

11 Essa divisão internacional do trabalho se caracterizava pela existência de uma especialização produtiva nos seus dois polos: as áreas periféricas especializavam na produção e exportação de produtos primários e na importação de manufaturados; as áreas centrais, ao contrário, especializavam-se na exportação de manufaturados e na importação de produtos primários.

século XIX, com fluxos comerciais bem menos restritos do que os vigentes anteriormente, no período colonial.

Dessa forma, o grupo dominante da colônia só poderia se reafirmar como dominante economicamente, e se assumir como liderança política do novo Estado nacional, se mantivesse a subordinação às características da divisão internacional do trabalho e, portanto, o caráter primário- exportador da economia brasileira e suas características estruturais herdadas da colônia. A sua sobrevivência social e a possibilidade de exercer a dominação política interna só poderiam ser asseguradas, portanto, com a reafirmação do caráter periférico da economia brasileira. Não se tratava de um rompimento com o antigo pacto colonial para a constituição de uma modalidade alternativa de sociedade, mas de uma emancipação política para se inserir no novo capitalismo, que se deslanchava no início do século XIX.

> A grande lavoura e a mineração, nas condições em que podiam ser exploradas produtivamente, impunham a perpetuação das estruturas do mundo colonial – da escravidão à extrema concentração da renda e ao monopólio do poder por reduzidas elites, com a marginalização permanente da enorme massa de homens livres que não conseguiam classificar-se na sociedade civil e a erosão invisível da soberania nacional nas relações econômicas, diplomáticas ou políticas com as grandes potências. Portanto, a Independência foi naturalmente solapada como processo revolucionário, graças ao predomínio de influências histórico-sociais que confinavam a profundidade da ruptura com o passado. O estatuto colonial foi condenado e superado como estatuto jurídico-político. O mesmo não sucedeu com o seu substrato material, social e moral, que iria perpetuar-se e servir de suporte à construção de uma sociedade nacional (Fernandes, 2006, p. 51).

Na simbiose entre características de mudança e de permanência, presentes no processo de independência brasileira, as características de permanência foram as mais visíveis, mas elas, nesse momento, vicejavam num novo contexto e se colocavam em choque com as características possibilitadas pelas inovações surgidas do processo de independência. Do choque entre a permanência, das características herdadas da colônia, e a mudança, impostas pelo novo estatuto nacional, vai se desenvolvendo, longa, lenta e descontinuamente, uma modalidade de capitalismo, própria dessa parte do mundo que vai, processualmente, incorporando elementos da nova civilização europeia sobre a base dos condicionantes estruturais herdados da colônia.

Assim, a internalização do processo de acumulação numa economia, numa sociedade e num Estado que foram assumindo características nacionais, a partir de uma base histórica colonial marcada pelo escravismo e pelo latifúndio, vai dando origem a um capitalismo absolutamente excludente, concentrador e, portanto, tendente a desigualdades de todas as formas. Para se compreender os elementos fundantes desses aspectos do capitalismo existente no Brasil se faz necessário entender como ocorreu esse processo de internalização da acumulação do capital que, como afirmado anteriormente, reproduziu em contexto histórico diferente, de forma aproximada, em escala reduzida e em velocidade muito maior, mas em intensidade muito menor, o processo de acumulação primitiva ocorrido no centro do sistema.

Nesse processo interno e inicial de constituição do capitalismo no Brasil, o capital mercantil também exerceu um papel proeminente. Neste sentido, é necessário entender, também, o importante papel exercido pelo capital mercantil na superação em parte das estruturas econômicas e sociais coloniais e sua transformação em estruturas capitalistas periféricas.

1.3. O processo de formação de uma burguesia dependente

Como escrito anteriormente, a independência não transformou a estrutura econômica da colônia, a atividade econômica exportadora que ganhava destaque no período manteve-se escravista e latifundiária. A independência, no entanto, possibilitou que uma parcela muito mais significativa da renda produzida, que anteriormente era extraída pelos mecanismos de exploração colonial, permanecesse em poder de residentes e se fixasse internamente. Os processos de apropriação do excedente econômico e de acumulação do capital vão ser mais intensos na economia cafeeira e vai ser comandado, principalmente, pelo capital mercantil que, segundo João Manuel Cardoso de Mello (2009, p. 44) e Maria Silvia de Carvalho Franco (1969, p. 171) era encarnado na figura do comissário, elemento personificado dos mecanismos de comercialização externa do café.

Por possuírem posição intermediária na comercialização do café e por serem menos numerosos que os fazendeiros, os comissários, assim como a casas exportadoras de café, assumiram condições oligpsônicas, internamente, na compra. Pelo fato de o Brasil, já em 1830, assumir a liderança mundial no comércio de café (Cardoso de Mello, 2009, p. 48), os comissários e as casas exportadoras assumiam condições oligopolistas, externamente, na venda dessa mercadoria. Poderiam comprar a produção cafeeira pelo menor preço possível e revendê-la, no mercado externo, pelo maior preço possível. Tal condição foi se tornando cada vez mais vantajosa à medida que a economia cafeeira brasileira aumentava sua participação no mercado internacional.

Dessa forma, os comissários e as casas exportadoras alcançavam lucros de caráter monopolistas e apropriavam-se da maior parte do excedente produzido e passaram a ter condições de financiar investimentos produtivos na expansão da acumulação cafeeira. Unificavam, assim, a função de comerciantes e de financiadores da atividade econômica cafeeira que deslanchava. O financiamento de novas plantações reforçava, ainda, a condição oligpsônica dos comissários, pois obrigava que as primeiras produções dos novos fazendeiros de café passassem, necessariamente, por suas mãos.[12]

> Desaparecera o monopólio do comércio colonial, que conseguia reduzir os lucros retidos pelo setor produtor a quase nada, fixando os preços de compra dos produtos coloniais e os preços de venda dos produtos metropolitanos. Surgira em seu lugar o oligopsônio comercial e o oligopólio financeiro, que, manipulando os preços de compra e fixando exorbitantes taxas de juros, terminam por conduzir ao mesmo resultado, à dominação do capital mercantil (Cardoso de Mello, 2009, p.57).

É importante frisar que os fazendeiros de café, principalmente os grandes proprietários, podiam vender sua produção a baixo preço, justamente pelo fato de a economia cafeeira ter mantido as formas de repartição das terras e as relações sociais de produção escravistas, herdadas da colônia. A manutenção da estrutura colonial permitia que eles produzissem em grande quantidade e a baixo custo, obtendo ganhos de escala que seriam impossíveis de serem alcançados caso o trabalho fosse livre e as terras de menores dimensões. Ou seja, a manutenção das estruturas socioeconômicas coloniais foi fundamental para catalisar a acumulação interna de capital. E também, com

12 Importante lembrar que os cafeeiros demoravam, nessa época, 5 anos para produzir os primeiros frutos.

isso, "produzindo 'muito e barato', o Brasil, já em 1830, pudera bater a concorrência do Ceilão e de Java, tornando-se o primeiro produtor mundial, e o café se alçara a primeiro produto de exportação brasileira e sul-americana" (Simonsen, 1972:171, *apud* Cardoso de Mello, 2009, p. 48).

Conquistando parcelas cada vez maiores no mercado mundial, a economia exportadora cafeeira, já numa condição de economia controlada nacionalmente, foi criando as condições para que o setor vinculado ao capital mercantil nacional liderasse acumulação interna de capital reproduzindo, em âmbito local, os processos originários de acumulação de capital ocorridos anteriormente no centro do Antigo Sistema Colonial, ao longo do período moderno.

No Brasil, assim como na Europa, o processo de desenvolvimento histórico da burguesia esteve associado, em seu início, à liderança do capital mercantil. Foi o seu controle que permitiu, tanto lá quanto aqui, o desenvolvimento histórico de uma classe que passou a concentrar os recursos financeiros em suas mãos. Ou seja, o controle e o caráter monopolístico das atividades mercantis foram os elementos que permitiram o processo histórico de constituição e o paulatino fortalecimento da burguesia.

No caso europeu, todavia, a existência de um grupo social mercantil, que acionava os mecanismos de exploração das colônias do ultramar,[13] associada ao progressivo desenvolvimento de grupos sociais ligados às atividades urbanas e manufatureira e também, do assalariamento da força trabalho e da monetização das relações econômicas nos mercados nacionais, permitiu a aceleração do processo de acumulação primitiva de capital. Essa aceleração criou as condições para a Revolução Industrial, o salto histórico ocorrido no final do século XVIII, que instaurou o capitalismo industrial.

O capitalismo industrial, por sua vez, deu origem a uma nova modalidade de acumulação, a chamada acumulação capitalista, que baseando-se na produção maciça de mercadorias, sustentada no assalariamento e no desenvolvimento de novas forças produtivas, passou a demandar a superação do monopólio comercial e, posteriormente, das relações compulsórias de trabalho nas colônias, ou seja: dos mecanismos restritivos ao livre comércio que

13 Segundo Fernando Novais, os mecanismos de ajustamento das colônias à exploração colonial eram: a) o pacto-colonial; b) o monopólio ou o exclusivo comercial; c) o trabalho compulsório. Ver Novais, 1989, p. 72 e 92.

haviam sido fundamentais no período anterior, no processo de acumulação primitiva do capital

O capitalismo industrial tornou, por um intervalo de tempo considerável, a burguesia europeia o grupo social hegemônico e central de uma nova divisão internacional do trabalho que, embora continuasse a reproduzir o esquema de economias centrais exportadoras de produtos manufaturados versus economias periféricas exportadoras de produtos primários, passou a se desenrolar, após as independências latino-americanos, num cenário mundial de maior liberdade de comércio e em negociações com as classes dirigentes dos novos Estados nacionais, originários dos processos de independência ocorridos no início do século XIX.[14]

No caso brasileiro, o caráter tardio do processo de formação de uma burguesia mercantil local, dedicada ao comércio internacional de uma mercadoria agrícola produzida, ainda, em moldes coloniais, bloqueou qualquer possibilidade de que essa burguesia tivesse condições históricas de se colocar como uma burguesia central no contexto do século XIX, hegemonizado pelo capitalismo industrial. Permitiu, apenas e tão somente, que ela tenha se desenvolvido como uma burguesia periférica, dependente, pois participante subordinada da nova divisão internacional do trabalho, acima mencionada, resultante da Revolução Industrial e da independência das antigas colônias.

Como já descrito anteriormente, essa burguesia, pôde dominar internamente, em escala nacional, no capitalismo que historicamente vai se constituindo no Brasil. A contrapartida para isso, contudo, foi a permanência de sua condição dependente, periférica, nas relações capitalistas mundiais. Esse caráter subordinado se deve ao fato de que o salto a uma condição de burguesia industrial não poderia ocorrer nas antigas colônias latino-americanas, particularmente, no Brasil, uma vez que o controle da produção e da distribuição mundial de mercadorias industriais havia se tornado monopólio da burguesia europeia, que se formara em etapa anterior à do capitalismo vigente no início do século XIX. Formação histórica que, inclusive, foi acelerada pelo exercício da exploração colonial.

14 Isso explica porque a independência e a formação de um grupo dirigente urbano, ligado ao comércio internacional, foi fundamental para o desenvolvimento do capitalismo no Brasil.

A condição de antiga colônia produtora de gêneros tropicais destinados ao mercado europeu, submetida aos mecanismos de exploração colonial e ao sentido do Antigo Sistema Colonial: "como peça de um sistema, instrumento de acumulação primitiva [...] elemento constitutivo no processo de formação do capitalismo moderno" (Novais, 1989, p. 70) bloqueou, no momento subsequente à independência, por insuficiência de acumulação de capital e de desenvolvimento de capacidade tecnológica, a possibilidade do desenvolvimento industrial no Brasil.[15] Como afirma Agustin Cueva (1983), a colonização realizada na zona intertropical da América Latina teve como seu principal resultado histórico uma "desacumulação primitiva de capital" nessa região, durante a vigência do Antigo Sistema Colonial:

> Se a colonização da América Latina está relacionada com algum movimento fundamental da história, esse movimento é a acumulação primitiva em escala mundial, entendida como um processo que, além de implicar a acumulação sem precedentes em um dos polos do sistema, supõe necessariamente a desacumulação, também sem precedentes, no outro extremo. [...] é evidente que o movimento metropolitano de transição ao capitalismo, ao invés de impulsionar, freou o desenvolvimento desse modo de produção nas áreas coloniais. (Cueva, 1983, p. 24).

É por isso que não é possível falar de capitalismo no Brasil, no período imediatamente subsequente à independência, o capitalismo só atingiu as condições para se estabelecer formalmente no Brasil, na década de 1880. Essa possibilidade histórica se apresentou após um período, longo e descontínuo, de transição de uma economia que, embora tenha passado a ser controlada nacionalmente, manteve e, até, revitalizou suas características coloniais, para uma economia que se transformou em capitalista primário-exportadora. Esse período de transição iniciou-se na própria independência e se estendeu até esses meados da citada década de 1880.[16]

---

15 Os atuais Estados Unidos originaram-se de colônias não ajustadas ao sentido do Antigo Sistema Colonial, por isso puderam acumular capital durante o período colonial como explica Fernando Novais (1989, p. 71). Lá a opção industrialista foi, inclusive, um dos elementos fundamentais para o desencadeamento das lutas pela independência.

16 Segundo Caio Prado Jr. (1983, p. 47) se deixássemos de lados os formalismos, o início dessa transição poderia ser datado de 1808.

Nesse período de transição, o revigoramento das características coloniais da economia permitiu a catalisação da acumulação interna de capital. O fato, entretanto, de esse processo de aceleração da acumulação interna ter se estabelecido numa economia subordinada na divisão internacional do trabalho, que havia sido reafirmada, em novos moldes, pela Revolução Industrial,[17] gerou como resultado a fixação, no Brasil, de um capitalismo primário-exportador.

Procurando deixar mais claro o que foi escrito até aqui: a dominação interna do grupo social que se vinculou ao capital mercantil e que se configurou como uma 'protoburguesia" brasileira, a partir do processo de constituição do Estado e de uma economia com controle nacional da produção, é o reverso da moeda da constituição do caráter internacionalmente subordinado desse mesmo grupo. Ou seja: a dominação pelo capital mercantil do "processo interno de acumulação primitiva de capital no Brasil", ocorrido após à independência e no contexto pós-Revolução Industrial, com a consolidação do capitalismo industrial na Europa, conferiu uma essência estruturalmente periférica ao capitalismo no Brasil.

O fato de o processo de acumulação de capital se internalizar; de uma fração do grupo dominante vinculada a atividades comerciais conseguir intensificar a apropriação do excedente econômico e, dessa forma, acumular capital não significa, contudo, que seja possível caracterizar a sociedade que emergiu, imediatamente do processo de independência, como capitalista. É possível afirmar que a internalização da acumulação de capital permitiu, internamente, o surgimento de um grupo social que passou a concentrar em suas mãos os recursos financeiros no novo Estado e na nova economia nacional. O surgimento de um grupo social que se constituiu historicamente como uma "protoburguesia".

Mas se isso foi condição necessária para o desenvolvimento do capitalismo no Brasil, não se configurou, entretanto, como condição suficiente. Para tal, seria necessário, também, o desenvolvimento de relações sociais de produção baseadas no trabalho livre.[18] O processo de surgimento de traba-

17 Nos anos 1880, as economias centrais passavam pela Segunda Revolução Industrial.

18 Não existe capitalismo sem trabalho livre, pois o capitalismo pode ser definido como um "Sistema econômico e social predominante na maioria dos países industrializados ou em fase de industrialização. Neles, a economia baseia-se na separação entre trabalhadores juridica-

lhadores que vão sendo historicamente separados da propriedade ou posse da terra e dos meios diretos de subsistência e meios de produção e que, por não disporem de propriedade, serão obrigados a oferecer a sua força de trabalho no mercado, vendendo-a. Dessa forma, o capitalismo no Brasil somente se constituiu formalmente após a finalização do processo anteriormente descrito: o processo de transição da economia e sociedade colonial para a economia e sociedade capitalista. Por isso esse processo se iniciou com a independência e se encerrou na década de 1880, quando ocorreu a superação formal das relações escravistas de produção.

Para o desenvolvimento e a conclusão desse processo concorreram: as transformações ocorridas no mundo do trabalho, com a crise do trabalho escravo; as determinações surgidas a partir da nova condição de Estado nacional para o Brasil; as relações econômicas e políticas de novo tipo estabelecidas no cenário mundial construído pelo capitalismo industrial; a condição subordinada do Brasil no cenário econômico e político internacional; e, ainda, a formação de um mercado mundial de trabalho.

1.4. Transição para o trabalho livre

A realização da emancipação política com a superação da condição de colônia e a manutenção e revitalização das estruturas socioeconômicas coloniais foram instrumentais para o estabelecimento do poder político e para a intensificação da acumulação de capital pela aristocracia agroexportadora, principalmente a cafeeira. Esse grupo foi a base social de sustentação das articulações que resultaram no processo de independência, que foi conduzido de modo a não implicar grandes transformações, ou melhor, a manter a estrutura socioeconômica herdada da colônia.

> Para paulistas e fluminenses era grande o risco de desagregação do Brasil e de vitória das forças locais, particularmente em Pernambuco e no Sul, sob a égide do republicanismo. Para os grandes fazendeiros e comerciantes, tais forças, emanadas da pequena burguesia e do povo, representavam a anarquia, a possibilidade de se extinguir a escravidão e a

---

mente livres, que dispõem apenas da força de trabalho e a vendem em troca de salário, e capitalistas, os quais são proprietários dos meios de produção e contratam os trabalhadores para produzir mercadorias (bens dirigidos para o mercado) visando à obtenção de lucro". (Sandroni, 1999. p. 81).

> luta aberta contra os portugueses radicados aqui. Assim uma monarquia grande e forte, ainda mais representando a continuidade, sob o cetro dos Braganças, era a mais importante garantia da ordem. [...] A união do Rio de Janeiro, São Paulo e Minas Gerais garante, enfim, uma sólida base de apoio para o "partido brasileiro" e o regente. As três províncias do Sudeste, em fase de rápida expansão da economia cafeeira, fornecem homens e recursos para o Príncipe montar as bases do novo Estado. (Monteiro, 2000, p. 133/134).

Os interesses do grupo dominante, do novo Estado nacional que se formava, estavam assegurados, com a possibilidade de internalização da acumulação de capital, a partir da venda em larga escala, em grande quantidade e a baixo custo, de mercadorias de exportação, principalmente o café. Assim, de um ponto de vista abstrato, as condições estabelecidas após a independência, com a manutenção, internamente, das relações sociais de produção escravistas poderiam se manter indefinidamente. A realidade, no entanto, é dinâmica, as transformações do mundo capitalista são rápidas e essas vão se refletir na realidade das regiões periféricas provocando necessidades de mudança, mesmo que em princípio ocorram resistências a elas.[19]

O processo de expansão capitalista moveu-se, no século XIX, para a conquista e anexação de importantes extensões territoriais dos continentes africano e de outras partes do mundo. Essa nova modalidade expansiva procurava uniformizar as relações sociais de produção existentes, trazer os povos que ali habitavam para o sistema produtivo capitalista. Como escreveu Wallerstein:

> O primeiro movimento de expansão econômica e geográfica da economiamundo capitalista a longo prazo ocorrera entre 1450 e 1600-1650. Pode-se dizer que nesta época, a África não se integrava a esse processo histórico. [...] Entretanto, por volta de 1730-1750, por razões inerentes ao seu funcionamento, a economia-mundo capitalista retomou sua expansão econômica e geográfica. No curso dos cem anos que se seguiram, ela absorveria, em sua rede de produção, cinco grandes zonas geográ-

19 Uma dessas resistências relaciona-se à não observância e à desconsideração total de tratados e leis que proibiam o tráfico de escravos no Brasil, como o Tratado Anglo-Brasileiro de 1926 e a lei de 7 de novembro de 1831. Segundo Alencastro (2010, p. 2): "710.000 indivíduos, vindos de todas as partes da África, são trazidos entre 1831 e 1856, num circuito de tráfico clandestino".

> ficas que, até então, haviam permanecido à margem de seu sistema: a Rússia, o Império Otomano, a Índia, as zonas "longínquas" do continente americano (o Canadá, a parte ocidental da América do Norte, a ponta meridional da América do Sul), bem como a África (do Norte, do Oeste e do Sul) (Wallerstein, 2019, p. 30).

Para além da imposição do "modo burguês de produção", tais interesses chocavam-se com a sangria populacional e com o risco do despovoamento de partes significativas do continente africano, provocados pelo tráfico secular de trabalhadores escravizados para a América, particularmente para o Brasil.[20] Processo intensificado com a independência e o rápido crescimento da economia cafeeira.

Dessa forma, a escravidão como condição jurídica e o escravismo como relação social de produção, elementos fundamentais para que acumulação primitiva de capital fosse acelerada, na Europa, no período anterior à Revolução Industrial, passaram, no novo contexto do capitalismo industrial do século XVIII, a serem criticadas. Tal crítica vai ser encampada fundamentalmente pela Inglaterra que passará a pressionar pela extinção do tráfico de escravizados. Após um período de resistência, o tráfico de escravizados foi extinto no Brasil em 1850, por iniciativa de um gabinete conservador, liderado pela chamada "trindade saquarema" (Basile, 2010, p. 246).

A proibição do tráfico em 1850, provocou a crise das relações escravistas de produção no Brasil. Ela implicava o aumento do custo do trabalho, pois impedia a renovação dos trabalhadores escravizados no Brasil, já que o crescimento vegetativo dos escravizados no país era francamente negativo:

> [...] o que se via, até 1850, era uma elevadíssima taxa negativa de crescimento, a tal ponto que Taunay pudera dizer que a "América devora os pretos". [...] tenho de recordar que o dia de trabalho era de quinze a dezoito horas, a alimentação, parca e desequilibrada, as condições de habitação e higiene, infra-humanas, e que, de outra parte, na composição do estoque havia uma notável preponderância de homens.
>
> Como impedir que verminoses, doenças do peito, morfeia, tétano, epidemias, e tantas mais dizimassem o "plantel"? Como obstar que a própria morte se transformasse no protesto desesperado porque solitário?

20 Ver Ajayi, 2010, capítulos 2, 3 e 4.

> Como deixar de obter máxima desproporção entre homens e mulheres, se era impossível constituir uniões permanentes na promiscuidade das senzalas? Como, então, a América deixaria de devorar os pretos? (Cardoso de Mello, 2009 p. 50/51).

As novas modalidades imperialistas da burguesia europeia no século XIX, com o início do processo de conquista neocolonial e de partilha do continente africano, tiveram como consequência para o Brasil, o fim do tráfico de trabalhadores escravizados,[21] com o consequente aumento dos custos da força de trabalho no Brasil. Tais fatos denotam como a economia do novo Estado nacional brasileiro encontrava-se subordinada ao desenvolvimento do capitalismo internacional. O escravismo era uma relação de trabalho que não se reproduzia internamente, sendo, por isso, necessário o acréscimo externo. Assim, quando a fonte externa de abastecimento de força de trabalho deixou de existir, as relações de produção tiveram de se transformar, sob pena de a produção se estancar pelo aumento do custo do fator trabalho, o que, no limite, poderia implicar a paralisação do sistema produtivo exportador. A superação do trabalho escravo, não foi, portanto, uma decisão da classe dirigente brasileira, mas uma adaptação à nova realidade da "economia-mundo" capitalista do século XIX.

O aumento do preço dos trabalhadores escravizados era mais sentido no Sudeste brasileiro, principalmente no Oeste paulista, para onde, na década de 1850, as plantações de café se deslocavam e ganhavam grande importância econômica. Por ser uma nova região cafeeira, possuía plantéis de trabalhadores escravizados bem menos estabilizados, porque mais recentes. A primeira tentativa de se resolver a dificuldade de acesso à força de trabalho foi o tráfico inter-regional de escravos. Essa iniciativa não resolveu diretamente o problema da mão-de-obra: a oferta era pequena diante da necessidade de trabalhadores; o preço dos trabalhadores escravos permanecia alto, pois na composição de seu preço deveria estar embutido o custo da renúncia a desenvolvimento de atividades econômicas nas suas regiões de origem. Tornou-se, dessa forma, imperativo o encontro, nessa nova região cafeeira,

21 Não é o único elemento explicativo para a pressão para o fim do tráfico de escravos. Outros podem ser apontados, como a busca pela generalização das relações sociais capitalistas para todo o planeta.

de uma alternativa nas relações de trabalho que pudesse dar curso à acumulação cafeeira.[22]

> o desafio colocado à lavoura paulista não mais se resumia em substituir o escravo nas áreas já produtoras, impedindo a desorganização da produção, mas implicava também resolver a questão da mão de obra para uma economia em rápido crescimento para a qual deveriam estar garantidas condições de reprodução e rápida expansão. A expansão econômica paulista que se deu concomitante à mudança no regime de trabalho impunha que a questão da mão de obra fosse resolvida logo (Tessari, 2012, p. 44).

Assim, o período pós-1850, até meados da década de 1880, foi o de transição para as relações sociais de produção baseadas no trabalho livre. Esse processo foi concluído quando se tornou possível a definição de uma política de imigração que permitisse uma oferta de trabalhadores livres em grande quantidade, nas áreas econômicas mais dinâmicas. O passo decisivo para isso foi o estabelecimento de políticas de subvenção à imigração, na qual o governo provincial de São Paulo, acompanhado, em parte, pelo governo imperial, passou a assumir os custos do transporte e de manutenção do imigrante.[23] Essa política de subvenções que se iniciou, timidamente, em 1870 (Martins, 2009:60), contando com a participação do governo imperial, alcançou regularidade a partir de 1885 e, principalmente, a partir de 1886, quando foi grandemente favorecida pela fundação da Sociedade Promotora de Imigração em

---

22 Outros motivos, para além da proibição do tráfico, também indicavam a crise do trabalho escravo e necessidade de sua substituição. A existência da relação escravista impunha limites a interiorização da produção cafeeira e a utilização de terras mais férteis no interior, pelo que significava em aumento nos custos de transporte.

23 Essa medida, num primeiro momento, não chegou a resolver completamente o problema da mão de obra, pois os imigrantes eram enviados a núcleos coloniais de pequenas propriedades. Com essa iniciativa, imaginava-se ser possível atacar o problema do desabastecimento dos centros urbanos, provocado pela introdução da cafeicultura na região de Bragança Paulista, tradicional produtor de gêneros alimentícios para a cidade de São Paulo e, simultaneamente, constituir um reservatório de mão-de-obra para as fazendas de café. Contudo, tal iniciativa demonstrou-se ainda limitada, devido à distância desses núcleos da região dinâmica do café. Após grande queixa e mobilização dos cafeicultores, o governo passou a partir de 1885, a encaminhar os imigrantes diretamente às fazendas de café: "ao invés de encaminhar os imigrantes, recrutados por agenciadores a serviço do governo, para as colônias oficiais, eles passaram a ser encaminhados às próprias fazendas de café" (Martins, 2010, p. 55).

São Paulo, seguida pela inauguração de uma nova Hospedaria de Imigrantes no bairro do Brás, na capital paulista (Tessari, 2012, p. 56).

A partir de 1885, antes, portanto, da abolição formal da escravidão, o governo da província de São Paulo passou a subsidiar definitivamente, e de modo constante, a imigração suportando os custos advindos de tal operação, como os de transporte e hospedagem dos trabalhadores, principalmente europeus. Além disso, com a Hospedaria, o governo provincial, depois estadual de São Paulo, passou a organizar e a garantir o envio de famílias de trabalhadores às fazendas de café. O alcance da oferta de um grande número de imigrantes, acabou por resolver o problema da oferta de força de trabalho às fazendas de café do oeste paulista:

> Recebemos, entre 1885 e 1888, perto de 260.000 imigrantes, italianos em sua esmagadora maioria, que demandavam recursos públicos da ordem de 1.600.000 libras. Os salários puderam, então, cair substancialmente e a expansão cafeeira tomou grande ímpeto" (Cardoso de Mello, 2009, p. 71).

É importante ressaltar, no entanto, que o modo como ocorreu a transição para o trabalho livre na província e, depois de 1889, no estado de São Paulo pode ser considerado uma exceção do que ocorreu no Brasil. Apesar de sua excepcionalidade, a particularidade paulista possui grande importância,[24] pois foi nessa parte do país que, devido à confluência entre o deslocamento da economia cafeeira para o Oeste da província/estado e a crise das relações escravistas de produção, a transição se deu de forma mais rápida, tornando o processo de acumulação de capital muito mais intenso, se comparado ao ocorrido em outras regiões brasileiras.

É possível, dessa maneira, observar que a forma como se deu a transição das relações de produção escravistas para as baseadas no trabalho livre foi influenciada por aspectos fundamentais para a compreensão das particularidades do capitalismo existente no Brasil.

24 Para a especificidade do processo de transição para o trabalho livre em São Paulo (e também a especificidade entre as suas diferentes regiões) relativamente a outras províncias/estados brasileiros ver: Tessari, 2012, cap. 1.

Primeiramente podemos dizer, em síntese, que a transição foi influenciada pela forma subordinada de inserção internacional do Brasil; pelos novos interesses das nações hegemônicas do capitalismo em se expandir para outras partes do planeta e em generalizar as relações sociais capitalistas em todos os quadrantes do mundo; e, como decorrência disso, em impedir a continuidade do tráfico de trabalhadores escravizados. Ou seja, a forma como se deu a passagem para o trabalho livre explicitou a incapacidade do grupo dirigente brasileiro, principalmente das áreas exportadoras mais dinâmicas, de reproduzir internamente a continuidade da estrutura produtiva mantida após a Independência. Impôs a necessidade de transformações internas nas relações de produção, evidenciando a clareza da subordinação estrutural do grupo dominante às transformações que ocorriam no capitalismo mundial e denotando, ainda, a constituição histórica de um capitalismo dependente e reativo a essas transformações.

Ao mesmo tempo, o outro aspecto significativo a ser considerado relaciona-se ao fato de a passagem a relações de produção baseadas no trabalho livre ter se realizado, no Brasil, mediante a atração de trabalhadores expropriados em outras partes do mundo, com a sua vinda sendo financiada pelos cofres públicos.

Os dois aspectos acima aduzidos explicitam, também, duas outras questões importantes: a resistência em se abolir o regime escravista e a apropriação do aparelho de Estado para a obtenção de fins privados. O primeiro aspecto é ilustrativo, pois o trabalho escravo, embora em crise no Brasil devido às pressões externas, resistiu durante certo tempo, simultaneamente às tentativas de introdução de relações livres de trabalho. A abolição da escravidão só ocorreu quando a chegada de imigrantes tornou-se suficientemente numerosa para baratear o custo do trabalho. A postergação da abolição da escravatura até o encontro de outra forma de relação de trabalho que permitisse a produção a baixo custo acabou por estabelecer um elemento estrutural no capitalismo primário-exportador existente no Brasil: a crença, a partir da consciência social dominante, de que o trabalhador, tanto no escravismo quanto no trabalho livre, é essencialmente, antes de qualquer outra consideração, um custo de produção.[25]

25 Isso implica a visão de que acesso a direitos trabalhistas não são elementos de constituição da cidadania, são, inversamente, elementos de aumento dos custos de produção. Isso se dá, pois

O segundo aspecto assinalado permite evidenciar que o aparelho de Estado foi apropriado de forma direta, assim como seus recursos financeiros, pelos grupos dominantes após a Independência. Explicita que o controle do Estado foi, sem dúvida, fundamental para o encaminhamento do processo de concentração capital nas mãos dessa burguesia que historicamente se formava, o que implica reconhecer que a Independência[26] correspondeu a um momento muito importante para o deslanche do capitalismo no Brasil, bem como para a definição de suas características. O Estado passou a ser tido como propriedade dos grupos vinculados à economia mercantil exportadora e como um instrumento voltado ao atendimento de seus interesses.

A apresentação, feita até aqui, do processo histórico de constituição do capitalismo no Brasil, que enfocou, apenas e de forma bem geral, as condições históricas para o encaminhamento do processo de desenvolvimento de uma burguesia brasileira e o de formação de uma classe de trabalhadores livres, nos permite perceber, a despeito de seu caráter extremamente resumido, que o capitalismo no Brasil vai apresentar como seu principal elemento estrutural um caráter absolutamente concentracionista. Se constituiu como uma formação social marcada por concentrações de poder, de riqueza, de acesso a direitos (em realidade a privilégios, pois exclusivos a um determinado grupo social), de desenvolvimento regional. Dessas concentrações decorrem, obviamente, as desigualdades, que sobrepostas, caracterizam a sociedade brasileira até os dias atuais.

2. Desigualdades e concentrações como elementos estruturais do capitalismo existente no Brasil

É importante lembrar que a palavra estrutura, no sentido aqui utilizado, indica aquilo que muda lentamente, que implica certa fixação e resistência a mudanças no tempo. Nesse sentido, quando afirmamos que o capitalismo em sua forma assumida no Brasil é estruturalmente concentrador e desigual,

---

nem a sua capacidade de consumo é vista como necessária, uma vez que a sua produção será consumida no mercado externo.

26 Assim como ocorreu com a concessão da forte autonomia aos estados (antigas províncias), após à Proclamação da República, quando esse mesmo Estado nacional, para ampliar sua legitimidade junto aos diferentes grupos dominantes regionais, se descentraliza.

afirmamos que essa característica, embora originada em momentos anteriores, permanece nos dias atuais, tendo mudado lentamente ou apresentado mudanças superficiais. Ou seja, nossas características atuais ainda incorporam elementos que estiveram presentes no processo histórico de constituição do capitalismo no Brasil e estabelecem fortes óbices culturais e políticos para sua mudança, impondo, muitas vezes, alguns retrocessos como temos visto em nossa história recente, explicitando a não linearidade do tempo histórico.

> [...] bem mais útil é a palavra "estrutura". Boa ou má, é a que domina os problemas da longa duração. Por estruturas, os observadores do social entendem uma organização, uma coerência, relações bastante fixas entre realidade e massas sociais. Para nós, historiadores, uma estrutura é, sem dúvida, um conjunto, uma arquitetura, mas é mais ainda uma realidade que o tempo usa mal e veicula demoradamente. Certas estruturas, por viverem muito tempo, tornam-se elementos estáveis de uma infinidade de gerações: embaraçam a história, incomodam-na, e assim comandam seu fluxo.[...]Mas todas são, por sua vez, sustentáculo e obstáculos. Como osbstáculos, elas se marcam como limites (envoltórios, no sentido matemático), dos quais os homens e suas experiências não podem libertar-se. (Braudel, 196, p. 268).

Assim, é interessante sintetizar os principais elementos desse processo para que se possa dimensionar os elementos estruturais que condicionaram e condicionam a dinâmica do capitalismo existente no Brasil. Por isso é importante, também, reter e reafirmar o seguinte:

I. O capitalismo consolidou-se no Brasil a partir de uma atividade economicamente primário-exportadora. Os grupos dominantes internos que passaram a ter interesses na emancipação política da antiga colônia e que conduziram o processo de formação do Estado e economia nacional perseguiam, sobretudo, a superação dos prejuízos causados pela intermediação do exclusivo comercial, o monopólio. Não visavam à construção de uma nova estruturação econômica, a uma superação da forma de participação da economia brasileira na divisão internacional do trabalho, estabelecida no período colonial, e nem uma forma alternativa de organização socioeconômica. Pelo contrário, a partir da hegemonia política e econômica dos setores ligados aos interesses agrário e mercantil no novo Estado nacional que se constituía, as formas de participação nas relações capitalistas mundiais e as relações sociais de produção na agricultura de exportação foram, durante certo tempo, reforçada e perseguida.

II. A capacidade de dominação interna dos setores sociais acima mencionados, durante o processo de formação do Estado nacional, dependia do aumento da venda de produtos primários no mercado externo e isso, em princípio, só seria possível com os ganhos de escala possibilitados pela manutenção e revitalização da estrutura econômica colonial, pois ela garantia presos baixos na concorrência internacional no mercado de café. O processo de internalização da acumulação de capital possibilitou que nele se estabelecesse a hegemonia do capital mercantil nacional, num contexto econômico capitalista mundial em que havia fortes barreiras de entrada às atividades industriais que demandavam maior densidade de capital e maior desenvolvimento tecnológico, elementos que, naquele contexto, concentravam-se nas economias centrais do capitalismo. O processo de transição da economia colonial para a economia nacional capitalista exportadora reforçou, por isso, o caráter subordinado da economia brasileira. Ou seja, o processo de inserção da ex-colônia, o novo Estado nacional brasileiro, no capitalismo, ocorrido após a independência, se deu de maneira totalmente oposta ao que havia ocorrido nos Estados nacionais centrais: em vez da formalização de uma autonomia econômica, ocorreu, no Brasil, uma nova forma de subordinação às novas potência do capitalismo industrial.

III. No final processo de transição da economia colonial para a economia capitalista, ocorrido entre 1822 e o final da década de 1880, tratado em parte anterior deste texto, o capitalismo se consolidou formalmente no Brasil, a partir de uma modalidade primário-exportadora de acumulação. É importante ressaltar que no final naquele mesmo período os países capitalistas centrais estavam passando pela Segunda Revolução Industrial,[27] o que implicava maiores dificuldades para a superação do caráter periférico do capitalismo existente no Brasil, uma vez que as exigências de capital, tecnologia e de escala de produção, naquele novo padrão mundial de acumulação

27 Segunda Revolução Industrial: processo de transformações produtivas, desencadeado a partir da década de 1870, caracterizado por inovações técnicas como a eletricidade, o aço, as indústrias químicas e a utilização do petróleo. Do ponto de vista da organização empresarial caracterizou-se pelo desenvolvimento das grandes corporações, fruto dos processos de concentração e centralização de capital, pela separação da propriedade e da gestão empresariais e pela introdução do taylorismo e fordismo.

capitalista, eram muito superiores às condições apresentadas pela economia brasileira. Por isso, a conclusão do processo de constituição do capitalismo no Brasil, ao coincidir as com as transformações ocorridas no centro do capitalismo, reforçou, ainda mais, a posição periférica do capitalismo existente no Brasil na divisão internacional do trabalho. A economia brasileira, embora tenha conhecido o surgimento, muito limitado, de algumas indústrias de consumo popular, aprofundou sua especialização nesse período, pelo menos até a década de 1930, na exportação de produtos primários e na importação de produtos industrializados, de tecnologia e de capitais.

IV. Essa forma de participação na divisão internacional do trabalho, resultante da forma como o Brasil foi historicamente se inserindo na economia mundial, provocou constante "deterioração dos termos de intercambio",[28] o que continuou permitindo, embora em condições diferentes das existentes na época colonial, a continuidade da apropriação, pelas economias centrais, de boa do excedente econômico produzido internamente (Moraes, 2011, p. 23). Tal situação implicou, historicamente, a reiteração de uma limitada capacidade de acumulação interna de capital. Embora houvesse acumulação interna, esta não permitia que os grupos dominantes nacionais alcançassem, na intensidade necessária, a densidade de capital para investimentos na maior parte das empresas industriais e de serviços típicas da Segunda Revolução Industrial.

V. A estruturação da economia brasileira e sua forma de inserção no comércio internacional a partir do período colonial, e a sua continuidade ou intensificação a partir da independência, com a assunção à direção política do novo Estado nacional de grupos ligados à grande lavoura e ao grande comércio de exportação, conduziu à hegemonia do capital mercantil no capitalismo que foi se constituindo no Brasil. Essa hegemonia do capital mercantil consolidou interesses políticos e sociais que atuavam, e continuam atuando, para a manutenção da participação da economia brasileira como exportadora de produtos primários e importadora de produtos industrializados na divisão internacional. Esses interesses implicavam a prática de políticas econômicas de caráter liberal.

28 Deterioração dos termos de intercâmbio: diminuição constante do valor das exportações relativamente ao valor das importações.

VI. Após o fim da forma monárquica de governo, durante a Primeira República (1889-1930), as ações econômicas dos diferentes governos federais continuaram a apresentar um forte caráter liberal, não havendo ação consistente e organizada em encaminhar a transformação da estrutura econômica do capitalismo existente no Brasil. as intervenções do Estado na atividade econômica, quando ocorriam, voltavam-se, apenas, a se garantir ou valorizar preços de produtos primários no mercado internacional.[29]

VII. Os interesses cristalizados no grupo dominante que dirigia o Estado brasileiro, em manter a economia brasileira como uma economia primário-exportadora, não estabeleciam políticas ativas de desenvolvimento do mercado interno. Embora esse mercado interno crescesse pelo surgimento de um mercado popular de consumo, principalmente, nas áreas em que o capitalismo se desenvolvia mais rapidamente, não havia políticas deliberadas para a sua ampliação e o trabalhador não era visto como um possível consumidor, como um sujeito que pudesse intensificar a atividade econômica, a partir de uma dinâmica interna.

VIII. A dinâmica externa da economia brasileira não estabeleceu fortes vínculos regionais, deu origem, na maior parte das vezes, a circuitos comerciais internos locais ou regionais que não fomentavam um mercado interno de dimensões nacionais. Assim, até a década de 1930, a economia brasileira organizava-se a partir do funcionamento de complexos econômicos regionais, que se vinculavam muito mais com o exterior do que entre eles (Cano, 2007, p. 62). Isso explica os diferentes ritmos no desenvolvimento capitalista de cada região brasileira. Os complexos que tiveram maiores e melhores possibilidades alcançar bons preços de seus produtos no exterior, em acelerar transformações de caráter capitalista e em diversificar atividades econômicas e promover a urbanização, em conseguir proteções específicas por políticas de Estado, tiveram, também, maior velocidade em seu desenvolvimento. Isso explicita que a consolidação de um capitalismo primário exportador teve influências significativas para a concentração regional do desenvolvimento

29 Um bom exemplo disso é o Convênio de Taubaté, no qual o Estado, objetivando a valorização dos preços do café no mercado externo, intervinha, comprando a oferta excedente, por meio de empréstimos de bancos estrangeiros. Segundo Sergio Silva (1987, p. 67), tal prática mostrava, ainda, que a valorização dos produtos exportados passou a ser, cada vez mais, realizada em associação com o capital financeiro internacional. Ver também Delfim Netto (2009, p. 61-70).

capitalista no Brasil e, portanto, para o surgimento de importantes desigualdades regionais (Cano, 2007, p. 52).

IX. Embora tenham existido, desde a colônia, importantes fluxos comerciais, de serviços e financeiros, ligados ao abastecimento interno, que chegaram a possibilitar acumulação de capital, com base na grande produção e no trabalho escravo, e depois no trabalho livre, as atividades voltadas ao abastecimento interno estiveram, em sua maior parte, vinculadas, de forma significativa, à economia de subsistência e a uma produção familiar de baixa produtividade. Ou seja, a produção para o mercado interno, pelo menos até a década de 1930, conviveu com a pequena divisão social do trabalho e não teve a mesma importância da atividade exportadora para a geração interna da renda.

X. O poder político e econômico no capitalismo que se constituiu Brasil concentrou-se, pois, em uma classe social que dominava internamente, mas que se subordinava nas relações que estabelecia com a burguesia das sociedades e economias centrais. A concentração de riqueza e poder numa fração social que, para dominar internamente, tinha necessariamente de exportar a sua produção, gerou uma forma de relação com o trabalho, na qual o trabalhador foi historicamente, e antes mais nada, considerado como custo de produção. Um trabalhador que, desde o período colonial e como herança desse período, tinha de produzir "muito e barato" e de ser controlado com base na violência e no autoritarismo. Tais práticas, evidentemente, ao serem mantidas, não favoreceram a criação de uma consciência social favorável ao reconhecimento dos direitos do trabalhador. Ao contrário, foram favoráveis ao desenvolvimento de uma ideologia que procurava excluí-lo da participação social e política e dos benefícios do desenvolvimento econômico.

XI. Simultaneamente à questão acima apontada, o fato de a estrutura econômica, desde a colônia e no período logo subsequente à independência, ter se baseado, nas atividades econômicas mais dinâmicas, as destinadas à exportação, no binômio grande propriedade/trabalho escravo influenciou, também e de forma decisiva, na forte concentração de renda e de poderes sociais e políticos no Brasil. Tal situação colaborou, ainda, para a permanência de antigas e para a construção de novas formas de sociabilidade fortemente ancoradas na dependência pessoal, na troca de favores (Moraes, 1996, cap.5).

XII. A abolição legal das relações escravistas de produção foi conduzida de modo a não favorecer o acesso à propriedade da terra, à renda, e, até mesmo, ao mercado de trabalho livre pelos trabalhadores que deixavam de ser escravizados e pelos seus descendentes. Deste modo, a inserção desses trabalhadores na sociedade de classes, que emergia com a formalização do capitalismo no Brasil, foi absolutamente dificultada, implicando a sua exclusão social.

XIII. Além de tais aspectos, a existência secular do trabalho escravo e sua revitalização durante algumas décadas após a independência, corporificado em trabalhadores negros, traficados de várias partes do continente africano e utilizado como forma dominante de relações internas de produção, favoreceu a criação de uma consciência social racista. Além de gerar o racismo, a existência do escravismo estigmatizou a visão do trabalho manual e do produtivo, afastando numerosos segmentos sociais, bem como a produção intelectual e a educação, de uma maior preocupação com o desenvolvimento de atividades práticas. As diferentes estratégias pessoais ou familiares de distanciamento da prática do trabalho manual ou produtivo possibilitou o surgimento de formas clientelistas de dominação política, em níveis locais, regionais e nacional, que se estabeleceram, e ainda se estabelecem, como principais formas de relação Estado/sociedade no Brasil,[30] dificultando, até os dias atuais, a plena universalização de procedimentos e de direitos sociais.

Os elementos acima abordados denotam que o processo de desenvolvimento e de consolidação do capitalismo no Brasil implicaram características peculiares. O capitalismo existente no Brasil foi marcado, em suas origens tardias, por seu caráter subordinado e por diversas formas de concentrações como as de poder, riqueza em determinados grupos sociais, por dinamismos diferenciados nas atividades econômicas desenvolvidas em suas regiões e, ainda por práticas e legislações excludentes, autoritárias e violentas relativamente aos trabalhadores. Foi, portanto, marcado por profundas desigualdades e por ações, regulamentações e por valores dominantes expressos na consciência social que procurava manter e legitimar essas desigualdades. Desigualdades que foram se sobrepondo historicamente, a ponto de podermos afirmar que esse caráter concentrador e desigual é o elemento estrutural do capitalismo no Brasil, pelo qual a sua dinâmica encontra-se marcada, apesar de várias lutas e tentativas de mudanças, até os dias atuais.

30 Ver Nunes, 2010, 1º. capítulo.

Essas desigualdades podem ser apontadas de várias maneiras, como as sociais (entre ricos e pobres, por exemplo); entre gêneros (homens e mulheres, por exemplo); entre raças (brancos e negros, por exemplo), entre regiões (Sudeste e Nordeste, por exemplo).[31] Mas é importante observar em relação a isso, duas questões importantes: a) que elas são muito evidentes, tanto a partir da pura e simples observação, como da sua medição por elementos quantitativos (Pereira Neto, 2020, p. 208); b) Elas se articulam, num emaranhado complexo, se intensificando a partir de sua combinação e sobreposições. Exemplificando, uma criança negra nordestina, do sexo feminino, filha de uma família cujos os responsáveis encontram constantemente afastados do mercado formal do trabalho, em condições precárias de acesso a uma ocupação e a uma renda regular, terá uma probabilidade muitíssimo menor à de uma criança branca do sexo masculino, filha de uma família de grandes proprietários sudestinos em alcançar, no seu futuro, condições de vida satisfatórias, tanto no que respeita ao acesso à renda, à segurança material, à capacidade de consumo, como aos direitos básicos de cidadania. Esse é um fato que se mantêm no capitalismo existente no Brasil, nos dias atuais. Um fato visível, perceptível pela nossa observação cotidiana e amplamente registrado em dados estatísticos objetivos (Pereira Neto, 2020, p. 202-208).

Essa desigualdade complexa, acima indicada, mantém-se nos dias atuais, apesar das grandes transformações pelas quais a economia e a socáiedade brasileiras passaram. Isso significa que houve momentos em que se procurou mudar a característica do capitalismo no Brasil. Essas tentativas não se deram, no entanto, sem resistências, conflitos e acordos pelo alto, excluindo partes significativas da sociedade brasileira.

Um interregno de tentativas mudanças e a reação contrária

A partir dos anos de 1930, com o desencadeamento da chamada tripla crise: 1) a depressão econômica mundial, iniciada em 1929; 2) a crise econômica interna, principalmente a partir da crise da economia cafeeira, que à época ainda respondia por 70% das exportações brasileiras,[32] e 3) a crise da

31 Ver Pereira Neto, 2020.

32 *Anuário Estatístico IBGE, 1953*. In: Nosso Século: 1930-145, volume 4. São Paulo: Abril Cultural, 1980, p. XXI e XXVII.

dominação oligárquica sobre o Estado brasileiro, que resultou na Revolução de 1930, a economia e a sociedade brasileiras procuraram ingressar num novo padrão de desenvolvimento capitalista. Essa nova modalidade de desenvolvimento tinha o desenvolvimento industrial e urbano como seu elemento central e tinha no mercado interno o motor de seu dinamismo econômico. Ela foi intencionalmente apoiada pelo Estado, que foi, paulatinamente, se reorganizando para dar início à construção de estruturas sócio-políticas de uma dominação burguesa de novo tipo (Fonseca, 2003, p. 134; Draibe, 1985, p. 82).

A entrada nessa nova modalidade de desenvolvimento capitalista pode ser atribuída à emersão histórica, principalmente na década de 1920, de novos grupos sociais que passaram a expressar novos interesses numa sociedade que, apesar de ter seu desenvolvimento capitalista limitado pelas características primário-exportadoras, havia se tornado mais complexa. O crescimento de atividades econômicas urbanas estimuladas por atividades que, em princípio, eram acessórias à atividade exportadora, como as de serviços e as industriais, por exemplo, deu origem a novas frações da burguesia (Silva, 1987, p. 60) e a uma classe média mais numerosa. Permitiu, ainda, um rápido crescimento numérico do proletariado urbano e a intensificação de sua participação política. Essa maior complexidade social, aliada ao desenvolvimento de dissidências oligárquicas, algumas, como parte das oligarquias gaúcha e mineira, que passaram a ter interesses no mercado interno, explicita as limitações dos aparatos institucionais da República pré-1930[33] para contemplar os novos sujeitos sociais. A Revolução de 1930 e o novo Estado que foi sendo constituído em seguida é uma resposta a essa situação.

Durante certo período, os interesses vinculados à indústria conseguiram subordinar os interesses da fração mercantil da burguesia brasileira. Em parte desse período, situado entre a década de 1930 e o início dos anos 1980 e que ficou conhecido como período desenvolvimentista,

33 A República pré-1930, a chamada República Velha, já havia sido resultado de uma nova forma de legitimação política da burguesia mercantil, que para alcançar maior legitimidade, passou a comandar uma forma descentralizada de Estado, dando origens a uma nova forma de pactuação entre lideranças regionais e locais, numa rede hierárquica de poder, comandada pelas oligarquias dos estados mais poderosos econômica e eleitoralmente, como São Paulo, Minas Gerais e, nos anos 1920, Rio Grande do Sul.

houve, também, uma preocupação evidente em impulsionar o capitalismo existente no Brasil, com base no seu mercado interno.[34] Isso implicou, se não na totalidade desse intervalo de tempo, mas em alguns períodos específicos, na tentativa de construção de uma nova forma de dominação burguesa que procurou, em alguns momentos, incorporar os trabalhadores nacionais,[35] já que o novo padrão de desenvolvimento capitalista, por se basear no mercado interno, necessitava estabelecer uma efetiva unidade nacional e ampliar a capacidade de consumo interno ou, pelo menos, estabelecer uma unificação de relações sociais próximas às relações sociais de produção capitalistas em todo o território nacional.

O crescimento da importância política dos trabalhadores impôs o seu reconhecimento e, com isso, a introdução, pelo Estado brasileiro, de alguns direitos sociais. Esses direitos sociais se expressaram principalmente pela via da legislação trabalhista que foi destinada, primeiramente, apenas aos trabalhadores urbanos, só sendo estendida aos trabalhadores rurais em 1963. Essa legislação trabalhista, embora limitada e com objetivos tuteladores, significou a incorporação institucional dos trabalhadores urbanos e, portanto, de parte dos setores populares da sociedade brasileira. Não é possível, contudo, afirmar que a extensão aos trabalhadores de alguns direitos sociais tenha sido suficiente para a superação das grandes desigualdades existentes na sociedade brasileira. As modificações iniciadas nos anos 1930 implicaram o desenvolvimento de um novo tipo de Estado no Brasil, mas este permaneceu excludente e autoritário, o que pode ser percebido na ocorrência, ou na tentativa, de golpes de Estado e, também, na existência de dois regimes ditatoriais até os dias atuais.

O que se pode afirmar, talvez, é que pelo menos em parte desse período houve intenções e tentativas de dar um caráter mais autônomo ao capitalis-

34 A preocupação em impulsionar o desenvolvimento, principalmente o industrial com base no mercado interno, com a incorporação do trabalhador (fundamentalmente o urbano) está relacionado ao modelo Nacional-Desenvolvimentista, dominante no Brasil até 1964. Ver Fonseca, 2015, p. 43.

35 Como exemplo, no chamado período desenvolvimentista, de interstícios em que houve preocupações distributivistas e tentativas reformistas voltadas a incorporar os trabalhadores no mercado de consumo, podemos citar o segundo governo Vargas (1951-1954), principalmente em sua segunda metade, e o governo Jango (1961-1964), principalmente durante o período presidencialista (1963-1964).

mo existente no Brasil,[36] a partir de uma ênfase maior ao mercado interno, o que implicava uma necessidade objetiva de se permitir um aumento na capacidade de consumo de parte dos trabalhadores e uma maior preocupação com a uniformização das relações capitalistas, tanto do ponto de vista social, quanto do ponto de vista regional. Não houve, no entanto, apesar de tentativas importantes em alguns momentos, um combate efetivo às desigualdades.

No período em que os interesses do capital industrial no Brasil conseguiram liderar e influenciar as políticas de desenvolvimento econômico no Brasil, os interesses vinculados ao capital mercantil continuaram a marcar presença e a exercer, mesmo sem o comando do Estado brasileiro, influências políticas e sociais significativas.

Essa presença já pôde ser notada na famosa controvérsia, entre Roberto Simonsen e Eugênio Gudin, acerca do planejamento e da industrialização da economia brasileira, num momento chave de crise do Estado Novo (1937-1945), quando se decidia o caminho a ser trilhado pelo capitalismo nos anos vindouros. Continuou na crise do segundo governo Getúlio, nas tentativas de impedimento à posse de Juscelino, na conspiração que derrubou Jango. Embora tenham participado da conspiração que instaurou o regime militar após 1964, os interesses do capital mercantil permaneceram minoritários em função da opção desenvolvimentista, mesmo que associada e dependente, feita pelo regime. Pode-se observar, contudo, que expressaram forte capacidade de mobilização, sempre que houve conjunção entre preocupações com o estabelecimento de um desenvolvimento capitalista de caráter um pouco mais autônomo e tentativas distributivistas.

Esses interesses, vinculados à fração mercantil da burguesia,[37] voltaram a ter o predomínio, na definição das políticas econômicas do Estado brasileiro, na virada dos anos 1980/1990, na parte final do governo Sarney, mas sobretudo nos governos Collor e Fernando Henrique Cardoso. É possível ainda afirmar que estiveram na base das crises políticas enfrentadas nos governos petistas, principalmente em 2013 e na crise do segundo mandato de

36 É possível afirmar que essa era uma característica do modelo nacional-desenvolvimentista que teve fortes influências nas políticas econômicas do Estado brasileiro entre os anos 1930 e 1964. Ver Fonseca, 2015, p. 42.

37 Ver nota 2.

Dilma Rousseff, quando, inclusive, ocorreu o impedimento da presidenta reeleita em 2014.

É por isso, talvez, que seja possível afirmar que, após o interstício dos governos petistas (2003-2016), os interesses vinculados à fração mercantil retornaram à direção do Estado brasileiro a partir de 2016, quando conseguiram certa hegemonia social para barrar novas, embora incompletas, tentativas desenvolvimentistas e políticas de alcance sociais, como políticas afirmativas, de cotas e regulamentadoras do trabalho doméstico, cuja a existência e o grau de extensão no Brasil expressam a manutenção de valores escravistas nas relações de trabalho.

Atualmente, na véspera do segundo centenário da independência, esses mesmos interesses encontram-se perfeitamente instalados no aparelho de Estado, via governo Bolsonaro. A marca da presença desses interesses fortemente conservadores e reacionários são evidentes na saliência do agronegócio, que avança sobre áreas ocupadas por grupos indígenas e por populações tradicionais, como as áreas em posse de quilombolas. Expressa-se ainda na ausência de representantes da indústria, de associações organizativas dos trabalhadores no governo. Ainda e, principalmente, pela disputa ideológica contra políticas afirmativas e pela organização de segmentos sociais que visam alcançar direitos de cidadania às mulheres, à comunidade LGBTQA+. Conquistas de direitos, essas, que colocam em questão o caráter patriarcal da família, elemento herdado também da colônia e dos primórdios da organização do Estado brasileiro.

Em suma, os percalços do atual capitalismo existentes no Brasil, e sua resistência à superação das suas desigualdades, só são efetivamente compreendidos se enquadrados e analisados sobre o pano de fundo da longa duração, do tempo longo, do lento ritmo de mudança das influências estruturais de seu processo de constituição. Assim, é possível compreender a persistência de profundas distinções na sociedade, no que se refere ao acesso do povo brasileiro às condições de vida, à renda, ao trabalho, aos direitos de cidadania. Como afirmou José Murilo de Carvalho (2013, p. 215) ainda há três tipos de cidadãos no Brasil atual: 1) os doutores, que não possuem direitos, mas sim privilégios; 2) os cidadãos simples, que vivem de acordo com o universo legal; 3) e os elementos, "os suspeitos usuais", os controlados pelas forças repressivas do Estado e praticamente excluídos dos direitos de cidadania.[38]

É na percepção desses elementos estruturais e na luta pela sua transformação que podemos imaginar e prospectar uma sociedade menos desigual, a partir do início do terceiro século de nossa independência.

Referências

AJAYI, J.F. Ade (org.). *História Geral da África, VI: África do Século XIX à Década de 1880*. Brasília: UNESCO, 2010.

ALENCASTRO, Luís Felipe de. *Parecer sobre a arguição de descumprimento de preceito fundamental, ADPF/186*. Apresentada ao Supremo Tribunal Federal. 2010. Disponível em: https://fpabramo.org.br/2010/03/24/cotas-parecer-de-luis-felipe-de-alencastro.

ANUÁRIO ESTATÍSTICO IBGE. *Nosso Século: 1930-145, volume 4*. São Paulo: Abril Cultural, 1980.

BASILE, Marcello Otávio N. de C. O Império Brasileiro: panorama político. In: LINHARES, Maria Yedda (org.). *História Geral do Brasil*. 9ª. edição. Rio de Janeiro: Campus, 2000.

BRAUDEL, Fernand. História e Ciências Sociais: a longa duração. *Revista de História*, n. 62, vol. XXX, ano XVI. São Paulo: USP, 1965.

CANO, Wilson. *Desequilíbrios Regionais e concentração industrial no Brasil: 1930-1970*. 3ª. edição. São Paulo: UNESP, 2007.

CARDOSO DE MELLO, João Manoel. *O capitalismo tardio*. São Paulo/Campinas: Editora UNESP/FACAMP, 2009.

CARVALHO, José Murilo de. Aspectos históricos do Pré-Modernismo Brasileiro. In: *Sobre o Pré-Modernismo*. Rio de Janeiro: Fundação Casa de Rui Barbosa, 1988.

CARVALHO, José Murilo de Carvalho. *Cidadania no Brasil: o longo caminho*. 17ª edição. Rio de. Janeiro: Civilização Brasileira, 2013.

38 Essa divisão é não é simétrica, o segundo e o terceiro tipo de cidadão conformam um contingente populacional muito maior do que os cidadãos citados como o primeiro tipo. E encontram-se, ainda, subdivisões no interior de cada grupo de cidadãos.

CUEVA, Agustín. *O Desenvolvimento do Capitalismo na América Latina*. São Paulo: Global, 1983.

DELFIM NETTO, Antônio. *O problema do Café no Brasil*. 3ª edição. São Paulo: Editora UNESP, 2009.

DRAIBE, Sônia Miriam. *Rumos e metamorfoses: as alternativas de industrialização no Brasil, 1930-1960*. Rio de Janeiro: Paz e Terra, 1985.

FERNANDES, Florestan. *A Revolução Burguesa no Brasil: ensaio de interpretação sociológica*. São Paulo: Globo, 2006.

FONSECA, Pedro Cezar Dutra da. Desenvolvimentismo: a construção do conceito. *Texto para Discussão 2103*. Brasília/Rio de Janeiro: IPEA, 2015.

FONSECA, Pedro Cezar Dutra da. Sobre a intencionalidade da política industrializante no Brasil na Década de 1930. São Paulo: Editora 34. *Revista de Economia Política*, vol. 23, n.1, jan./mar. de 2003.

FRANCO, Maria Silvia de Carvalho. *Homens Livres na ordem escravocrata*. São Paulo: IEB, 1969.

HUERTAS, Daniel Monteiro. Do "Arquipélago Econômico" ao Padrão Urbano-Industrial: Explosão Demográfica e Urbanização Caótica. In: BRANCO, Marcello Simão (org.). *Compreensão da realidade brasileira*. 2ª. edição. São Paulo: Alameda Editorial, 2020.

MARIUTTI, Eduardo Barros; NOGUERÓL, Luiz Paulo Ferreira; DANIELI NETO, Mário. Mercado interno colonial e grau de autonomia: críticas às propostas de João Luís Fragoso e Manolo Florentino. *Estudos Econômicos*, São Paulo, vol. 31, n. 2, abril-junho 2001.

MARTINS, José de Souza. O cativeiro da terra. 9ª edição, revista e ampliada. São Paulo: Contexto, 2010.

MONTEIRO, Hamilton de Mattos. Da Independência à vitória da ordem. In: LINHARES, Maria Yedda (org.). *História Geral do Brasil*. 9ª. edição. Rio de Janeiro: Campus, 2000.

MORAES, Antônio Carlos Robert. Geografia Histórica do Brasil: capitalismo, território e periferia. São Paulo: Annablume, 2011.

MORAES, Antônio Carlos Robert. *Ideologias geográficas*. 3ª edição. São Paulo: Hucitec, 1996.

NOVAIS, Fernando Antônio. O Brasil nos wuadros do Antigo Sistema Colonial. In: MOTA, Carlos Guilherme (org.). *Brasil em perspectiva.* Rio de Janeiro: Bertrand Brasil, 1988.

NOVAIS, Fernando Antônio. *Portugal e Brasil na crise do Antigo Sistema Colonial.* São Paulo: Hucitec, 1989.

NUNES, Edson. *A gramática política do Brasil.* 4ª. edição. Rio de Janeiro: Garamond, 2010.

PRADO JÚNIOR, Caio. *Evolução política do Brasil: Colônia e Império.* 13ª. edição. São Paulo: Brasiliense, 1983.

PEREIRA NETO, Murilo Leal. A Fratura das desigualdades e o papel do Estado. In: BRANCO, Marcello Simão (org.). *Compreensão da Realidade Brasileira.* 2ª. edição. São Paulo: Alameda Editorial, 2020.

SANDRONI, Paulo (org.). *Novíssimo dicionário de Economia.* 4ª. edição. São Paulo: Best-Seller, 1999.

SILVA, Sérgio. *A expansão cafeeira e as origens da indústria no Brasil.* 7 ed. São Paulo: Alfa-Ômega, 1987.

TESSARI, Cláudia. Alessandra. *Braços para a colheita: sazonalidade e permanência do trabalho temporário na agricultura paulista (1890-1915).* São Paulo: Alameda Editorial, 2012.

WALLERSTEIN, Immanuel. A África e a Economia-Mundo. In: AJAYI, J.F. Ade (org.). *História geral da África, VI: África do Sséculo XIX à década de 1880.* Brasília: UNESCO, 2010.

Formação territorial, (sub)desenvolvimento e integração nacional

Daniel Monteiro Huertas

Este capítulo pretende abordar, de forma crítica, como a formação territorial brasileira, fruto do entrelaçamento de ações diplomáticas, políticas e econômicas, teve papel fundamental na geração dos problemas estruturais do país. Após breve resumo do período colonial (1500-1822), a análise identifica os movimentos de interiorização da economia e do povoamento que ocorreram a partir do século XIX, correlacionando-os com as marcas perversas do escravismo e do latifúndio e com os movimentos diplomáticos responsáveis pela manutenção e expansão da configuração territorial herdada da Coroa Portuguesa. Da pilhagem e do saque dos chamados fundos territoriais – "áreas ainda não devassadas pelo colonizador, de conhecimento incerto e, muitas vezes, apenas genericamente assinaladas na cartografia da época" (Moraes, 2005, p. 69) – às estratégicas políticas que levariam à integração nacional a partir dos anos 1930, a formação territorial foi revestida de missão civilizatória, no período imperial, e tida como sinônimo de modernidade e civilização, na República Velha.

No Estado Novo varguista, era preciso ocupar os "sertões bárbaros", e no governo JK o rodoviarismo criou as bases físicas do mercado nacional, ampliando os fluxos produtivos, os deslocamentos populacionais e a ampliação do raio macroeconômico do país. Mas no meio do caminho sempre havia uma natureza exuberante e a presença de povos ancestrais, que gradativamente foram sucumbindo à força do trator e do dinheiro, como a cruz e a espada desempenharam séculos antes. Na ditadura militar, a integração nacional se consolidou, mas repetindo os erros do passado e ampliando as desigualdades de um Brasil já urbano e industrial. Afinal, como assinala Filho

(1999:306) em seu balanço sobre a manutenção da unidade e ampliação das fronteiras do rincão sul-americano que abrigaria o Brasil, se "parece não haver controvérsia sobre a pertinência das políticas executadas e bons resultados alcançados", no que diz respeito à integração racial e à história pacífica "são mais matizadas as opiniões".

De Tordesilhas (1494) à independência (1822)

O Brasil nasce de uma representação cartográfica imprecisa, instituída por uma imposição diplomático-geográfica, pois a assinatura do Tratado de Tordesilhas, em 1494, derivou da pressão da Coroa Portuguesa contra a bula *Inter Coetera*, que garantia à Espanha todas as terras situadas a 100 léguas a oeste das ilhas de Cabo Verde. A linha imaginária foi estendida a 370 léguas, agregando ao império lusitano um "pedaço" de terras na América do Sul mais ou menos situado entre as atuais cidades de Belém (PA) e Laguna (SC).

A chegada dos europeus também precisa ser lida como uma manifestação do fenômeno expansionista do nascente sistema capitalismo europeu para todos os cantos do planeta – ou da "economia-mundo", nas palavras de Braudel –, cuja conquista territorial, na análise de Moraes (2005), foi o eixo estruturador da formação brasileira e o atributo social fundante da nacionalidade. A colônia, um dos resultados da expansão da economia-mundo e dos primórdios do sistema capitalista, ainda sob a égide do mercantilismo, pressupõe o domínio territorial – e, portanto, exige um custo para o empreendimento que se pretende instalar, iniciado com a implantação de bases de assentamentos para as futuras operações.

No aspecto territorial, o dinamismo da base colonial foi consequência das possibilidades de acumulação, cuja ocupação se estruturou em um padrão direcionado para o exterior, configurando as chamadas "bacias de drenagem" – nada mais do que uma rede de caminhos que converge para um porto. A geopolítica lusitana para o Novo Mundo deixou em segundo plano os cosmógrafos e sua cartografia náutica – é preciso lembrar que a Escola de Sagres foi pioneira no desenvolvimento da navegação marítima – e exigiu levantamentos terrestres a cargo de engenheiros militares, divididos em agrimensores e fortificadores, tendo como mola propulsora as inúmeras feitorias que seriam instaladas ao longo da costa. O projeto de implantação de capitanias hereditárias, instituído por ordem régia em 1532, nasceu como a união entre a necessidade de defesa do território – principalmente da cobiça e ameaça de holandeses, franceses e ingleses – e de uma política sistemática de colonização.

A doutrina das capitanias teve como resultado a configuração do chamado "arquipélago econômico", que pode ser compreendido como o ponto de partida na dimensão territorial brasileira. Trata-se de uma compartimentação territorial na qual as várias "porções" foram direcionadas para o exterior (em um primeiro momento para Lisboa), cujo comércio e povoamento eram comandados pelos interesses econômicos de grupos ligados à exportação (Andrade, 1995). A verificada sucessão de especulações cíclicas afetava diferentemente cada parte da colônia, permitindo o povoamento de regiões até então pouco habitadas e conferindo uma espécie de "marca" às relações sociais e à organização do espaço como um todo.

Essa lógica implicou em um determinado funcionamento do conjunto do território colonial: uma coleção de células agroexportadoras justapostas (e cada qual drenada por uma ou mais "bacias de drenagem") e um mosaico de regiões quase autônomas, com pouca comunicação entre si, exceto pela navegação de cabotagem (ao longo da costa) e, mais tarde, pelo Rio São Francisco. Prado Júnior (1977) retrata uma histórica lacuna logística desde o período colonial, que acabou ocasionando desvantagens às capitanias do interior. Ao realizar um balanço dessa fase, assinala o ritmo lento e retardado das relações na colônia como um dos responsáveis pelo "tom geral de vida frouxa que caracteriza o país":

> O que havia eram núcleos de maior ou menor importância distribuídos desde a foz do rio Amazonas até os confins do Rio Grande do Sul. Mas entre esses núcleos medeava o deserto, que em regra não servia nem ao menos para as comunicações que se faziam de preferência por mar (Prado Júnior, 1977, p. 101).

Nota-se aí a predominância de uma estrutura produtiva com especialização marcante na exportação de produtos primários, determinação que pode ser tida como causa e consequência da modelagem territorial do país compartimentada em um vasto "arquipélago econômico", ideia bastante trabalhada por alguns autores como condicionante direta da situação socioeconômica colonial, pouco alterada com o advento do Império e durante a República Velha.

> O Brasil foi, durante muitos séculos, um grande arquipélago, formado por subespaços que evoluíam segundo lógicas próprias, ditadas em grande parte por suas relações com o mundo exterior. Havia, sem dúvida, para cada um desses subespaços, pólos dinâmicos internos. Estes, porém, tinha entre si escassa relação, não sendo interdependentes (Santos, 2005, p. 29).

> Nos dois primeiros séculos de colonização, formaram-se algumas áreas de certa expressão territorial, com pequenos núcleos isolados de povoamento e áreas praticamente desabitadas por colonos reinóis. Daí Gilberto Freyre ter admitido que, apesar da continuidade territorial do Brasil, ele funcionava mais como um arquipélago do que como um continente, de vez que as comunicações entre as várias capitanias eram feitas sobretudo por via marítima (Andrade, 1995, p. 35).

O fato é que, ao longo dos séculos XVII e XVIII, os portugueses avançaram em muito a linha de Tordesilhas, e até hoje o aparente desinteresse da Coroa Espanhola pela Amazônia, naquele momento, intriga os historiadores.[1] Bandeiras, monções, tropeirismo, mineração, pecuária, "drogas do sertão" na Amazônia, cana, algodão. Foram muitos os movimentos de interiorização do povoamento e da economia que alargaram os domínios lusitanos na América do Sul.

Mas é impossível dimensionar e explicar a formação territorial brasileira sem inserir na análise o jogo diplomático conflituoso entre as coroas Portuguesa e Espanhola durante o período colonial. Em um contexto de interesses de ordem econômica e política que também envolvia direta e indiretamente as outras potências imperialistas da época, ambas sentaram na mesa de negociações em cinco ocasiões ao longo de quase cem anos, resultando

1 Cabe lembrar, entretanto, que a prata de Potosí, na Bolívia, e as minas do México fizeram com que as principais linhas de circulação dos espanhóis buscassem o Rio da Prata e o Caribe, distante das terras amazônicas, e, ademais, os Andes eram tidos como um grande obstáculo a ser contornado.

em cinco tratados: Utrecht (1713), Madri (1750), El Pardo (1761), Santo Ildefonso (1777) e Badajós (1801).

Neste trabalho não há espaço para uma análise mais aprofundada deste arcabouço diplomático, mas é preciso deixar ao menos registrada a relevância do Tratado de Madri para um entendimento razoável das fronteiras do Brasil, pois é considerado o documento fundamental para a fixação dos contornos do atual território nacional, já que estabeleceu as lindes terrestres básicas com todos os seus futuros vizinhos. O fato é que, ao final do período colonial, o mapa brasileiro estava quase definido, e o conhecimento do território tornara-se bastante efetivo.

> A formação das fronteiras brasileiras no período colonial pode ser imaginada como um diálogo entre bandeirante e diplomata. Um ocupava o território que, na prática, não tinha dono; outro legalizava a penetração através de um acordo. Ambos serviram o Estado. O diplomata é seu típico representante; se a ação do bandeirante não foi sempre de inspiração estatal – foram motivos econômicos privados a mola mestra da maioria das incursões – o fato é que teve consequência territorial (Filho, 1999, p. 310).

A própria transferência da Corte para o Rio de Janeiro em 1808, com a elevação da ex-colônia à categoria de Reino Unido de Portugal, Brasil e Algarve, acabou se tornando um elemento de consolidação da integração territorial do império luso nas Américas, ainda mais em uma conjuntura na qual a Coroa Espanhola começaria a enfrentar diversos movimentos de independência, a começar por México e Montevidéu.

A herança territorial luso-brasileira nas Américas torna-se "missão civilizatória" em meio à escravidão e ao latifúndio

Após a independência, o Estado brasileiro se constrói sobre as estruturas econômicas, políticas, territoriais e culturais preexistentes, herdadas do período colonial, e a condição periférica na divisão internacional do trabalho não se altera com o novo *status* político da ex-colônia. Em linhas gerais, o Império do Brasil ergue-se assentado no binômio latifúndio-escravismo, e o debate sobre outra forma de desenvolvimento foi sepultado ainda nos primórdios do país, mesmo que no Parlamento algumas vozes liberais tenham se manifestado contra o sistema de tratados preferenciais à Inglaterra, acusando-o de sacrificar o interesse nacional (Cervo e Bueno, 2011).

No jogo econômico daquela conjuntura, a nova nação manteve o seu papel de fornecedora de matérias-primas, pagadora de juros e importadora de capitais e de manufaturas, em uma engrenagem bastante entrelaçada com os padrões internacionais de acumulação, especialmente dos interesses do imperialismo britânico. Consequentemente, o Estado perdeu o fôlego na tarefa da construção econômica, encaminhando a modernização e a lenta industrialização para o jogo das forças hegemônicas internacionais. O latente "desejo de potência" fora desviado, portanto, para o exercício da hegemonia regional no Prata (leia-se a manutenção da Província Cisplatina, perdida em 1828 com a criação da República Oriental do Uruguai, após três anos de guerra), fato que exigiu um consumo desnecessário de energia e recursos.

O "apetite territorial" emerge como elemento básico de identidade, mantendo os fundos territoriais e a continuidade da expansão como fortes elementos de legitimação. Afinal, ainda havia um vasto território a ser explorado e ocupado, e os fundos territoriais são usados pela monarquia como uma estratégia política de agregação dos diversos fatores regionais (Moraes, 2005). Nessa espécie de "pacto espacial", o controle sobre a terra e o trabalho e a expansão da economia nacional constituem os seus alicerces, sobrepondo-se aos projetos regionais e locais.

A manutenção da integridade do território herdado da colônia subsiste não apenas como fator de agregação das elites, mas também na definição da própria monarquia instalada, contribuindo para a forma dinástica de legitimar o domínio territorial estatal em um cenário de fortes pressões imperialistas – Santa Aliança (1815), na Europa; Doutrina Monroe (1823), nos Estados Unidos; e a expansão do capital britânico na América Latina. Portanto, o novo Estado aponta a disposição de um enorme território dotado de amplas reservas de espaços ainda não explorados pela economia (agora nacional) e de população relativamente pequena e profundamente dividida pela vigência da escravidão, emoldurado, ainda na Primeira Regência, por um quadro interno de fortes pressões separatistas e pela fragmentação da América Hispânica no contexto externo regional.[2]

Emerge uma concepção que identificará o império brasileiro não com o seu povo, mas com o seu território; uma espécie de "índole geográfica" na qual "o país é visto como um espaço, e mais, um espaço a ser conquistado e ocupado" (Moraes, 2005, p. 95). Consequentemente, forja-se um projeto consensual entre as elites, no qual a construção do país também legitima a ação do Estado, tido como o seu condutor, em um discurso estruturado em torno do conceito de civilização, atribuindo à Casa de Orleans e Bragança uma "missão civilizadora" (Moraes, 2005). Nesse sentido, a submissão das populações locais é tida como decorrência natural do processo, consubstanciada por metáforas discursivas ideologicamente construídas (civilização *versus* barbárie, progresso *versus* atraso, litoral *versus* sertão) buscando entrosar a ideia de expansão territorial com a de civilização.

Na formação territorial brasileira, o século XIX é uma repetição do anterior, com o surgimento de novos movimentos de expansão do povoamento e da economia e uma nova rodada de tratados de limites. No primeiro aspecto, importante registrar o ciclo da borracha, ou a penetração do capitalismo internacional no seio da floresta na busca pelo látex, extraído da seringueira, a partir de 1850. Os resultados, repletos de contradições, incluem a consolidação estratégica de Manaus e Belém; a introdução da máquina a vapor na navegação fluvial; a expansão das veias produtoras para os vales dos rios Madeira, Juruá, Purus, Tapajós e Xingu; um grande movimento migratório com origem no Nordeste que contribui para o incremento populacional da Região Norte (de 300 mil habitantes, em 1872, para 1,5 milhão, em 1920) e a desestruturação social causada pelo sistema de aviamento.[3]

2 Cabe lembrar que Colômbia (1810), Paraguai (1811), Venezuela (1811), Argentina (1816), Chile (1818), Peru (1821) e Equador (1822) obtiveram a sua independência antes do Brasil.

3 Utilizado na Amazônia desde o período colonial, o sistema de aviamento (aviar significa fornecer mercadoria a crédito) se consolidou com a expansão gumífera. Por causa das condições geográficas de isolamento e difícil acesso ao local da produção, "tal sistema de fornecimento de mercadorias a crédito acabou por se organizar em forma de uma cadeia vertical", representada pelas grandes casas aviadoras e exportadoras no topo (financiadoras, abastecedoras e intermediárias), fornecendo os bens de consumo e instrumentos de trabalho necessários à exploração dos seringais a um aviador menor. "Este, cobrando juros, aviava o seringalista, que, por sua vez, através do regime de barracão (local onde os produtos eram armazenados e onde era marcada a dívida do extrator que ali, compulsoriamente, se abastecia), aviava o

Outro fator de destaque é o que chamamos de "decolagem econômica" do Sudeste por causa do surto cafeeiro, que resultou na implantação de linhas ferroviárias, na modernização do Porto de Santos e na vaga imigratória para o Estado de São Paulo com a substituição do trabalho escravo pelo livre, com o início do desenvolvimento urbano e econômico resultante da gradativa expansão das plantações para o chamado Oeste Paulista. Ainda em 1848, nos lembra Furtado (1971), o café substitui o açúcar como o principal produto da pauta de exportações do Brasil, alterando significativamente a correlação das forças políticas regionais do país.

No Nordeste, a atividade aurífera na Chapada Diamantina, no centro da Bahia; o cultivo em escala do cacau no litoral daquela Província; a expansão do algodão na direção do agreste (Campina Grande, por exemplo) e do Cariri Cearense, do tabaco no agreste e Recôncavo Baiano e da pecuária para todo o sertão animaram a interiorização da economia e do povoamento. Em 1852, a capital da Província do Piauí foi transferida de Oeiras, no alto sertão, para Teresina, cidade planejada na confluência dos rios Parnaíba e Poti. No Sul, o cultivo da erva mate (juntamente com áreas do então sul do Mato Grosso), produto bastante demandado pelas boticas da Europa, e a política oficial do império com o intuito de estabelecer uma ocupação estratégica a partir do vale dos rios dos Sinos (epicentro em São Leopoldo e Novo Hamburgo, no Rio Grande do Sul) e Itajaí (epicentro em Blumenau, em Santa Catarina) com mão de obra imigrante foram elementos decisivos para a criação de futuras economias regionais naquela porção até então pouco habitada e explorada do território nacional.

Na primeira metade do século XIX, famílias de italianos e alemães, em sua maioria, migraram em grande número para o Rio Grande do Sul, desencadeando um processo de urbanização que se estenderia, até meados do século seguinte, pelo Noroeste Gaúcho (Missões), Oeste Catarinense e Oeste Paranaense. O mesmo foi registrado em Santa Catarina, mas já na segunda metade do século, um movimento com suas peculiaridades que contribuiu para o adensamento de uma faixa de até 150 km da costa litorânea.

---

coletor e, depois disso, a cadeia se invertia, começando o processo de entrega da borracha (...)" (Oliveira, 1983, p. 237). Para muitos autores, esse sistema nada mais era do que uma "escravidão moderna de endividamento".

Mas apesar dos avanços econômicos em várias porções do país, a integração territorial, que poderia servir de estímulo à construção de um mercado nacional e de uma incipiente industrialização, não se constituiu, já que não interessava aos agentes internos e externos controladores da monocultura cafeeira (leia-se o imperialismo britânico e seus aliados na monarquia), preocupados com uma possível ruptura do *status quo* na questão fundiária. Prova disso foi a Lei das Terras Devolutas, de 1850 – que fechou o acesso à terra pelas camadas mais pobres, tornando-a uma mercadoria passível de aquisição somente pelo mecanismo de compra e venda, e não mais pela posse –, artifício que acabou mantendo o monopólio sobre a terra às elites econômicas.

Além disso, é preciso destacar a rejeição das elites imperiais aos vários projetos estruturantes desenhados para modernizar o atrasado sistema de transportes. Os planos Moraes (1869), Rebouças (1874), Queiroz (1874 e 1886), Bicalho (1881), Bulhões (1882) e Rodrigo da Silva (1886) jamais saíram do papel para não quebrar uma dinâmica "que era a de investir somente naquelas infraestruturas que tivessem o mais imediato retorno financeiro – geralmente ferrovias que transportavam café – e, *pari passu*, manter as terras e os recursos nela contidos como poupança ou reserva, como *fundos territoriais* que se fizessem apropriar na medida em que se ampliassem as necessidades daquela economia agrário exportadora" (Neto, 2012:245, grifos do original).

> Ao fim e ao cabo, nem mesmo o Monarca, que garantira por tanto tempo a escravidão e permitira com força dos símbolos imperiais herdados da Colônia a unidade do Império, era mais necessário. O fato é que nem escravidão, nem monarquia, nem planos de viação faziam parte dos interesses das elites agrárias donas de vastos quintais ao sul do Equador em 1889. Os planos das classes exportadoras, ainda hoje, só permitem a modernização que lhes permite continuar a existir como tal (Neto, 2012, p. 246).

No campo diplomático, a monarquia conseguiu manter um território de dimensões continentais a partir de uma estrutura colonial dispersa, um dos feitos mais notáveis do Império, segundo Magnoli (1997). Todo o trabalho de delimitação das fronteiras foi concluído pela diplomacia imperial ao longo do século XIX, notadamente por Duarte da Ponte Ribeiro,

Paulino José Soares de Souza (o Visconde do Uruguai), Joaquim Caetano da Silva e José Maria da Silva Paranhos (o Visconde do Rio Branco). Como resultado, cerca de 68% do atual território nacional já estavam oficialmente reconhecidos e oficializados.

No início do Império, prevaleceu a noção de que os fundamentos do direito territorial brasileiro deveriam ser invocados sobre a base dos tratados coloniais de limites. O de Madri, por motivos que dispensam explicação, foi tido como o marco da fundação do território brasileiro, uma espécie de certidão de batismo do "corpo da pátria" (Magnoli, 1997), apesar do apego dos países vizinhos (entre 1810 e 1828 todas as colônias hispânicas da América do Sul obtiveram a independência) ao de Badajós. Este era baseado na doutrina do *uti possidetis juris* (ou *de derecho*), também chamada de princípio dos títulos coloniais, que sustentava o direito a todas as terras que tinham pertencido à Coroa Espanhola antes dos movimentos de independência.

Mas a ação brasileira, empreendida em 1837 pelo Barão da Ponte Ribeiro, atualizou o conceito de *uti possidetis* utilizado por Gusmão no século anterior durante a negociação do Tratado de Madri. Se o *juris* derivava dos documentos territoriais que cada novo país pudesse produzir no momento de sua independência, o *de facto* (ou *de hecho*) valorizava a posse colonial efetiva, ou seja, levava em consideração a população, a língua, a cultura e o padrão urbano realmente presentes nos lugares, como resultado histórico do processo de colonização.

Dessa forma, a diplomacia brasileira rechaçava a possibilidade de utilização de documentos do direito público interno de Espanha (como *cedulas reales*, por exemplo) para a resolução dos conflitos internacionais do país que fora colonizado pelos portugueses, tornando o *uti possidetis de facto* a sua orientação oficial a partir de 1849. Se essa estratégia serviu para resolver muitas das questões de limites entre as repúblicas hispânicas da América do Sul, foi categoricamente rejeitada pelas autoridades brasileiras. Uma correspondência do naturalista Alexander Von Humboldt de 1854, elogiando a doutrina adotada pelo Brasil, tornou-se um instrumento de legitimação internacional da interpretação arquitetada por Ponte Ribeiro, utilizada em todos os cinco tratados de limites sob responsabilidade do Império – com Uruguai (1851), Peru (1851), Venezuela (1859), Bolívia (1867) e Paraguai (1872).

Em 1857, durante as negociações com o Paraguai, o Visconde de Rio Branco incrementou ainda mais a doutrina ao admitir que os velhos tratados coloniais de limites poderiam ser aplicados apenas nos casos de impossibilidade de demonstração de uma posse efetiva. Interessante notar que o tratado com a Bolívia, de 1867, conteve o único segmento da fronteira brasileira na Amazônia, no Rio Guaporé, sobre o qual não houve dúvidas, já estabelecido no século anterior por Madri. Na América do Sul, o Brasil é o único país que não tem quaisquer problemas fronteiriços, fato que pode ser creditado à praticidade do princípio do *uti possidetis* e à eficiência de sua diplomacia, com forte posição negociadora herdada de Portugal e adoção de negociações individuais e de trocas territoriais pelo direito de navegação no Amazonas.

Em tempo: do ponto de vista administrativo, no Império foram criadas mais duas províncias, Paraná e Amazonas (desmembradas, respectivamente, de São Paulo e Grão-Pará), totalizando as 20 que fariam parte da República Velha. Pode-se concluir, portanto, que de certa forma as malhas territoriais criadas na gênese do Brasil colonial permaneceram válidas.

Na República Velha, o poder central consolida o 'fechamento' das fronteiras do Brasil

O novo direcionamento político concebe o Brasil como sendo o seu território, e a ocupação do espaço é tida como a construção do país (Moraes, 2005). Uma vez mais, evidenciando o conservadorismo das elites, o povo foi deixado de lado, adiando, como sempre, os avanços sociais necessários ao bem-estar e harmonia de uma sociedade que deixara oficialmente a escravidão há pouco tempo, ou seja, ainda profundamente fraturada e dividida. A marcha do café, agora concentrada em São Paulo e no sul de Minas Gerais, manteve o dinamismo econômico que representava a maior parte da pauta de exportações do país (cerca de 60% do total no início do século XX), com impactos territoriais profundos por causa da concentração do *locus* de acumulação e do advento do sistema ferroviário.

Os governos da República Velha estimularam a escalada ferroviária, cujas consequências incluem uma acirrada disputa pelos caminhos a serem alcançados pelos trilhos, a especulação fundiária pela valorização das terras adjacentes e a especialização produtiva de várias zonas. O sistema ferroviário – que alcançou cerca de 32 mil km em 1930 – propiciou a interiorização do crescimento econômico, demarcando um contínuo deslocamento espacial da fronteira agrícola, mas, contraditoriamente, não cumpriu um papel mais integrador do mercado. O tráfego unidirecional (porto ↔ fazenda ou porto ↔ jazida) e o traçado orientado pelos interesses imediatos da monocultura cafeeira acabaram conformando verdadeiras ilhas no território nacional, já que a constituição de um mercado nacional pressupõe fluxos diversificados e endógenos, e não uniformizados e exógenos. Uma vez mais as elites do país submeteram-se aos desígnios da divisão internacional do trabalho, comandada e orientada pelo capital internacional hegemônico, embora, no território paulista, tenha sido configurado um vigoroso mercado regional pelo entrelaçamento férreo litoral-capital-interior.

A transferência da capital de Minas Gerais da antiga (e decadente) Vila Rica (Ouro Preto) para a planejada e moderna Belo Horizonte, em 1897, demonstra um anseio das elites locais em se desgarrar do passado colonial. Cabe ainda chamar a atenção para dois movimentos de grande impacto territorial nos confins do Brasil: a abertura da Estrada de Ferro Madeira-Mamoré (EFMM), concluída em 1912 como parte do Tratado de Petrópolis, e as expedições comandadas pelo marechal Cândido Mariano da Silva Rondon para levar as linhas telegráficas pelo Mato Grosso. O primeiro foi responsável pela criação de dois núcleos funcionais (pontas de linha) na Amazônia: Santo Antônio do Madeira (atual Porto Velho) e Guajará-Mirim, esta última fronteira com a Bolívia. O segundo, entre 1890 e 1910, foi constituído por quatro expedições de cunho geopolítico – Cuiabá ao Araguaia (1890-91), Cuiabá-Corumbá (1900-03), Cáceres-Porto Espiridião-Vila Bela (1905-07) e do Mato Grosso ao Amazonas (1910) –, com o objetivo de proporcionar a ligação de Amazonas (Santo Antônio do Madeira, futura Porto Velho, e Guajará-Mirim faziam parte da Província do Amazonas) e Mato Grosso com o centro político do país e incrementar o tamponamento fronteiriço com Bolívia e Paraguai.

A diplomacia entrou em cena para resolver de uma vez por todas a definição das fronteiras do país. De 1895 a 1909, sete peças, entre três acordos de arbitragem (Questão de Palmas/1895, Questão do Amapá/1900 e Questão do Pirara/1904) e quatro tratados (Petrópolis/1903, com Equador/1904, Colômbia/1907 e Peru/1909), foram assinadas, com destaque à atuação de José Maria da Silva Paranhos Júnior, o Barão de Rio Branco.

Uma questão chama a atenção e precisa ser esclarecida, mesmo que de forma breve. Por qual motivo o Brasil precisou assinar um acordo com o Equador, em 1904? O objetivo foi oficializar o reconhecimento do lado equatoriano do acordo de limites fixado entre Brasil e Peru em 1851, que havia definido a fronteira na porção noroeste da Amazônia pela famosa linha imaginária Tabatinga-foz do Apapóris. Dessa forma, o Equador abriria mão de uma antiga reivindicação, dos tempos iniciais de sua independência: a obtenção de um acesso ao Rio Amazonas pelo Rio Japurá, fato que desfavorecia a posição peruana. Assim, o Brasil resolveu a sua pendência e deixou a contenda ainda aberta para os vizinhos – a fronteira Peru-Equador na porção amazônica só foi oficializada por um acordo de 1998, em Brasília.

Do ponto de vista territorial, além do "fechamento" das fronteiras terrestres com os países vizinhos, também vale a pena registrar a instituição da faixa de fronteira pela lei nº 601, de 1890, uma unidade espacial específica com 60 km de largura a partir do limite internacional, sujeita à regulação da União e dos Estados pela Constituição de 1891. Em 1913, o geógrafo Delgado de Carvalho desenhou a primeira regionalização do território brasileiro, dividindo-o em cinco regiões naturais (conceito propagado por Herbertson, com destaque para os elementos clima, relevo e vegetação): Brasil Amazônico, Norte-Oriental, Oriental, Central e Meridional.

De Getúlio a JK, desenha-se o rompimento do "arquipélago econômico"

Os sistemas de objetos e ações arquitetados pelo Estado, em consonância com o setor privado, objetivavam, do Estado Novo varguista aos anos dourados do governo Juscelino Kubitschek, empreender obras de penetração ao interior do imenso território – que, sob o bordão da integração nacional, precisava tornar-se conhecido, ocupado, colonizado, protegido e povoado. Assim, criam-se as condições mínimas para que técnicas exógenas passassem a interferir nos nexos locais. Na retórica da época, intimamente relacionada às premissas positivistas, a civilização não poderia ser detida, pois, apesar da imensa obra conduzida por Rondon, o interior do Brasil ainda era visto como uma terra ignota, habitada por dezenas de nações indígenas e distante do progresso, que já imprimira a sua marca indelével em alguns pontos da faixa litorânea.

> A perspectiva de expansão econômica com o desbravamento e a exploração racional de novas áreas alimentava as ilusões da elite nacional e de alguns setores do capital internacional, numa espécie de conluio engrenado. O conflito, entretanto, era inevitável, pois adiante da "marcha civilizadora" sempre havia modos de vida pretéritos, geralmente ditados pelas necessidades do lugar (Huertas, 2009, p. 25).

A Revolução de 1930 trouxe consigo um novo paradigma para o país, o binômio urbanização-industrialização, acoplado ao projeto varguista e à ideologia nacional-desenvolvimentista que teve o seu ápice com o Estado Novo (1937-1945). Vargas decidiu empreender algumas ações que objetivassem olhar o país sob outro ângulo, forçando o desenvolvimento para o interior. Em sua política territorial, preocupou-se com a expansão do Brasil econômico, levando a colonização para o oeste e procurando criar núcleos onde fossem instalados colonos que desbravassem áreas virgens para o mercado nacional (Andrade, 1995).

> Tratam-se de lugares esquecidos, compostos de cidades mortas e fazendas arruinadas, onde predominam lavouras de subsistência e atividades de extrativismo animal e vegetal. Espaços de esquecimento na ótica do padrão territorial hegemônico, imersos numa vida autárquica, de fluxos majoritariamente locais (Moraes, 2002-2003, p. 19).

Assim, a velha dicotomia litoral *versus* sertão atinge uma narrativa agora ancorada em políticas estatais de envergadura, mas o conceito de sertão (e do sertanejo) recebe um tratamento intelectual autêntico e original, como guias de um novo projeto nacional para o país, tendo como pano de fundo a incorporação de suas terras e riquezas (Moraes, 2002-2003). Uma noção, como explica Moraes (2002-2003:19), que "recobre as zonas de domínio incompleto, nas quais a ordem estatal não está bem presente ou consolidada", e que "incide sobre as áreas economicamente estagnadas ou decadentes, onde os ciclos produtivos do passado resultam em assentamentos e instalações abandonadas".

Consequentemente, a partir da década de 1930 a noção de civilização será ocupada pelo conceito de modernização, revestido de densa espacialidade. Modernizar é, entre outras coisas, reorganizar e ocupar o território; dotá-

-lo de novos equipamentos e sistemas de engenharia; conectar suas partes com estradas e sistemas de comunicação – elementos que necessariamente implicam na valorização do espaço (Moraes, 2005).

Assim, duas premissas foram arquitetadas: a valorização da hinterlândia (conceito que do ponto de vista geopolítico refere-se à expansão da área de influência dos centros e zonas mais desenvolvidos) e a consequente adequação estatal para a realização dessa tarefa. O vasto interior não poderia mais ser visto como o "sertão bárbaro", mas como a matriz da brasilidade (Moraes, 2005), por onde, em séculos passados, já havia sido *locus* de riquezas e de caminhos de penetração. Isso ficou nítido na Marcha para o Oeste, construída como a ideia de uma "segunda conquista" do território pátrio. Em termos de políticas públicas, foram consubstanciadas as seguintes ações:

- Inauguração de Goiânia em 1939, nova capital do Estado (em substituição à colonial Vila Boa) e primeira cidade planejada do Centro-Oeste;
- Criação da empresa estatal Serviços de Navegação da Amazônia e Administração do Porto do Pará (SNAPP), em 1940, fruto da encampação das antigas *The Amazon River Steam Navigation Co. Limited* e *Port of Para*, uma tentativa de racionalizar a navegação em toda a Bacia Amazônica;
- Instituição, por decreto de 1942, de cinco territórios federais (Guaporé, Rio Branco, Amapá, Ponta Porã e Iguaçu),[4] cujo intuito era o de estimular o povoamento, a colonização, a presença militar e o controle fundiário de regiões fronteiriças, em uma ação de natureza eminentemente geopolítica;
- Criação do sistema oficial de colonização baseado em Colônia Agrícola Nacional (CAN), implantada entre 1942-44 em Ceres (GO), Dourados (atual MS), Monte Alegre (PA) e Rio Preto da Eva (AM);[5]
- Implementação da Fundação Brasil Central (FBC) e da Expedição Xingu-Roncador, em 1943, com o objetivo de proteger o centro geográfico do país, criar vias de circulação com o Amazonas e explorar e povoar as regiões cabeceiras do Rio Xingu;

4 Guaporé foi mudado para Rondônia, em 1956, e elevado a Estado em 1981. Rio Branco foi mudado para Roraima, em 1962, e elevado a Estado em 1988, juntamente com o Amapá. Ponta Porã e Iguaçu foram extintos em 1946, reanexados, respectivamente, a Mato Grosso e Paraná.

5 Para mais detalhes veja Costa (2014).

• Criação do Banco de Crédito da Borracha, em 1944, que obteve o monopólio da compra e venda do produto, interferindo no fluxo do sistema de aviamento e estimulando a sua produção;

• Apoio ao desenvolvimento da política privada de ocupação do Norte Paranaense pela Companhia de Terras do Norte do Paraná (CTNP), com destaque para a fundação das cidades de Londrina (1929) e Maringá (1947).

Para adequar o aparelho estatal à empreitada, cuja ótica geopolítica gozava de destacada posição no contexto governamental, foram criados o Conselho Nacional de Geografia (CNG), em 1937, e o Instituto Brasileiro de Geografia e Estatística (IBGE), em 1938, responsáveis pela incorporação da ideia de planejamento estatal com a instituição de órgãos gestores de políticas territoriais. Dentre as suas atribuições, destacavam-se o incremento do conhecimento da realidade do país (censos demográficos, levantamento de cartas ao milionésimo, estudos regionais e trabalhos de campo) e a difusão do conceito de região no discurso oficial, com a adoção da primeira regionalização oficial do território brasileiro. Esta, em uso no Ministério da Agricultura, dividia o país em cinco grandes regiões: Norte (AC, AM, PA, MA e PI); Nordeste (CE, RN, PB, PE e AL); Leste (SE, BA e ES), Centro (MT, GO e MG) e Sul (RJ, DF, SP, PR, SC e RS).

Uma circular da Secretaria da Presidência da República, de 1942, determinou que todos os ministérios adotassem a divisão regional definida pelo IBGE, que teve como critérios as características físicas do território nacional, ou seja, privilegiou o conceito de região natural. Foram definidas as regiões Norte (AC, AM e PA); Nordeste (dividida em Ocidental/MA-PI e Oriental/CE-RN-PB-PE-AL); Leste (dividida em setentrional/SE-BA e meridional/MG-ES-RJ-DF) e Sul (SP, PR, SC e RS). Em 1945, despontou uma nova regionalização, novamente alçando prioritariamente o meio físico como elemento diferenciador do quadro regional brasileiro, dividida em zonas fisiográficas – que perdurou até 1968 com os acréscimos de Roraima, Amapá, Guaporé (depois Rondônia) e Guanabara e a transferência do Distrito Federal para o Centro-Oeste. Na faixa de fronteira, ocorreram duas mudanças constitucionais: a busca da garantia do predomínio de capitais e trabalhadores brasileiros, em 1934, e a extensão de sua largura para 150 km, em 1937.

Entendemos que a opção pelo rodoviarismo é uma variável que precisa ser compreendida para a consecução do projeto nacional-desenvolvimentista colocado em prática, marcando, de forma gradativa, a derrocada do sistema ferroviário e da cabotagem como principais meios de transporte do país (Huertas, 2018a). Advogamos a ideia de que o Estado Novo institucionalizou o rodoviarismo com a criação do Departamento Nacional de Estradas de Rodagem (DNER) e do Conselho Nacional do Petróleo, ambos em 1937; do Imposto Único sobre Combustíveis e Lubrificantes (IUCL), em 1940; e do Plano Rodoviário Nacional (PRN), em 1944. No governo transitório de José Linhares (Vargas havia renunciado em 29 de outubro de 1945), a implantação do Fundo Rodoviário Nacional (FRN), em 23 de dezembro de 1945, alavancaria as políticas vindouras relacionadas com a construção e pavimentação de estradas de rodagem.

Na questão territorial, três aspectos podem ser destacados no período do Plano de Metas, no governo Juscelino Kubitschek (1956-1961). Primeiro: a proposta de equacionar a questão regional com a superação das desigualdades regionais, elemento integrante de uma espécie de projeto nacional que tinha a consolidação do mercado nacional como meta básica do desenvolvimento. Como analisa Moraes (2005, p. 99), advogou-se a tarefa estatal de construção do país com agressivas políticas territoriais, em um "esforço de produção de espaços ímpar na história brasileira". A criação da Superintendência do Desenvolvimento do Nordeste (Sudene), em 1957, e a transferência da capital federal para o Planalto Central (a cidade do Rio de Janeiro tornou-se o Estado da Guanabara em 1960) foram as principais ferramentas pensadas nesse sentido.

Segundo: com a materialização física das bases do mercado doméstico, resultado em grande parte das políticas de cunho rodoviarista, são abertos os caminhos para uma nova divisão inter-regional do trabalho. Em outras palavras, consolida-se o rompimento do "arquipélago econômico" com a ampliação do raio macroeconômico do país e a incorporação de novas terras (sul do Pará, sul do Maranhão, centro-norte de Goiás, Mato Grosso, Rondônia e Acre) ao tecido socioeconômico. A chamada "meta rodoviária" extrapolou os números previstos (construção e pavimentação, respectivamente, de 12.424 km e 5.656 km, face ao número inicialmente indicado de 10.453 km e

3.778 km) e enraizou no território nacional um "cruzeiro rodoviário" apto a articular Brasília com todos os quadrantes do país (Mapa 1).

MAPA 1. "Cruzeiro rodoviário" de JK

Elaboração cartográfica: Giuliano Tostes Novais.

Fonte: Adaptado de BRASIL. Plano Quinquenal de Obras Rodoviárias Federais – 1956/60. Rio de Janeiro: MVOP/DNER, 1956.

"Consequentemente, a ampliação dos fluxos de capital e dos fluxos produtivos e uma nova dinâmica nas relações centro-periferia configurariam uma estrutura produtiva densa, integrada, complexa e diversificada, localizada em várias parcelas do território nacional" (Huertas, 2018a, p. 236). Terceiro: é a partir dos anos 1950 que o Brasil entra com mais força na rota do tripé migração-urbanização-metropolização, e o meio urbano passa a ser qualificado como *locus* de modernidade. O processo de urbanização desencadeado – a população urbana cresce de 36,15%, em 1950; para 44,67%, em 1960; e para 55,92%, em 1970 – revela a alteração de sua estrutura econômica e o caráter dominante da acumulação industrial centralizada no Sudeste (São Paulo em particular).

Entretanto, sem os correlatos investimentos em saúde, educação, moradia, transporte público e saneamento básico estavam sendo desenhados os novos elementos que levariam ao aprofundamento da chamada modernização conservadora[6] e do desenvolvimento desigual e combinado. Em outras palavras, o Brasil atravessava um momento de grande impacto no que diz respeito às políticas territoriais, mas isso não significa, infelizmente, que tomou o caminho para a resolução de seus históricos e crônicos problemas estruturais.

A integração nacional, um dos símbolos da ditadura militar, repete os erros do passado e coloca o trator no caminho da floresta e de povos indígenas

Na década de 1970, os princípios e metas orientadoras do regime militar foram alicerçados pelos planos nacionais de desenvolvimento, com grande ênfase às políticas rodoviaristas. O I Plano Nacional de Desenvolvimento/PND (1972-1974) engatou com as altas taxas de crescimento econômicos verificados desde 1967, período do chamado "milagre econômico brasileiro", e o seu objetivo síntese foi o "Brasil potência", cujo intuito residia na tentativa de alçar o país ao mundo desenvolvido até o final do século. Uma das normas balizadoras do plano foi o aprofundamento da estratégia de promover o "progresso de novas áreas e a ocupação de áreas vazias" (Gremaud & Pires, 1999, p. 45).

Moraes mostra que o Estado reafirma com força uma visão geopolítica da atuação governamental "que repõe integralmente a concepção autoritária que identifica o Brasil com seu território" sob a chancela da "integração nacional como projeto básico". E continua: "As noções de modernidade e desenvolvimento perdem seu componente social e político, passando a qualificar apenas os aparatos produtivos e as infraestruturas" (Moraes, 2005, p.

6 O termo "modernização conservadora" foi cunhado em 1975 por Barrington Moore Jr. para analisar o desenvolvimento capitalista no Japão e na Alemanha, sendo introduzido no Brasil por Alberto Passos Guimarães. Veja Pires & Ramos (2009).

100). Assim, a integração do território nacional transforma-se em um aspecto fundamental para o chamado "crescimento integrado", no qual dois terços do território nacional são tidos como área de expansão da fronteira agrícola.

> É o avanço da fronteira agrícola – que, sob a chancela da integração nacional, tenta justificar o Plano de Metas de JK, anima o 'milagre econômico brasileiro' da década de 1970, ilustra a propaganda oficial e impulsiona a pulverização de frentes pioneiras em direção ao interior do país, registrando um surto demográfico sem precedentes (Huertas, 2009, p. 101).

Sob a égide da integração nacional, portanto, o sistema de transportes tornou-se uma das diretrizes prioritárias de investimento público, e o I PND englobou um conjunto de projetos rodoviários com o avanço de um amplo sistema de objetos para os "vazios demográficos". Na esfera geopolítica, Costa (1995) nos explica como as políticas territoriais traçadas pelo general Golbery do Couto e Silva foram levadas a cabo, levando-se em conta as características internas do espaço nacional e suas projeções internacionais. Em sua análise geopolítica do espaço brasileiro, Couto e Silva entrelaça elementos relacionados à permeabilidade natural do território nacional com a densidade populacional e a circulação para compor o que chamou de "manobra de integração do território nacional" (Mapa 2). Sob a ótica da fluidez, o território nacional foi desenhando segundo as perspectivas de articulação do núcleo central (triângulo Rio-São Paulo-Belo Horizonte) às "penínsulas" (ou istmos) do Nordeste, Sul e Centro-Oeste, e posteriormente da inserção da "ilha amazônica" ao tecido socioeconômico nacional, conforme sua visão do "arquipélago". Essa verdadeira manobra geopolítica foi assentada em três linhas gerais (Couto e Silva, 1981, p. 47):

1º – Articular firmemente a base ecumênica de nossa projeção continental, ligando o Nordeste e o Sul ao núcleo central do país; ao mesmo passo que garantir a inviolabilidade da vasta extensão despovoada do interior pelo tamponamento eficaz das possíveis vias de penetração;

2º – Impulsionar o avanço para noroeste da onda colonizadora, a partir da plataforma central, de modo a integrar a península Centro-Oeste no todo ecumênico brasileiro;

3º – Inundar de civilização a Hiléia amazônica, a coberto dos nódulos fronteiriços, partindo de uma base avançada constituída no Centro-Oeste, em ação coordenada com a progressão E-O segundo o eixo do grande rio.

Segundo a sua concepção, a primeira tarefa visando a integração e valorização do território nacional "há de ser forçosamente a de vitalizar esses três istmos de circulação, de maneira a, de um lado, articular solidamente de norte a sul nossa atual base ecumênica e, de outro lado, consolidar o avanço já esboçado para noroeste, a partir do núcleo central que, geográfica e historicamente, é a verdadeira plataforma para penetração e conquista do interior" (Couto e Silva, 1981, p. 45, grifo nosso). E continua:

> Somente a seguir, depois de nos havermos debruçado sobre a Hiléia amazônica, poderemos pensar em conquistar a grande ilha brasileira de noroeste por uma manobra concêntrica que combine o avanço do sul para o norte, ao longo dos afluentes da margem direita do grande rio, com a penetração pela embocadura do Amazonas e sucessivamente a montante de seus tributários de uma e outra margem – seguindo os mesmos rumos que, em épocas já distantes, com meios muito mais rudimentares e propósitos bem diversos, bandeirantes e missionários esboçaram em seu admirável desbravamento daquele deserto verde (Idem, 1981, p. 45-46).

MAPA 2. Manobra de integração do território nacional

Elaboração cartográfica: Giuliano Tostes Novais.
Fonte: Adaptado de Couto e Silva (1981:44 e 46).

Se os "espaços vazios" precisavam ser ocupados de forma racional e planejada, os objetos que ali seriam instalados deveriam conter todos os elementos intrínsecos à ideia, representando um conjunto completo de tecnosfera – que significa a dependência da regulação social em ciência e tecnologia (Santos, 2004). O conteúdo das formas implantadas era basicamente composto pelo tripé energia-transportes-comunicações, em consonância com o binômio governo-iniciativa privada, mas ao sistema rodoviário coube a aura de uma espécie de "corolário da integração nacional". O Ministério do Interior (Minter) ficou encarregado de estruturar o planejamento (ocupação e ordenamento do espaço) com o agrupamento de todas as políticas territoriais sob a sua chancela.

Eventos faraônicos, de cunho geoeconômico e geopolítico, em consonância com a nova diretriz imposta pelo regime militar à Amazônia, agora um novo alvo do capital. Cabe ressaltar que no biênio 1966-1967 o governo Castello Branco já havia elaborado o "Plano Amazônia", um arcabouço jurídico-institucional de indução de ações produtivas e especulativas ao âmago da floresta. Daí surgiu a Amazônia Legal, delimitando a área de atuação da Superintendência do Desenvolvimento da Amazônia (Sudam) e do Banco da Amazônia S/A (Basa) e de concessão de incentivos fiscais à região, além do impulso industrial com a criação da Superintendência da Zona Franca de Manaus (Suframa). No ideário governamental, além das garantias de crédito facilitadas, da reduzida burocracia e da grande disponibilidade de riquezas naturais, a estratégia de indução de investimentos traria um elemento de difícil compreensão até mesmo para os dias atuais: o discurso de que a Amazônia "é perto" (Figura 1). "Além disso, a propaganda oficial alimentava a premissa de que a região se situava no 'centro do mundo', com ligações aéreas e marítimas eficientes, denotando uma explícita intenção de direcionar toda a produção ali estimulada para o mercado interno" (Huertas, 2009, p. 93).

Segurança nacional, ocupação e integração nacional compunham a tríade que passou a orientar as ações públicas básicas para a Amazônia Legal, e juntamente com o anúncio de grandes troncos rodoviários o governo federal lançou a lei nº 1.164, de 1º de abril de 1971, que declarava "indispensáveis à segurança e ao desenvolvimento nacional as terras devolutas situadas na faixa de 100 km de largura em cada lado do eixo de rodovias na Amazônia Legal", construídas, em construção ou planejadas. De uma tacada só, houve um verdadeiro confisco do controle de cerca de 21.500 km de terras contínuas, que ficaram sob a supervisão do recém-criado Instituto Nacional de Colonização e Reforma Agrária (Incra).

Figura 1. 'Propaganda locacional' da Amazônia

Fonte: Adaptado de Banco da Amazônia S/A. Investimentos privilegiados na Amazônia (...). São Paulo: Obelisco, 1968.

E a etapa principal para a consecução de grandes obras rodoviárias com o intuito declarado de estimular a ocupação dos chamados "vazios demográficos" e/ou de manobrar a integração nacional foi um pacote denominado Programas Especiais na Área dos Transportes (Mapa 3), cujo desenho atendeu, em parte, a projetos geopolíticos com orientação na chamada Doutrina de Segurança Nacional, "que no caso servia à acumulação de capitais das construtoras e de equipamento e materiais rodoviários" (Vizentini *apud* Campos, 2012, p. 399). Os planos propostos,[7] descritos abaixo, atendem diretamente a objetivos geoeconômicos e/ou geopolíticos atrelados ao planejamento regional, de acordo com "considerações estratégicas e circunstanciais":

7 O pacote também incluía o Programa de Construção Naval 1971-1975.

MAPA 3. Rodovias incluídas nos Programas Especiais (1970-1972)

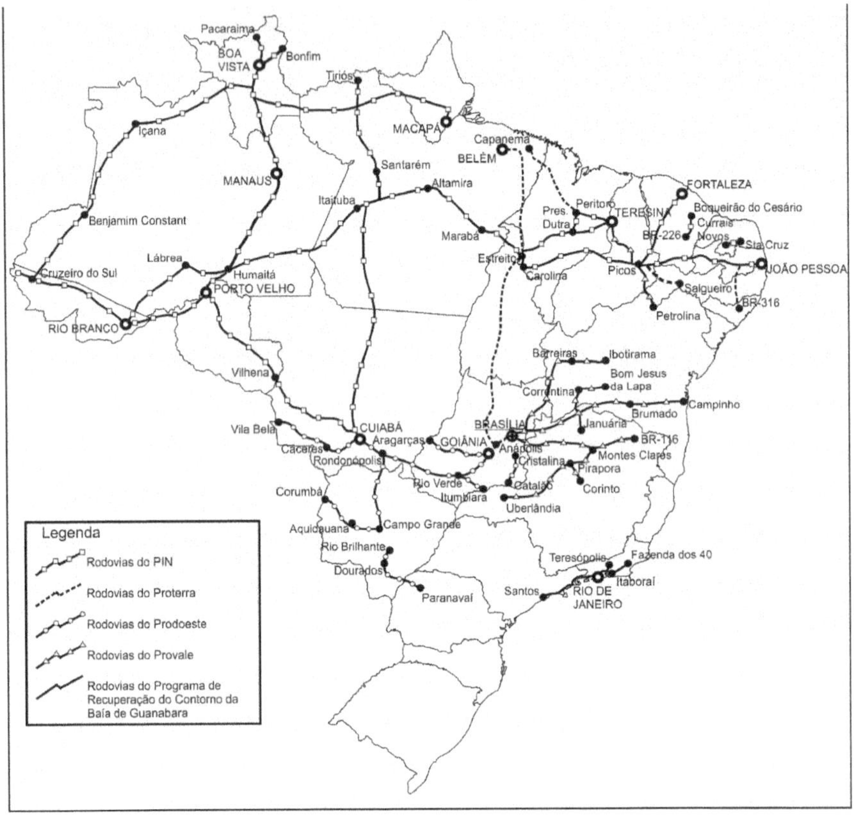

Elaboração cartográfica: Giuliano Tostes Novais.

Fonte: Adaptado de Andreazza (1972).

(I) Programa de Integração Nacional (PIN): criado pelo decreto-lei nº 1.106, de 16 de junho de 1970, prevê a integração territorial "em seus aspectos de efetiva posse de extensas áreas do nosso território, incorporando-as ao contexto nacional, através do desbravamento de áreas virgens e abertura de novas fronteiras de desenvolvimento econômico e social, mediante a construção de rodovias pioneiras que complementarão o sistema de navegação fluvial" (Andreazza, 1972, p. 10).

O PIN compreende a constituição de uma "rede rodoviária básica" inter-regional entre Norte-Nordeste e Norte-Centro-Oeste, além de ligações intrarregionais nessas mesmas zonas, perfazendo cerca de 15 mil km. O documento destaca a implantação das rodovias Transamazônica (BR-230), Cuiabá-Santarém (BR-165, mais tarde modificada para BR-163) e Porto Velho-Manaus (BR-319), empreendimentos de grande vulto que mobilizaram recursos expressivos para a sua consecução, rasgando a floresta amazônica em distâncias que ultrapassam os três dígitos (Figura 2). O eixo da BR-163 fora entregue aos empresários privados (que investiram preferencialmente no Mato Grosso) e o da BR-364, em Rondônia, mesclou projetos voltados a colonos (pequena propriedade) com outros destinados a médios e grandes fazendeiros.

FIGURA 2. Transamazônica e ocupação da Amazônia

Fonte: Reprodução do original (selos comemorativos de 1972).

(II) Programa de Redistribuição de Terras e de Estímulo à Agroindústria do Norte e do Nordeste (Proterra): criado pelo decreto-lei nº 1.179, de 6 de julho de 1971, foi tido como de complementação à rede rodoviária existente para a promoção do acesso à terra e fortalecimento da agroindústria nas áreas de atuação da Sudam e Sudene. Em poucas palavras, o Proterra consistiu na pavimentação de 2.842 km de estradas, destacando-se a Belém-Brasília (BRs-010, 153 e 226), a ligação Campina Grande-BR-316 (BR-104) e os trechos Capanema-Caxuxa/MA e Picos-Salgueiro da BR-316.

(III) Programa de Desenvolvimento do Centro-Oeste (Prodoeste): criado pelo decreto-lei nº 1.192, de 8 de novembro de 1971, visou à ligação rodoviária dos Estados do Centro-Oeste aos principais centros de consumo, industrialização e exportação do país, com implantação e pavimentação de

3.995 mil km. O plano anunciou a modernização da agropecuária no Planalto Central, de acordo com os interesses da Revolução Verde e as orientações da Superintendência de Desenvolvimento do Centro-Oeste (Sudeco).

(IV) Programa Especial para o Vale do São Francisco (Provale): criado pelo decreto-lei nº 1.207, de 7 de fevereiro de 1972, estabeleceu o incremento da navegação pelo Rio São Francisco com a integração rodoferroviária com o Centro-Sul, além da implantação de uma rede rodoviária de 4.794 km.

(V) Programa de Corredores de Exportação: aprovado pela exposição de motivos nº 5/SG, de 25 de março de 1972, previu o incremento logístico e dos acessos rodoviários aos portos de Rio Grande (RS), Paranaguá (PR), Santos, Rio de Janeiro e Vitória para fortalecer a capacidade de competição no mercado externo com uma infraestrutura integrada entre os modais marítimo, rodoviário e ferroviário.

(VI) Programa de Recuperação do Contorno da Baía de Guanabara: aprovado pela exposição de motivos nº 01/GM/BSB, de 20 de janeiro de 1972, teve como objetivo melhorar a ligação entre os Estados da Guanabara e Rio de Janeiro, incluído em um plano diretor com metas também nas áreas de saneamento básico e urbanização. Para o modal rodoviário, estipulou-se a pavimentação da Rio-Santos (BR-101); a construção de novas pistas na Via Dutra na Baixada Fluminense; a construção da BR-101 no trecho Rio Bonito-Fazenda Nova da Graça (agiliza a nova "Rio-Bahia litorânea"); a duplicação da Rio-Teresópolis até Magé e o contorno de Niterói (que ficou conhecido como Rio-Manilha). Este programa agiu em complementariedade com a construção da Ponte Rio-Niterói, cujo projeto foi autorizado por decreto assinado pelo presidente Costa e Silva em 1968.

Por causa da centralização do poder, da ideologia da integração nacional e da necessidade de se alterar a divisão territorial do trabalho no país, o conceito de região, durante a ditadura militar, se transformou em um elemento importante na gestão do território, com o abandono definitivo da "região natural" em detrimento de fatores socioeconômicos. Assim, novos conceitos e métodos foram incorporados, como a teoria da localização (Christaller) e dos polos de desenvolvimento (Perroux e Baudeville); a funcionalidade dos lugares e das relações entre as cidades e suas regiões; os conceitos de homogeneidade e polarização (Rochefort) e a identificação dos espaços funcionais.

O decreto nº 67.647, de 23 de novembro de 1970, instituiu a nova divisão regional do Brasil, em vigência até os dias de hoje: regiões Sul, Sudeste, Centro-Oeste, Nordeste e Norte. Em 1975, o Estado da Guanabara foi extinto e anexado ao do Rio de Janeiro e, em 1977, ocorreu a divisão do Mato Grosso. Na brochura que produziu para explicar à população a divisão do Mato Grosso, o governo federal legitimou a secessão recorrendo à história (contraposição entre bandeirantes e boiadeiros), à geografia e às futuras oportunidades de desenvolvimento que seriam criadas. Aos empreendimentos já instalados e futuros, o governo prometeu "que não faltarão apoio e iniciativas federais", cujo incremento "resultará a aceleração do crescimento e do processo de ocupação, com benefícios para a região e para o Brasil em seu todo" (Brasil, 1977, p. 9). A decisão, inserida "em estratégia mais ampla de integração nacional, manutenção do crescimento econômico e incessante busca do bem-estar da coletividade (...), foi a que melhor serviu, no caso, aos mais altos interesses nacionais" (Brasil, 1977, p. 19-20). Cabe ressaltar que o novo Mato Grosso (a porção centro-norte do antigo Mato Grosso) recebeu grandes aportes tanto do Programa de Polos Agropecuários e Agrominerais da Amazônia (Polamazônia) quanto do Programa de Desenvolvimento dos Cerrados (Polocentro), ambos lançados no II PND com o objetivo de alavancar a fronteira agrícola sob os desígnios do nascente conceito de agronegócio.

Na questão específica das fronteiras do país, a portaria nº 357 do Ministério das Relações Exteriores (MRE), de 15 de março de 1973, manteve as comissões Demarcadoras de Limites, responsáveis pela inspeção e manutenção dos marcos fixados ao longo da linha de fronteira e por assessoramento à Divisão de Fronteiras do MRE, além de caracterizar e demarcar as fronteiras. O Brasil ostenta 15.719 km de fronteira terrestre, e cabe destacar que a demarcação é a materialização no terreno dos pontos notáveis referidos em tratados específicos, ou seja, é a formalização, em documento descritivo, da linha negociada na delimitação. Desde um decreto-lei de 1939, as comissões são assim divididas:

- Primeira Comissão Demarcadora de Limites (PCDL), sediada em Belém: encarregada da fronteira com Guiana Francesa (655 km), Suriname (593 km), Guiana (1.606 km), Venezuela (1.495 km), Colômbia (1.669 km) e Peru (2.995 km);

- Segunda Comissão Demarcadora de Limites (SCDL), no Rio de Janeiro: cuida da fronteira com Bolívia (3.126 km), Paraguai (1.339 km), Argentina (1.263 km) e Uruguai (1.003 km).

Mattos (1990, p. 104) destaca, historicamente, a importância política das comissões, com serviços dedicados ao país em regiões inóspitas e carentes de comunicações: "Isto obriga as Comissões a se embrenharem por meses a fio nas selvas e nos ermos do território em ligação permanente com equipes dos países vizinhos, movimentando-se ao longo das linhas de limites, munidos do indispensável instrumental de topografia, de medidas geodésicas e astronômicas, de construção e reparação de marcos, de transporte próprio (muitas vezes canoas e muares), de socorros médicos e farmacêuticos".

Um fato inusitado no âmbito do sistema internacional ocorreu com o protagonismo do governo ditatorial do Brasil na gestão Médici, que, em 25 de março de 1970, baixou o decreto-lei nº 1.098, ampliando a abrangência do mar territorial do país para 200 milhas marítimas (1 m.m. = 1.852 metros). Até então, salvo algumas exceções, prevalecia a prática de que a soberania sobre as águas costeiras era de 3 milhas marítimas (ou 5,566 km). Para justificar a canetada, o Brasil considerou, no preâmbulo do decreto supracitado, que "o interesse especial do Estado costeiro na manutenção da produtividade dos recursos vivos das zonas marítimas adjacentes a seu litoral é reconhecido pelo Direito Internacional" e que "tal interesse só pode ser eficazmente protegido pelo exercício da soberania inerente ao conceito do mar territorial". Assim, cada Estado teria competência para "fixar seu mar territorial dentro de limites razoáveis, atendendo a fatores geográficos e biológicos assim como às necessidades de sua população e sua segurança e defesa".

Na análise de Bandeira (2011), trata-se de uma estratégia adotada no seio da chamada "diplomacia do nacionalismo autoritário" (ou "diplomacia do interesse nacional" para outros autores), arquitetada pelo então ministro das Relações Exteriores, Mário Gibson Barbosa, com o interesse de obter reconhecimento de seu *status* de potência emergente, com interesses próprios e rivais. A ação não foi do agrado dos EUA, mas justificada por Barbosa, com apoio do ministro da Marinha, almirante Adalberto de Barros Nunes, pela "necessidade política de demonstrar a vontade nacional, com um ato de afirmação da soberania, pela qual o Brasil tanto se identificava quanto se diferenciava como potência emergente, no sistema internacional" (Bandeira, 2011, p. 175).

Ainda no regime militar, a fronteira marítima brasileira, com extensão de 7.367 km, recebeu a definição de suas linhas laterais com a França[8] (a Guiana Francesa é um Departamento Ultramarino da República Francesa) e Uruguai pelo método laxodrômico, que se refere à linha de rumo, ou seja, linha da superfície da Terra que conserva o mesmo ângulo com todos os meridianos, tendo como base a projeção de Mercator (esta é conforme, ou seja, não há deformação dos ângulos em torno de quaisquer pontos, e cilíndrica).

A questão sobre a soberania marítima foi regularizada internacionalmente com os critérios estabelecidos pela Convenção das Nações Unidas sobre o Direito do Mar (CNUDM), realizada em 1982, em Montego Bay, na Jamaica. O Brasil assinou o documento em 10 de dezembro de 1982, ratificado posteriormente em 1988. Os artigos 2 e 3 do acordo estabelecem que "a soberania do Estado costeiro sobre o seu território e suas águas interiores estende-se a uma faixa de mar adjacente – mar territorial – com dimensão de até 12 milhas marítimas (1 m.m. = 1.852 metros), a partir das linhas de base", em que, no mar territorial, "o Estado costeiro exerce soberania ou controle pleno sobre a massa líquida e o espaço aéreo subjacente, bem como sobre o leito e o subsolo deste mar" (Souza, 1999, p. 79).

As regulamentações colocadas em prática pela CNUDM levaram o governo federal a editar o decreto nº 98.145, de 15 de setembro de 1989, que instituiu o Plano de Levantamento da Plataforma Continental Brasileira (Leplac) com o propósito de estabelecer o limite exterior da plataforma continental no seu aspecto jurídico. Dessa forma, seria possível determinar a área marítima, além das 200 milhas, que o país exercerá direitos de soberania

8 Cabe ao menos mencionar o que ficou conhecido como "Guerra da Lagosta", entre 1961-1963, quando Brasil e França entraram numa contenda sobre a pesca do crustáceo. A Marinha havia flagrado barcos franceses capturando lagostas na costa de Pernambuco, mas o governo daquele país negou que os pesqueiros estivessem atuando em território brasileiro. Após discussões sobre aspectos orgânicos do animal (se nadava ou andava) e um pico de tensão (com o deslocamento de um navio de guerra francês para proteger os pesqueiros e a preparação de um plano secreto do governo Jânio Quadros para invasão e anexação da Guiana Francesa pelo Amapá), a questão acabou com a retirada das embarcações do país europeu. Não foi registrado um único tiro.

para exploração e aproveitamento dos recursos naturais do leito e subsolo marinho. A lei nº 8.617, de 4 de janeiro de 1993, além de revogar o decreto de 1970 para aplicar o novo conceito de mar territorial (de 12 m.m.), incorporou ao território nacional a Zona Econômica Exclusiva (ZEE), com cerca de 3,5 milhões km², sobre a qual cada país postulante, mediante reivindicação oficial baseada em minucioso levantamento físico e humano e sua consequente aprovação, adquire o direito exclusivo, de até 200 m.m., de exploração científica e econômica de todos os recursos marinhos, na água, solo e subsolo, mas não pode impedir a navegação internacional.

Considerações finais

Como entoado no hino nacional, o Brasil é um "gigante pela própria natureza". Afinal, são 8.510.295,914 km² que ocupam os hemisférios Norte (Amapá, Pará, Roraima e Amazonas) e Sul em quatro fusos horários distintos (de -2h a -5h de Greenwich), cujos pontos extremos extrapolam os quatro dígitos: 4.319 km de leste a oeste (da nascente do Rio Moa, no Acre, à Ponta do Seixas, na Paraíba) e 4.394 km de norte a sul (da nascente do Rio Ailã, em Roraima, ao Arroio Chuí, no Rio Grande do Sul), segundo o IBGE (2004).

No que diz respeito às fronteiras, pode-se dizer que o país alcançou uma situação de consolidação: a fase de demarcação está completa e existem algumas pendências – que, a princípio, não resultam em grande preocupação. Referem-se à densificação (verificação, manutenção e fixação de novos marcos) em trechos da fronteira amazônica (linha Tabatinga-Apapóris e trechos do divisor de águas na fronteira com a Venezuela); reparação e reconstrução de marcos avariados; demarcação de mais de 80 ilhas dos trechos limítrofes nos rios Mamoré e Guaporé (fronteira com a Bolívia) e definição do limite ao longo dos quase 200 km do Lago de Itaipu (fronteira com o Paraguai). Atualmente, a faixa de fronteira ocupa 2.532.900 km² (cerca de 27% do território nacional), com aproximadamente 10 milhões de habitantes, em 588 municípios de 11 Estados.

Em abril de 2007, a ZEE brasileira recebeu mais 712 mil km², cuja reivindicação de "plataforma continental estendida" fora aprovada pela Comissão de Limites da Plataforma Continental, da Organização das Nações Unidas

(ONU), quase três anos após o envio do relatório preparado pela União. Naquela época, apenas a Rússia havia tomado tal iniciativa. Com cerca de 4,45 milhões km^2, passou a ser chamada de "Amazônia Azul" por causa da semelhança entre a área de ambas. Em dezembro de 2018, o governo federal apresentou à ONU nova reivindicação de ampliação de sua ZEE, com mais 2,1 milhões km^2 em três áreas (submissões sul, ocidental/meridional e equatorial), como prolongamento de sua plataforma continental.

A justificativa para o pedido, segundo o secretário da Comissão Interministerial de Recursos para o Mar, almirante Sérgio Guida, é a de que o Oceano Atlântico guarda "um verdadeiro tesouro" em minerais e elementos químicos escassos na superfície terrestre, com ocorrência já comprovada de cobalto, níquel, manganês, fosfato e platina. "Os bandeirantes fizeram o trabalho que possibilitou o Brasil crescer para oeste", afirmou, mas hoje existem "alguns bandeirantes que, cientificamente, dentro da lei, têm feito o trabalho de fazer o Brasil crescer para leste"(Monteiro, 2019). Guida reiterou que cerca de 30% dos oceanos do mundo já estão "territorializados", ou seja, sob domínio de algum país, e que existem pesquisas científicas realizadas há anos por alemães, estadunidenses e britânicos sobre a submissão ocidental/meridional, também chamada de Elevação do Rio Grande. Em tempo Em tempo: grande parte do óleo do pré-sal encontra-se no limite da plataforma continental brasileira.

Quanto à ordenação territorial, desde a promulgação da Constituição de 1988 o Brasil ganhou mais um ente federativo estadual (o Tocantins, desmembrado de Goiás) e o território federal de Fernando de Noronha, um dos muitos "paraísos naturais" brasileiros, tornou-se um território estadual subordinado a Pernambuco. Na pauta sobre a temática territorial ainda devemos mencionar o chamado "Polígono das Secas", que delimita a área de aplicação de 50% dos recursos do Fundo Constitucional do Nordeste (FNE);[9] a última frustrada tentativa de criação de dois entes federativos, em 2011

9 A Constituição determina que pelo menos 50% dos recursos do FNE sejam aplicados no financiamento de atividades produtivas nos 1.133 municípios do semiárido, que ocupam uma área de 1.086.153 km^2 em todos os Estados do Nordeste e no norte de Minas Gerais, com cerca de 48 milhões de habitantes. Esse arranjo territorial, chamado de "Polígono das Secas", teve o seu critério definido em 1989, que inclui precipitação média anual igual ou inferior a 800 mm, índice de aridez de até 0,5 (calculado sobre o balanço hídrico entre as precipitações

– em plebiscito, a população do Pará decidiu pelo não desmembramento do Estado, vetando os Estados de Carajás e Tapajós – e a suspensão para a criação de novos municípios no país desde 1996, quando foi aprovada uma emenda constitucional que condicionou a criação, incorporação, fusão e desmembramento de novos municípios à aprovação de uma lei federal que definisse os critérios de viabilidade. Ocorre que todas as propostas encaminhadas desde então foram vetadas pelo Executivo, e 57 municípios criados por uma emenda de 2008, em desacordo com a Constituição, estão em um limbo jurídico.

Em análise sobre os motivos históricos que levaram à imensidão do territorial brasileiro, Théry & Mello (2005) apontam com razão para a conjunção de três elementos explicativos de peso: uma sanha conquistadora, a ação política deliberada e contínua e um impressionante dinamismo pioneiro. Entretanto, os autores esqueceram de correlacionar essas várias com os problemas estruturais do país, pois exatamente essa apropriação do território como economia de fronteira, desde os quinhentos, resultou nas fontes originárias do subdesenvolvimento destas bandas ao sul do Equador: a escravidão e o latifúndio.

O ponto de partida de nossa análise, a configuração do território lusitano nas Américas em "arquipélago", precisa ser visto como resultado da divisão territorial do trabalho que por mais de quatro séculos contribuiu para que engrenagens socioeconômicas e políticas perversas mantivessem a colônia e, mais tarde, o Estado-nação em situação geralmente desfavorável na divisão internacional do trabalho. Quadro esse que pouco estimulou um desenvolvimento endógeno que beneficiasse em primeiro plano a maturação do mercado interno, a alavancagem de forças produtivas progressistas e a possibilidade de poupança interna – sufocado pelo conjunto latifúndio agroexportador, escravidão e submissão aos desígnios do capitalismo internacional.

Em pleno século XXI, a fronteira agrícola precisa ser compreendida como um elemento específico da formação socioespacial brasileira, inserida principalmente no avanço sistemático e feroz do circuito do binômio soja-milho, em consonância com a pecuária bovina e a atividade madeireira – o "trinômio madeira-boi-soja" (Huertas, 2009) –, sobre vastas extensões do

e a evapotranspiração potencial no período 1961-90) e risco de seca maior do que 60% (para o período 1970-90).

Centro-Oeste e da franja meridional da Amazônia, cujos novos conteúdos em ciência, técnica e informação foram capazes de configurar o que Santos e Silveira (2001) preferiram chamar de *belts* modernos e novos *fronts*. "A fronteira, assim, mantém implícita uma visão capitalista de apropriação e ocupação do espaço, mas que carregará consigo movimentos migratórios exponenciais e a criação e expansão de cidades em quase todo o domínio dos cerrados, avançando pela floresta amazônica" (Huertas, 2018a:245).

O resultado da sanha do trator e da motosserra foi a rápida multiplicação de municípios, muitos dos quais acabariam se tornando, a partir dos anos 1990, zonas do agronegócio. Quando ainda território federal (até 1982), Rondônia possuía apenas dois municípios (Porto Velho e Guajará-Mirim); hoje são 52 (+2.600%). Mato Grosso, na época da divisão (1977), ficou com 38; hoje são 141 (+371%). No trecho paraense da Transamazônica, oito municípios foram criados entre Itaituba e Marabá como resultado da abertura da polêmica estrada. Três tiveram como origem projetos de colonização do Incra (Medicilândia, Rurópolis e Uruará, em 1988) e outros dois tornaram-se povoados a partir de bases de apoio para construção da estrada (Pacajá, em 1988, e Novo Repartimento, em 1991). Brasil Novo (1991), Placas (1993) e Anapu (1995) tiveram como origem o desmembramento simples de municípios mais antigos. O município de Apuí, no sul do Amazonas, também foi criado (1982) tendo como base dois fracassados projetos de colonização do Incra na BR-230.

Medicilândia carrega no nome a marca da ditadura e de suas atrocidades. Não muito longe dali, em Anapu, na mesma Transamazônica, a missionária estadunidense Dorothy Stang, de 73 anos, foi violentamente morta a tiros em 2005. Era uma ativista dos direitos humanos, buscando reduzir os conflitos fundiários naquela região com projetos de desenvolvimento sustentável baseados em ações de geração de emprego e renda para pequenos agricultores a partir do reflorestamento de áreas degradadas. Antes disso, em 1988, o seringueiro, sindicalista e ambientalista Chico Mendes também fora assassinado brutalmente em Xapuri, interior do Acre, por defender os povos da floresta, organizando e liderando "empates" (correntes humanas no caminho de tratores e retroescavadeiras) contra a sanha desenvolvimentista, sobretudo às margens das BRs 364 e 317. A pavimentação da Cuiabá-Santarém tornou-se irreversível e guarda relação direta com o avanço das pastagens e do desmatamento no norte do Mato Grosso e sul do Pará, estimulando a especulação fundiária que se cria a partir de perspectivas futuras. Resta saber "quem serão os reais beneficiados com essa investida dos atores hegemônicos e de que forma a União se posicionará em relação aos possíveis mandos e desmandos típicos de movimentos de expansão de fronteira" (Huertas, 2018a, p. 245). Que a BR-163 seja a última cicatriz rodoviária no âmago da floresta.

Na formação territorial brasileira, é correto afirmar que "não há textos expressando frustações por territórios perdidos, nem mapas testemunhando amputações geográficas", uma situação na qual "a paz tem predominado na solução de conflitos internos e, desde 1870, o país não participa de guerras no continente" (Filho, 1999, p. 314-15). Em suma, no conturbado contexto histórico latino-americano, o Brasil conseguiu preservar a sua unidade territorial e os limites com os vizinhos foram bem negociados. Também é verdade que as dinâmicas territoriais empreendidas a partir do governo Vargas, com maior ênfase ao Plano de Metas de JK e ao Plano de Integração Nacional da ditadura militar, definitivamente romperam aquela velha estrutura de "arquipélago econômico" à qual o país historicamente estava submetido.

No interior da sociedade brasileira, entretanto, persiste outro arquipélago, fruto da injustiça social, do latifúndio, da brutal concentração de renda, da manutenção dos privilégios oligárquicos, do clientelismo e da submissão aos desígnios do chamado Primeiro Mundo na divisão internacional do trabalho. O processo histórico de inserção de grande parcela da população ao tecido socioeconômico do país se deu com total ausência de cidadania, em toda a extensão que este conceito permite. Territorialmente, este arquipélago se manifesta de maneira nítida nas desigualdades regionais e nas cidades partidas (morro e asfalto; favela e bairro nobre; centro e periferia) que se esparramam por todo o território nacional. Economicamente, é fruto da sistêmica espoliação dos fundos territoriais.

Enquanto os países considerados desenvolvidos mantêm relação estreita entre educação, subsídios, mercado nacional consolidado (integrado e coeso) e alto valor agregado da produção, a receita brasileira é composta em grande parte por safra, tonelagem, grandes áreas, monocultura, exportação de *commodities*, abertura comercial irresponsável, posição desvantajosa no sistema internacional de trocas e submissão aos ensejos do Primeiro Mundo, ingredientes insuficientes para resolver os históricos e crônicos problemas estruturais do Brasil. Historicamente, integração nacional e subdesenvolvimento se confundem no país, no qual reinam a hipocrisia e uma tremenda falta de sintonia com o poder de melhora significativa das condições de bem-estar da população de uma nação com as suas dimensões continentais. O Brasil clama por um projeto nacional disposto a encarar essas mazelas, já insustentáveis e escancaradas; o rompimento deste sinistro arquipélago social precisa ser visto como a prioridade número um do país!

Referências

ANDRADE, Manuel Correia de. *A questão do território no Brasil*. São Paulo e Recife: Hucitec/Ipespe, 1995.

ANDREAZZA, Mário. *Programas especiais na área dos transportes: objetivos e execução*. Rio de Janeiro: Companhia Brasileira de Artes Gráficas, 1972.

BANDEIRA, Luiz Alberto Muniz. *Brasil-Estados Unidos: a rivalidade emergente (1950-1988)*. 3a. edição revista e ampliada. Rio de Janeiro: Civilização Brasileira, 2011.

BRASIL. *A divisão de Mato Grosso*. Brasília: Presidência da República, 1977.

CAMPOS, Pedro Henrique Pedreira. *A ditadura dos empreiteiros: as empresas nacionais de construção pesada, suas formas associativas e o Estado Ditatorial Brasileiro, 1964-1985*. Tese de Doutorado em História Social. Niterói: Universidade Federal Fluminense (UFF), 2012.

CERVO, Amado Luiz; BUENO, Clodoaldo. *História da política exterior do Brasil*. 4a. edição revista e ampliada. Brasília: Ed. UnB, 2011.

COSTA, Wanderley Messias da. *O Estado e as políticas territoriais no Brasil*. São Paulo: Contexto, 1995.

COSTA, Julio Cesar Zorzenon. *Colonização privada e oficial no primeiro governo Vargas: integração do mercado e desenvolvimento econômico. História Econômica & História de Empresas*, São Paulo, vol. 17, n.1, 2014.

COUTO E SILVA, Golbery do. *Conjuntura política nacional: o poder executivo & geopolítica do Brasil*. 3a. edição Rio de Janeiro: José Olympio, 1981.

FILHO, Synesio Sampaio Goes. *Navegantes, bandeirantes, diplomatas: um ensaio sobre a formação das fronteiras do Brasil*. São Paulo: Martins Fontes, 1999.

FURTADO, Celso. *Formação econômica do Brasil*. 11a. edição. São Paulo: Companhia Editora Nacional, 1971.

GREMAUD, Amaury Patrick; PIRES, Julio Manuel. "Metas e Bases" e I Plano Nacional de Desenvolvimento – I PND (1970-1974), in KON, Anita (org.). *Planejamento no Brasil II*. São Paulo: Perspectiva, 1999.

HUERTAS, Daniel Monteiro. *Da fachada atlântica à imensidão amazônica: Fronteira Agrícola e Integração Territorial*. São Paulo: Annablume, 2009.

HUERTAS, Daniel Monteiro. Do "Arquipélago Econômico" ao padrão urbano-industrial: explosão demográfica e urbanização caótica", in BRANCO, Marcello Simão (org.). *Compreensão da realidade brasileira*. São Paulo: Alameda Editorial, 2018a.

HUERTAS, Daniel Monteiro. *Território e circulação: transporte rodoviário de carga no Brasil*. São Paulo: Unifesp, 2018b.

IBGE. *Atlas geográfico e escolar*. 2a. edição. Rio de Janeiro: IBGE, 2004.

MAGNOLI, Demétrio. *O corpo da pátria: imaginação geográfica e política externa no Brasil (1808-1912)*. São Paulo: Unesp/Moderna, 1997.

MATTOS, Carlos de Meira. *Geopolítica e teoria de fronteiras: fronteiras do Brasil*. Rio de Janeiro: Biblioteca do Exército, 1990.

MONTEIRO, Tânia. Brasil quer ampliar em 58% sua Área Marítima. *O Estado de S. Paulo*, Política/A10, 27 maio de 2019.

MORAES, Antonio Carlos Robert de. *O Sertão*: Um "Outro" Geográfico. *Terra Brasilis*. Rio de Janeiro, anos III-IV, n. 4-5, 2002-2003.

MORAES, Antonio Carlos Robert de. *Território e História no Brasil*. 2a. edição. São Paulo: Annablume, 2005.

NETO, Manoel Fernandes de Sousa. *Planos para o Império: Os Planos de Viação do Segundo Reinado (1869-1899)*. São Paulo: Alameda Editorial, 2012.

OLIVEIRA, Adélia Engrácia de. Ocupação Humana. In: SALATI, Eneas *et al* (orgs.). *Amazônia: Desenvolvimento, Integração e Ecologia.* São Paulo: Brasiliense, 1983.

PIRES, Murilo José de Souza; RAMOS, Pedro. *O Termo Modernização Conservadora: Sua Origem e Utilização no Brasil. Revista Econômica do Nordeste (REN)*, Fortaleza, vol. 40, n. 3, julho/setembro de 2009.

PRADO JÚNIOR, Caio. *História Econômica do Brasil.* 15a. edição. São Paulo: Brasiliense, 1977.

SANTOS, Milton. *A Natureza do Espaço. Técnica e Tempo. Razão e Emoção.* 4a. edição. São Paulo: Edusp, 2004.

SANTOS, Milton. *A Urbanização Brasileira.* 5a. edição. São Paulo: Edusp, 2005.

SANTOS, Milton; SILVEIRA, María Laura. *O Brasil: Território e Sociedade no Início do Século XXI.* 3a. edição. Rio de Janeiro: Record, 2001.

SOUZA, J. M. de. *Mar Territorial, Zona Econômica Exclusiva ou Plataforma Continental? Revista Brasileira de Geofísica*, vol. 17(1), 1999.

THÉRY, Hervé; MELLO, Neli. *Atlas do Brasil: Disparidades e Dinâmicas do Território.* São Paulo: Edusp, 2005.

Mercado de trabalho e cidadania:

Da utopia do emprego protegido à distopia do neo-empreendedorismo

Cláudia Alessandra Tessari
Murilo Leal Pereira Neto

Introdução

A organização, as características e a dinâmica do mercado de trabalho em um país são inseparáveis da formação e das características da ordem social mais geral, do tipo de capitalismo e de sociedade historicamente estabelecidos. Tratar do mercado de trabalho é importante não apenas para compreender uma das dimensões fundamentais da economia, mas também para compreender a sociedade e mesmo a política de um país.

É possível afirmar que, no Brasil, os postos de trabalho em nível nacional somente começaram a ser ocupados majoritariamente por brasileiros livres que circulavam de um lugar para outro e eram regidos pelas mesmas regras jurídicas a partir dos anos 1930, o que caracterizou o início da nacionalização do mercado de trabalho. Nos quarenta anos anteriores, aproximadamente, a demanda por força de trabalho era abastecida por região, dependendo, os arranjos, de características das economias locais, das relações sociais e dos interesses, recursos e possibilidades políticas das forças no poder em cada estado. Tratava-se de mercados de trabalho regionais, heterogêneos e fragmentados. Antes dessa configuração, prevalecia o que o economista Alexandre de Freitas Barbosa (2008, p. 25-89) denominou "não mercado de trabalho", uma vez que a fome de braços para a lavoura era suprida de fora, por escravos, que não vendiam força de trabalho, mas eram vendidos como mercadorias.

Esses três momentos da gênese do mercado de trabalho no Brasil – o do "não mercado", o dos mercados regionais heterogêneos e fragmentados e o do mercado nacional razoavelmente integrado – não devem ser compreendidos como etapas sucessivas com periodização bem definida. É mais correto entendê-los como um processo histórico condicionado por tendências inerentes à dinâmica mundial do capitalismo, pelos enfrentamentos e estratégias dos sujeitos e pelas heranças de relações passadas. Além disso, cabe considerar que se trata de algo ainda em fluxo. Isto porque, por um lado, a mercantilização da força de trabalho, processo fundamental na formação de um mercado de trabalho, continuou ocorrendo em escala crescente século XXI adentro. Por outro, transformações estruturais continuam também a acontecer como pode ser depreendido do profundo impacto sobre esse mercado da reforma trabalhista, implementada pela Lei 12.467/17, em vigor desde novembro de 2017.

Estudos que abordam o mercado de trabalho e o mundo do trabalho podem ser realizados a partir de diferentes vertentes: aqueles que tratam do ponto de vista demográfico e populacional, os de cunho quantitativo, aqueles que abordam a organização e luta dos trabalhadores, os que analisam os processos migratórios e de assimilação do trabalhador, estudos que segmentam o trabalho no meio rural ou urbano, entre outros. Este artigo tem como foco dar a conhecer algumas caraterísticas estruturais do mercado de trabalho brasileiro que parecem se projetar de um momento para o outro, podendo ser modificadas, atenuadas, e ressurgir em novas conjunturas. São elas a instabilidade ocupacional dos trabalhadores; um excedente estrutural de força de trabalho; os baixos salários; a coexistência e a porosidade entre um setor formal e um informal de contratação, a forte presença de marcadores extraeconômicos, raciais e de gênero na distribuição dos indivíduos nas ocupações e nas hierarquias salariais e, finalmente, a prevalência de um padrão predatório de gestão do trabalho.

Um primeiro objetivo deste capítulo é traçar uma linha de reflexão relacionando a constituição do mercado de trabalho à formação da ordem social e do estatuto da cidadania no Brasil. Vários autores vêm apontando a importância da inserção nas relações de trabalho formais para o reconhecimento do indivíduo como cidadão. Além disso, a natureza da transição do trabalho escravizado para o formalmente livre, a história da legislação regulatória desse mercado, seu grau de efetividade, a relação entre o trabalho formal com direitos e o trabalho precário, são aspectos considerados estruturantes de um tipo de sociabilidade engendrada pelo capitalismo brasileiro dos últimos 200 anos que deve ser também estudada em uma perspectiva que articule as dimensões econômicas, históricas e sociológicas do fenômeno.

Nosso segundo propósito é reconstruir e analisar como as características do mercado de trabalho vão se configurando no processo de sua formação na passagem do sistema escravista para o capitalista. Em seguida, será examinado o momento de superação dos mercados regionais, fragmentados e heterogêneos pelo mercado nacional parcialmente estruturado e regulamentado, cuja epítome é a CLT e, finalmente, analisaremos a reforma trabalhista de 2017, que repõe características e a dinâmica de um mercado desregulamentado, com efeitos graves já detectados por diversos estudos após dois anos de vigência desse diploma legal.

1. Trabalho e cidadania

O estudo de Adalberto Cardoso (2010) é decisivo para a compreensão do lugar do trabalho no tipo de *ordem social capitalista* que se formou no Brasil, entendido este conceito como "reprodução dos pressupostos (ou das condições) de sociabilidade numa sociedade capitalista como a brasileira" (Cardoso, 2010, p. 23). É importante considerar, ainda segundo Cardoso, que em nossa sociedade "a transição para o trabalho livre não foi coextensiva com a construção de um mercado de força de trabalho tipicamente capitalista ou assalariado" (Idem, 2010, p. 60). Essa transição se deu de forma lenta e muito desigual em todo o território, ampliando-se, no século XIX, uma força de trabalho que majoritariamente já não era escravizada, mas tampouco era assalariada. Testemunhava-se uma população heterogênea, mestiça, miserável, dispersa pelo território nacional e afeita à migração constante em busca de meios de vida que, apesar de livres, eram cativos de outros mecanismos de sujeição (*Ibidem*, 2010, p. 61). Esse momento deixou sinais profundos na sociabilidade capitalista posterior, marcada pelo que Cardoso denomina "inércia estrutural".

Assim, os três séculos de escravidão e a forma como se deu a lenta e desigual transição do sistema escravista para o não-escravista, mantiveram um forte poder de influência sobre o processo posterior de urbanização, industrialização e estruturação do mercado de trabalho do Brasil como um todo, que, por sua insuficiente intensidade e profundidade, não superou inteiramente características do momento anterior.

O entendimento do papel estruturante do mercado de trabalho, com as características elencadas anteriormente, na formação da ordem social, está presente também no conceito de "cidadania regulada", formulado por Wanderley Guilherme dos Santos (1979). À diferença da forma clássica ou ideal da cidadania, em que cada cidadão é portador de direitos e deveres universais, na forma regulada, apenas aqueles inseridos no mercado formal, portadores da Carteira Profissional, estão habilitados aos direitos civis e sociais fazendo com que o trabalho com registro seja a porta de entrada não apenas para o mercado de trabalho, mas para o universo dos direitos. Entretanto, como os três séculos e meio de escravidão aviltaram o trabalho manual, a cidadania regulada pelo trabalho carregou também, se não legalmente, ao menos na prática social, os valores de uma hierarquia senhorial.

Acompanhando, ainda, Cardoso (2010) em seu argumento, em uma sociedade marcada em uma ponta pelo aviltamento do trabalho manual e a degradação da ética do trabalho, cicatrizes da escravidão, e, na outra, pelo baixo patamar da riqueza social produzida e a diminuta participação do operariado na estrutura social, o emprego formal (a "cidadania regulada") com suas garantias, ao invés de figurar como um patamar mínimo, surge como utopia, como horizonte do desejo do trabalhador brasileiro. Embora as transições entre o trabalho formal e o informal sejam uma constante nas trajetórias profissionais da maioria e embora, ainda, os casos de mobilidade ascendente por meio do trabalho sejam exceção, essa possibilidade legitimou a ordem social. Segundo o autor:

> Ao ordenar apenas o mercado urbano de força de trabalho, contemporizando com a elite agrária, a quem delegou o destino dos subalternos do campo, o Estado capitalista brasileiro construiu uma utopia irresistível num ambiente de grande vulnerabilidade socioeconômica das massas: a utopia da proteção social representada pela legislação social e trabalhista (Cardoso, 2010, p. 207).

Se a hipótese do autor faz sentido, suas implicações sociais e políticas projetam-se sobre o tempo presente ao avaliarmos o profundo impacto da reforma trabalhista na desestruturação do mercado de trabalho. Em suma: se o mercado de trabalho gera empregos cada vez mais precários, o que irá substituir a utopia do trabalho protegido e regulado? O neo-empreendedorismo?

2. Uma lenta transição

Partindo de um não mercado de trabalho que vigorou durante todo o período colonial (caracterizado pela importação de trabalhadores africanos escravizados) tivemos no período que vai aproximadamente de 1850 a 1930, o momento de construção do que viria a ser o mercado de trabalho brasileiro.

Essa construção envolveu aspectos amplos e de variadas vertentes, desde a destruição de formas autônomas de subsistência do indivíduo, impedindo seu acesso à terra e aos instrumentos de produção, passando pela instituição de mecanismos legais que garantissem que a transição da escravidão para o trabalho livre se desse de forma gradual e lenta, até um conjunto de transformações de cunho cultural, necessárias para formar uma sociedade do e para o trabalho, transformações estas favorecidas por mecanismos diversos, tais como as posturas municipais que disciplinavam a população pobre nas cidades espalhadas pelo país ou a política de imigração estrangeira subsidiada colocada em prática no estado de São Paulo.

O ano de 1850, quando foi abolido definitivamente o tráfico internacional de escravos para o Brasil e quando foi aprovada a chamada Lei de Terras, é tratado como o ano que inicia a transição da escravidão para o trabalho livre. Parte importante da historiografia tem destacado que a motivação principal da adoção da chamada Lei de Terras estava nos desdobramentos da cessação do tráfico de escravos e no desejo de estimular a imigração estrangeira. Já que a mão de obra passaria a ser livre, tornava-se necessário impedir que ela tivesse acesso à terra, afastando a possibilidade de que os potenciais trabalhadores livres (imigrantes, brasileiros pobres e ex-escravos) tivessem na terra o seu meio de subsistência (Costa, 2010; Martins, 1979). A Lei dava condições jurídicas para que a terra se tornasse mercadoria, mas não de imediato. O impedimento do acesso à terra para amplas camadas da população foi resultado, de fato, das modificações introduzidas na lei durante a Primeira República e das condições sociais e políticas que imperavam no campo brasileiro caracterizado pelo coronelismo (Silva, 2008).

Nesse contexto, na tentativa de assegurar o controle da transição e assegurar a venda da força de trabalho dos potenciais trabalhadores (brasileiros ou estrangeiros), foi aprovada uma série de leis que abarcavam o trabalho livre, delimitavam o trabalho e a "liberdade" do liberto (ex-escravo) e definiam e puniam a chamada vadiagem. Em 1871 foi aprovada a Lei do Ventre Livre; em 1879, a Lei de Locação de Serviços; em 1885, a Lei dos Sexagenários e, finalmente, em 1888, a Lei Áurea.

Tanto a Lei do Ventre Livre quanto a Lei dos Sexagenários foram leis gradualistas, ou seja, o principal objetivo era fazer que a libertação ocorresse aos poucos e demorasse a acontecer. As duas leis, de forma bastante marcante, procuravam manter a dependência dos ex-escravizados com relação aos seus antigos senhores e delimitar e controlar o trabalho dos libertos (ex-escravizados) (Gebara, 1986; Mendonça, 1995). Aliás, a grande maioria dos artigos que compunham a Lei dos Sexagenários era voltada a restringir a circulação dos libertos e coagi-los ao trabalho, prevendo punições severas caso fossem pegos sem ocupação.

Naquele momento de construção do mercado de trabalho outra questão preocupava sobretudo as elites rurais brasileiras: disciplinar e coagir potenciais trabalhadores livres, isto é, aqueles que não haviam passado pela condição de escravidão, portanto, não estavam cobertos pelas leis que abrangiam os libertos. Assim, foi aprovada a Lei de Locação de Serviços de 1879, também conhecida como "Lei contra vadiagem". Ela versava sobre contratos escritos de obrigações de serviços por tempo determinado ou por empreitada, compreendendo a locação de serviços propriamente dita, a parceria agrícola e a parceria pecuária. A lei cobria todos os tipos de trabalhadores – imigrantes, nacionais e ex-escravos. Outra característica é que privilegiava contratos de serviços de longo prazo bem como previa medidas severas (multas e prisões) que asseguravam o cumprimento dos contratos e ainda continha precauções contra greves ou paralisações coletivas (Lamounier, 1986).

Segundo Barbosa (2016, p. 14), "a coerção [presente na legislação] revela que o mercado de trabalho, ainda inexistente, precisava operar na marra." Outro aspecto importante a ser destacado é que as leis gradualistas reforçavam a autoridade do proprietário/fazendeiro implicando na continuidade de vínculos informais já existentes entre o ex-escravo e seu ex-dono. "Este vínculo funcionava fazendo do 'negro' um devedor, ao menos em termos morais e de gratidão, reforçando o patriarcalismo que permeava as relações de trabalho no campo" (Gebara, 1986, p. 65).

Durante o período de construção do mercado de trabalho, prevaleceu no imaginário das oligarquias rurais a desqualificação do trabalhador brasileiro livre. A desqualificação do homem livre pobre brasileiro não é exclusiva desse momento, mas remonta às origens da história do Brasil. No período colonial, ela foi base para a legitimação da opção e permanência da escravidão; no Império, serviu de fundamento não só para a permanência como para postergar o fim da escravidão e, também, para justificar a opção, em São Paulo, pela importação de trabalhadores europeus.

A questão do chamado "trabalhador nacional", que seria, por sua vez, o trabalhador livre e pobre – isto é, o não escravo e o não proprietário de escravos – tem grande importância para o entendimento da nossa formação social, econômica e política. O imaginário sobre o povo brasileiro como vadio, incapaz e sem ambição tornou-se parte da memória coletiva dos brasileiros e parte integrante de nossa cultura, disseminado em todas as camadas sociais e raramente contradito (Naxara, 1998).

Em um primeiro momento, os pressupostos para sua desqualificação foram buscados na herança escravista, em um segundo momento, buscou-se além dessas, razões raciais. A ordem escravocrata gerou um processo de rejeição ao trabalho, pelo qual qualquer trabalho manual era visto como coisa de escravo e, portanto, aviltante e repugnante, influenciando tanto a percepção que os trabalhadores livres tinham do trabalho disciplinado e regular como a percepção que os proprietários faziam da mão de obra livre (Kowarick, 1987). Segundo fazendeiros, políticos e observadores da época, a experiência da escravidão, ao desqualificar o trabalho e, principalmente, o trabalho manual, como atividade inerente ao escravo, teria deixado marcas profundas no trabalhador nacional, difíceis de serem removidas no prazo necessário para a transformação do trabalho.

Se durante o regime escravista, o escravizado era visto como o trabalhador ideal enquanto os nacionais eram tidos como vadios, indolentes e instáveis, após a Abolição, o negro ex-escravo também passou a ser visto, pelo menos em nível do discurso, como preguiçoso e imprestável ao trabalho. Quando estas duas categorias (livres e ex-escravos) passaram a compor uma só (a dos trabalhadores nacionais), então a imagem que se tinha deles foi reforçada.

Em São Paulo, região de economia mais dinâmica, ao se optar pela política imigrantista como alternativa de mão de obra durante a transição da escravidão, o que se queria era um trabalhador que fosse a antítese do negro. Esperava-se que o trabalhador imigrante regenerasse o trabalho e lhe imprimisse uma característica civilizadora (Salles, 1995).Esse desprezo pelo trabalhador nacional repercutirá no mercado de trabalho que se formaria, sendo ele manifestação da inércia estrutural da escravidão na sociabilidade capitalista:

> uma primeira manifestação da inércia é fruto direto do impacto de séculos de escravidão no imaginário da elite paulista. Preconceito racial e desprezo pelo trabalhador livre nacional, visto como preguiçoso, inconfiável e privado de mentalidade moderna (burguesa, acumulativa), já que se satisfazia com muito pouco, de modo que não podia ser submetido ou disciplinado por incentivos pecuniários (Cardoso, 2008, p. 77).

Apesar do imaginário e do discurso que desqualificavam o trabalhador nacional, o que se nota é que, na prática, esses homens e mulheres perfaziam grande parte da população e estavam inseridos quer nas grandes plantações, quer nas médias e pequenas propriedades dedicadas à agricultura para exportação ou à agricultura comercial voltada ao mercado doméstico e ainda nas várias ocupações que se apresentavam com a expansão urbana. O trabalho livre, conviveu lado a lado com o trabalho escravo durante todo o regime escravista no Brasil sendo ampliado ao longo dos séculos pelos cativos e/ou seus descendentes libertos da escravidão.

Em 1819, de uma população de 3.596.132 habitantes, 69,2% eram constituídos por homens livres; em 1872, esse número subiu para 84,7%. Ou seja, além de senhores e escravos, encontramos desde o início do século XIX outras categorias sociais no Brasil. Após o início do processo de transição da escravidão, o trabalho livre passa a ser cada vez mais recorrente, intensificando-se em quantidade, espalhando-se por diversos setores de atividade e em diferentes regiões. Até mesmo na região cafeeira, que optou pela política imigratória, o trabalhador nacional foi essencial no mercado de trabalho em formação.

O trabalho livre se dava sobre bases diversas, abrigando uma gama variada de "ajustes" de trabalho, ou seja, de acordos na maior parte das vezes verbais, que limitavam o escopo dos serviços a serem realizados, do tempo a ser dedicado ao trabalho e das formas de retribuição (que podiam ser monetária, em espécie ou, o que também era muito comum, na forma de consentimento pelo uso da terra do fazendeiro que estava "ajustando" o serviço do trabalhador). Além do mais, as fronteiras entre a escravidão e a liberdade podiam ser muitas vezes tênues tornando semelhantes as experiências de trabalhadores livres com a de escravos e de libertos, o que significa que a chamada transição para o trabalho livre no Brasil foi muito mais lenta do que comumente se imagina (quando se recorta o período a partir de 1850) e não foi linear, tendo havido, na realidade "transições" com temporalidades diferentes.

Quando, finalmente, a escravidão foi abolida em 1888, ela não significou a emergência do trabalho assalariado de imediato, pelo contrário, em muitos lugares recorreu-se a aspectos não capitalistas de organização, reforçando a posse precária da terra por parte dos trabalhadores e a organização do trabalho com base no trabalho familiar. Além do mais, a abolição da escravidão reforçou sistemas de trabalho que já vinham se organizando com diferenças marcantes nos vários espaços do território brasileiro determinados pelas atividades econômicas desenvolvidas em cada região, pelo contingente populacional existente em cada local, pelas políticas migratórias que cada estado conseguiu implementar e pela utilização da mão de obra nacional. Portanto, encontramos especificidades do mercado de trabalho conforme as regiões, decorrentes de diferentes processos de transição.

Apesar de o trabalhador nacional ser encontrado nas mais diversas tarefas e segmentos do mundo rural, uma característica que se sobressai no modo de sua inserção é a da instabilidade de sua ocupação, isto é, o fato de ser geralmente inserido no mundo do trabalho nas tarefas sazonais e temporárias. Na economia marcadamente agrícola do período, caracterizada por tarefas descontinuadas e alta sazonalidade, a existência de um tipo de trabalhador que pudesse se adaptar a esse padrão intermitente de demanda por mão de obra era fundamental. E era justamente o trabalhador brasileiro que ocupava esse lugar, sendo, portanto, essencial para estruturar a atividade produtiva nos diversos mercados regionais.

3. As diversas transições

No Sudeste, em função do dinamismo da cafeicultura e de outras agriculturas mercantis, há um reforço da escravidão no período pós-1850, possível graças ao tráfico inter e intraprovincial. A continuidade da expansão cafeeira na província/estado de São Paulo demandando grande quantidade de trabalhadores fez com que, a partir de 1885, o governo provincial/estadual passasse a subsidiar, por meio do pagamento integral do valor das passagens, a vinda de imigrantes europeus para trabalharem nas lavouras de café. Entre 1872 e 1929, entraram 4,1 milhões de imigrantes estrangeiros no Brasil, a grande maioria se dirigiu para São Paulo. Cerca de 90% deles foram subsidiados pelo governo estadual.

Nas regiões cafeicultoras mais produtivas e nas regiões canavieiras de São Paulo, o sistema de trabalho que predominou a partir dos anos 1880 foi o sistema de colonato associado ao trabalho temporário sazonal. O colonato era um sistema misto de trabalho e de remuneração baseado no trabalho familiar. O contrato de colonato previa o emprego de toda a família, que obtinha uma parcela da remuneração fixa, somada a uma parcela variável (de acordo com o volume de café ou de cana-de-açúcar que a família conseguia colher) e uma parcela em espécie (na forma de acesso à terra para que a família plantasse alimentos e fizesse suas criações de animais).

Em São Paulo, concomitante ao colono (geralmente imigrante), havia muitos trabalhadores temporários, brasileiros, que eram contratados e/ou ajustavam verbalmente seus trabalhos de modos muito diferentes, envolvendo diferentes designações, ocupações e tarefas. Podiam ser camaradas, jornaleiros, trabalhadores por turma, empreiteiros, apanhadores de café que trabalhavam nas épocas de colheita, safristas, diaristas, entre outros, todos eles essenciais para a atividade produtiva. No geral, suas remunerações incluíam uma parcela monetária podendo em alguns casos também incluir o direito à moradia e uso da terra para produção de alimentos.

Nas outras áreas cafeeiras e canavieiras do Sudeste, a organização do trabalho não contou com a imigração em larga escala de europeus. Nas antigas áreas de café fluminense e na zona da Mata mineira, por exemplo, no momento de construção do mercado de trabalho foi comum o uso de trabalhadores nacionais livres e libertos desde antes de 1888, que eram contratados principalmente na forma de parceria a qual era complementada no momento da safra com trabalhadores sazonais assalariados (Castro, 1987; Fragoso, 2000).

Contando com condições diferentes das do Sudeste, a região Nordeste apresentou outras formas e sistemas de trabalho livre. Por ser uma região muito populosa, com grande número de população nacional livre, capaz de fazer frente a alta demanda por mão de obra derivada da ainda crescente produção açucareira, recorreu-se aos trabalhadores nacionais. Nos engenhos de açúcar, um dos sistemas mais antigos, e que empregava o maior contingente de trabalhadores livres ainda durante a escravidão, era o de "morador de condição" ou "condiceiro" ou simplesmente "agregado". Por esse sistema, o trabalhador recebia um lote de terra, do qual retirava a maior parte de sua subsistência e, em troca, prestava uma série de obrigações de trabalho nos engenhos. Além desses, um grande contingente de trabalhadores era empregado como assalariado e diarista, cujas características consistiam em trabalhos sazonais utilizados nos momentos de maior demanda -na época de corte e moagem da cana-de-açúcar. Muitos desses trabalhadores eram sertanejos migrantes temporários que se deslocavam para a zona da Mata (área açucareira) nas épocas de secas do Sertão. Outro sistema de trabalho existente no processo de produção do açúcar no qual os homens livres eram empregados era a parceria. Metade da cana cultivada pelos parceiros, e também dos produtos residuais, dela (como melaço e aguardente) ficava com o dono da terra (Andrade, 1986; Eisenberg, 1977).

Situação também diversa viveram as regiões amazônica, sul e centro-oeste, todas elas recorrendo sempre ao trabalhador nacional e, na maior parte das vezes, a sistemas que implicavam formas mescladas de remuneração (parte dela na forma de acesso à terra) e demandas instáveis de trabalho. A economia da região Amazônica foi caracterizada pela combinação da agricultura de subsistência com o extrativismo. Região menos povoada do Brasil (em 1872 possuía apenas 3,3% do total da população brasileira) a grande demanda por trabalhadores, derivada pelo *boom* da borracha após 1890, foi suprida a partir dos migrantes que fugiam das secas que se abateram sobre o Nordeste no final do XIX e primeiros anos do século XX.

Na região Sul, na economia pecuária o trabalhador das estâncias era o peão/gaúcho, trabalhador livre não assalariado que cuidava de certo número de reses em troca de casa, de comida e do direito ao uso de um lote de terra. A produção industrial do charque, por sua vez, após o fim do trabalho escravo, organiza-se com base no trabalho assalariado. Na agricultura de alimentos, a organização produtiva se dava com base no trabalho familiar, que ganhou impulso com o fluxo imigratório de alemães e italianos (Fragoso, 2000).

Na região Centro-oeste – Goiás e Mato Grosso – a lavoura de alimentos se baseava principalmente no trabalho familiar de brasileiros; a agropecuária, por sua vez, se fundava no trabalho do camarada e do agregado, remunerados pela cessão de um lote de terra do qual retiravam sua subsistência. O camarada, além da possibilidade do uso da terra, recebia um pequeno pagamento monetário (Idem, 2000).

Mesmo nas cidades incipientes, no período de construção do mercado de trabalho, o que se via era muito mais trabalhos esporádicos e intermitentes, remunerados por dia ou por tarefa, do que trabalho assalariado rotineiro e organizado hierarquicamente. Conforme assinalou Hahner (1993) os trabalhadores pobres trabalhavam longa e pesadamente por retornos insignificantes e em variedades infinitas de ocupações. A maior parte dos trabalhadores das cidades, portanto, não tinha ocupação fixa, vivendo de expedientes e de ocupações esporádicas, muitas vezes intercalando diferentes tipos de atividades. Segundo Barbosa, "o mercado de trabalho urbano era inexistente, havendo algumas raras posições assalariadas quase que sitiadas por um mar de serviçais com remuneração baixa e incerta" (Barbosa, 2016, p. 12).

Nesse momento de estruturação do mercado de trabalho, caracterizado pela existência de simultâneos e variados mercados regionais, os fluxos migratórios internos da população nacional eram pequenos quando se observa o grande contingente populacional que havia se avolumado desde o final do século XIX, especialmente em Minas Gerais e no Nordeste. Em 1887, 65% da população livre do país vivia nessas regiões, aproximadamente 8,5 milhões de pessoas, cerca de cinco vezes mais que o contingente de imigrantes que entrou no país no mesmo período e se dirigiu principalmente para a região de economia mais dinâmica, o Sudeste (Brito, 2004), demonstrando a ainda insuficiente internalização e territorialização de um mercado de trabalho nacional.

Essa massa de indivíduos brasileiros de várias origens e matizes sociais, com achatadas expectativas e cuja imagem esteve associada à vadiagem e indolência, manteve-se disponível de forma latente no campo e nas cidades e constituirá volumosa e barata oferta de mão de obra, que será drenada para as regiões de economia dinâmica, alimentando o exército de reserva agora nacional.

4. 1930: A formação de um mercado nacional de trabalho

A instituição da Carteira Profissional, por um decreto de março de 1932, e o projeto enviado pela Federação Paulista das Cooperativas de Café à Secretaria da Agricultura do Estado de São Paulo, em 1935, visando a *Introdução de vinte mil imigrantes nacionais para a lavoura do Estado* (Paiva, 2004, p. 111), podem simbolizar as duas condições principais para a internalização e territorialização da oferta de força de trabalho no pós-1930.

O contrato, logo celebrado, entre companhias de imigração e colonização e o governo estadual de São Paulo inaugurava, com maior volume e regularidade, uma segunda fase de migração subsidiada de nacionais, política já praticada desde a década anterior.

Na década de 1930, acentuou-se o refluxo da imigração estrangeira para o Brasil, influenciado pela política de nacionalização da mão de obra que passou a ser empreendida por Vargas e pelo contexto mundial do período, marcado pela crise econômica iniciada em 1929 e pela ascensão de regimes de direita em países de longa tradição emigrantista como a Alemanha, Itália, Espanha e Portugal. No plano interno, por sua vez, a configuração predominantemente agrária foi aceleradamente transformada por uma economia mais urbana tendo o crescimento produtivo se concentrado na região Sudeste, sobretudo em São Paulo. A concentração do desenvolvimento industrial e urbano em São Paulo desmontou os complexos econômicos regionais com seus correlatos mercados de trabalho que haviam se formado em períodos anteriores resultando em uma economia nacional com profundos desequilíbrios territoriais (Cano, 1998). Assim, se o contexto externo era desfavorável aos fluxos migratórios internacionais, simultaneamente, o panorama nacional favorecia a alteração no padrão migratório, que passou a ser marcado majoritariamente pelo deslocamento de população nacional em direção ao centro econômico dinâmico.

O papel do Estado nas migrações de mão de obra foi fundamental para a consolidação de um exército nacional de reserva com livre mobilidade espacial, permitindo contornar fatores de rigidez que dificultavam a formação do mercado de trabalho nacional. Segundo Costa (2007, p. 70) os deslocamentos populacionais assumiram papel estratégico na política de Vargas visando favorecer a integração do mercado interno e atender às novas exigências do desenvolvimento industrial e urbano.

Estudos como o de Paiva (2004), destacam desse processo um movimento menos visível no exame da documentação oficial, importante de ser notado: embora as companhias fossem contratadas para promover a migração de estados do nordeste ou de Minas Gerais para a agricultura do café e do algodão em São Paulo, as fazendas do interior do estado não eram o destino final de muitos dos migrantes. O fluxo completo vinha a ser, afinal, rural-rural-urbano, seja porque, a partir do término dos anos 1930, algumas regiões de destino mostravam-se saturadas de força de trabalho e começavam a "expulsar" os migrantes sem que os agentes migratórios, por interesse próprio, interrompessem suas atividades, seja porque os próprios migrantes se mostravam "trabalhadores inadaptados" (Paiva, 2004, p. 152).

Como assinalou Paiva, após a fixação nas propriedades, "esses sujeitos *desapareceram* da História", mas o estudo de caso da composição do corpo de operários da companhia Nitro Química, em São Miguel Paulista, bairro do município de São Paulo, permite reencontrá-los em um de seus destinos possíveis. Através de entrevistas, Paiva (2004, p. 88) construiu a hipótese de que "a chegada na Nitro Química [foi] precedida [por] passagens pelo interior do Estado". Temos aqui, portanto, uma chave para começarmos a investigar a interseção entre o mercado de trabalho rural e o urbano, realidades portadoras de características e dinâmicas bem diferentes, mas estreitamente relacionadas nos anos 1930-1980.

Em termos nacionais, os censos indicam um crescimento lento, mas contínuo, da População Economicamente Ativa (PEA) urbana em relação à agrícola. Segundo Hoffmann, de 1920 para 1940, a percentagem da população ativa na agricultura diminuiu de 67% para 64%, enquanto no setor secundário cresceu de 13% para 16% e no terciário, de 16% para 20% (Hoffmann:1977, p. 32). Em 1950, em nível nacional, a PEA agrícola constituía 62,1% da PEA total, proporção que vai baixando e chega a 36,7% em 1976, segundo Singer (1977, p. 57). Mais relevante do que mencionar essa já conhecida passagem da população das ocupações agrícolas para as exercidas no meio urbano, é refletir sobre a natureza das transformações sociais e econômicas implicadas.

Esse processo foi gerado por mudanças qualitativas entre o rural e o urbano em, pelo menos, três aspectos, segundo Hoffmann (1977, p. 38):

a) Com o crescimento do emprego industrial e do setor terciário complementar à indústria, intensificado a partir da década de 1940, ocorreu transferência de força de trabalho da agricultura para esses setores. O volume de empregos gerados, porém, foi insuficiente para absorver toda a população de migrantes, assunto a que voltaremos.

b) Associado ao fator anterior, verifica-se também um processo de "expulsão" do campo e atração pelas cidades, gerado pelas más condições de vida e pela concentração fundiária, por um lado, e pela expectativa de encontrar melhores condições de emprego e de melhor padrão de vida, por outro. Essa mobilidade sócio-espacial é uma das causas da "inadaptação" do migrante à lavoura do café e do algodão, anteriormente mencionada.

c) Finalmente, com a modernização da agricultura e a introdução de técnicas poupadoras de força de trabalho, postos de trabalho são eliminados, fomentando o êxodo rural.

Dos fatores acima elencados, deve-se destacar o bloqueio do acesso à terra como fundamental para explicar a passagem da população das ocupações agrícolas para as exercidas no meio urbano. A partir dos anos 1920 a obstrução à posse da terra começa a tomar curso em amplas partes do país, movimento que irá se intensificar nas décadas seguintes gerando o excedente populacional que permitirá inclusive a modernização do campo. A mão de obra sobrante, desvinculada do acesso à terra, garantirá trabalhadores disponíveis suficiente para que se introduza inovação tecnológica apenas em partes do processo produtivo elevando ao extremo o uso do trabalho eventual no campo (trabalho volante, boia-fria, pau-de-arara, safrista, entre outros) e engrossando as fileiras de trabalhadores desocupados nas cidades (Mello, 1976; Silva, 1981).

Cabe lembrar, ainda, que o modelo de industrialização implementado nas grandes empresas caracterizava-se por ser intensivo em tecnologia importada e poupador de mão de obra, gerando uma quantidade de postos de trabalho insuficiente para incorporar a maioria ao mercado de trabalho formal, surgindo o que autores como Singer chamam de um numeroso "subproletariado".

Deslocando-se, portanto, para as cidades, muitos desses trabalhadores não obterão ocupações estáveis, por exemplo na indústria de transformação ou no setor de transportes, encaminhando-se para a construção civil ou a área de serviços, empregando-se como vigias, domésticos, aprendizes, porteiros, trabalhadores braçais sem qualificação, ocupantes de funções mal definidas ou não-declaradas, todas ocupações classificadas por Singer como pertencentes à fração subproletária do proletariado (Singer, 1981, p. 85). O proletariado típico, por sua vez, seria integrado pelos trabalhadores da indústria de transformação, pelo setor de transportes e por algumas funções administrativas (proletariado de "colarinho branco"). Obviamente, o proletariado estava mais inserido no setor formal do mercado de trabalho e o subproletariado, no informal. Também deve-se considerar que parte do subproletariado, segundo a interpretação de Singer (1981), não se ocupava como empregados, portanto participava da PEA, mas não se oferecendo no mercado de trabalho e sim atuando como autônomo ou em negócios da família, sem remuneração.

Essa organização pode dar a impressão de uma dualidade e de uma atipicidade, marcantes nas teorias do desenvolvimento e da modernização. Mas, tanto teórica quanto empiricamente, só é possível esclarecer sobre a dinâmica do mercado de trabalho e mesmo compreender a formação social brasileira, desvendando as relações entre os setores formal e informal como partes de um todo.

Teoricamente, como lembrou Braga, Marx, ao analisar a gênese e a dinâmica do capitalismo industrial no século XIX

> argumentou ser próprio da acumulação capitalista produzir despoticamente – sob a forma do desemprego ou do trabalho precário – uma população trabalhadora excedente e necessária ao modo de produção capitalista aglutinada em torno de quatro frações distintas, porém mutuamente permeáveis (Braga, 2012, p. 17).

De acordo com determinadas características e relações com a dinâmica econômica capitalista, Marx classificou essa população, por ele denominada "exército industrial de reserva", de *flutuante* (desempregados), *latente* (trabalhadores rurais ou jovens à espera de uma oportunidade para deixar os setores tradicionais), *estagnada* (o subproletariado propriamente) ou *pauperizada* (indigentes, doentes, acidentados ou incapacitados) (Braga, 2012, p. 17). Como lembra Barbosa (2008, p. 213), em São Paulo, nas primeiras décadas do século XX, "boa parte do exército industrial de reserva se apresentava sob a forma estagnada – que compreende os trabalhadores com ocupação totalmente irregular – ou nas condições de pauperismo...".

Não se trata, portanto, de um setor formal e um informal situados em tempos e espaços diferentes ou em uma relação de exterioridade entre si, mas de dimensões de um mesmo conjunto.

Empiricamente, a pesquisa empreendida por Cardoso, nos dados da Pesquisa Mensal de Emprego (PME) dos anos de 1995 a 1999, entre outras fontes, levam-no a concluir: "A migração formal-informal e vice-versa não é residual no país, e impede que tratemos como segmentadas (ou estanques) essas diversas formas de obtenção de renda" (Cardoso, 2010, p. 361).

Em suma: não apenas o setor formal e o informal, o moderno e o arcaico, estão articulados estruturalmente, como são os mesmos sujeitos que, em sua história de vida, podem estar ora de um lado, ora de outro. Como aliás, captou Eduardo Coutinho em *Peões*, ao acompanhar a trajetória de metalúrgicos do ABC décadas após as greves de 1978-79-80.

Como já exposto, uma condição para a formação de um mercado de trabalho nacional foi a criação de uma população nacional formalmente livre, disposta a oferecer sua força de trabalho e pronta para deslocar-se para as regiões ofertantes de postos de trabalho. A outra condição é a regulamentação nacional desse mercado, função em que o Estado nacional cumpriu papel estruturante, assunto que trataremos na próxima seção.

4.1. O papel multifuncional do Estado no mercado de trabalho

O Estado regulamentou inicialmente o mercado formal de trabalho, criando dispositivos como a Carteira Profissional (1932), o salário-mínimo (1936), a convenção coletiva de trabalho (1943), entre muitos outros, definindo alguns parâmetros nacionais das relações entre patrões e empregados. A tendência a intervir nesse mercado, que nunca foi "livre", manteve-se em toda a nossa história republicana, ampliando-se para dimensões como a formação da força de trabalho, com a criação do SENAI e do SESI, respectivamente em 1942 e 1946, e do Serviço Nacional de Formação de Mão-de-Obra, em 1976, ou o controle dos índices de reajuste salarial de todos os setores da economia, com a Lei 4.725 de julho de 1965.

Essa vasta regulamentação estatal produziu efeitos econômicos e sociais diversos e contraditórios. Um deles foi o de nivelar pela base os salários, como apontou Oliveira, impedindo que algumas categorias operárias especializadas conquistassem reajustes mais elevados, beneficiando, assim, o novo modo de acumulação urbano-industrial (Oliveira:2003:38-40). Outro, oposto, foi o de funcionar como parâmetro para os trabalhadores do setor informal (Simões, 1986, p. 100-101).

Além de regulamentar o mercado, o Estado tratou de controlar a classe trabalhadora dispondo para transformar os sindicatos em entidades de colaboração para a harmonia social, tendendo a absorvê-los no aparelho estatal. Medidas como a outorga da carta sindical pelo Ministério do Trabalho, a imposição da unicidade sindical e o recolhimento do Imposto Sindical, a partir de 1940, são evidências dessa tendência.

Simultaneamente, a presença do Estado por meio da legislação trabalhista e social reconheceu, legitimou e, pode-se dizer, criou um espaço político novo para a organização das demandas e da própria classe, no setor formal, como sujeito coletivo.

Não apenas o cumprimento da legislação trabalhista outorgada ou promulgada nos anos 1930, ela mesma conquista de pressões e lutas das décadas anteriores, mas parte importante do que veio depois foi obtido no decurso de muitas mobilizações, manifestações, greves e negociações. Foi assim com o 13º Salário, o Salário Família, a estatização do seguro por acidentes de trabalho, a "participação nos lucros das empresas", deformada na forma do PIS-PASEP. Além disso, algumas dessas ações visaram incluir trabalhadores informais no setor formal, por meio da extensão da legislação trabalhista aos trabalhadores rurais, finalmente conquistada com o Estatuto do Trabalhador Rural, de 1963, por exemplo.

Pode-se dizer que, entre o setor formal e o informal do mercado de trabalho, sempre houve articulação pelo modo de acumulação do capital; porosidade, pelo trânsito de pessoas, e transformações, pelas dinâmicas econômicas, mas, talvez, principalmente políticas. Nessa relação, do ponto de vista institucional, cabe destacar duas tendências diferentes. Por um lado, o Estado buscou, ao longo da história, incluir no setor formal quem estava de fora. Vejamos alguns exemplos, em contextos políticos bem distintos. O Estatuto do Trabalhador Rural, promulgado em março de 1963, no período presidencialista do governo João Goulart, atendeu a uma reivindicação antiga do movimento sindical e da esquerda: extensão da legislação social e trabalhista ao trabalhador rural. A extensão da proteção trabalhista e previdenciária à empregada doméstica, por lei de dezembro de 1972, deu-se no período mais duro da ditadura militar. Cabe ressaltar, portanto, que, a fronteira entre o trabalho formal e o informal, além de porosa pelo trânsito dos indivíduos, delineia-se como móvel ao longo do tempo, posto que alterada por pressões, confrontos e movimentos políticos da sociedade para o Estado e do Estado para a sociedade.

Pode-se assumir, portanto, com Cardoso (2010), que a expectativa de inclusão no universo do emprego formal, protegido por lei, tenha se tornado uma "utopia brasileira", mas a frequência com que governos democráticos ou autoritários tiveram de mexer nos limites desse universo, muitas vezes por pressão contínua dos "de baixo", sugere que a utopia nunca foi estática e só legitimou a ordem sob a condição da mesma ampliar-se. Ou seja, esse conjunto de leis tornou-se um fator de legitimação de uma ordem desigual desde que a ordem se tornasse, de alguma forma, mais inclusiva, podendo transformar-se em fator de deslegitimação se essa expectativa fosse frustrada.

Em sentido contrário ao da inclusão dos informais sob o guarda-chuva da proteção social e trabalhista, o Estado também atuou para legalizar a precariedade, reproduzindo e recriando, em condições diferentes, características do mercado de trabalho não regulamentado, destacadamente, o consumo predatório da força de trabalho. A Lei 6019, de 1974, instituindo a figura do "trabalhador temporário", e a Lei 6494, de 1977, regulamentado o estágio de estudantes, são dois exemplos.

Evidencia-se, assim, que uma dimensão estruturante do mercado de trabalho no Brasil foi a ação do Estado por meio das políticas públicas e da legislação trabalhista e social. Pelo que foi apresentado, percebe-se que o Estado atuou de maneira multifuncional, regulamentando, nivelando, controlando, incluindo, precarizando a dinâmica desse mercado, como resultado de relações de forças complexas.

Um vetor fundamental dessa dinâmica foi político, no sentido apontado no início deste texto: de organizar os parâmetros de uma ordem social determinada, de uma sociabilidade, na acepção atribuída por Cardoso. Ou, como propõe Coutinho (2010, p. 30), político no sentido gramsciano da "grande política", referente à "luta pela destruição, pela defesa, pela conservação de determinadas estruturas orgânicas econômico-sociais". Quando notamos que no Primeiro de Maio de 1943, o Governo Vargas outorgou a CLT e no Primeiro de Maio de 1969, Costa e Silva estendeu a previdência social aos trabalhadores rurais e avulsos, notamos, mais do que uma coincidência, uma permanência. Trata-se de ações definidoras, ao mesmo tempo, de parâmetros de funcionamento do mercado do trabalho, portanto das condições de compra, venda e consumo de uma mercadoria fundamental para a acumulação capitalista; legitimadoras de uma ordem social; construtoras de um imaginário político, revelando-se, portanto, como uma operação política no sentido antes apontado. E o nexo fundamental dessa ordem sociopolítica, como é possível notar, está na relação entre o que aparece como o "setor formal" e o "setor informal" do mercado de trabalho.

5. Negros e mulheres no mercado de trabalho

A condição racial e a de gênero delimitam, de formas diferentes, a entrada e a posição dos indivíduos no mercado de trabalho. Vimos nas seções anteriores que a lenta e desigual transição do trabalho escravizado para o livre marcou profundamente a sociabilidade capitalista com as características da desigualdade, da violência, do aviltamento do trabalho manual, caracterizando uma "inércia estrutural". Estudos que se debruçaram sobre desigualdade racial no Brasil no século XX, isolaram o peso de raça na trajetória de realização socioeconômica dos indivíduos, identificando um "processo cumulativo de desvantagens", que se inicia pela origem familiar, passa pela realização educacional, prossegue com o ingresso e posicionamento no mercado de trabalho e termina com os efeitos dessas etapas na composição de renda (Lima; Prates, 2015, p. 171). Com relação ao mercado de trabalho, observa-se um "confinamento desproporcional de negros em ocupações manuais, menos qualificadas e pior remuneradas" (Idem, 2015, p. 167).

Cabe ressaltar, que embora persistentes, essas desigualdades não são imunes aos efeitos de transformações sociais e políticas públicas. Pesquisas comprovam que, de 2005 em diante, aproximadamente, os efeitos do crescimento econômico e de alterações demográficas (como a queda da fecundidade), aliados às políticas sociais, contribuíram para a diminuição das diferenças entre os grupos raciais e para a redução das desigualdades em geral (*Ibidem*, 2015, p. 168).

Cabe considerar, porém, que outros fatores da sociabilidade engendrada pela escravidão, como o racismo, também influenciam na posição dos indivíduos no mercado de trabalho e não são afetados diretamente pelas políticas sociais ou pelas mudanças na dinâmica econômica. Isto motivou até mesmo a criação, em 2005, de uma empresa especializada na colocação profissional de negros, a Empregueafro (*Folha de S. Paulo*, 2017, p. A25).

Há que considerar também que, sem transformações estruturais, os efeitos benéficos do crescimento econômico e das políticas sociais podem se perder, pelo menos em parte, com mudanças de conjuntura. Como observou Perrin, analisando dados do IBGE e do Ipea em 2017: "O avanço do desemprego fez a desigualdade de renda entre brancos e negros voltar a crescer, interrompendo um processo de redução que se iniciara na década passada" (Perrin,2017, p. A23). Aqui evidencia-se uma dimensão da interseccionalidade de raça e classe: o mercado de trabalho encontra-se segmentado em dois setores articulados, um formal e um informal e "enquanto quase metade dos brancos está empregada em vagas com carteira, os negros concentram-se no mercado informal, em vagas sem carteira ou como autônomos, segundo dados de 2015 do Ipea" (Idem, 2017, p. A23).

Tratando, agora, da inserção da mulher no mercado de trabalho, cabe observar que, embora alguns efeitos sejam semelhantes aos que afetam a população negra no que tange à reprodução de desigualdades, o fenômeno difere em sua natureza. Não vamos tratar aqui da classificação do trabalho doméstico não remunerado (majoritariamente feminino) como não produtivo, sendo, assim, excluído da PEA, mas apenas da mulher assalariada. A diferença fundamental em relação aos negros é lembrada por Comin:

> Diferentemente da população não branca, as mulheres estão distribuídas igualmente entre as classes sociais e progrediram mais rapidamente do que os homens em termos educacionais, o que lhes garantiu presença mais significativa no universo das ocupações não manuais (Comin, 2015, p. 383).

Essa combinação de posição de classe com desempenho escolar permitiu que um contingente minoritário de mulheres com ensino superior completo ultrapassasse os homens nas médias salariais de 479 profissões das 2.138 com carteira assinada pesquisadas na RAIS pela jornalista Érica Fraga, sendo que em 224 carreiras a superação feminina se deu nos últimos dez anos (Fraga, 2021, p. A23). Pode-se cogitar que se trata, ainda, de uma exceção, mais do que de uma tendência, assinalando, porém, possibilidades de maior equidade entre os sexos no mercado de trabalho, a depender da ação coletiva e individual das mulheres, do avanço de políticas específicas e da dinâmica socioeconômica.

O que, sim, tem se confirmado como tendência histórica é a acelerada inserção da mulher no mercado de trabalho a partir, pelo menos, dos anos 1960. Naquele momento, um índice de 0,778 homens em cada dez aptos a trabalhar ofereciam sua força de trabalho no mercado, contra 0,165 mulheres. Em 2010, a incorporação feminina subiu para 0,526, mais que triplicando, portanto, enquanto a masculina declinou para 0,701 (Guimarães; Barone; Brito, 2015, p. 406). Esse ingresso acelerado foi configurado por diversos fatores que se combinaram para posicionar as mulheres de forma subalterna. Culturalmente, o sexismo impôs barreiras análogas ao racismo. Socialmente, o ônus do trabalho reprodutivo (o "cuidar") na esfera doméstica e da maternidade, pesaram quase exclusivamente sobre os ombros das mulheres, comprometendo sua competitividade em um mercado hegemonizado por homens. Economicamente, embora se comprove uma diminuição gradual e descontínua da associação negativa entre sexo e diversas carreiras universitárias desde 1960, o acesso a maior qualificação profissional continua sendo mais difícil para as mulheres.

O resultado, é que, mesmo entre profissionais com curso superior, "sistematicamente as mulheres têm rendimentos menores do que os homens em todas as carreiras, em todos os censos" (Ribeiro; Schlegel, 2015, p. 155). Há que se notar também que o crescimento da participação feminina das camadas médias e escolarizadas no mercado se deu reiterando o trabalho doméstico executado principalmente por mulheres negras mal remuneradas e, em sua grande maioria, sem contratos formais de trabalho. Em 2018, apenas 28,6% das trabalhadoras domésticas possuíam carteira assinada (Pinheiro, 2019, p. 23).

Essas considerações chamam a atenção para a indissociabilidade das questões do mercado do trabalho e, mais amplamente, do mundo do trabalho, com as questões de raça e gênero. Ou seja, não faz sentido uma agenda identitária visando a igualdade e o direito à diferença que ignore os problemas de um mercado de trabalho estruturalmente marcado pela herança da escravidão e do patriarcalismo.

6. A década de 1990 e a reforma trabalhista de 2017

Para compreendermos os processos socioeconômicos que propiciaram condições políticas para a aprovação da Reforma Trabalhista de 2017 e provocaram a desorganização do mercado de trabalho atualmente, é importante nos referirmos a mudanças iniciadas na década de 1990, caracterizada como um dos mais importantes pontos de inflexão na história econômica brasileira. Partindo de uma economia fechada ao fluxo de comércio e de capitais internacionais, com grande presença do Estado como produtor de bens e serviços e uma crescente tendência inflacionária, o Brasil caminhou para uma economia aberta, com redução da proteção comercial e liberalização dos fluxos de capitais, redução da presença do Estado como produtor de bens e serviços, através do processo de privatização, culminando com um programa de estabilização baseado em uma âncora cambial e respaldado pela abertura comercial e financeira. Estas mudanças estruturais tiveram efeitos importantes sobre o ritmo e a estrutura do crescimento da economia.

Entre 1990 e 1992, o país viveu uma forte recessão, com redução do nível de atividade e aumento de desemprego. A partir de 1993 e, mais intensamente, da estabilização em junho de 1994, esse processo foi revertido, com crescimento da economia até 1997. Com o advento da crise asiática e da crise financeira internacional em meados de 1998, ocorreu uma interrupção do crescimento econômico. Como não poderia deixar de acontecer, esses desenvolvimentos, em nível macroeconômico, tiveram fortes reflexos sobre o desempenho do mercado de trabalho, que continuam a se propagar no final dos anos 90. Redução do emprego industrial e aumento da proporção de trabalhadores informais, combinados a crescimento do rendimento real dos trabalhadores e do emprego nos setores de comércio e serviços são alguns desses reflexos (Neri, 2000).

Quando analisamos o presente, destacadamente a reforma trabalhista de 2017, iluminado pelo passado, constatamos que, afinal de contas, as mudanças estruturais foram pequenas. Em 2014, estudos indicavam características de longa duração conformando o mercado de trabalho, muitas delas já apontadas neste artigo para as primeiras décadas do século passado: informalidade abrangendo 42% da PEA, incluídos aqui assalariados sem registro em carteira, trabalhadores por conta própria e empregadores sem CNPJ;

desemprego; baixo poder de compra dos salários; rotatividade pró-cíclica (que aumenta com o crescimento das atividades); trabalho análogo ao escravo (Krein; Oliveira, 2019, p. 86). A Reforma Trabalhista aprofundou essas características predatórias e hostis ao trabalhador.

Sancionada em julho e entrando em vigor em novembro de 2017, a Lei 13.467/17 modificou mais de cem artigos da legislação trabalhista, visando a redução de custos empresariais relacionados à contratação, remuneração, aos intervalos e deslocamentos, à saúde, segurança e manutenção da força de trabalho, às dispensas, às consequências jurídicas do descumprimento da legislação, à organização sindical (Filgueiras, 2019, p. 15).

Enfim, como indicam estudos preliminares "a reforma trabalhista aprofunda o processo de deterioração do mercado de trabalho e fragiliza as instituições públicas do trabalho, com ênfase na Justiça do Trabalho e nas entidades sindicais" (Galvão, 2019, p. 203).

Considerações finais

Observar o mercado de trabalho no Brasil nesses duzentos anos que se iniciam na independência política do país, permite destacar características estruturantes desse mercado que se projetam de um momento para outro, tendo sido modificadas ou atenuadas e ressurgindo nas diferentes conjunturas.

Essas características, que estiveram presentes nos distintos momentos do mercado de trabalho brasileiro são: a instabilidade ocupacional dos trabalhadores; um excedente estrutural de força de trabalho; baixos salários; coexistência e porosidade entre um setor formal e um informal de contratação; a forte presença de marcadores extraeconômicos, raciais e de gênero, na distribuição dos indivíduos nas ocupações e nas hierarquias salariais; e, finalmente, a prevalência de um padrão predatório de gestão do trabalho.

O mercado de trabalho formou-se tardia e lentamente no Brasil. Durante a sua formação, as escolhas das elites nas transições do sistema escravista para o trabalho assalariado foram orientadas por uma visão de mundo e por interesses que se fundamentavam na desvalorização do "povo" brasileiro e na manutenção de uma estrutura social profundamente hierárquica e rígida.

O trabalhador nacional estava inserido nas diversas ocupações dos complexos regionais, sendo importantes para estruturar as atividades econômicas que os constituíam. Suas formas de inserção, no entanto, eram geralmente instáveis e precárias, adequando-se às necessidades dos diferentes processos produtivos. Apesar de sua participação, prevaleceu no imaginário de todas as camadas sociais brasileiras a ideia de sua preguiça e indolência. Essa massa de indivíduos que se se avolumou ao longo do tempo, formou uma superpopulação relativa de importantes dimensões que prevalecerá durante toda a história do mercado de trabalho brasileiro.

Esse momento inicial deixou marcas enraizadas na sociabilidade capitalista que se formou no país, influenciando, portanto, o processo de industrialização, urbanização e de estruturação do mercado de trabalho que, por sua vez, não tem vigor para modernizar e superar as heranças do passado.

Em uma sociedade marcada pelo aviltamento do trabalho manual, por diminuta participação do operariado na estrutura social, e constituída por trabalhadores que têm limitadas expectativas, o emprego formal, com suas garantias, em vez de configurar como um patamar mínimo, passa a figurar como utopia, como horizonte do desejo do trabalhador brasileiro.

No Brasil, diferentemente da forma clássica ou ideal da cidadania, em que cada cidadão é portador de direitos e deveres universais, vive-se uma "cidadania regulada", na qual apenas aqueles inseridos no mercado formal, portadores da Carteira Profissional, estão habilitados aos direitos civis e sociais.

Ocorre que a industrialização brasileira e a estruturação do mercado de trabalho não foram suficientes para incorporar a maioria da população ao mercado formal, sendo a experiência do assalariamento "com carteira" efêmera e intermitente.

Do ponto de vista institucional, o Estado buscou, ao longo da história, incluir no setor formal quem estava de fora, no entanto, também atuou para legalizar a precariedade, reproduzindo e recriando, em condições diferentes, características do mercado de trabalho não regulamentado, destacadamente, o consumo predatório da força de trabalho.

Se a hipótese do papel estruturante do mercado de trabalho, do emprego e dos direitos sociais e trabalhistas na formação de um tipo de sociabilidade capitalista no Brasil faz sentido, é lógico supor que mudanças tão profundas como as que vem ocorrendo desde os anos 1990 e foram aprofundadas com a crise de 2014 e com a reforma trabalhista, afetem a legitimação da ordem social. O impacto da pandemia da Covid-19 vem deteriorando ainda mais o mercado de trabalho.

Desde 2016, o Brasil tem mais de 11 milhões de desempregados, segundo o economista Rodolpho Tobler (Brigatti; Vieceli, 2021). O efeito deletério na condição social, moral e política dos indivíduos pode ser vislumbrado pelo depoimento do técnico em organização de eventos e recreação, Marcelo Fritas Henrique, à reportagem da *Folha de S. Paulo:* desistindo de buscar emprego apenas em sua área de formação, voltou-se para o telemarketing, sem sucesso: "Agora eu estou atrás de qualquer coisa, faxina, gari, aceito tudo" (Idem, 2021). A reforma trabalhista de 2017 simboliza o fim de uma era, a do trabalho protegido, iniciada com a outorga da CLT em 1943. A prolongada e devastadora permanência do desemprego e do subemprego nos últimos cinco anos são suficientes para indicar que o neo-empreendedorismo não chegou a constituir-se como substituto da "utopia" do "cidadão regulado" e amparado pelos direitos sociais e trabalhistas, parecendo mais como uma distopia. O futuro da cidadania, do enfrentamento das desigualdades e talvez até da democracia no Brasil também terá que ser disputado na configuração das relações de trabalho.

Referências

ANDRADE, Manuel Correia de. *A Terra e o Homem do Nordeste: contribuição ao estudo da questão agrária no nordeste.* São Paulo: Atlas, 1986.

BARBOSA, Alexandre de Freitas. *A formação do mercado de trabalho no Brasil.* São Paulo: Alameda, 2008.

BARBOSA, Alexandre de Freitas. O Mercado de Trabalho antes de 1930: Emprego e "Desemprego" na Cidade de São Paulo. *Novos Estudos Cebrap.* São Paulo, n. 80, março de 2008.

BARBOSA, Alexandre de Freitas. O Mercado de Trabalho: uma perspectiva de longa duração. *Estudos Avançados.* São Paulo, vol. 30, n. 87, agosto de 2016.

BRAGA, Ruy. *A Política do Precariado:* do populismo à hegemonia Lulista. São Paulo: Boitempo, 2012.

BRIGATTI, Fernanda; VIECELI, Leonardo. Brasil tem recorde de trabalhadores desempregados há mais de dois anos. *Folha de S. Paulo,* p. A 14, 4 de junho de 2021.

BRITO, Fausto. Crescimento demográfico e migrações na transição para o trabalho assalariado no Brasil. *Revista Brasileira de Estudos Populacionais.* Campinas, v. 21, n. 1, jan./jun. de 2004.

CANO, Wilson. *Raízes da concentração industrial em São Paulo.* 4ª. Edição. Campinas: Unicamp, 1998.

CARDOSO, Adalberto. Escravidão e Sociabilidade capitalista: um ensaio sobre inércia social. *Novos Estudos Cebrap.* São Paulo, n. 80, março de 2008.

CARDOSO, Adalberto. *A Construção da sociedade do trabalho no brasil: uma investigação sobre a persistência secular das desigualdades.* Rio de Janeiro: FGV, 2010.

CASTRO, Hebe Maria Mattos G. de. *Ao Sul da História. lavradores pobres na crise do trabalho escravo.* São Paulo: Brasiliense, 1987.

COMIN, Álvaro A. Desenvolvimento Econômico e Desigualdades no Brasil: 1960-2010. In: ARRETCHE, Marta (org.). *Trajetória das Desigualdades.* São Paulo: Centro de Estudos da Metrópole/Editora: Unesp, 2015.

COSTA, Emília Viotti da. *Da Senzala à Colônia.* 5ª. Edição. São Paulo, Editora Unesp, 2010.

COSTA, Júlio César Zorzenon. *Desenvolvimento Econômico e Deslocamento Populacional no Primeiro Governo Vargas (1930-1945).* São Paulo, 2007. Tese de Doutorado – Faculdade de Filosofia, Letras e Ciências Humanas da Universidade de São Paulo.

COUTINHO, Carlos Nelson. A Hegemonia da pequena política. *In:* OLIVEIRA, Francisco de; BRAGA, Ruy; RIZEK, Cibele (orgs.). *A Hegemonia às Avessas.* São Paulo: Boitempo, 2010

EISENBERG, Peter L. *Modernização sem mudança: a indústria açucareira em Pernambuco, 1840-1910.* Rio de Janeiro: Paz e Terra; Campinas: Unicamp, 1977.

FILGUEIRAS, Vitor Araújo. As promessas da reforma trabalhista: combate ao desemprego e redução da informalidade. In: KREIN, José Dari;

OLIVEIRA, Roberto Véras; FILGUEIRAS, Vitor Araújo (orgs.). *Reforma Trabalhista no Brasil: Promessa e Realidade.* Campinas: Curt Nimuendajú, 2019.

FOLHA DE S. PAULO. Para Especialistas, Problema está no Racismo. Página A25, 20 de maio de 2017.

FRAGA, Érica. Mulher Vira Jogo e já Ganha mais que Homem. *Folha de S. Paulo,* p. A 23, 7 de março, 2021.

FRAGOSO, João. O Império Escravista e a República dos Plantadores. In: LINHARES, Maria Yeda (org.). *História Geral do Brasil.* Rio de Janeiro: Campus, 2000.

GALVÃO, Andréia. *Reforma Trabalhista: Efeitos e Perspectivas para os Sindicatos.* In: KREIN, José Dari; OLIVEIRA, Roberto Véras; FILGUEIRAS, Vitor Araújo (orgs.). *Reforma Trabalhista no Brasil: Promessa e Realidade.* Campinas: Curt Nimuendajú, 2019.

GEBARA, Ademir. *O Mercado de Trabalho Livre no Brasil (1871-1888).* São Paulo: Brasiliense, 1986.

GUIMARÃES, Nadya Araujo; BARONE, Leonardo Sangali; BRITO, Murilo Marschner Alves de. Mercado e Mercantilização do Trabalho no Brasil (1960-2010). In: ARRETCHE, Marta (org.). *Trajetória das Desigualdades.* São Paulo: Centro de Estudos da Metrópole/Editora Unesp, 2015.

HAHNER, June E. *Pobreza e Política: Os Pobres Urbanos no Brasil – 1870-1920.* Brasília: Editora UNB, 1993.

HOFFMANN, Helga. *Desemprego e Subemprego no Brasil.* São Paulo: Ática, 1977.

KOWARICK, Lúcio. *Trabalho e Vadiagem – A Origem do Trabalho Livre no Brasil.* São Paulo: Brasiliense, 1987.

KREIN, José Dari; OLIVEIRA, Roberto Véras. Para Além dos Discursos: Impactos Efetivos da Reforma Trabalhista nas formas de Contratação. *In:* KREIN, José Dari; OLIVEIRA, Roberto Véras; FILGUEIRAS, Vitor Araújo (orgs.) *Reforma Trabalhista no Brasil: Promessa e Realidade.* Campinas: Curt Nimuendajú, 2019.

LIMA, Márcia; PRATES, Ian. Desigualdades raciais no brasil: um desafio persistente. In: ARRETCHE, Marta (org.). *Trajetória das Desigualdades.* São Paulo: Centro de Estudos da Metrópole/Editora Unesp, 2015.

LAMOUNIER, Maria Lúcia. *Da Escravidão ao Trabalho Livre (A Lei de Locação de Serviços de 1879).* Campinas: Papirus, 1988.

MARTINS, José de Souza. *O cativeiro da terra.* São Paulo: Livraria Editora Ciências Humanas, 1979.

MELLO, Maria Conceição D'Incao e. *O "Bóia-Fria": acumulação e miséria.* Petrópolis, Rio de Janeiro: Vozes, 1976.

MENDONÇA, Joseli Maria Nunes. *A Lei de 1885 e os caminhos da liberdade.* Dissertação de Mestrado apresentada ao IFCH/Unicamp, 1995.

NAXARA, Márcia Regina Capelari. *Estrangeiro em sua própria terra: Representações do Brasileiro, 1870/1920.* São Paulo: Annablume, 1998.

NERI, Marcelo Cortes. Mercado de Trabalho nos Anos 90: fatos estilizados e interpretações. *Texto para Discussão* n. 743. Brasília: IPEA, 2000.

OLIVEIRA, Francisco de. *Crítica à razão dualista: o ornitorrinco.* São Paulo: Boitempo, 2008.

PAIVA, Odair da Cruz. *Caminhos cruzados: migração e construção do Brasil Moderno (1930-1950).* Bauru, SP: EDUSC, 2004.

PERRIN, Fernanda. Diferença de renda entre brancos e negros cresce com desemprego. *Folha de S. Paulo.* São Paulo, p. A 23, 20 de maio de 2017.

PINHEIRO, Luana *et ali.* Os Desafios do passado no trabalho doméstico do século xxi: reflexões para o caso brasileiro a partir dos dados da PNAD Contínua. Brasília/Rio de Janeiro: Ipea, 2019. Disponível em: < https://www.ipea.gov.br/portal/images/stories/PDFs/TDs/td_2528.pdf. Acesso em 25 de setembro de 2020.

RIBEIRO, Carlos Antonio Costa Ribeiro; SCHLEGEL, Rogerio. Estratificação Horizontal da Educação Superior no Brasil (1960 a 2010). In: ARRETCHE, Marta (Org.). *Trajetória das Desigualdades.* São Paulo: Centro de Estudos da Metrópole/Editora Unesp, 2015.

SALLES, Iraci Galvão. *República: a civilização dos excluídos (Representações do Trabalhador Nacional. 1870-1920)*. São Paulo: tese de doutoramento apresentada ao Departamento de História/FFLCH, USP, 1995.

SILVA, Lígia Maria Osório. *terras devolutas e latifúndio: efeitos da Lei de 1850*. Campinas: Editora da Unicamp, 2008.

SILVA, José Graziano da. *Progresso técnico e relações de trabalho na Agricultura*. São Paulo: Hucitec, 1981.

SIMÕES, Carlos. *A Lei do Arrocho: Trabalho, previdência e sindicatos no Regime Militar (1964-1984)*. Petrópolis: Vozes, 1986.

SINGER, Paul. *Dominação e desigualdade: estrutura de classe e repartição de renda no Brasil*. São Paulo: Paz e Terra, 1981.

SANTOS Wanderley Guilherme dos. *Cidadania e justiça*. Rio de Janeiro: Campus, 1979.

Saneamento básico, políticas públicas e desigualdades

Que Brasil é esse?

Fábio Alexandre dos Santos

> ... habitamos formas técnicas no interior das quais mecanismos canalizam fluxos e mantêm nossa saúde. O habitável então não tem mais limites naturais e sim técnicos, econômicos e políticos.
>
> *François Beguin, 1991. p. 42-43*

Introdução

O objetivo deste capítulo é refletir, a partir de uma perspectiva interdisciplinar e holística, sobre saneamento básico. Especificamente acerca dos serviços de abastecimento de água e de coleta de esgotos – considerados como "elementos" do sistema urbano, como indica Lefebvre (2001, p. 19) – sobretudo na sua relação com a implementação de políticas públicas e as desigualdades geradas e difundidas em sua ausência.

Tais serviços perpassam a todos em todos os tempos e sob diferentes conjecturas, por isso, apreender as dinâmicas de sua constituição, execução e acesso (oferta) pode revelar a forma como as desigualdades são historicamente construídas e reconstruídas. Basta um exemplo para tipificar esta reprodução: em maio de 2021, os índices sociais do Brasil expressavam como a extrema pobreza retrocedeu a índices do início do século XIX, fomentado principalmente, mas não exclusivamente, por políticas elitistas e excludentes por parte do governo federal que destruía deliberadamente políticas públicas que outrora haviam contribuído para uma relativa redução desta vexatória situação.[1] A este processo acrescente-se ainda a pandemia da Covid-19, que reforçava o ciclo de reprodução da desigualdade.

O argumento norteador deste capítulo é o de que, a despeito da implementação do que poderíamos chamar de políticas públicas desde 1822, há um processo dialético que permeia a oferta e a falta dos serviços de saneamento, de modo que o "habitável" – leia-se o acesso aos serviços – como indica Beguin, esbarra(va) ora nos limites técnicos, ora nos econômicos, ora políticos, ora nos três. Nos interstícios do contínuo aumento da demanda e de sua constante falta, tensões e embates revelam interesses e limites, amplificando problemas de saúde, mortalidade, exclusão etc.

O tema do saneamento aqui tratado parte da concepção da "constituição das formas de intervenção e interação entre os padrões de desenvolvimento e a situação do ambiente, que por sua vez se refletem na qualidade da vida e da saúde das populações", o qual deve ser compreendido no tempo em que se alicerça e sobre as quais se constroem suas premissas. Isto é, sobre cada tempo histórico, à luz das dinâmicas da sociedade, já que é continuamente adequada ao meio ambiente "real" (Souza et.al, 2015, p. 14-20; Hespanhol, 2006:286).

Com a Independência, em 1822, configurou-se um Estado (enquanto instituição) que se pretendia Estado-nação (Estado político-territorial) alicerçado na manutenção de "elementos estruturais herdados que exercem influências, ainda hoje, nos modos de pensar e agir e em nossas instituições" (Bresser-Pereira, 2016, p. 2; Souza, 2017). Num primeiro momento baseada nas tratativas para a manutenção do Império como poder central, em seguida, com a República, por meio de alterações na estrutura do Estado brasileiro, mas com a mesma essência de privilégios que no pós-1930 revelaram as mesmas características, porém, com outros "interesses sociais em sua institucionalidade" (Costa, 2018, p. 38 e seguintes).

Importa dizer que o Estado não é uma instituição neutra, pois em uma "sociedade de classes, ele é principalmente o instrumento de uma sociedade civil ou então de uma nação no qual o poder dessas classes varia através do tempo" (Bresser-Pereira, 2016, p. 6). Ou, ainda, como organizador e representante do interesse político das classes dominantes no longo prazo

1 Para uma análise que abarque a América Latina e o aumento da extrema pobreza na região, consultar o Panorama Social de América Latina e Caribe da Cepal (2021).

que se alocam na estrutura do Estado, com poder sobre o território e com monopólio da força, em especial (Freitas, 2015, p. 203). Assim, a abordagem privilegiará as ações do Estado, em seus diferentes momentos, que se materializaram por meio das políticas públicas na área de saneamento básico. Em outras palavras, articulando as ações e as práticas do Estado – com as *políticas públicas* – no setor (Souza, 2007, p. 69).

Por outro lado, mesmo não sendo o objetivo central desta reflexão, cabe ressaltar que entre a oferta dos serviços e sua crescente demanda e desigualdade de acesso, a população não assistiu inerte e/ ou passivamente sua falta ou suas inadequações, com falta de regularidade ou qualidade nos serviços prestados (quando existentes). Do final do século XIX ao início do século XXI, diferentes formas de manifestações exemplificam reclamações, questionamentos e ações por parte de diferentes grupos ou movimentos populacionais, os quais caminharam de estratégias individuais de sobrevivência (para acessar água, por exemplo), às reclamações publicadas em jornais, petições enviadas às Câmaras Municipais, criação de estratégias de lutas, inclusive com sequestro de trabalhadores de companhias de saneamento nos anos recentes (sem mencionar às ações relativas aos saneamento incorporadas direta ou indiretamente nas movimentações operárias ao longo dos anos).

Múltiplas são as formas de manifestação da desigualdade: regionais, de renda, gênero, raça, escolaridade, de acessos a direitos básicos, para citar algumas. As peculiaridades do processo de formação da sociedade brasileira associadas ao modo capitalista de produção delinearam condições excepcionais de exclusão e desigualdade que se prolongam até a atualidade, constantemente reconstruídas e ressignificadas socialmente, engendradas a partir de uma herança de exploração colonial em suas diferentes manifestações e, ainda, na exclusão de ex-escravos, pobres, migrantes do acesso à terra, à moradia, ao trabalho, à educação, e, claro, aos elementos "saneamento" e "saúde" etc. (Oliveira, 2013, p. 59; Pereira Neto, 2018, p. 211). Outrossim, a desigualdade que está no cerne desta reflexão refere-se ao desigual acesso a um dos elementos vitais para a promoção da qualidade de vida, o que implica inegavelmente em "externalidades negativas" (desigualdades em outras dimensões da vida) como, por exemplo, exposição e consumo de águas contaminadas por organismos patogênicos que podem provocar diarreias e infecções e, ainda, até prejudicar a absorção de nutrientes e ulteriormente podem levar a deficiências físicas e intelectuais que afetariam a aprendizagem, o desenvolvimento intelectual e profissional, relegando pessoas ao analfabetismo, a trabalhos informais, à exclusão e, assim, reproduzindo o ciclo da desigualdade.[2]

Este capítulo estrutura-se em cinco "momentos" além desta introdução e considerações finais, os quais expressam recortes temporais que se articulam ao conjunto das inter-relações socioeconômicas historicamente constituídas. A análise se assenta na bibliografia fundamental, em memórias de viajantes, em jornais e, em especial, na legislação.

O período inicial contempla as práticas individuais de asseio, o espaço e a moradia como forma de se chegar aos corpos, impondo limpeza física e moral e, ainda, o desigual processo de constituição das primeiras empresas do gênero, com a atuação do capital estrangeiro e a configuração inicial dos serviços enquanto mercadoria.[3] Na sequência, uma fase de encampações toma forma, influenciada pela descentralização federativa, pelo início de institucionalizações e ampliação dos serviços na década de 1910 e 1920, com o saneamento rural. A partir de 1930, à discussão se adiciona a centralização do Estado, enquanto promove a ampliação da institucionalização da gestão, em especial de órgãos públicos municipais e estaduais. O tópico que o segue, é tipificado pela coercitividade por parte da União para que municípios concedam seus serviços, sob o contexto do golpe político-civil-militar, com o Plano Nacional de Saneamento (Planasa). No último tópico, a abordagem se detém sobre a investida do setor privado no setor sob a conjuntura neoliberal. Estes marcos temporais foram estabelecidos considerando aspectos políticos e econômicos, externos e internos, os quais de alguma forma in-

2 Sobre as externalidades negativas e positivas geradas pela carência ou oferta de saneamento na América Latina ver em especial Hanke-Domas & Jouravlev (2021, p. 163-199).

3 Mercadoria entendida, "antes de tudo, [como] um objeto externo, uma coisa, a qual pelas suas propriedades satisfaz necessidades humanas de qualquer espécie. A natureza dessas necessidades, se elas se originam do estômago ou da fantasia, não altera nada na coisa. Aqui também não se trata de como a coisa satisfaz a necessidade humana, se imediatamente, como meio de subsistência, isto é, objeto de consumo, ou se indiretamente, como meio de produção" (Marx, 2017, p. 113-125). É o que Lefebvre chama de constituição das raridades. O espaço é uma raridade e, assim como o espaço se torna raridade e objeto de especulação, também os recursos e bens antes abundantes também se tornam raridade, como a água (2016, p. 139). Nas palavras de Marx (2017, p. 124-125), incorporando sua "forma natural e sua forma de valor", que se manifesta "numa relação social entre mercadorias".

fluenciaram as tomadas de decisão na geração e execução de políticas públicas no setor.

Por fim, cabe uma importante observação. De acordo com os objetivos propostos, procurar-se-á traçar as características das principais políticas públicas implementadas neste período para refletir o Brasil de hoje, assim, este breve texto não tem a pretensão de dar conta da multiplicidade e complexidade dos fatores que envolvem os serviços de saneamento, mas sim a intensão de fomentar reflexões e novas pesquisas.

1822-1889 – Asseio sobre o meio, controle sobre o indivíduo

> ... depois de passar a praia da Glória, viramos à esquerda e entramos na parte nova daquela vila pelos arcos do grande aqueduto construído em 1718 [sic] pelo vice-rei Albuquerque. Isso fornece quatro fontes abundantes.
> O maior é o Carioca, próximo ao convento de Santo Antônio; tem doze bocas; e é o mais pitoresco em si mesmo: está constantemente cercado por escravos, com seus barris de água, e por animais bebendo. Logo além, há calhas de granito, onde uma multidão de lavadeiras trabalha; e em frente, há bancos onde se comercializa negros constantemente. O chafariz das Marecas fica em frente aos jardins públicos e próximo ao novo quartel; e, além das bicas para água para os habitantes, há dois bebedouros sempre cheios para os animais (Grahan, 1824, p. 167; tradução livre).

Era segunda-feira, 31 de dezembro de 1822, quando a viajante inglesa Maria Grahan registrou o cotidiano das ruas do Rio de Janeiro de então. Seu olhar revela uma cidade "pitoresca", com movimento de pessoas e negócios, além dos chafarizes como elementos urbanos fundamentais para a oferta de água. Os naturalistas Spix & Martius, em viagem à então colônia entre 1817-1820 também observaram cenas semelhantes em Salvador assinalando sua duvidosa qualidade, assim como no Rio de Janeiro.

No Rio de Janeiro, desde o século XVII a captação da água encaminhada aos chafarizes até 1840 era oriunda de diferentes fontes, mas, na esteira dos aguadeiros e da qualificação da água como mercadoria, o comerciante Sebastião da Costa Aguiar montou uma frota de carroças dotadas de barris para vender água, era a Água do Vintém, captada na Chácara Vintém (Ritta, 2009:83). Quanto aos esgotos, até meados do século XIX, o serviço era executado essencialmente pelos "tigres", escravos responsáveis pelo descarte dos resíduos domésticos em tonéis para os locais determinados ou para o mar (Marques, 1995, p. 55; Rezende & Heller, 2002, p. 72). Na capital baiana o destino dos dejetos eram os mesmos, o mar, e até 1888 eram os escravizados que os descartavam nas praias da cidade; com o fim do escravismo, a Intendência Municipal reconheceu a profissão de catador de despejos.

Entre similitudes e diferenças urbanas, inegável é a necessidade de considerar na análise como estes serviços foram "incorporados" por empresas ou órgãos públicos com a estruturação do Estado nacional brasileiro, administrativa e politicamente, paralelo à inserção do país nas linhas do sistema capitalista, cujo processo revela diferenças aviltantes em termos regionais num país de dimensões continentais. Primeiro ponto a destacar foi a atração de investimentos estrangeiros nos sistemas exportadores e em serviços urbanos. Assim ocorreu em Fortaleza, cujos serviços de água por meio de chafarizes estavam a cargo da empresa de capital inglês, Ceará Water Works Company Limited, em 1867.

Mesmo diante das inovações da ciência,[4] as intervenções urbanas postas em prática no Brasil do século XIX se fundaram fartamente na teoria miasmática. A noção de saneamento e as ações, assim, se assentavam pela perspectiva higienista em que a atuação deveria se dar sobre o espaço, para então se chegar ao indivíduo, através do descongestionamento de corpos "como forma de produção do espaço urbano", em nome da "extirpação das doenças, dos cancros e tumores" (Santos, 2011, p. 87).

A Constituição Imperial de 1824 tratou de temas como "salubridade", "asseio", "saúde" de maneira superficial, com apenas duas menções no artigo 24, que talvez possam ser tomadas como referência para aquele momento. O primeiro, garantindo o trabalho de qualquer gênero desde que não ferisse "aos costumes públicos, à segurança, saúde dos cidadãos" e, o segundo, garantindo "socorros públicos", porém, sem os especificar (Constituição,

4 Sobre a relação "trabalho", "saúde", "doença" e "teorias científicas" ao longo do século XIX e a emergência dos serviços de saúde pública na Inglaterra e em outros países, consultar Rosen (1994) e Rezende & Heller (2002).

1824). Em realidade, a Constituição de 1824 centralizou os poderes nas mãos do Imperador ao mesmo tempo em que sua responsabilidade com a oferta de determinados serviços era praticamente inexistente (Rezende & Heller, 2002, p. 82).

A responsabilidade pela execução dos serviços desta natureza recaia sobre as Câmaras de cada município, que legislavam por meio dos Códigos de Posturas, devidamente aprovadas pelas assembleias provinciais, reduzindo o poder local. Regulamentando o uso e ocupação do espaço, a produção e, é claro, o dia a dia de seus habitantes, entre suas determinações estavam as "enfermidades", considerando o destino do lixo, a vacinação ou a proibição do despejo de "águas imundas" nas ruas e o cuidado com valas de esgotos dentre outras determinações, como demonstra Ribeiro (1993), sobre as Posturas da cidade de São Paulo de 1875 e 1886.

O Livro de Posturas da cidade Salvador, de 1829-1859, apresentava o mesmo conteúdo para o centro histórico da cidade, indicando que "brejos e pântanos na cidade e seus subúrbios não poderão conservar alagados...", e seu descumprimento implicava em multa ou até mesmo prisão (Sá, 2011, p. 279). Em Porto Alegre, as Posturas Municipais determinavam além dos locais de despejos dos barris, também os horários em que podiam ser descartados (Rückert, 2017).

O Rio de Janeiro talvez represente alguma exceção pelo seu caráter de Corte imperial com alguns encaminhamentos legais até a constituição dos seus serviços de abastecimento de água e coleta de esgotos, quando, em 1840, foi instituído um órgão responsável pela conservação de encanamentos fontes, chafarizes.

Juntos, legislação, aumento da demanda, carência de serviços e receio de novas epidemias impuseram medidas que levaram ao início da estruturação dos serviços de salubridade (saúde), com a criação da Comissão Central de Saúde Pública, em 1849, seguida da Comissão de Engenheiros e uma Junta de Higiene Pública, ambas em 1850, sob a fiscalização do Conselho Superior de Saúde Pública, que atuou nas três décadas seguintes, principalmente na cidade do Rio de Janeiro. Em 1886, com a "Reforma Mamoré", implantou-se a autonomia nas repartições e reestruturou-se o Conselho Superior de Saúde Pública com divisão no escopo de atuação, em terrestres e marítimos[5] (Marques, 1995, p. 58; Chalhoub, 1996, p. 30; Rezender & Heller, 2002, p. 98).

Sob a fiscalização do Conselho, iniciou-se a execução da "primeira intervenção coletiva tendo como objeto os esgotos da cidade", em 1853, quando D. Pedro II abriu concorrência para a construção do sistema (Marques, 1995, p. 58). Em 1872, o recenseamento registrou 30 mil ligações de esgoto e uma cobertura em torno de 47% das edificações.[6]

Quanto aos serviços de abastecimento de água, seu processo de implementação enquanto *sistema* de distribuição "regular", iniciou-se em 1861 com a criação de uma comissão para estudar o serviço. Em 1870, outra comissão encabeçada por Antônio Rebouças indicou a ampliação da captação, até então circunscrita ao Maciço da Tijuca, para a Serra do Tinguá. Dois anos depois de iniciadas as obras, cerca de 8 mil prédios estavam ligados à rede de distribuição de água da então capital (Cedae).

A província de São Paulo, que até o desenvolvimento dos cafezais detinha um papel quase marginal na economia nacional, vivenciou consideráveis mudanças socioeconômicas a partir de meados do século XIX, com a criação de pequenas indústrias demandando mais e mais infraestrutura e trabalhadores, aumentando a população e a demanda por água e, evidentemente, gerando mais esgotos.

Foi o cenário para, em 1877, a concessão dos serviços à Cia. Cantareira de Água e Esgotos, empresa privada criada por negociantes com auxílio técnico de engenheiros ingleses, com contrato de concessão de 70 anos para oferecer os serviços de abastecimento de água e coleta de esgotos, sendo este último obrigatório para todas as habitações. Os custos se pagariam com o imposto pago pelos homens de "fortuna" enquanto os pobres estariam isentos.

5 Os portos eram preocupações constantes das autoridades em razão da entrada e saída de mercadorias e pessoas, por isso Rio de Janeiro e Santos, por exemplo, foram recorrentemente objeto de intervenções.

6 As epidemias de cólera ao longo do século XIX impuseram a construção de sistemas de coleta de esgotos nas principais cidades do mundo: em 1832 a epidemia atingiu Paris, que iniciou as obras de esgotamento em 1833; em 1854, Londres foi a atingida e a iniciou em 1855; em 1869 a cólera chegou a Buenos Aires, que a executou em 1874. Da mesma forma, outras cidades, como Memphis (1873), Hamburgo (1892) e São Paulo (1893), disseminadas em especial pela difusão dos meios de transportes e pelo aumento na circulação de pessoas e mercadorias (Rezende & Heller, 2002, p. 64).

Em 1888, 5.008 edifícios eram servidos de água e aos poucos os chafarizes iam sendo desmontados e descontruída a concepção de livre acesso à água (Sant´anna, 2007, p. 170; Santos; 2011, p. 57).

Ao passo que serviços eram institucionalizados e a água tratada como mercadoria, tomava forma o desmonte dos chafarizes. Simbólico da convergência destes fatores foi o caso da Água do Vintém, no Rio de Janeiro. Ao fim e ao cabo, em jogo estavam as condições para a acumulação de capital e a reprodução da mão de obra, por mais que os serviços fossem insuficientes nas áreas periféricas ou para aqueles sem condições de pagar pela infraestrutura e pelo líquido, como salienta Rezende & Heller (2002, p. 100), "as companhias privadas atuavam, prioritariamente, nos locais onde residiam as elites sociais, cumprindo o objetivo de seus proprietários: a obtenção do lucro".

O que cabe reter destes casos e, sem deixar de considerar as diferenças conjunturais de cada uma destas cidades, são os respectivos processos de montagem dos serviços de abastecimento de água e coleta de esgotos que atendiam às imperativas adequações da vida urbana às condições de mínimas de salubridade, em razão de vários fatores: 1) das recorrentes epidemias que as assolavam; 2) do desejo de asseio físico e moral capaz de significar modernidade e civilidade, do socialmente aceito e desejável para os espaços e para os hábitos individuais; 3) da adequação dos espaços como forma de atingir os corpos; 4) da preocupação com as condições para a geração do excedente, incluindo a mão de obra; 5) da aplicação de uma ideologia da limpeza.

Em curso, portanto, estavam preocupações com o ajustamento e materialização das condições urbanas para a salubridade, a acumulação e o controle, enquanto se introduziam as *máquinas inglesas do conforto*, entre elas abastecimento de água e esgotos, como componente da habitação adequada e confortável (Beguin, 1991, p. 47-49).

1890-1929. Descentralização, ampliação e heterogeneidade dos serviços

A década de 1890 se iniciou marcada pelo fim do escravismo (1988), pela instauração da República (1889) e pela Constituição de 1891, que em seu conjunto expressaram importantes mudanças do ponto de vista político, econômico e legal ao conferirem relativa autonomia aos estados da

Federação, inclusive financeiramente, redirecionando a totalidade dos impostos sobre exportações aos cofres estaduais, além de conceder responsabilidades e autonomia para a constituição, oferta e manutenção dos serviços relativos à salubridade (saúde). Economicamente o período assinalava a passagem da economia mercantil escravista nacional para uma economia exportadora capitalista (Mello, 1998a).

Sob este contexto se intensificaram as diferenças regionais em diversos campos, entre elas os serviços de saneamento. A convergência da situação econômico-financeira do estado de São Paulo é um exemplo evidente sobre como a constituição destes serviços no Brasil foi heterogênea. No caso paulista, foi possível ao estado criar seu serviço de saúde e encampar os de saneamento independentemente dos outros estados da federação em razão de suas receitas oriundas das exportações de café, resultando no que Rezende & Heller (2002) apontam como uma das condições que dificultou a interiorização de políticas públicas nos "sertões" e, em decorrência, dificultou a formulação de elementos constituintes de um Estado nacional.[7]

Como destacam os mesmos autores, de nada adiantava um estado estruturar-se sanitariamente ao passo que o restante do território permanecia à deriva em termos de serviços de saúde. Desta premissa, apontam os autores, emergiu um "movimento" nacional de reforma com relação àqueles precários serviços existentes, cuja última reforma até então havia ocorrido em 1886, com a Reforma Mamoré, como citado.

Somente em 1896, efetivamente, que serviços de saúde com um escopo territorial federal tomaram forma, com a criação da Diretoria Geral de Saúde Pública (DGSP) ligada ao Ministério da Justiça e Negócios Interiores, regulamentada no ano seguinte, com a atribuição de dirigir os serviços sanitários dos portos marítimos e fluviais, realizar a fiscalização do exercício da medicina e farmácia, fazer estudos sobre doenças infectocontagiosas e de realizar a organização de estatísticas demográfico-sanitárias e o auxílio aos estados em situações epidêmicas, por exemplo (Hochman, 1998, p. 96). Com os serviços

7 Santos (1985), Rezende & Heller (2002) e Hochman (1998) avaliam a constituição dos elementos abastecimento de água, coleta de esgotos e serviços de saúde à luz da formação da ideologia da nacionalidade, na medida em que sua atuação sobre o território representava as responsabilidades assumidas para com a população, enquanto chegava aos rincões do país, unificando-os simbolicamente por meio de serviços públicos.

unificados se processou "efetivamente, a ampliação das ações para todo país". De 1903 a 1906 diversas obras contaram com as ações da DGSP, como a construção do sistema de abastecimento de água em Xerém, no estado do Rio de Janeiro, a construção da estrada de ferro Central do Brasil, em Minas Gerais e, ainda, no episódio da conhecida Revolta da Vacina, no Rio de Janeiro, sob a direção de Oswaldo Cruz (Rezende & Heller, 2002, p. 118).

Independentemente do mérito e abrangência de cada implementação, cujos limites destas páginas impedem aprofundamentos, inegável foi que o Estado aparentemente passava a assumir mais incisivamente a responsabilidade de executor dos serviços sanitários, suplantando seu caráter meramente legislador.

A complexidade que se seguiu revela a dinâmica, os limites e, portanto, a heterogeneidade das formas como os serviços de água e esgotos no Brasil foram constituídos ou assumidos pelos estados e municípios, revelando que as instituições e a realidade da população não caminhavam no mesmo ritmo. De qualquer forma, cabe destacar que dois processos importantes marcaram o período de 1890 a 1930: as encampações e o movimento pelo saneamento rural.

Quanto às encampações, Souza et. al (2015, p.41) assinala que esse processo marcou o setor no período de 1890 até a década de 1940, mais ou menos, com os estados assumindo a maioria dos serviços privados em execução até então. Na maioria deles as justificativas eram as reclamações da população com respeito à precariedade dos serviços em meio ao aumento populacional e epidemias. Sob estas prerrogativas o governo do estado de São Paulo encampou a Cia. Cantareira, a cargo da Repartição de Águas e Esgotos (RAE), na capital, enquanto nas cidades do interior os serviços de saneamento, em 1920, em mais da metade deles, possuíam esgotamento sanitário e, a maioria, sistema de abastecimento de água (Rezende & Heller, 2002, p. 126).

O processo de constituição dos serviços na capital mineira, Belo Horizonte, foi emblemático. Nele o planejamento da cidade "moderna" e com o saneamento demonstra inequivocamente a interdependência entre ambos, mas também o alcance e os limites da sua oferta em termos sociais. Por ocasião da sua inauguração em 1897, conjuntamente foi inaugurado o "precário" serviço de abastecimento de água e o praticamente "inexistente" serviço de coleta de esgotos, cujas águas residuais acabavam no ribeirão Arrudas por diversos caminhos, exceto pelas redes, enquanto na área suburbana as ruas eram os destinos das águas sujas (Borsagli, 2016, p. 72). Os serviços estavam a cargo da municipalidade.[8]

O segundo movimento que compõe a ideia de heterogeneidade refere-se aos diferentes processos e circunstâncias que marcam a oferta dos serviços no plano nacional, isto é, das áreas e da população, conforme a condição socioeconômica, o espaço em que habitavam e a infraestrutura técnica disponível nestas áreas.

A esse respeito, marcantes foram as discussões sobre a necessidade de equacionar o problema das doenças endêmicas que afligiam os "sertões" nas primeiras décadas do século XX, o que despertou a atenção e debates entre alguns políticos, médicos, sanitaristas, intelectuais, repercutindo como um dos fatores na construção da identidade nacional, afirma Santos (1985).

Entre os principais nomes a se destacar neste movimento estavam Belisário Penna e Arthur Neiva.[9] Com eles, o combate às endemias rurais tomou forma em diferentes regiões do país. Em 1912, os médicos participaram de uma expedição promovida pelo Instituto Oswaldo Cruz para averiguar as condições de saúde de vários estados do Norte e Nordeste do país, as quais foram divulgadas por meio de relatos de viagem, artigos editados pelo jornal Correio da Manhã e, em 1916, numa campanha pelo saneamento rural do país.

Em pauta estava a corrente nacionalista que se preocupava com os rumos do Brasil, devido ao atraso econômico e social atrelado às péssimas condições sanitárias da população (Penna, 1923). Na visão de Penna, a situação crítica em que se encontrava o país no que tange à falta de saneamento, era fruto da autonomia dos estados instaurada com a República, que após 33

8 Em viagem ao Nordeste e Norte do país no início do século XX, Paul Walle (2006, p. 202;305) também registrou a situação da falta d'água e esgotos em várias capitais.

9 Belisário Penna era médico formado em 1890 pela Faculdade de Medicina da Bahia; exerceu cargos públicos como vereador (Juiz de Fora) e no Rio de Janeiro assumiu o cargo de inspetor sanitário da Diretoria Geral de Saúde Pública. Em 1905, foi designado para a Inspetoria de Profilaxia da Febre Amarela, realizando vários estudos sobre o mosquito transmissor da doença e incorporando-se à campanha chefiada por Oswaldo Cruz para a sua erradicação no Rio de Janeiro. Artur Neiva formou-se em medicina em 1903 e em 1906 passou a trabalhar com Oswaldo Cruz no Instituto Soroterápico (atual Fundação Instituto Oswaldo Cruz). Entre suas atividades exerceu serviços sanitários na Argentina, dirigiu o Serviço Sanitário do estado de São Paulo e foi diretor do Instituto Biológico do Estado de São Paulo, além de ter exercido cargos políticos e participado de entidades científicas no Brasil e no exterior.

anos e 100 anos de independência assistia à bestialização do povo (Penna, 1923, p. 64) e acrescentou:

> ... nosso povo [e] a sua incorporação real á civilisação, só se fará, não quando elle souber ler e escrever, e puder ser eleitor, mas quando for obrigado a construir a sua habitação, obedecendo ás prescriptões hygienicas, aprender a beber agua limpa e souber destruir, ou affastar d'ellas, os insectos e parasitos, causadores de molestias transmissiveis e prejudiciaes á collectividade (Idem, 1923, p. 190).

A preocupação com o saneamento adquiria dimensões que, se por um lado eram respostas às mudanças em curso, muitas vezes incorporadas nos Códigos e Serviços Sanitários em constituição, por outro engloba problemáticas decorrentes da gripe espanhola ou das endemias recorrentes, inclusive as rurais. De seu conjunto, em 1918, tomou forma a Liga Pró-Saneamento do Brasil, congregando médicos, cientistas, intelectuais e políticos em nome dos serviços de saúde pública e da criação do Código Sanitário Rural. Para Rezende & Heller (1998) era a relação de causalidade que se pretendia enfrentar, entre a falta de poder público e a insalubridade. Foi o que levou, na década de 1920, às ações intervencionistas por parte do Estado, aponta Santos (1985, p. 10).

O então Serviço de Profilaxia Rural marcaria a "primeira etapa para uniformização e unificação de todos os serviços de saúde pública do país", principalmente com a criação, em 1920, do Departamento Nacional de Saúde Pública (DNSP), por meio do Decreto n. 3.987 de 02 de janeiro de 1920 (Hochman, 1998, p. 137 e seguintes), mesmo que sob diferentes conjunturas estaduais, em especial São Paulo, que possuía seus serviços desde a década de 1890.

> A era do saneamento assistiu ao crescimento do Estado, ao aumento do seu poder infra-estrutural, desigualmente distribuído entre o governo central e governos estaduais e municipais. Nesse sentido, o cálculo dos custos e benefícios da estatização e das condições de adesão gerava um arranjo promotor do encontro entre a consciência social e os interesses tangíveis. (...) Uma política pública e nacional não foi o simples resultado das imposições da natureza da doença transmissível, mas de um acordo e decisão política que continham mecanismos que beneficiavam muitos, com impactos sobre todos, e eram capazes de incorporar uma importante unidade considerada pelas demais – e que considerava a si

> própria – uma exceção no panorama nacional da saúde pública: o estado de São Paulo (Hochman, 1998, p. 207-208).

Segundo o Recenseamento de 1920 (38), naqueles anos eram 317 localidades (cidades, vilas e alguns povoados) com abastecimento de água, sendo que 289 delas com rede domiciliar de distribuição, totalizando 2.351.705 metros de encanamento adutores. Proporcionalmente, os estados que detinham o maior número de cidades e vilas com os serviços eram São Paulo (104), Minas Gerais (95) e Rio de Janeiro (22). Enquanto os serviços de esgotamento sanitário chegavam a apenas 126 localidades.

Ao mesmo tempo, o recenseamento também destacou a heterogeneidade regional quanto à oferta do serviço:

> deficiência notável, sobretudo, nos estados no Norte, onde, com exclusão das capitaes, raros são os centros urbanos que desfructam os beneficios de um bom serviço de abastecimento d'agua (*Anuário Estatístico*, 1936, p. 262).

1930-1969 – Mudanças institucionais e formas alternativas de execução dos serviços

A trajetória do Brasil e do mundo ao final da década de 1920 foi marcada pela inflexão em diferentes níveis da realidade. Por um lado, o estancamento dos fluxos monetários e de mercadorias em nível mundial em decorrência da conturbada década de 1920 e da crise dos anos 1930 e, por outro, internamente, por fatores políticos que abalaram os alicerces do Estado oligárquico alçando Getúlio Vargas ao poder e iniciando um período caracterizado pela industrialização restringida, como denomina Mello (1998a).[10]

Estes anos foram marcados pelo aumento populacional, pela urbanização acelerada em curto período, pelo início do processo de industrialização acompanhado do acirramento das desigualdades regionais, pelas migrações internas etc. Sob este contexto, algumas das políticas públicas concernentes ao

---

10 Cuja conjuntura abarcava a alteração do centro dinâmico da economia com o incremento da produção de bens de consumo. Por volta de 1937, Getúlio Vargas "instituiu" o chamado Estado Novo (1937-1945), conferindo ao Estado papel indutor da indústria, regulando e legislando temas relacionados ao trabalho e à infraestrutura.

saneamento, inequivocamente, promoveram ampliação dos serviços, porém, também reproduziram a heterogeneidade que se tenta aqui demonstrar.

Foi um momento de predomínio das empresas públicas (estaduais e municipais) frente à oferta, sob diferentes características, de repartições públicas a empresas estaduais de capital misto ou autarquias. Por outro lado, Santos (1985) é categórico ao afirmar que a "empolgação" política resultante da movimentação ideológica em prol do saneamento da década anterior abrandou-se no pós-1930 até mais ou menos 1945, com Getúlio Vargas, em um movimento que abarcava centralização de poder com estruturação administrativa e burocrática do Estado.

Entre as ações de Vargas, em 1934 foi promulgado o Código de Águas, regulando as ações privadas relativas ao uso de cursos d'água (principalmente para geração de energia). No que tange ao saneamento, o Código especificou seu uso assegurando a gratuidade de "qualquer corrente ou nascente de água, para as primeiras necessidades da vida", no caso de haver sistema de abastecimento ou acessibilidade às fontes e, ainda, na ausência de ambos, instituía o artigo 35 que se não houvesse formas de distribuição ou captação por meio de caminhos que "*os proprietarios marginaes não podem impedir que os seus vizinhos se aproveitem das mesmas para aquelle fim, comtanto que sejam indemnizados do prejuizo que soffrerem com o transito pelos seus predios*" (Código de Águas, 1934). Com Vargas também foi criado o Serviço Especial de Saúde Pública (Sesp), vinculado ao Ministério da Saúde (1942).

Segundo o Anuário Estatístico do Brasil de 1937 (1938), naqueles anos eram 558 localidades com serviços de abastecimento e 931 sem os serviços, num total de 1.489 municípios, dos quais 145 tinham acesso à água por meio de torneiras, bicas ou chafarizes públicos e em 462 localidades o abastecimento era apenas por distribuição domiciliar e alguns com ambos. Já o esgotamento estava presente em 234 localidades (ausente em 1.255), chegando a 453.020 domicílios em 10.315 logradouros.

Das informações disponíveis nos Anuários Estatísticos do Brasil (1945, 1950), na segunda metade da década de 1940, do universo das capitais e algumas outras cidades, o predomínio na oferta dos serviços de abastecimento e esgotamento sanitário era de companhias estaduais, seguida das municipais – por meio de departamentos ou autarquias[11] – depois pelos serviços

11 Em 1942 foram criados os primeiros Serviços Autônomos de Água e Esgotos (SAAEs) na forma de autarquias, com autonomia administrativa. Nascidas das regulamentações do Sesp,

oferecidos por empresas privadas e, por último, os executados pelo governo federal. Neste mesmo período, os serviços de abastecimento de água de Niterói e os de abastecimento de água e de esgotamento da cidade do Rio de Janeiro foram encampados pelo serviço público.

Ao retornar à presidência em 1951, Vargas instituiu em 1953 o primeiro Plano Nacional de Financiamento para Abastecimento de Água, representando um "divisor de águas na reformulação das políticas de saneamento", incentivando a descentralização das ações no setor e a instituição de órgãos municipais, fossem como autarquias ou empresas de economia mista. Porém, os resultados não foram os esperados devido, dentre outros fatores, à falta de fundos e de recursos humanos, argumenta Rezende & Heller (2002:207). No ano seguinte criou-se o Departamento de Nacional de Endemias Rurais (DNERu) que incluía o abastecimento de água e o esgotamento como mecanismos de combate à esquistossomose, malária e outros parasitas (Souza, et.al, 2015,p. 44).

Em curso nos diferentes governos, incluindo o de Eurico Gaspar Dutra, estava um relativo predomínio de políticas desenvolvimentistas que buscavam implementar a indústria no Brasil. Em que pese as controvérsias historiográficas sobre este processo, cabe reter aqui que a partir da segunda metade da década de 1950 uma nova etapa deste processo caracterizou o centro dinâmico da economia, com a industrialização intensiva ou pesada (Mello, 1998a), em seus dois momentos, de 1956 a 1967 e de 1967 a 1980.

O primeiro momento foi marcado pelo Plano de Metas, com Juscelino Kubitschek (1956-1961), por meio de ações planificadas que buscaram incrementar a acumulação e a indústria, com a identificação dos setores classificados como obstáculos ao desenvolvimento industrial. Os investimentos fomentaram um crescimento anual do produto interno bruto de 8% entre 1957 e 1961, a instalação de setores industriais importantes ligados à produção de bens de capital e de bens duráveis, mas também promoveram novas assimetrias na estrutura social do país, como o êxodo do campo às cidades e

---

os primeiros SAAEs foram empreendidos no Vale do Aço, em Minas Gerais, e no Espírito Santo. Em 1955, foram criados os primeiros serviços municipais de economia mista, em Campina Grande e na Paraíba (Souza et.al, 2015, p. 43).

de regiões pouco industrializadas para áreas com maior concentração industrial e oportunidades de trabalho.

Entre ganhos e perdas daqueles anos estavam a reprodução de desequilíbrios regionais e problemas macroeconômicos, com altas taxas inflacionárias, por exemplo, que foram herdadas por João Goulart (1961-1964) que os enfrentou por meio de tentativas de reformas que se pretendiam estruturais, como a urbana, agrária, tributária, constitucional, eleitoral, bancária. Mas o que se seguiu foi um golpe político-civil-militar amparado na narrativa de temor de uma guinada à esquerda.

Nas décadas de 1950-1960, as políticas de saneamento se distanciaram das ações de saúde pública, justificados, entre outros fatores, pela busca de eficiência de gestão pública, motivando a aderência e difusão da proposta de autossustentação tarifária. Deste feito, transcorreu na década de 1960 a consolidação do modelo de empresas de economia mista, impulsionado pelo financiamento oneroso e pela busca da autossustentação tarifária, ou seja, com o custeamento por meio das tarifas pagas pelos consumidores.

Entre os incentivadores desse processo estavam os organismos financiadores como Banco Interamericano de Desenvolvimento e a Superintendência para o Desenvolvimento do Nordeste (Sudene), criada em 1959, que na década de 1960 induziu a organização dos serviços de saneamento sob a forma de empresas de economia mista como condição para acessar financiamentos. No caso do Nordeste, apenas em Campina Grande a empresa estava nesta condição e por isso ela poderia acessar financiamentos. A solução foi criação da Cia. de Água e Esgotos do Nordeste (Caene) que assumiu os serviços de 100 municípios até sua extinção, em 1970 (Souza, et.al, 2015, p. 43).

1970-1989 – Centralização coercitiva, urbanização e redemocratização

Após o golpe político-civil-militar de 1964, como sabido, seguiram-se conturbados momentos políticos e socioeconômicos. Com Humberto Castelo Branco (1964-1967) foi proposto o Plano de Ação Econômica do Governo (PAEG) com o objetivo de estabilizar macroeconomicamente o país, porém, baseado em corte em investimentos públicos, redução de salários e outras fórmulas conservadoras, que promoveram a queda da inflação e trouxeram consigo custos sociais.

A política econômica gerou oposição e protestos o que foi respondido com mais força repressora por parte do governo de Artur da Costa e Silva (1967-1969), mas também gerou uma reorientação expansionista, sob viés elitista, obviamente, que incrementou investimentos industriais e aumentou a demanda por produtos industrializados, e, no que se refere aos interesses aqui expressos, se manifestaram em programas e projetos de saneamento e habitação.

Em 1967 foi instituída Política Nacional de Saneamento,[12] cujas diretrizes se vinculavam ao Sistema Financeiro de Saneamento (SFS), criado em 1968, associado ao Banco Nacional de Habitação (BNH), com o subprograma Financiamento de Saneamento (Finansa), encarregado do financiamento de obras de abastecimento de água, esgotamento sanitário, drenagem urbana e poluição hídrica. No ano seguinte, o BNH passou a utilizar os recursos do Fundo de Garantia por Tempo de Serviço (FGTS) para o financiamento do setor, e, em 1971, foi publicado o Plano Nacional de Saneamento (Planasa).

O Planasa, suprido com recursos do FGTS e com acesso a fontes externas, como do Banco Mundial, tinha como meta atingir, até 1980, 80% da população com serviços de abastecimento de água e 50% com coleta de esgotos, porém, em áreas unicamente *urbanas*.[13] Por trás das políticas adotadas estava o centralismo político com a crença em ganhos com economias de escala. De acordo com Maricato, em jogo estava a "retirada" da autonomia política dos municípios atrelada à falta de independência econômica devido ao "empobrecimento fiscal" que os atingiam, perfazendo as condições ideais para a centralização federal (Maricato, 1987, p. 36-38). Por isso a imposição de as prefeituras concederem seus serviços às companhias estaduais, em substituição à responsabilidade local com os serviços; aquelas que se recusaram ficaram à margem dos financiamentos federais para ampliarem seus ser-

12 Sob o guarda-chuva *Saneamento* estavam: abastecimento de água, sua fluoretação e destinação de dejetos; esgotos pluviais e drenagem; controle da poluição ambiental, inclusive do lixo; controle das modificações artificiais das massas de água; controle de inundações e de erosões.

13 O foco era essencialmente o abastecimento de água e, pouco, o esgotamento sanitário, enquanto estipulava como "área-objeto" as áreas urbanas (Almeida, 1977, p. 5).

viços. Daí o fortalecimento das atuais companhias estaduais de saneamento, que ainda em 2021 executam serviços em muitos municípios sob a condição jurídica da concessão (Santos, 2013).[14]

Avanços e retrocessos são indicados pelas pesquisas como resultantes das ações do Planasa, num movimento às vezes apontado como contraditório. Se por um lado registrou-se uma relativa queda nos índices de mortalidade infantil, como aponta Maricato, por outro, os custos relativos aos serviços de água na cidade de São Paulo se tornaram 139% maiores que o mesmo serviço na vizinha São Bernardo do Campo, cujo abastecimento continuou sob a responsabilidade do município. E, ainda, ao priorizar obras de abastecimento de água, o Planasa relegou a coleta e o tratamento de esgotos a um subitem, desconsiderando o fato indubitável de que mais de 90% do volume de água potável inserida no sistema tende a sair poluída após seu uso, o que contribuiu para o aumento da poluição das águas urbanas já que o esgotamento e o tratamento não acompanharam a oferta no abastecimento (Custódio, 2012, p. 78).

Não se admite aqui, contudo, possíveis contradições nas ações do Planasa – considerando a priorização na oferta do abastecimento e a praticamente ausência da oferta de esgotamento sanitário e suas consequências ou o aumento dos preços no serviço de abastecimento de água – e, sim, que suas ações, *per se*, foram planejadas e executadas com finalidades específicas e excludentes, fundado em um viés tecnocrata que incluía ainda a intenção de se gerar novos negócios.

Como sugerido em artigo anterior (Santos, 2013, p. 34), a poluição das águas seria um fenômeno útil e necessário para a manutenção de um padrão de concessão de grandes obras às empresas privadas, "como condicionamentos úteis para a 'geração' contínua de novos negócios em torno da água", o que contribuía (e ainda contribui) para acessos desiguais aos serviços. Outro fator que parece corroborar tal afirmativa, foi o fato de o Planasa determinar como escopo de atuação somente áreas urbanas, exprimindo o processo de urbanização pela qual passava o país – sob uma modernização conservado-

14 Os municípios que continuaram executando e oferecendo os serviços autonomamente, iriam, nos anos 1990, novamente passar por investidas por parte do governo federal para que concedessem seus serviços, mas nestes anos, à iniciativa privada, como se verá adiante.

ra.[15] Ademais, aponta Souza et.al. (2015, p. 48), havia a explicita exclusão de "áreas com urbanização irregular, como favelas, consideradas não-saneáveis, como se houvesse um impedimento tecnológico", o que nada mais era, como diz Rezende & Heller (2002), do que a predominância de tecnocratas gerindo as políticas de saneamento no período militar, direcionando-as sob o argumento da viabilidade econômico-financeira.[16]

Do ponto de vista das cidades, em especial com as dinâmicas socioeconômicas pós-1930, os espaços e as condições de se habitar tomaram novas dimensionalidades, surgindo novos problemas, com a concentração urbana ante a rural na década de 1970. Em essência, fomentavam o processo as mudanças econômicas, com as interligações rodoviárias que conectou o "arquipélago econômico" de cidades, como denomina Huertas (2018), além de fatores de expulsão de diversas razões da população rural, como a busca por trabalho e renda, a fuga da seca etc. Entre 1940 e 2010 a população brasileira cresceu 363%, ao passo que a população urbana saltou 1.249%, ressalta o mesmo autor.

O resultado deste deslocamento de trabalhadores implicava aumento de demanda por moradia e serviços, como saneamento, ao passo que suas ofertas não acompanhavam em atendimento e/ ou qualidade, fomentando precarização, favelização e poluição das águas, dentre inúmeros outros problemas que a falta do direito à cidade acarreta.[17]

15 Pires & Ramos (2009) argumentam – a partir de Barrington Moore Jr., analista do desenvolvimento capitalista na Alemanha e no Japão – que a modernização conservadora no Brasil pode ser tomada como o descompasso entre a consolidação da industrialização nos marcos do sistema capitalista e a manutenção de "estruturas de dominação" que obstava o acesso a direitos para a população. Ver também Huertas (2018).

16 De 1967 a 1973, o país conheceu o chamado "milagre econômico", mas que ao final deste período levou ao arrefecimento da industrialização pesada e à inflação, devido a fatores como a crise do Estado de Bem-estar Social, financeirização, choques do petróleo, inflação norte-americana etc. que, ulteriormente, levou ao contrachoque Volcker com a subida dos juros nos Estados Unidos ao final da década de 1970 e início da seguinte.

17 Importa resgatar o argumento de Oliveira (2013, p. 59), ao tratar do crescimento urbano e autoconstrução da moradia, que na maioria das vezes são desacompanhadas de serviços regulares de saneamento: "...é preciso não confundir 'anarquia' com 'caos': o 'anárquico' do crescimento urbano não é 'caótico' em relação às necessidades da acumulação. (...) Uma não-insignificante porcentagem das residências das classes trabalhadoras foi construída pelos proprietários, utilizando dias de folga, fins de semana e formas de cooperação como o 'mutirão'. Ora, a habitação, bem resultante dessa operação, se produz por trabalho não pago, isto é,

Com a redemocratização, a partir de 1984 e, principalmente, com a Constituição de 1988, novos escopos foram conferidos ao Estado em seus diferentes níveis, enquanto outros se reafirmaram. Incluíram-se diretrizes que instituíam o saneamento e saúde como competência da União, enquanto direcionador do desenvolvimento urbano, ao mesmo tempo em que dividia essa competência com estados e municípios. A Carta Magna também estabeleceu, em seu artigo 200, a água como "objeto" do sistema único de saúde, a participação da União na "formulação da política e da execução das ações de saneamento básico", além da fiscalização e inspeção de alimentos, incluindo a água. Do ponto de vista da titularidade[18] dos serviços, reafirmou 7aos municípios esta prerrogativa, conforme seu artigo 30 (Constituição 1988, 1988).[19] Efetivamente, a Carta estabeleceu competências comuns para os diferentes níveis do executivo com relação aos serviços públicos, com premissas de descentralização decisória e ampliação das formas de participação da iniciativa privada, tanto na oferta quanto no financiamento.

Isto posto, as dinâmicas deste período incluíram industrialização, urbanização, novos hábitos de consumo e de padrões e até mesmo a ampliação dos serviços de saneamento, porém, em uma sociedade tragicamente marcada pela desigualdade em suas diferentes manifestações. Como aponta Mello & Novais, configurou-se na década de 1980, uma situação em que parcela da população estava "mergulhada na pobreza absoluta", sem acesso a serviços básicos, enquanto o "colapso efetivo dos serviços públicos aparece à consciência social como resultado da improbidade e do desperdício, e não da pilhagem do Estado pelos grandes interesses" (1998b, p. 625 e seguintes). Integravam-se à realidade a partir de então os efeitos da reestrutura produtiva, do neoliberalismo, da crença na redução do Estado.

supertrabalho. Embora aparentemente esse bem não seja desapropriado pelo setor privado da produção, ele contribui para aumentar a taxa de exploração da força de trabalho, pois o seu resultado – a casa – reflete-se numa baixa aparente do custo de reprodução da força de trabalho – de que os gastos com habitação são um componente importante – e para deprimir os salários reais pagos pelas empresas. Assim, uma operação que é, na aparência, uma sobrevivência de práticas de 'economia natural' dentro das cidades, casa-se admiravelmente bem com um processo de expansão capitalista...".

18 Titularidade é a competência de outorga dos serviços públicos a outrem, seja para órgão público ou empresa privada.

19 A gênese do atual Sistema Único de Saúde (SUS) brasileiro remete à Constituição de 1988.

1990-2021. Saneamento como negócio e fomento à desigualdade

Os anos 1990 se anunciaram sob a intensificação do neoliberalismo que impulsionaram as mudanças para a alteração da oferta dos serviços de saneamento, conforme Souza et. al. (2015, p. 53), com o início da "neoprivatização" no setor, assim como de outros setores públicos.

Após várias tentativas de estabilização econômica que marcaram a década de 1980 (Cruzado I e II, Bresser, Verão), com Fernando Collor (1990-1992) aprofundou-se o processo de abertura comercial e de reforma do Estado, apoiada na crença de que era imperativo reduzir o déficit público, o que incluía a privatização de empresas públicas acusadas de ineficientes e sem capacidade de investimentos.

Em 1992, o Planasa entrou numa fase de desmonte efetivo com a redução de suas fontes de financiamento, especialmente com a extinção do BNH, em 1986 (cujas funções foram assumidas pela Caixa Econômica Federal), sem que se atingisse suas metas, recalculadas na década anterior. Ainda em 1992 foi recriado o Programa de Saneamento para Populações em Áreas de Baixa Renda (Prosanear) para áreas pobres e sem infraestrutura sanitária e criado o Programa de Saneamento para Núcleos Urbanos (Pronurb), encarregado de administrar os recursos financeiros oriundos da Caixa Econômica Federal e do Banco Mundial.

A primeira metade da década de 1990 assinalou movimentos dinâmicos no setor de saneamento, os quais pareciam adequar o setor à atuação privada, incentivada pelo fim do Planasa, do Prosanear e do Pronurb, que não responderam à demanda, em razão de corte de gastos públicos e contingenciamento do crédito, o que resultou na interrupção das contratações junto ao FGTS.

Paralelamente, sob o contexto do Programa Nacional de Desestatização (PND), de 1990, e das condições impostas pelo Fundo Monetário Internacional (FMI) para se ter acesso a crédito, instituiu-se em 1994 o Programa de Modernização do Setor de Saneamento (PMSS)[20] e, no ano seguinte, a Lei de Concessões amplificou as condições para que empresas privadas ofertassem serviços públicos. Logo, já em 1995 foram retomadas

20 Deste programa foi criado o Sistema Nacional de Informações sobre Saneamento (SNIS), que desde 1995 coleta, sistematiza e publica os dados referentes ao saneamento no Brasil, disponibilizando-os em http://www.snis.gov.br/ - Acesso em 6 de maio de 2021.

as contratações por parte do FGTS com o programa Pró-Saneamento. Ademais, ao longo da década de 1990 vários contratos de concessão de municípios junto às companhias estaduais de saneamento estavam se encerrando, "disponibilizando ao mercado" áreas consideradas economicamente atrativas. Estavam convergindo, desta forma, oportunidades de negócio com o Estado legislando em favor dos agentes privados.

Com Fernando Henrique Cardoso (FHC)[21] houve disponibilização de crédito, com a criação do Programa de Financiamento a Concessionários Privados de Saneamento (FCP-SAN), em 1997, pela Caixa e, em 1998, com o Programa de Assistência Técnica à Parceria Público-Privada em Saneamento (Propar). Outrossim, talvez umas das leis mais simbólicas do processo de mercantilização da água sob a lógica neoliberal resida na promulgação da Lei nº 9.433 de janeiro de 1997 – a Lei Federal de Recursos Hídricos – que conferiu à água a premissa de "recurso limitado", como bem público, mas dotada de valor econômico com a possibilidade de cobrança pelo seu uso, derivação, infraestruturação e inserção de efluentes nos corpos d'água.[22] Entre suas letras também estava o direito de outorga para captação e diluição de efluentes, mas sem especificar como seria este direito, ou seja, a falta de clareza jurídica/ regulatória ainda permanecia, segundo os discursos privatistas.

Contudo, em 1998, atendendo às recomendações do FMI outro contingenciamento atingiu o setor de infraestrutura e, sob esta rubrica estava o Pró-Saneamento, que suspendeu financiamentos públicos em nome do ajuste fiscal e da aceleração dos setores a serem privatizados. Foi justamente em

21 Em 1995, após ter atuado no processo de implementação do Plano Real no ano anterior, Fernando Henrique Cardoso (1995-2002) assumiu a presidência. Com o Real houve um relativo crescimento com baixa inflação, mas logo em seguida seguiu-se uma recessão, em 1995, atrelado aos déficits comerciais e à crise mexicana que impunham receios de a crise cambial se disseminar.

22 Muito provavelmente sua aprovação estava respaldada pelo acordo originado na Conferência Internacional sobre Água e Meio Ambiente, realizado em Dublin, no início de 1992, que reconheceu a água como recurso finito dotada de valor econômico, o que promoveria "uso eficiente e equitativo", (Ribeiro, 2008:79-81). Segundo a lei, a água seria gerida pelas bacias hidrográficas, de forma centralizada e participativa (OCDE, 2015).

2001 que o governo federal enviou ao Congresso o projeto de lei nº 4.147, que visava à constituição do marco regulatório do setor.[23]

Evidentemente que houve investimentos no setor realizados no período, mesmo que descontínuos e sob contingenciamentos, financiados pelo Banco Nacional de Desenvolvimento Econômico e Social (BNDES), Banco Mundial, Banco Interamericano de Desenvolvimento e Overseas Economic Cooperation Fund (OECF), por meio de vários programas, dentre eles, de combate à mortalidade infantil por meio da Fundação Nacional de Saúde (Funasa); do Programa Nacional de Combate ao Desperdício de Água (PNCDA), em 1997; o próprio PMSS, em suas duas etapas, na primeira com foco na área institucional e na ampliação dos serviços e desenvolvimento da gestão empresarial das concessionárias estaduais, e, na segunda etapa, na preparação para os investimentos da OECF; e, ainda, na promoção da pesquisa em busca de inovações para o setor, com a criação do Programa de Pesquisa em Saneamento (Prosab), em 1995.

Segundo o Serviço Nacional de Informações sobre Saneamento (SNIS), em 1999 eram 27 companhias estaduais oferecendo os serviços no setor, em torno de 13,6% do total das instituições em funcionamento no país; os municípios concedentes às companhias estaduais totalizam 2.234. Mas a maioria delas qualificavam-se como companhias municipais (autarquias, departamentos ou como sociedade de economia mista), perfazendo 83,9% do total. Há registro, ainda, de 2,5% de empresas microrregionais, que operavam em mais de uma localidade de forma integrada, desde que vizinhas, sendo públicas ou privadas.

Durante os dois mandatos de FHC houve a necessidade de se ampliar os serviços e o acesso a ele em razão do crescimento populacional, porém, as ações adotadas pelo governo federal continuaram na linha de o Estado ser incapaz de fazê-los sem a iniciativa privada. A lógica incorporada pelo Estado, aponta Rezende & Heller (2002:288-289), residia na defesa da privatização em áreas com viabilidade econômica, as quais, antes, deveriam

23 Foi um projeto apresentado em regime de urgência com o objetivo de regulamentar e estruturar o setor, regulando a atuação privada e estabelecendo meta para a universalização dos serviços. Após oposição, polêmicas e debates, em especial em relação à retirada da titularidade dos municípios, o projeto não foi aprovado nos dois governos de FHC. Somente em 2020 seria aprovada lei similar.

ser devidamente saneadas do ponto de vista econômico-financeiro para atrair investimentos privados, ao passo que aos diferentes entes federativos caberia manter os serviços nas regiões com sistemas deficitários e sem condições de retorno financeiro.[24]

Em verdade, a atuação privada no setor já era uma realidade desde o século XIX, com os aguadeiros ou com o envasamento de água no século XX, por exemplo, da mesma forma que a crescente demanda era uma variável presente em todos os momentos históricos, que se não variava na existência, modalizava na sua dimensionalidade. Então, quais seriam as possíveis explicações para a atuação privada, e mesmo a pública, não terem dado conta da demanda? Evidentemente que pesquisas específicas para cada tempo e espaço se fazem necessárias na correlação com as dinâmicas do modo capitalista de se produzir.

Por outro lado, constitucionalmente a água não é alienável e compete à União e aos estados sua administração, sob a supervisão do órgão regulador, a Agência Nacional de Águas (ANA). Não cabe, portanto, a possiblidade de o setor privado deter o líquido na forma de propriedade, mesmo se uma nascente estiver no interior de uma propriedade privada ou um curso d'água por ela transcorrer. Por esta razão, as diferentes peças legislativas e regulatórias assumem no contexto geral estratégicas funções no sentido de se estabelecer um "mercado da água" (e do saneamento como um todo) minimamente "seguro" sobre o qual os agentes privados possam atuar mesmo sem o domínio pleno do líquido. Entre as principais questões que obstavam os negócios na década de 1990, segundo argumentavam os agentes privados e uma parcela de gestores públicos, estava a titularidade nas mãos dos municípios, que consideravam um impedimento à "ampliação e universalização" dos serviços.

A água e o esgotamento sanitário, suas carências e seus problemas não são exclusividades do Brasil, e por isso ocupam cada vez mais espaço nas pautas dos organismos e conferências internacionais.[25] Sem aprofundar no tema, cabe salientar três questões importantes. A primeira foi o lançamento, pela

24 Em 2000 foi criada a Agência Nacional de Águas (ANA), uma autarquia cuja função era implementar as atribuições da Política Nacional de Recursos Hídricos. Na prática, o órgão assumiu a função de regulador das águas no Brasil em seus diversos usos e conflitos.

25 Diversos foram os encontros internacionais em que água e saneamento eram o foco, com diferentes graus de atenção, além de diversos outros fóruns internacionais para discutir *especificamente* a água, os quais não serão discutidos aqui. Para aprofundamentos ver Ribeiro (2008) e Justos (2021).

Organização das Nações Unidas (ONU) dos Objetivos de Desenvolvimento do Milênio (ODM), em 2000, com metas de reduzir à metade a população sem acesso à água potável e ao esgoto até 2015. Como signatário, o Brasil ficou entre os 147 países que alcançaram o objetivo de acesso à água; e entre os 95 que atingiram com relação ao esgotamento (SOUZA et.al., 2015, p. 57-58). Para 2030, as metas visam à universalização dos serviços (ONU). A segunda ocorreu em 2002, quando o Comitê dos Direitos Econômicos, Sociais e Culturais, da Convenção Internacional sobre Direitos Econômicos, Sociais e Culturais (Cidesc), incorporou a água como um direito ambiental internacional, mas também reconhecendo-a como passível de cobrança, como a Conferência de Dublin já havia indicado, mas sem fixar valores mínimos. E, por fim, somente em 2010, a ONU reconheceu, com a Resolução nº 64/292, que o acesso à água limpa e segura é um direito humano essencial, conferindo aos Estados a competência pela execução efetiva deste direito.

Todavia, entre o direito e a capacidade de se pagar por estes serviços, como determinam os dois últimos itens, há muitas variáveis a serem consideradas e avaliadas segundo cada realidade, que no caso do Brasil passa pelo reconhecimento de uma estrutura social elitista e excludente e na premência de seu enfrentamento.[26] De positivo, foi o reconhecimento da responsabilidade do Estado com estes elementos.

Com Luiz Inácio Lula da Silva (2003-2010) na presidência, houve uma retomada dos investimentos públicos e um relativo arrefecimento da atuação privada no setor, tratando o saneamento pelo referencial do direito social (Brito & Rezende, 2017, p. 562). Em seu primeiro mandato Lula criou a Secretaria Nacional de Saneamento Ambiental, vinculado ao Ministério das Cidades (criado em 2003) que assumiu a gestão do setor.

No ano seguinte, a lei nº 11.079 de dezembro de 2004 estabeleceu as normas para parcerias-público-privada (PPP), inserida no país nos anos 2000 e como parte, como aponta Souza et. al. (2015, p. 51), da "estratégia do setor privado e do Banco Mundial para retomar e expandir a prestação privada".

Foi em 2007, entretanto, com a institucionalização da Lei Nacional de Saneamento Ambiental (LNSB), sob nº 11.445/2007 – que se tornou a le-

26 É o que Castro (2013) chama de compreensão dos condicionantes sistêmicos – internos e externos ao setor – os quais devem parametrizar a análise e a compreensão de cada realidade, local ou regional, para a elaboração e promoção das políticas públicas.

gislação orientadora do setor a partir de então – paralelo ao lançamento do Programa de Aceleração do Crescimento (PAC), incentivou a retomada dos investimentos em infraestrutura, incluindo saneamento. Além destes programas, em 2009, foi criado o programa federal Minha Casa Minha Vida, aumentando ainda mais as expectativas de ampliação dos serviços de saneamento naqueles anos.

Com Dilma Rousseff (2011-2016), em 2013 foi aprovado o Plano Nacional de Saneamento Básico (Plansab), como previa o artigo 52 da LNSB, por meio do decreto presidencial nº 8.141 de novembro de 2013, prevendo o trabalho interministerial para executar, universalizar e *promover o controle social* do setor, estabelecendo, assim, prerrogativas para financiamento e metas. Em 2015, Rousseff também promulgou o decreto nº 8.428, tratando do Plano de Parcerias Público-Privada, com o objetivo de prover condições de financiamentos, com juros reduzidos, ao setor privado para atuar em áreas "não essenciais", incluindo o saneamento; porém, o decreto foi considerado "tímido" pelo setor privado (Ferreira & Henrique, 2018, p. 280).

Mesmo com uma ênfase de planejamento e investimentos baseada em "previsibilidade e regularidade na disponibilização dos recursos" durante o governo de Rousseff, aponta Britto & Rezende (2015, p. 563-565), também houve conflitos quanto a destinações de recursos públicos ao setor privado, como foi o caso da portaria nº 280, de junho de 2013, que permitiu a estes agentes o acesso a recursos do Orçamento Geral da União (OGU) para as obras de saneamento incluídas no PAC. Marques (2018, p. 202) ressalva, porém, que sob os governos Lula os investimentos em saneamento apresentaram "forte regressão" quando comparados às inversões em outros setores e, com Dilma, "essa regressão tornou-se absoluta".

Portanto, merece destaque o papel do Estado para a inserção e ampliação do domínio privado no setor, que não passa unicamente pela concessão, parceria, financiamento etc., mas essencialmente – pela legislação – ao conferir as condições legais para estes agentes terem acesso aos atrativos "mercados".

A década de 2000 se encerrou com os serviços de abastecimento de água chegando a 91,9% dos domicílios brasileiros e os de esgotamento sanitário a 63,4%, com registros dos maiores incrementos entre 1960 e 1980, em abastecimento, e de 1970 a 1991 em esgotamento sanitário (Souza et.

al., 2015). Contudo, estes mesmos autores, assim como outros pesquisadores, são enfáticos ao afirmar que a desigualdade no acesso aos serviços, no Brasil, ainda expressa a desigualdade reinante e historicamente construída, absolutamente estrutural.

Após o golpe que derrubou a presidenta em 2016, ocorreu um novo redirecionamento nos marcos legais do setor. O então presidente Michel Temer (2016-2018) aprovou a lei n° 13.334/2016, instituindo o Programa de Parcerias de Investimentos (PPI), enquanto preparava um programa de concessões no setor a ser conduzido pelo BNDES. Os dois atos tinham como objetivo a atração de parcerias privadas, considerando planejamento financeiro, risco e projeções de amortização e retorno. Em 2018, ainda, editou duas Medidas Provisórias (MP) com conteúdo semelhante (a primeira expirou sem ir ao plenário), direcionando à ANA as funções regulatórias nas mãos do Ministério das Cidades e de que municípios licitassem as obras de água e esgoto.

Em substituição à segunda MP de Temer, em 2020, sob o governo de Jair Bolsonaro foi promulgada a lei nº 14.026, tornando-se o novo marco legal do setor, em substituição à lei nº 11.045/2007. Entre seus principais dispositivos, dois demostram o atendimento dos interesses privados: a obrigatoriedade de as empresas estatais firmarem contratos de concessão somente após processos de licitação junto às empresas privadas; e a prioridade de acesso a recursos públicos federais destinados ao saneamento aos municípios que concederem ou privatizarem seus serviços.

Entidades e associações representativas de indústrias e do setor comemoraram a aprovação, como a Confederação Nacional da Indústria (CNI) e a Associação Brasileira das Concessionárias Privadas de Serviços Públicos de Água e Esgoto (Abcon), que apontaram a "modernização do setor", a "indução à competitividade" e a "possibilidade de universalização dos serviços" (Agência Brasil, 2020; ABCON, 2020). Por outro lado, pesquisadores e associações de bairros e favelas foram enfáticos em apontar que a lei é frágil e que é impossível sanear sem urbanizar, ou seja, que ela é excludente, reproduz desigualdades e não resolve o problema da falta dos serviços, em especial em áreas de alta vulnerabilidade (UOL, 2020).

O que está em jogo na atualidade é a "disputa" pelas concessões, parcerias, aquisições de empresas de saneamento, como fonte de acumulação oriunda da exploração de um "recurso" (como denominam os adeptos da água enquanto objeto *mercadoria* e que deve ser valorado), que deveria ser direito do cidadão.

De acordo com o SNIS (2018) e a Abcon (2020), em 2018 as companhias estaduais respondiam por 72% dos serviços de saneamento ofertados no país, seguida pelas empresas municipais (departamentos, autarquias etc.) com 25,7% e, por fim, as empresas privadas, com 5,2% de participação no atendimento. Em 2019, eram 291 localidades atendidas por empresas privadas, em 178 contratos de concessão, atendendo 30,4 milhões de pessoas, cujos contratos estavam 42% no Norte do país, 25% no Sudeste, 15% no Nordeste, 13% no Sul e 4% no Norte (Abcon, 2020, p. 31).[27] Entre as PPPs, o primeiro contrato nesta categoria no setor de saneamento foi firmado em Salvador, em 2006, para a construção do Emissário Submarino de Jaguaribe; até 2017, foram realizados 17 contratos desta natureza no setor (Ferreira & Henrique, 2018).

A simples oferta, porém, em muitos casos não representa regularidade, nem qualidade dos serviços. Como indica Souza et. al. (2015), há que se resolver a "inadequação do saneamento". Poucos exemplos mostram a dimensão da desigualdade na falta de acesso aos elementos água e esgoto. Em 2011, moradores de dois bairros periféricos localizados na zona sul da cidade de São Paulo por várias vezes fizeram reféns trabalhadores da companhia estadual de saneamento, a Sabesp, responsável pelo abastecimento de água e pela coleta de esgotos. Foi uma reação à recorrente falta de água nas torneiras das casas, escolas e postos de saúde, que foram fechados, resultando, ainda, em mobilização nas ruas com pneus queimados e ruas interditadas (Santos, 2013).

Em outro caso, em 2014 ocorreu a depredação da Câmara Municipal de Itu (SP) e protestos que fecharam rodovias como reação à falta de água, segundo levantamento da Comissão Pastoral da Terra (CPT). Contudo, a dimensão dos conflitos pode assumir proporções diversas, muitas vezes instrumentalizados por relações de poder político, econômico e até com uso de violência, ressalta o CPT. Segundo a Comissão, no Brasil os conflitos desta natureza saltaram de 71 casos, em 2005, para 127, em 2014, envolvendo 32,5 mil e 42,8 mil famílias, respectivamente. Segundo os dados, as regiões Norte

27 Segundo a Abcon, há municípios com mais de um operador e na coleta de informações da Abcon foram consideradas as formas de prestação de serviços indiretas por empresas privadas (PPPs, subdelegações e locações de ativos). Por esta razão os percentuais não totalizarão 100%.

e Nordeste apresentam as maiores incidências, como o caso da desapropriação de uma fazenda, em Potiretama (CE), em 2014, para a construção de um açude público. Porém, com a conclusão da obra, o fazendeiro...

> ...continuou plantando capim às margens da água e criando gado leiteiro. Além disso, cercou o local com arame farpado. Segundo os moradores locais, o fazendeiro usou jagunços para ameaçar quem usava a água dos rios que abastecem o açude (Lobel, 2015).

A intermitência ou precariedade expressa, inequivocamente, junto com sua falta, que para grande parte da população brasileira estes serviços não são efetivos nem quando existentes. Isto posto, é plausível afirmar que a oferta se vincula diretamente à situação material de existência da população. Independentemente dos fatores que motiva(ra)m a implementação de políticas públicas no setor, o fato é que milhares de pessoas ainda estão à margem destes elementos essenciais do sistema urbano e, complementando, do rural.

Entre necessidades e realidades, portanto, estão as expressões da população sob diferentes formas no intuito de se fazer ouvir ou conquistar condições dignas de sobrevivência. E foi neste espaço que vozes se levantaram, grupos se organizaram e estratégias de sobrevivências foram criadas.[28] E mais do que nunca o limiar dos anos 2020 trouxe à tona a necessidade de novas (e antigas) lutas, para conquistar e manter direitos.

Em 2018 eram cerca de 35 milhões de brasileiros (16,38%) sem acesso à água tratada e cerca de 100 milhões (47%) não possuíam rede de coleta de esgoto (SNIS, 2018). De acordo Castro (2013, p. 64), "o cidadão foi substituído pelo cliente como sujeito formal dos serviços", priorizando os dividendos privados em detrimento do interesse público. Em outras palavras, consumou-se o processo iniciado no início da década de 1990, de abertura do setor aos agentes privados, renovando as condições para a reprodução das desigualdades.

28 Agir no sentido da condição humana da pluralidade em relação a toda e qualquer atividade política (Arendt, 1999).

Considerações para reflexão

Esse panorama de 200 anos tentou apreender diacronicamente como os serviços de abastecimento de água e esgotamento sanitário foram pensados, constituídos, executados e legislados. Da busca por soluções individuais na captação de água e do descarte das águas sujas em vias públicas à expansão dos serviços, regulamentação, lutas por direito e consolidação de seu caráter de mercadoria, inegavelmente sua oferta foi ampliada nestes séculos. Entretanto, o que se revela, a despeito das políticas públicas e da expansão no atendimento, são os *limites econômicos e políticos* para a efetiva universalização dos direitos (serviços), como aponta Beguin (1991), estes carecem ser superados, juntamente com as concepções de que a uns cabem direitos, enquanto a outros (muitos), nem tanto.

As marcas deste processo podem ser avaliadas a partir das dinâmicas expressas nos diferentes tempos aqui delineados que demonstram a "complexidade da heterogeneidade" que emergem em diferentes níveis: 1) *regionalmente*, na sua constituição e execução, ora por empresa privada ora pelo Estado; 2) nas *motivações* para o estabelecimento dos serviços, no tempo e no espaço, se como respostas das elites dominantes das diferentes regiões segundo seus interesses, se devido ao caráter de capital ou cidade com relativo protagonismo político e/ou econômico, se em função de construções ideológicas oriundas de campanhas, inclusive para a zona rural, se como resposta a lutas pelo direito aos serviços, se como resposta ao aumento e adensamento populacional; 3) nas *políticas públicas* dos diferentes governos, legislando, planejando, executando e financiando os serviços; 4) *nos possíveis obstáculos técnicos* para sua implantação, às vezes como parte integrante das próprias políticas públicas; e, 5) no *interesse dos agentes privados* unicamente nas áreas com viabilidade econômica.

Simbólico destacar neste processo os déficits aferidos pelo SNIS em 2018, cujos dados parecem embasar a narrativa da ineficiência do Estado, assim cabendo sua possível solução somente aos agentes privados. Discurso fácil que na maioria das vezes desconsidera as "condicionantes sistêmicas" e não revela o que está em jogo, a saber, unicamente o interesse por concessões em áreas que apresentam condições para acumulação de capital.

A aprovação da lei nº 14.026, em julho de 2020, durante o governo Bolsonaro (2019-), regulamentando o setor revela estes interesses, ao priorizar o acesso a recursos e financiamentos públicos às empresas privadas. Por mais que este processo estivesse em curso há anos, em nada surpreende que o direcionamento legal do setor tenha se concretizado sob um governo que tinha como projeto a destruição de políticas públicas e sociais. Tal meta, associada à pandemia do coronavírus e ao negacionismo do governo federal no seu enfrentamento que contribuiu sobremaneira para o caos socioeconômico com quase 600 mil mortes registradas no país até fins de setembro de 2021, só aumentou a complexificação da relação saneamento, saúde e seus déficits. Um dos impactos destes fatores pode ser aferido pelo aumento da taxa de extrema pobreza na América Latina e, claro, no Brasil em 2020-2021, cujo índice chegou ao patamar de meados dos anos 2000 (CEPAL, 2021).

Por fim, o não acesso a saneamento (de qualidade) e as externalidades externas dela decorrentes assumem um papel fundamental na reprodução da desigualdade que impera no Brasil. Não em vão que expedientes e formas de luta considerados ilegais – como sequestros de trabalhadores, por exemplo – acabam por legitimar a luta da população por direitos. Luta travada porque em muitos aspectos, e para muitos brasileiros, a herança do século XIX ainda determina a vida e o lugar de cada um na sociedade devido à cor da pele, etnia, naturalidade, sotaque, gênero... Que Brasil é esse?

Referências

BRASIL. *Anuários Estatísticos*. 1936, 1937, 1946, 2010.

BRASIL. *Código de Águas*. Decreto nº 24.643, de 10 de julho de 1934.

BRASIL. *Constituição da República Federativa do Brasil de 1988*. 5 de outubro de 1988. Disponível em: http://www.planalto.gov.br/ccivil_03/constituicao/constituicao.htm. Acesso em 8 de abril de 2021.

BRASIL. *Constituição Politica do Imperio do Brazil de 1824*. 25 de março De 1824. Disponível em: http://www.planalto.gov.br/ccivil_03/constituicao/constituicao24.htm. Acesso em 08 de abril de 2021.

BRASIL. *Lei 14.026/2020-Saneamento básico*. Disponível em: https://www2.camara.leg.br/legin/fed/lei/2020/lei-14026-15-julho-2020-790419-norma-pl.html. Acesso em 14 de maio de 2021.

BRASIL. *Lei Nacional de Saneamento Ambiental* nº 11.445/2007. Disponível em: http://www.planalto.gov.br/ccivil_03/_ato2007-2010/2007/lei/l11445.htm. Acesso em 06 de maio de 2021.

PENNA, Belisario. *O Saneamento no Brasil. Sanear o Brasil é Povoal-o; é Enriquecel-o; é Moralisal-o*. 2.ed., Rio de Janeiro: Jacintho Ribeiro dos Santos, 1923.

ABCON; SINDCON. *Panorama da participação privada no saneamento 2020. Tempo de Avançar*. Abcon/ Sindcon, 2020. Disponível em: https://www.abconsindcon.com.br/panoramas/ - Acesso em 6 de maio de 2021.

AGÊNCIA BRASIL. "Senado Aprova Novo Marco do Saneamento." In: *Agência Brasil*. 24 de julho de 2020. Disponível em: https://agenciabrasil.ebc.com.br/geral/noticia/2020-06/senado-aprova-novo-marco-saneamento. Acesso em 07 de maio de 2021.

ALMEIDA, Wanderly J. M. de. *Abastecimento de àgua à população urbana: uma avaliação do Planasa*. Rio de Janeiro: IPEA/INPES, 1977.

ARENDT, Hannah. *A condição humana*. Trad., 9ª. edição Rio de Janeiro: Forense Universitária, 1999.

BEGUIN, François. As maquinarias inglesas do conforto. *Espaço & Debates*. São Paulo: Núcleo de Estudos Regionais e Urbanos, nº 34, 1991.

BORSAGLI, Alessandro. *Rios Invisíveis da metrópole mineira*. Belo Horizonte: Edição do Autor, 2016.

BRASIL. Sistema Nacional de Informações sobre Saneamento (SNIS). Disponível em: http://www.snis.gov.br. Acesso em 06 de maio de 2021.

BRESSER-PEREIRA, Luiz Carlos. *Estado, Estado-Nação e formas de Intermediação Social*. São Paulo: FGV-EESP, Texto para Discussão, n. 409, 2016.

BRITTO, Ana L.; REZENDE, Sonaly C. A Política Pública para os Serviços Urbanos de Abastecimento de Água e Esgotamento Sanitário no

Brasil: Financeirização, Mercantilização e Perspectivas de Resistência. *Cadernos Metrópole*. São Paulo: nº 39, vol. 19, 2017.

CASTRO, José E. Políticas Públicas de Saneamento e Condicionantes Sistêmicos. In: HELLER, Léo; CASTRO, José E. (orgs.). *Política Pública e Gestão dos Serviços de Saneamento*. Belo Horizonte/ Rio de Janeiro: Editora UFMG/ Fiocruz, 2013.

CEDAE. *História*. Disponível em: https://cedae.com.br/abastecimento/tipo/historia-da-agua. Acesso em 20 de março de 2021.

CEPAL. Comisión Económica para América Latina y el Caribe (CEPAL). *Panorama Social de América Latina, 2020*. Santiago: Cepal, 2021. disponível em: https://www.cepal.org/pt-br/comunicados/pandemia-provoca-aumento-niveis-pobreza-sem-precedentes-ultimas-decadas-tem-forte. Acesso em 24 de maio de 2021.

CHALHOUB, Sidney. *Cidade Febril: Cortiços e Epidemias na Corte Imperial*. São Paulo: Companhia das Letras, 1996.

COSTA, Julio Cesar Zorzenon. "Formação do Estado e identidade no Brasil". In: BRANCO, Marcello S. (org.). *Compreensão da Realidade Brasileira*. São Paulo: Alameda, 2018.

CUSTÓDIO, Vanderli. *Escassez de Água e Inundações na Região Metropolitana de São Paulo*. São Paulo: Humanitas/Fapesp, 2012.

FERREIRA, Demétrius R. de F.; HENRIQUE, Anderson. O Mapa das Parcerias Público-Privadas em Saneamento no Brasil (2006-2017). In: *Polis-Revista Latino-americana*, n. 50, 2018.

FREHSE, Fraya. *O Tempo das Ruas na São Paulo de Fins do Império*. São Paulo:Edusp, 2005.

FREITAS, André V. Estado, Território e Políticas Públicas: O Ordenamento Territorial e sua Interface Ambiental. In: RAMOS FILHO, Eraldo et.al. *Estado, Políticas Públicas e Território*. São Paulo: Outras Expressões, 2015.

GRAHAN, Maria. *Journal of a Voyage to Brazil*. London: Longman, Hurst, Rees, Orme and Green, 1824.

HANKE-DOMAS, M; JOURAVLEV, Andrei. Lineamientos de Politica Pública para el Sector de Agua Potable y Saneamiento. In: JOURAVLEV,

Andrei; MATUS, Silvia S.; SEVILLA, Marina G. (Comp.). *Reflexiones sobre la Gestión del Agua en América Latina y el Caribe. Textos Selecionados 2002-2020*. Santiago: Páginas Selectas de la Cepal, Cepal, 2021.

HELLER, Léo; et. al. A Experiência Brasileira na Organização dos Serviços de Saneamento Básico. In: HELLER, Léo; CASTRO, José E. (orgs.). *Política Pública e Gestão dos Serviços de Saneamento*. Belo Horizonte/Rio de Janeiro: Editora UFMG/Fiocruz, 2013.

HESPANHOL, Ivanildo. Água e Saneamento Básico. In: REBOUÇAS, Aldo da C.; BRAGA, Benedito; TUNDISI, José G. (orgs.). *Águas doces no Brasil*. 3a. edição, São Paulo: Escrituras Editora, 2006.

HOCHMAN, Gilberto. *A era do Saneamento*. São Paulo: Hucitec, 1998.

HUERTAS, Daniel M. Do 'Arquipélago Econômico' ao Padrão Urbano-Industrial: Explosão Demográfica e Urbanização Caótica. In: BRANCO, Marcello S. (org.). *Compreensão da Realidade Brasileira*. São Paulo: Alameda Editorial, 2018.

JUSTOS, J. Batista. Derecho Humano al Agua Potable y al Saneamiento". In: JOURAVLEV, Andrei; MATUS, Silvia S.; SEVILLA, Marina G. (Comp.). *Reflexiones sobre la Gestión del Agua en América Latina y el Caribe. Textos Selecionados 2002-2020*. Santiago: Páginas Selectas de la Cepal, Cepal, 2021.

LEFEBVRE, Henri. *O Direito à Cidade*. São Paulo: Centauro, 2001.

LOBEL, Fabrício. Conflitos pela Água batem Recorde no País. In: *Folha de São Paulo*. 16 de março de 2015. Disponível em: https://m.folha.uol.com.br/cotidiano/2015/03/1603417-conflitos-pela-agua-batem-recorde-no-pais.shtml?cmpid=menutopo. Acesso em 22 de maio de 2021.

MARICATO, Ermínia. *Política habitacional no Regime Militar. Do milagre Econômico à Crise Econômica*. Petrópolis: Vozes, 1987.

MARQUES, Eduardo C. Da higiene à construção da cidade: o Estado e o saneamento no Rio de Janeiro. *História, Ciência e Saúde*. Manguinhos, II: jul.-out. 1995.

MARQUES, Luiz. *Capitalismo e colapso ambiental*. 3ª. edição, Campinas: Edunicamp, 2018.

MARX, Karl. *O Capital. Crítica da Economia Política.* Livro I. 2a. Edição. São Paulo: Boitempo, 2017.

MELLO, João M. C. de. *O Capitalismo Tardio. Contribuição à Revisão Crítica da Formação e do Desenvolvimento da Economia Brasileira.* 10a. Edição. Campinas: IE-Unicamp, 1998(a).

MELLO, João M. C. de; NOVAIS, Fernando A. Capitalismo Tardio e Sociabilidade Moderna. In: SCHWARCZ, Lilia Moritz (org.). *História da Vida Privada no Brasil: Contrastes da Intimidade Contemporânea – Volume 4.* São Paulo: Companhia das Letras, 1998(b).

OCDE (Organização para a Cooperação e Desenvolvimento Econômico). A Governança da Água no Brasil: em Mudança Constante". In: *Water Resources Governance in Brazil.* Paris: OCDE, 2015.

OLIVEIRA, Francisco de. *Crítica à Razão Dualista: O Ornitorrinco.* São Paulo: Boitempo, 2013.

ORGANIZAÇÃO DAS NAÇÕES UNIDAS (ONU). *Objetivos do Milênio 6: Àgua Potável e Saneamento.* Disponível em: https://brasil.un.org/pt-br/sdgs/6. Acesso em 4 de maio de 2021.

PEREIRA NETO, Murilo L. A Fratura da Desigualdade e o Papel do Estado." In: BRANCO, Marcello S. (org.). *Compreensão da Realidade Brasileira.* São Paulo: Alameda Editorial, 2018.

PIRES, Murilo J.S.; RAMOS, Pedro. O Termo Modernização Conservadora: Sua Origem e Utilização no Brasil. *Revista Econômica do Nordeste,* vol. 40, nº 3, 2009.

REZENDE, Sonaly; HELLER, Léo. *O Saneamento no Brasil. Políticas e Interfaces.* Belo Horizonte: Editora UFMG, 2002.

RIBEIRO, Maria A. R. *História sem Fim... Inventário da Saúde Pública. São Paulo – 1880-1930.* São Paulo: Edunesp, 1993.

RIBEIRO, Wagner C. *Geografia Política da Água.* São Paulo: Annablume, 2008.

RITTA, José de S. *A Água do Rio. Do Carioca ao Guandu. A História do Abastecimento de Água da Cidade do Rio de Janeiro.* Rio de Janeiro: Light/Centro Cultural da SEAERJ, 2009.

ROSEN, G. *Uma História da Saúde Pública*. São Paulo/Rio de Janeiro: Hucitec/Edunesp/ Associação Brasileira de Pós-graduação em Saúde Coletiva, 1994.

RÜCKERT, Fabiano Q. Porto Alegre e Pelotas: Duas Experiências de Municipalização do Saneamento no Rio Grande do Sul da Primeira República. *Revista Brasileira de História & Ciências Sociais – RBHCS*, vol. 9, n.18, 2017.

SÁ, Tânia R. B. T. Códigos de Posturas Municipais como Instrumentos Normativos da Produção de Novas Lógicas Territoriais: Estudo de Caso do Centro Histórico de Salvador. *Percurso*, Curitiba, vol. 1, n. 11, 2011.

SANT'ANNA, Denise B. *Cidade das Águas: uso de rios, córregos, bicas e chafarizes (1822-1901)*. São Paulo: Editora Sesc, 2007.

SANTOS, Fábio A. dos. *Domando Águas. Salubridade e ocupação do espaço na Cidade de São Paulo (1875-1930)*. São Paulo: Alameda/Fapesp, 2011.

SANTOS, Fábio A. dos. Captação e abastecimento de água na São Paulo de ontem e de hoje: continuidades e descontinuidades. *História Econômica & História de Empresas, vol. 16, nº 1*, ABPHE, 2013.

SANTOS, Luiz A. de C. O Pensamento sanitarista na primeira república: uma ideologia de construção da nacionalidade. *Dados – Revista de Ciências Sociais*, Rio de Janeiro, vol. 28, n.2, 1985.

SOUZA, Celina. Estado da Arte da Pesquisa em Políticas Públicas In: HOCHMAN, Gilberto; ARRETCHE, Marta; MARQUES, Eduardo (orgs.). *Políticas Públicas no Brasil*. Rio de Janeiro; Fiocruz, 2007.

SOUZA, Cezarina M. N.; et. al. *Saneamento: promoção da saúde qualidade de vida e sustentabilidade ambiental*. Rio de Janeiro: Fiocruz, 2015.

SPIX, Johann B. von. *Viagem pelo Brasil (1817-1820)* – Volume 2. Belo Horizonte/São Paulo: Itatiaia/ Edusp. 1981.

UOL. *Sanear sem Urbanização é frágil e põe favelas em risco, dizem especialistas*. 13 de julho de 2020. Disponível em: https://noticias.uol.com.br/meio-ambiente/ultimas-noticias/redacao/2020/07/13/sanear-sem-urbanizacao-e-fragil-e-poe-favelas-em-risco-dizem-especialistas.htm. Acesso em 07 de maio de 2021.

WALLE, Paul. *No Brasil, do Rio São Francisco ao Amazonas*. Brasília: Senado Federal, Conselho Editorial, 2006.

Soberania, identidade e presença mundial

O Brasil no Mundo
Política externa em perspectiva histórica

Ismara Izepe de Souza

A efeméride dos 200 anos da independência do Brasil enseja balanços históricos. Afinal, é desejável que esta data fomente as reflexões e debates sobre o que somos como Nação e acerca das forças políticas, econômicas e sociais que compõe a história brasileira. Para contribuir com essa análise torna-se crucial entender quais foram as influências do sistema internacional sobre o Brasil, e a forma pela qual os grupos detentores de poder reagiram a elas e se portaram frente aos desafios mundiais.

Neste sentido, este capítulo se propõe a traçar um panorama da política externa ao longo da história do Brasil independente. São muitas as questões suscitadas a partir disso. Quais foram as ideologias que respaldaram o pensamento e a atuação das elites políticas brasileiras nesta seara? O Brasil deteve autonomia em suas ações? A política externa do país se configura como uma ação política de Estado ou de Governo? Levando em consideração a proposta da obra que ora se apresenta, o desafio desse texto é evitar os reducionismos, mas, ao mesmo tempo, despertar a atenção para as linhas mestras da ação internacional do Brasil.

Na impossibilidade de abordar o tema a partir de uma perspectiva cronológica, pois trata-se de uma proposta de longa duração, optamos por enfatizar a construção da identidade internacional brasileira a partir de quatro temáticas. Primeiramente, faz-se necessário considerar alguns conceitos que norteiam a compreensão das ações brasileiras no sistema internacional, tais como autonomia e pragmatismo. Na primeira sessão mencionaremos os paradigmas propostos por Amado Cervo, realizando, a partir dos mesmos, uma visão panorâmica das fases cronológicas identificadas na política externa ao longo dos 200 anos de Brasil independente. A segunda temática refere-se à relação do país com o continente americano, com foco nas oscilações entre desejos de autonomia e a constatação de dependência econômica e ideológica frente aos EUA, no século XX. Também traçaremos um panorama das relações com a América do Sul, especialmente com a região do Prata. A tendência verificada, a partir da segunda metade do século XX, em envidar esforços direcionados à ampliação das relações com o mundo será abordada na terceira sessão, constituindo-se na terceira temática que podemos nominar como o universalismo da política externa brasileira. A última sessão será dedicada a atuação do Brasil nos fóruns multilaterais.

Conceitos que respaldam a inserção internacional brasileira

A definição de política externa, na maior parte dos estudos dedicados às Relações Internacionais, tende a ressaltar que ela se constitui em um conjunto de atividades políticas que um Estado realiza para defender seus interesses diante da ordem internacional. Consideramos adequado resgatar as três dimensões apontadas por Russell (1990, p. 255) para avaliar as ações de um Estado no exterior, tanto no plano bilateral quanto multilateral: político-diplomática, militar-estratégica e econômica. Neste texto, abordamos a interação entre tais dimensões, mas sem nos atermos à divisão analítica. Cabe ressaltar que a política externa de um país periférico, como é o Brasil, se constituiu a partir de condicionantes endógenas e exógenas, sendo conformada por limitações internacionais e pelas variáveis internas. Tais variáveis se relacionam à distinção de orientação política e econômica dos governos que se sucederam na história brasileira. As decisões tomadas em política externa obedecem aos interesses e visões de mundo dos grupos que dominam o aparato estatal.

O Estado tem papel preponderante na definição e implementação da política externa. Apesar dos variados atores que, com o aprofundamento da globalização, passaram a influenciar as relações internacionais do país, a representação do Brasil no plano internacional efetivou-se, nesses dois séculos, pelas mãos de uma burocracia especializada. O Ministério de Relações Exteriores (MRE), também conhecido como Itamaraty, é a agência responsável, não apenas por implementar, mas também por formular a política externa. O Itamaraty configura-se como um ministério que se diferencia dos demais por ser gerido por uma corporação altamente especializada, e que goza de grande prestígio doméstico e internacional. É comum encontrar entre os estudiosos dessa agência a expressão "insulamento burocrático" para definir a sua condição de pouca permeabilidade às demandas societárias (Cheibub, 1985; Faria, 2008; Lopes, 2013). Outra característica que atravessa a história dessa agência é a coesão corporativa, o "espírito de corpo", que guarda certa similaridade com os ministérios militares. Um MRE mais poroso às demandas sociais é defendido por intelectuais e membros da sociedade civil, que atentam para a necessidade da formulação da política externa brasileira (PEB) passar por um processo de democratização.

Presente nos discursos oficiais, o "interesse nacional" sempre contribuiu para justificar a atuação brasileira no plano internacional. Mas essa expressão acaba sendo pouco precisa, pois a identificação do que seria o "interesse nacional" depende das visões de mundo e dos interesses específicos dos grupos sociais que detém o poder estatal. O desenvolvimento econômico poderia ser identificado como o maior propulsor das ações da diplomacia brasileira, mas os meios para se chegar a ele variaram muito ao longo da história, a depender de como o país utilizou ou encontrou condições de exercer a sua autonomia.

A busca por autonomia se constitui em um objetivo da política externa e é um conceito discutido desde os primórdios da formação do Brasil independente. A palavra pode exprimir um leque de possibilidades teóricas, mas a mais usual para o processo decisório nesta seara é a que se refere ao desejo do Estado soberano encontrar condições para defender os seus interesses frente ao mundo.

No Brasil, o conceito de autonomia enseja reflexões sobre a liberdade limitada que um país periférico tem para agir diante de pressões externas. As limitações para uma atuação autônoma se apresentaram desde 1822, uma vez que a emancipação em relação à Portugal passou pela intermediação da Inglaterra, não sendo efetivada nos parâmetros que José Bonifácio de Andrada, o "patriarca da independência", almejava. Acatando os interesses da família imperial, que permaneceu no poder, os laços de dependência com a Inglaterra se fortaleceram por todo o século XIX (Ricupero, 2017, p. 117). Saraiva, ao analisar a historicidade do conceito na política externa brasileira, defende que a autonomia foi uma seta constante no tempo, desde a década de 1840, quando as elites do Império, ao praticarem o "cosmopolitismo internacionalista", fomentaram "o gosto no Brasil pelo papel indutor do Estado" (Saraiva: 2014, p. 17). Contrária a essa percepção, Maria Regina Soares de Lima (2019, p. 42) afirma que foram excepcionais os períodos nos quais o Brasil teve condições de agir de forma autônoma. Para esta autora, a política externa de corte autonomista deve ansiar pelo protagonismo internacional, conter certa dose de contestação da ordem vigente, elaborar uma projeção estratégica de longo prazo e priorizar as relações Sul-Sul e a integração regional em uma perspectiva que englobe o fator de solidariedade. Desafiar o *status quo* internacional vigente seria um elemento importante na composição da ação autônoma que, em sua concepção, só se configurou em dois momentos específicos da história do país: durante a Política Externa Independente (PEI) (1961-1964) e da política externa "Ativa e Altiva", desenvolvida durante os governos de Lula da Silva (2003-2011).

Dentre as discussões conceituais sobre a política externa brasileira, destacamos os paradigmas desenvolvidos por Cervo, que nos possibilitam traçar um panorama de longa duração do comportamento brasileiro frente ao mundo. Segundo este esquema conceitual, da independência até o início da década de 1930, triunfou o paradigma liberal-conservador, caracterizado pela influência da ideologia liberal na consolidação das instituições monárquicas e, posteriormente, das republicanas. Um liberalismo que tinha que conviver com o regime escravista e que moldava a forma do Brasil fazer comércio e de se relacionar com o mundo. Esse paradigma explicaria as linhas gerais da política externa do Império e dos primeiros anos da República, quando a ação diplomática brasileira se concentrava na defesa da pauta de exportações primárias, aliada a busca de crédito junto às praças de Londres (Cervo, 2013, p. 10).

De 1930 até o final da década de 1980 prevaleceu, ainda de acordo com Cervo, o paradigma nacional-desenvolvimentista. Neste período, o Brasil tentou romper com uma diplomacia meramente agroexportadora, defendendo a diversificação da pauta comercial, o que estava condizente com o projeto de industrialização e modernização do país. O Brasil teria transitado da subserviência à autonomia decisória, com o intuito de implementar um desenvolvimento assertivo, sendo a ação internacional pensada para trazer de fora os insumos necessários para a industrialização por substituição de importações: capital complementar, tecnologia e mercados externos (Cervo, 2013,p. 15). Para este autor, tal paradigma se assentou num conceito de sociedade complexa, na qual a diplomacia deveria contemplar os interesses de múltiplos grupos segmentados, e cujas exigências muitas vezes colidiam: empresários, operários, camponeses, militares etc. (Idem, 2013, p. 14). Durante sua sobrevivência como referência política e ideológica, o desenvolvimentismo conseguiu lograr a entrega de um parque industrial complexo, inserido numa percepção de que "navegando no próprio sistema capitalista" se conseguiria superar algumas assimetrias domésticas e internacionais (*Ibidem*, 2013, p. 14).

Ainda no enfoque paradigmático, Cervo desenvolve o paradigma de Estado normal, que explica a onda neoliberal no Brasil e em outros países da América Latina na década de 1990. Este se caracteriza pela descrença no papel do Estado como indutor do desenvolvimento. Com o fim da Guerra Fria e a adesão desses países ao Consenso de Washington, se inauguraram políticas neoliberais que deram respaldo a uma nova forma de ver e agir sobre a ordem internacional. Cervo afirma que as relações internacionais do Brasil desse período, ao engajaram-se, por exemplo, na defesa das privatizações e da abertura ao capital internacional sem recompensas, "encaminharam a destruição do patrimônio nacional construído em sessenta anos de esforços" (Cervo, 2013, p. 18). De fato, os governos Collor (1990-1992) e Fernando Henrique Cardoso (1995-2002) propalaram como nunca a necessidade de superação do desenvolvimentismo, imprimindo, na prática, o alinhamento à potência hegemônica e a aceitação das regras de mercado.

O esgotamento desse modelo no início do século XXI fez surgir, de acordo com Cervo, o último paradigma de política externa: o Estado logístico, que teria sido colocado em teste durante o fim do governo de Fernando Henrique Cardoso, quando este presidente passou a desenvolver em seus discursos internacionais a ideia de uma globalização assimétrica. Para Cardoso, os países desenvolvidos lançavam soluções pouco satisfatórias para resolver os problemas da periferia latino-americana. O Estado logístico teria perdurado na primeira década do século XXI, sendo, no aspecto ideológico, a associação do elemento liberalista externo com a resistência do desenvolvimentismo brasileiro. Do ponto de vista político, o paradigma de Estado logístico recuperaria a autonomia brasileira, defendendo os interesses de diversos grupos nacionais (Idem, 2013, p. 22).

Terminado este breve resumo sobre os paradigmas de inserção internacional, que acreditamos ser adequado para entender a política externa do Brasil numa perspectiva de longa duração, cabe lembrar de outra expressão que enuncia muito da prática da diplomacia brasileira: o pragmatismo. No século XIX, quando a partir de 1840 o Brasil denunciou os tratados econômicos desiguais estabelecidos com a Inglaterra, as elites políticas estavam, para além da admiração ao modo europeu de fazer diplomacia, sendo pragmáticas. No século XX, prevaleceu o sentido pragmático de nossa política externa, mas isso não quer dizer que as questões de natureza ideológica não tenham se imposto à tomada de decisões.

Dentre os vários exemplos dessa tendência poderíamos apontar dois momentos que, seja pela historiografia que os apreciaram, seja pela auto-titulação, ficaram conhecidos pela derivação da expressão. Na década de 1930, o governo Vargas desenvolveu, segundo a clássica tese de Gerson Moura (2012), a "equidistância pragmática" diante dos dois polos de poder do sistema internacional: EUA e Alemanha. Embora nutrisse simpatias pessoais aos regimes autoritários europeus, Vargas encontrou no contexto mundial do final dos anos 1930 as condições para jogar com os interesses dos dois países, sem se alinhar automaticamente a nenhum deles. O alinhamento brasileiro aos norte-americanos na guerra, efetivado em 1942 a partir do rompimento com as potências do Eixo, teria sido, de acordo com Moura, fruto de um longo processo de negociações, com vistas a reequipar as forças armadas e, principalmente, trazer os insumos financeiros necessários à indústria de base.

O caráter objetivo da ação internacional também pode ser identificado durante o governo Geisel (1974-1979), que intitulou a sua política externa como sendo a do "Pragmatismo Responsável", uma vez que se reforçava a aproximação utilitária aos países, a partir dos interesses econômicos e estratégicos brasileiros. Este governo que, apesar de certo grau de distensão, não deixou de apontar as ideologias de esquerda como inimigas internamente, reconheceu, em 1975, o governo do grupo marxista do Movimento Popular de Libertação de Angola (MPLA) no contexto das lutas de independência deste país africano (Vizentini, 1998, p. 243). O estabelecimento de relações diplomáticas com a China comunista (1974), o fechamento de um acordo nuclear com a Alemanha Ocidental (1975), e a denúncia do acordo militar com os EUA (1977), são algumas das ações respaldadas pelo pragmatismo daquele período.

Por fim, cabe breve menção sobre a definição da política externa ser prioritariamente uma política de Estado ou de Governo. A primeira vertente é defendida por aqueles que, reconhecendo no MRE uma burocracia encapsulada, afirmam que o Brasil realiza sua inserção internacional a partir de tradições que independem da conjuntura doméstica. A segunda perspectiva defende que, embora existam tradições de comportamento internacional que permanecem na seta do tempo, a política externa deve ser coerente com o programa de governo dos grupos políticos que ascendem ao poder, se constituindo, assim, como uma política pública. Corroboramos com a segunda visão, sendo a primeira difícil de ser sustentada a partir de uma avaliação histórica e da própria leitura da Constituição Federal, que deixa claro que a formulação da política externa é prerrogativa do Presidente da República. Se havia dúvidas sobre a capacidade de um governo em moldar as suas ações internacionais conforme a sua visão de mundo, elas se dissiparam a partir de 2019.

As relações com o continente americano

A independência brasileira, realizada sob condições e tendências históricas distintas dos países da "América Espanhola", deu-se em moldes conservadores, garantindo a unidade territorial. A preservação do território fez com que o país se distinguisse pelo elevado número de vizinhos, destacando-se um feito pouco comum na história das nações: a de ter com eles fronteiras mutuamente aceitas (Ricupero, 2017, p. 27). Apesar disso, o Brasil passou quase dois séculos de "costas" para os países sul-americanos, não estabelecendo prioridade nessas relações. Até 1985, a relação do Brasil com a América do Sul oscilou entre o distanciamento e as aproximações instrumentais (Pecequilo; Carmo, 2015, p. 27).

Por outro lado, as relações com os EUA foram se tornando, especialmente no século XX, cruciais para a configuração da identidade internacional do país. Os EUA reconheceram a independência brasileira em 1824, sendo o Brasil o primeiro país latino-americano a ter um diplomata norte-americano residente. Como contrapartida, o Brasil foi o primeiro país do continente a reconhecer, em 1823, a Doutrina Monroe (Reis, 2006, p. 31). Mas foi a partir da proclamação da República que ocorreu o que Cervo e Bueno denominam de "americanização da política externa brasileira". A monarquia estava atrelada à Europa, mas as instituições republicanas deveriam integrar o país ao sistema continental (Cervo, 2010, p. 165).

Grande entusiasta do alinhamento pragmático, Rio Branco, que permaneceu no Itamaraty por dez anos (1902-1912), foi capaz de perceber o declínio da Inglaterra e valorizar as relações com o país americano que se projetava para tornar-se uma potência. Além disso, os EUA, nas primeiras décadas do XX, se tornaram o principal comprador do café brasileiro. A elevação da representação brasileira em Washington, em 1905, materializou as relações preferenciais, permitindo que nas décadas seguintes se concretizasse a rotação do eixo diplomático de Londres para Washington.

O conceito de autonomia, descrito anteriormente, tem em sua contraposição o de alinhamento à potência hegemônica. A oscilação entre períodos de maior alinhamento e de maior autonomia da PEB são comumente estudados a partir da perspectiva das relações entre Brasil e EUA. Os níveis de alinhamento também são variados, estabelecendo-se de forma pragmática ou automática. A intensificação dessas relações pode ser identificada no papel desempenhado pelo país nos dois conflitos mundiais. Olivier Compagnon (2014), demonstra como a entrada do Brasil na Grande Guerra, em 1917, se relaciona não só à defesa da solidariedade hemisférica, mas também à aproximação ideológica com os EUA. As elites brasileiras viam aquela nação como modelo de modernidade, cujos padrões institucionais deveriam ser copiados. A desilusão com a Europa, associada à guerra e a um "Velho Mundo" se exacerbaria após a primeira guerra mundial.

No século XX, o estreito vínculo econômico e geopolítico com os EUA foi defendido com maior ênfase pelos governos de Eurico Gaspar Dutra (1946-1950), Castelo Branco (1964-1967), Fernando Collor de Mello (1990-1992) e Fernando Henrique Cardoso (1995-2002). Já uma relação que não intervisse no desenvolvimento autônomo do país, com pontos de divergências diplomáticas e políticas (e por isso tida muitas vezes, exageradamente, como antiamericana), caracterizou os governos de Getúlio Vargas (1930-1945/1951-1954); João Goulart (1961-1964), Ernesto Geisel (1974-

1979) e Luís Inácio Lula da Silva (2003-2010). Neste último, a divergência se configurou menos nas ações e mais na visão da grande imprensa brasileira, que se portou, majoritariamente, como defensora do liberalismo. A parceria deu um salto qualitativo em muitas frentes, mas ao priorizar as relações com países emergentes, o governo Lula forneceu as bases que a oposição e suas vozes na imprensa desejavam para criticar a inserção internacional do Brasil, considerada ideológica e terceiro mundista.

Os governos Jânio Quadros (1961) e João Goulart (1961-1964) desenvolveram a Política Externa Independente (PEI), que proclamava a necessidade do Brasil não se limitar, em sua atuação, aos enquadramentos do conflito Leste-Oeste. Num momento de crescentes polarizações internas, e da sombra da Revolução Cubana no contexto hemisférico, os EUA encararam com desconfianças a coadunação do caráter reformista do governo de João Goulart com uma política externa que reatava relações com a URSS e que, em 1962, em nome da autodeterminação dos povos, defendia a permanência de Cuba na Organização dos Estados Americanos (OEA). A Operação Brother Sam, que se constituiu na organização de uma frota naval ancorada na América Central para intervir no Brasil em apoio ao golpe militar de 1964, confirmou a veia intervencionista dos EUA. A ação norte-americana para a desestabilização do governo Goulart já foi comprovada por fontes oficiais, e avaliada por estudiosos como Carlos Fico (2014).

O relacionamento bilateral com os EUA ocupou lugar central nos assuntos externos brasileiros e na agenda hemisférica norte-americana. Convém utilizarmos, para o panorama geral proposto neste texto, o quadro analítico de Monica Hirst (2009), que destaca, em linhas gerais, os cinco "As" que caracterizam, a partir de um ordenamento cronológico, as fases das relações Brasil e EUA: aliança, alinhamento, autonomia, ajuste e afirmação.

Para Hirst, a aliança não escrita com os EUA, inaugurada pelo Barão do Rio Branco, caracteriza a relação até a década de 1930. O alinhamento brasileiro teria definido a política externa dos anos 1930 até a década de 1970. Hirst (2009, p. 48) bem observa que existem fases distintas nesse recorte de longa duração, pois o alinhamento negociado com os EUA no início da década de 1940 tem pouco a ver com o alinhamento automático estabelecido durante os governos Dutra (1946-1950) e Castelo Branco (1964-1967). Para esta autora, o governo Geisel prenunciaria a postura autônoma do Brasil, sendo a década de 1980 marcada pela falta de sintonia política. O ajustamento teria caracterizado as relações na década de 1990, enquanto que o século XXI inauguraria uma fase de afirmação dos interesses brasileiros frente aos EUA, dentro de um quadro de poucas desavenças bilaterais (Idem, 2009, p. 219).

Já mencionamos que, no século XIX, as relações com os demais países americanos não se configuraram como prioritárias. O distanciamento se explica, dentre outros fatores, pelo sentimento de não pertencer à unidade construída historicamente, a partir de uma herança colonial e língua comuns. Episódios de desavenças e disputas territoriais foram pontuais no século XIX, mas devemos destacar a Guerra Cisplatina, primeiro conflito militar que o Brasil independente se envolveu e que, em 1828, terminou com a perda da Banda Oriental, atual Uruguai.

É na sub-região da Bacia do Prata que as agitações promoveram o despertar das elites políticas imperiais para as intervenções militares. A Guerra do Paraguai, sem dúvida, é o conflito de maiores proporções que o país já se envolveu. A Guerra da Tríplice Aliança da Argentina, Brasil e Uruguai contra o Paraguai se desenvolveu entre 1864 e 1870, e foi a culminância de um processo de disputas e instabilidades entre os vizinhos do Prata. A sublevação farroupilha no Rio Grande do Sul (1835-1845) esteve estreitamente vinculada aos acontecimentos uruguaios, recebendo apoio político dos caudilhos dos países vizinhos (Ricupero, 2017, p. 181). Desde então, a monarquia brasileira constatou que as ameaças à desestabilização das fronteiras viriam do extremo meridional. A invasão do Mato Grosso pelo Paraguai, liderado por Solano Lopez, precipitou os acontecimentos, que levaram a formação de uma imprevista aliança entre o Brasil e dois países com os quais as desconfianças mútuas até então eram prevalentes.

Do conflito resultaram números que até hoje são alvo de polêmicas e imprecisões. Francisco Doratioto, autor do clássico *Maldita Guerra*, estima que as perdas paraguaias oscilaram entre 9% e 69% de sua população. O número de brasileiros participantes foi de 140 mil homens, com estimativa de 50 mil mortes. Os custos financeiros do conflito acarretariam uma crise sem precedentes (Doratioto, 2002, p. 483).

Outro momento de tensão nas relações com o Paraguai ocorreu mais de um século depois, quando o aproveitamento dos recursos hídricos da Bacia do Prata levou os dois países a uma série de divergências, felizmente superadas por um desfecho diplomático na década de 1970. Do acordo para o aproveitamento de tais recursos se originou a Usina Binacional de Itaipu, inaugurada em 1984 e, por muito tempo, a maior hidrelétrica do mundo.

Talvez o evento mais conhecido de política externa na memória nacional seja a aquisição do Acre, ocorrida graças às mediações realizadas pelo Barão do Rio Branco junto à Bolívia. De fato, o que houve a partir do Tratado de Petrópolis, de 1903, foi uma compra, pois além da indenização e da compensação de território, o Brasil comprometeu-se a deixar o país vizinho com livre trânsito na ferrovia Madeira-Mamoré, projeto cuja consecução ocasionou a morte de milhares de trabalhadores nos anos seguintes.

As relações com a Argentina sempre se caracterizaram pelas desconfianças mútuas. No início do século XX, os dois países concorriam em força naval. Podemos identificar episódios de tentativa de aproximação política, como na década de 1950, quando Juan Perón desejou atrair Getúlio Vargas para um acordo político-econômico entre Argentina, Brasil e Chile, denominado de Pacto ABC. O intento naufragou, especialmente pela oposição interna brasileira, que rechaçava o modelo político peronista e acusava Vargas de querer criar uma República Sindicalista nos moldes argentinos.

A aproximação estratégica com a Argentina só se concretizou após o fim das ditaduras militares em ambos os países, com os acordos Sarney-Alfonsín que, em 1985, deram impulso à criação do Mercado Comum do Sul (Mercosul), nosso projeto mais bem-acabado de integração regional. A Constituição de 1988 informa em seu artigo 4º, no parágrafo único, que "A República Federativa do Brasil buscará a integração econômica, política, social e cultural dos povos da América Latina, visando à formação de uma comunidade latino-americana de nações". (Constituição da República Federativa do Brasil).

O estabelecimento do Mercosul, em 1991, veio acompanhado do engajamento dos governos latino-americanos na adesão ao neoliberalismo. Com isso, a integração regional deu-se pelo viés do regionalismo aberto, que concebia o mercado comum como impulso para a abertura das economias do Cone Sul ao mundo. A ascensão dos governos progressistas na América do Sul, no início do século XXI, propiciou uma nova fase de aproximação entre os países sul-americanos. A criação da União de Nações Sul-Americanas (UNASUL), em 2008, foi o ponto culminante da tentativa de articulação política que visava ultrapassar a dimensão meramente comercial da integração regional.

O universalismo na política externa brasileira

O crescimento e complexidade da economia brasileira, rumo a um projeto de desenvolvimento industrial, tornou o caminho da universalização das relações exteriores do Brasil um processo natural, especialmente a partir da segunda metade do século XX. O universalismo passou a ser tendência dominante na forma do país se inserir internacionalmente, afinal, ampliar as relações com o mundo se amparava na necessidade de expandir as exportações brasileiras ainda que não se baseasse somente em uma justificativa de ordem econômica.

San Tiago Dantas, chanceler durante a fase parlamentarista do governo de João Goulart, ao final de 1961, defendia a necessidade do Brasil reatar relações com a URSS e com o bloco socialista pela urgência de ampliação das negociações comerciais com uma parte do mundo que crescia economicamente a percentuais significativos, mas também justificava a aproximação pela contribuição que o país poderia dar para uma convivência pacífica entre os polos internacionais competidores da Guerra Fria. A necessidade de universalização das relações internacionais do Brasil foi assim defendida, de forma magistral, por um dos chanceleres de maior influência na política externa desenvolvida posteriormente.

O primeiro governo militar, presidido por Castelo Branco (1964-1967), entendia a hegemonia norte-americana sobre a América Latina como necessária, face ao perigo comunista. Mas essa visão de interdependência e de fronteiras ideológicas que caracterizou o período não perdurou, pois os militares e as elites econômicas rapidamente perceberam que pensar a política externa a partir da crença na "fraternidade norte-americana" não traria resultados concretos. Os "linha-dura" que chegaram ao poder com Costa e Silva, em 1967, voltaram a incorporar elementos da PEI, defendendo uma maior autonomia do país e o fim do alinhamento automático com os EUA. A "Diplomacia da Prosperidade" do governo Costa e Silva (1967-1969), no entanto, não contemplou a relação entre o comportamento externo brasileiro e a necessidade de reforma social, como ocorreu durante o governo João Goulart.

Como uma seta no tempo, o universalismo se desenvolveu, chegando a ser a expressão utilizada pelo governo Figueiredo (1979-1985) para denominar a sua política externa. O engajamento em construir pontes com países ou regiões fora do circuito do hemisfério norte ocorreu durante o "Pragmatismo Responsável" do governo Geisel e da política externa "Ativa e Altiva" liderada por Celso Amorim durante o governo Lula, levando o país a diversificar suas relações, e fortalecer a sintonia com os países do Sul.

Aspecto importante do universalismo são as relações construídas com o continente africano, desde o início dos anos 1960, quando a Política Externa Independente defendeu a descolonização e o aprofundamento das relações comerciais com a África. As relações estratégicas com países como Nigéria e Angola ganharam dimensão pragmática nos anos 1970. Esvaziadas na década neoliberal, as relações com a África tiveram nova projeção a partir de 2003. Dentro de uma perspectiva de interação entre as dimensões econômicas, solidárias e políticas, o Brasil elevou o número de acordos de cooperação técnica, bem como o comércio com os países africanos. O aumento do número de embaixadas brasileiras no continente, de 17 no início do século XXI, para 37 em 2011, revela esse esforço de aproximação (Saraiva, 2012, p. 13). Neste período, as relações Sul-Sul foram entendidas como essenciais para enfrentar as adversidades sistêmicas e para ampliar as possibilidades de cooperação e parcerias.

Na primeira década do século XXI, a abertura de novos mercados de exportação, por conta da expansão internacional de *commodities*, gerou benefícios para setores da burguesia interna. A internacionalização de empresas brasileiras compôs a plataforma neodesenvolvimentista do governo Lula, que mostrou na dimensão econômica de sua política externa diferenças notáveis em relação ao projeto neoliberal ortodoxo dos anos 1990 (Berringer, 2015, p. 221).

O Brasil e o multilateralismo

Decorrente do desejo de unidade entre os povos americanos e fomentado por Simon Bolívar, o Congresso do Panamá, realizado em 1826, inaugurou as tentativas de integração entre os povos latino-americanos. Os tratados ali propostos se configuraram como referências para os planos de integração desenvolvidos ao longo do século XX. O Brasil foi convidado como observador para essa primeira experiência multilateral, mas não enviou representantes. As especificidades brasileiras definidas, por exemplo, pela continuidade da monarquia, impediam o Brasil de se envolver diretamente naquele projeto de unidade americana.

O Brasil participou de todas as conferências pan-americanas, tendo sediado duas delas (1906 e 1947). Na conferência de 1947, em Petrópolis, foi aprovado o Tratado Interamericano de Assistência Recíproca (TIAR), que dispunha sobre a defesa hemisférica, afirmando que um ataque a um país do continente seria considerado um ataque a todos eles. Na lógica da Guerra Fria, a URSS participou da conferência como força oculta, pois as reais intenções dos EUA eram definir a defesa hemisférica, afastando as ameaças do comunismo internacional. No ano seguinte, na Conferência de Bogotá, como desdobramento dessa aliança, foi criada a Organização dos Estados Americanos (OEA), que pautou as relações hemisféricas sob forte influência dos interesses norte-americanos.

O tema do multilateralismo em perspectiva mundial só se tornou alvo de maiores atenções da diplomacia brasileira a partir da criação dos dois organismos internacionais oriundos dos conflitos mundiais do século XX: Liga das Nações e Organização das Nações Unidas (ONU). Antes disso, durante a gestão de Rio Branco, em 1907, o Brasil participou da II Conferência de Paz em Haia, com a representação altiva de Rui Barbosa, que atraiu as atenções de todos os países por sua brilhante tese acerca da igualdade jurídica entre os Estados. Celso Amorim atribui ao eminente político baiano a inauguração do Brasil no multilateralismo (Amorim, 2007).

Em 1919, o envolvimento na Grande Guerra ao lado dos vencedores permitiu que o Brasil participasse da Conferência de Paz e da criação da Sociedade das Nações. Sua retirada da organização, em 1926, foi um dos episódios mais vexatórios da história da diplomacia brasileira. A partir de 1924, o país desenvolveu campanha para se tornar membro permanente do Conselho Executivo. Presumindo exageradamente a sua força, o Brasil vetou a entrada da Alemanha na Sociedade e, na base do tudo ou nada, se retirou da organização.

Um caminho distinto foi trilhado em relação à ONU, tendo o Brasil participado ativamente de suas diversas agências durante as sete décadas de sua existência. Nas conferências preparatórias para a criação da ONU, o presidente norte-americano, Franklin Delano Roosevelt, chegou a cogitar a participação do Brasil como o sexto membro permanente do Conselho de Segurança, mas diante da recusa das demais potências, o tema foi deixado de lado (Garcia, 2011). Desde então, o Brasil se tornou, junto com o Japão, o país que mais participou do Conselho de Segurança, na qualidade de membro não-permanente.

O perfil de atuação do Brasil na ONU tem sido propositivo e reivindicatório. Até pelo menos 2018, o Brasil valorizou esse âmbito da atuação internacional, contribuindo em distintas frentes. Sardenberg (2013:94) ressalta que o país contribuiu sobremaneira para introduzir na pauta internacional as questões relativas ao desenvolvimento econômico, sempre alertando para as iniquidades no relacionamento Norte-Sul. O país participou das comissões e agências que definiriam as normas para regular o controle de armas nucleares e outros temas sensíveis da segurança internacional, mas se destacou nas pautas associadas aos temas sociais, como as relativas aos direitos das mulheres e crianças, direitos humanos, comércio e meio ambiente.

O Brasil aderiu ao G-77, grupo de países em desenvolvimento que, desde 1964, procuram se articular em bloco para a defesa de interesses econômicos comuns. A criação da Organização Mundial do Comércio (OMC), em 1995, acomodou novas potências econômicas em ascensão, e permitiu a países como o Brasil liderarem negociações para pressionar mudanças nas regras do comércio internacional. No início do século XXI, a atuação da diplomacia econômica brasileira nas rodadas de negociações elevou o Brasil a um alto grau de protagonismo internacional. Defendendo os interesses específicos dos países exportadores de *commodities*, o Brasil denunciou, por exemplo, os subsídios agrícolas dos países desenvolvidos. Ponto alto da atuação brasileira nessa seara foi a criação do G-20 comercial, que, em 2003, encaminhou na OMC uma proposta de negociações para a liberalização agrícola. O protagonismo nessa reinvindicação promoveu a discussão junto à opinião pública internacional sobre a capacidade brasileira de enfrentar com a Argentina, China, Índia e África do Sul os interesses dos países desenvolvidos.

A partir da década de 1970, o meio ambiente passou a integrar os "novos temas da agenda internacional". O Brasil transitou, em quatro décadas, de uma postura de ceticismo para uma de reconhecimento da importância da agenda ambiental. Tendo em seu território imensos recursos naturais e a maior floresta tropical do planeta, o país não poderia se eximir de discutir e propor soluções. O auge desse movimento foi a Conferência das Nações Unidas sobre Meio Ambiente e Desenvolvimento, a Eco ou Rio 92, a maior e uma das mais importantes reuniões ambientais de toda a História. A Conferência foi o marco inicial dos regimes internacionais de meio ambiente, consagrando um conceito de desenvolvimento inseparável da sustentabilidade (Ricupero, 2017, p. 556).

Em sua atuação na ONU, o Brasil manteve uma postura de valorização desse espaço, mas também de denúncia das assimetrias nas estruturas da ordem internacional. O congelamento do poder mundial foi denunciado pelo diplomata Araújo Castro que, em 1971, alertava para a necessidade de rever o poder assimétrico entre os membros da comunidade internacional, que decorria do acesso desigual à tecnologia nuclear e da impossibilidade de reformar a Carta da ONU. No célebre discurso dos 3 Ds, proferido em 1963 na abertura da Assembleia Geral da ONU, Castro discorreu sobre quais deveriam ser as prioridades do sistema multilateral: descolonização, desenvolvimento e desarmamento (Castro, 1963 *apud* Correa, 2007).

Na primeira década do século XXI, a política externa do Brasil pautou-se pela adesão às coalizões de "geometria variável", como o fórum Índia, Brasil e África do Sul (IBAS) e o G-20. Os BRICS também se tornaram espaço privilegiado para a interação entre as potências emergentes. O Brasil considerou a reformulação do Conselho de Segurança da ONU como um dos pilares para o descongelamento de poder mundial, e trabalhou no sentido de conseguir uma cadeira permanente na referida instância. Por esse ativismo em diversos fóruns, e pelo reconhecimento de índices internos de crescimento e inclusão social, o governo Lula estimulou uma imagem muito positiva do Brasil junto à opinião pública internacional, situação essa que, a partir de 2016, se alteraria substancialmente.

Considerações finais

A política externa do Brasil Império teve diversas fases, e se nas primeiras décadas perdurou a dependência em relação à Inglaterra, a segunda metade do século XIX foi marcada pelas divergências com a potência hegemônica inglesa, da qual a economia brasileira dependia, mas já não se submetia como nos primeiros anos de independência. Com episódios dispersos de prioridade às relações sul-americanas, como foram os anos de Guerra contra o Paraguai (1864-1870), a diplomacia brasileira foi se construindo a partir de permanências, como a defesa dos setores agroexportadores e a inspiração nas ideias e sociedades consideradas "superiores", o que nesse período ainda equivalia à Europa.

A proclamação da República inaugurou um período de inflexão na política externa, no qual as relações com os EUA tornaram-se prioritárias. A partir da década de 1930, o Brasil teve uma evolução progressiva rumo a mundialização e multilateralização de suas relações. O pragmatismo atendeu ao projeto nacional que, a despeito de variáveis relacionadas às opções políticas internas, ora mais nacionalistas, ora liberais, teve como norte, pelo menos no nível do discurso, o desenvolvimento econômico.

A inserção internacional do Brasil conta com traços de rupturas e de permanências. O pragmatismo, o respeito ao Direito Internacional, a engajada participação nos fóruns multilaterais e a universalização de seus contatos foram algumas dessas permanências, que se constituíram como tradições da política externa brasileira. Alguns temas novos, valorizados pela sua associação ao contexto da redemocratização, como a prevalência dos direitos humanos e a defesa da integração latino-americana, e outros já considerados tradicionais, como o respeito à autodeterminação dos povos, foram incorporados ao artigo 4º da Constituição Federal brasileira de 1988, a primeira a trazer em seu bojo os princípios que devem nortear as relações do Brasil com o mundo.

Tais princípios, acatados em suas linhas gerais por governos sucessivos até 2018, sofreram uma inflexão sem precedentes com a ascensão de Jair Bolsonaro à presidência da República. Seu primeiro chanceler, Ernesto Araújo, promoveu uma guinada nas relações internacionais do Brasil, refutando muitas tradições e posturas que procuramos elencar neste texto.

Retornando a teses que já se julgavam soterradas para embasar a relação de qualquer país com o mundo, a ideologia bolsonarista no MRE elegeu o globalismo e o marxismo cultural como seus principais inimigos.

O desprezo pelos fóruns multilaterais, a subserviência ao presidente dos EUA Donald Trump (vale ressaltar que a questão se sobrepõe ao conceito de alinhamento e se refere à adulação a uma liderança), os ataques à China – nossa principal parceira comercial –, além da postura agressiva com governos sul-americanos de orientação política de esquerda, como é o caso da Venezuela e Argentina, são algumas ações que esboçam uma política externa que buscou e logrou o isolamento internacional.

A gestão da pandemia, realizada a partir da recusa deliberada das bases científicas para o combate ao coronavírus, transformou o Brasil em uma ameaça sanitária mundial. A posição do Brasil na OMC, contrária à quebra temporária de patentes de vacinas, felizmente já abandonada, sintetiza a ação brasileira frente ao maior desafio internacional do século XXI. No início de 2021, o Brasil enfrentou dificuldades para garantir o suprimento de insumos chineses necessários à produção de vacina, em decorrência das agressões gratuitas que membros da família Bolsonaro e o próprio chanceler realizaram à China. O episódio, certamente, passará para a história como um dos maiores exemplos de como a política externa desenvolvida pelo Brasil pode facilitar ou prejudicar os interesses sociais e, nesse caso, definir a saúde, a vida e a morte de sua população.

Jair Bolsonaro, a despeito de sua incapacidade de sistematizar conceitos que respaldam a formulação de sua política externa, liderou o rompimento com preceitos consagrados da diplomacia brasileira. Uma audácia praticada em nome da subserviência e da destruição da imagem brasileira, muito longe daquela que caracterizou a postura do Brasil em outros momentos de sua história recente. A queda de Ernesto Araújo, em março de 2021, encerrou uma gestão sem precedentes no Itamaraty. O novo chanceler, Carlos Alberto França, rompeu com os arroubos anteriores e parece desejar o retorno à um grau mínimo de "normalidade" e previsibilidade nas relações exteriores. No entanto, a permanência de Bolsonaro no poder e o número de vítimas da tragédia sanitária que, em larga medida, poderia ter sido evitada, tornam inviável qualquer tentativa de reconstrução da credibilidade e da imagem internacional do Brasil. Que tenhamos, na proximidade das comemorações dos 200 anos de independência, a oportunidade de reconstruí-las.

Referências

AMORIM, Celso. *A Diplomacia multilateral do Brasil: um tributo a Rui Barbosa*. Brasília: FUNAG, 2007.

BERRINGER, Tatiana. *A burguesia brasileira e a política externa nos governos FHC e Lula*. Curitiba: Appris, 2015.

CARDOZO, Sandra Aparecida; MIYAMOTO, Shiguenoli. A Política Externa dos Governos Geisel e Lula: Similitudes e Diferenças. *Revista de Economia e Relações Internacionais*, vol. 11, n. 11, 2012.

CERVO, Amado; BUENO, Clodoaldo. *História da política exterior do Brasil* 3ª. edição. Brasília: Editora da Universidade de Brasília, 2010.

CERVO, Amado. Relações Internacionais do Brasil: Enfoque Paradigmático. *Revista Brasileira de Política Internacional*, vol.46, 2003.

CHEIBUB, Zairo B. Diplomacia e Construção Institucional: O Itamaraty em uma Perspectiva Histórica. *Dados*, vol. 28, n. 1, 1985.

COMPAGNON, Olivier. *O adeus à Europa. A América Latina e a Grande Guerra*. Rio de Janeiro: Rocco, 2014.

CORREA, Luís Felipe de Seixas (Org.). *O Brasil nas Nações Unidas1946-2006*. Brasília: Fundação Alexandre de Gusmão, 2007.

FARIA, Carlos Aurélio Pimenta de. Opinião Pública e Política Externa: Insulamento, Politização e Reforma na Produção da Política Exterior do Brasil. *Revista Brasileira de Política Internacional*, vol. 51, n. 2, 2008.

FICO, Carlos. *O Golpe de 1964: momentos decisivos*. Rio de Janeiro: Editora FGV, 2014.

GARCIA, Eugênio Vargas. *O sexto membro permanente. O Brasil e a criação da ONU*. Rio de Janeiro: Contraponto, 2011.

HIRST, Mônica. *Brasil-EUA: desencontros e afinidades*. Rio de Janeiro: Editora FGV, 2009.

LIMA, Maria Regina Soares. A Agência da Política Externa Brasileira: Uma Análise Preliminar. In: Desiderá Neto, Walter Antônio, *et all* (orgs.). *Política Externa Brasileira em debate: dimensões e estratégias no pós crise de 2008*. Brasília: Funag; IPEA, 2019.

LOPES, Dawisson Belém. *Política externa e democracia no Brasil*. São Paulo: UNESP, 2013.

MOURA, Gerson. *Relações Exteriores do Brasil 1939-1950. Mudanças na natureza das relações Brasil–Estados Unidos Durante e Após a Segunda Guerra Mundial.* Brasília: FUNAG, 2012.

PECEQUILO; Cristina Soreanu; CARMO, Corival Alves do. *O Brasil e a América do Sul: relações regionais e globais.* Rio de Janeiro: Alta Books, 2015.

PEREIRA, Paulo José dos Reis. *A Política Externa da Primeira República e os Estados Unidos: A atuação de Joaquim Nabuco em Washington (1905-1910).* São Paulo: Hucitec; Fapesp, 2006.

RICUPERO, Rubens. *A diplomacia na Construção do Brasil (1750-2016).* Rio de Janeiro: Versal Editores, 2017.

RUSSELL, Roberto. *Política exterior y toma de decisiones em América Latina.* Buenos Aires, GEL, 1990.

SARAIVA, José Flávio Sombra. Autonomia na Inserção Internacional do Brasil: Um Caminho Histórico Próprio. *Contexto Internacional,* vol. 36, n. 1, 2014.

SARAIVA, José Flávio Sombra. *África parceira do Brasil Atlântico. Relações Internacionais do Brasil e da África no Início do Século XXI.* Belo Horizonte: Fino Traço, 2012.

SARDENBERG, Ronaldo. *O Brasil e as Nações Unidas.* Brasília: FUNAG, 2013.

SOUZA, Ismara Izepe de. O Resgate da Discussão sobre o "Congelamento do Poder Mundial" nos Governos Lula e Dilma (2003-2014). *Revista Conjuntura Austral,* vol. 5, n. 26, 2014.

VISENTINI, Paulo Fagundes. *A Projeção Internacional do Brasil (1930-2012).* Rio de Janeiro: Elsevier, 2013.

VISENTINI, Paulo Fagundes. *A Relação Brasil-África: Prestígio, Cooperação ou Negócios?* Rio de Janeiro: Alta Books, 2018.

VIZENTINI, Paulo Fagundes. *A Política Externa do Regime Militar Brasileiro.* Porto Alegre; Editora da UFRGS, 1998.

Alteridade ou pertencimento?

Reflexões sobre o lugar do Brasil na América Latina[1]

André Kaysel
Fabio Luis Barbosa dos Santos

Introdução

Questionar o estatuto político e cultural da América Latina não é uma novidade, como denunciam as linhas iniciais do ensaio de autoria do poeta e crítico literário cubano Fernández Retamar escrito em 1971, "Caliban" (Retamar, 2004). Ao longo do século XX, alguns dos intelectuais mais criativos do continente se debruçaram sobre esta problemática, que teve como principal expoente nos campos da filosofia e da história das ideias o mexicano Leopoldo Zea (1976; 1986; 1993). A pouco mais de uma década, um conhecido historiador inglês abriu uma vez mais esse debate, decretando a inutilidade do conceito, o que talvez gerasse pouca repercussão não fosse o fato de que este acadêmico organizou uma obra de referência sobre a área: a *História da América Latina* editada pela Universidade de Cambridge, traduzida para o castelhano e o português, e indicada como referência bibliográfica em cursos superiores sobre o tema ao redor do mundo (Bethell, 1990-1996; Bethell, 1997-2009). A pedra angular do raciocínio apresentado pelo professor para desmontar o conceito é defender a impertinência de considerar o Brasil como parte da região no século XXI.

Em seu texto "O Brasil e a ideia de 'América Latina' em perspectiva histórica", publicado no país em 2009, o historiador inglês Leslie Bethell inicialmente reconstitui a construção da ideia de América Latina no século XIX. A seguir, o autor mostra que os hispano-americanos não integravam o Brasil em suas discussões, assim como os brasileiros tampouco se enxergavam

1 O argumento principal deste texto foi originalmente apresentado em: Santos, 2016a.

como partícipes de projeções de unidade continental. Bethell argumenta que é somente após a Segunda Guerra que se gesta no país a percepção de uma identidade latino-americana. Em um raciocínio análogo ao que John Phelan construiu sobre a afirmação da América Latina como uma denominação continental, visão que comentaremos mais adiante, o historiador inglês sugere que o motor desta mudança de percepção não seria endógeno, mas radicaria em alterações na formulação da política externa dos Estados Unidos, que passam a encarar o continente desta maneira. Bethell encerra seu texto indicando que, pela primeira vez em sua história, a política externa brasileira tem como foco a América do Sul (mas não a América Latina), interpretada como um caminho para afirmar-se como uma potência regional. O texto é concluído com a seguinte sentença: "É chegada a hora de o mundo parar de considerar o Brasil como parte daquilo que, na segunda metade do século XX, foi chamado de América Latina, um conceito que seguramente perdeu a utilidade que talvez tenha tido alguma vez" (Bethell, 2009, p. 289).

O presente ensaio toma como ponto de partida as proposições de Bethell, para uma reflexão orientada a restituir a densidade política da noção de América Latina no século XXI, em particular para os brasileiros. Seu fio condutor é o nexo estabelecido entre as duas proposições conclusivas do artigo do historiador inglês: a impertinência em considerar o Brasil como parte da América Latina na atualidade, e como decorrência, a inutilidade do próprio conceito. Contrapondo-nos a este raciocínio, procuramos restituir as premissas históricas que conferem sentido à noção de América Latina como expressão de um desígnio de unidade continental, e como desdobramento, reafirmar os fundamentos políticos de um horizonte civilizatório para o Brasil referido à América Latina.

Para realizar este objetivo, o texto realiza o seguinte movimento: inicialmente, é reconstituído o contexto político e ideológico em que surge a expressão "América Latina", com o objetivo de evidenciar as premissas que fundamentaram sua formulação original, como meio para apreciar sua atualidade. A seguir, procura-se delinear os marcos gerais que balizaram a evolução histórica de projetos identificados com o termo, bem como a maneira pela qual o Brasil se inseriu, ou não, dentro de tais perspectivas, até analisar as duas iniciativas de integração regional recentes que sustentam o argumento de Bethell, e não tem o subcontinente como referência. Finalmente, discutimos a atualidade política e ideológica da ideia de América Latina no Brasil. Nossa hipótese é que a pertinência desta noção está relacionada, por um lado, a uma apreciação da natureza dos nexos entre esta região e os Estados Unidos no mundo contemporâneo e por outro, às premissas políticas que orientam o horizonte civilizatório que se projeta para o Brasil.

1. América Latina: as origens de uma ideia

Os dois estudos seminais em torno da gênese do termo América Latina foram publicados no ano de 1965, respectivamente pelo historiador estadunidense John Phelan e pelo filósofo uruguaio Arturo Ardao (Phelan, 1986 [1965]; Ardao, 1980 [1965]). Phelan argumenta que a noção de "América Latina" como uma entidade geopolítica foi cunhada e difundida nos marcos da ideologia panlatina forjada durante o império de Napoleão III na França. O historiador estadunidense sugere que o nexo ideológico entre a "Europa Latina" – expressão de curso corrente no Velho Mundo naquela conjuntura – e a "América Latina", seria principalmente obra de um funcionário do império enviado ao Novo Mundo em decênios anteriores, Michel Chevalier. Nesta perspectiva, o termo indicaria uma área de potencial influência francesa na América, legitimando a invasão ao México iniciada em 1861 no contexto da Guerra da Secessão nos Estados Unidos, mesmo ano em que Chevalier publicou o artigo que Phelan considera como a referência original à expressão. A decorrência de maior impacto da hipótese do historiador estadunidense é uma leitura segundo a qual o termo "América Latina" teria sido forjado e difundido nos marcos da política expansionista francesa para o continente.

Quase simultaneamente ao trabalho de Phelan, Arturo Ardao apresentava resultados de uma pesquisa apontando em sentido diverso. O filósofo uruguaio mapeou múltiplas referências a uma "América Latina" em diversos políticos e publicistas da América hispânica em meados do século XIX, até identificar nos escritos do granadino José María Torres Caicedo nos anos 1850, e mais especificamente em um poema intitulado "Las dos Américas", uma mudança significativa: o termo "latino" tornara-se um substantivo, e não mais um adjetivo de América. Desde então, a paternidade da expressão tem sido objeto de polêmica. O historiador chileno Miguel Rojas Mix defende a primazia de seu compatriota Francisco Bilbao, que teria veiculado o termo em uma conferência em Paris em 1856, cidade em que também vivia Torres Caicedo. Rojas sugere que o intelectual granadino se apropriou do termo empregado por Bilbao, quem posteriormente o abandonaria por motivos políticos, como resposta crítica à invasão francesa ao México (Rojas Mix, 1986).

Mais recentemente, a historiadora Aims McGuiness identificou a expressão em um texto intitulado "La Cuestión Americana y Su Importancia", publicado no mesmo ano de 1856 pelo representante panamenho no Senado colombiano, Justo Arosemena. Reivindicado posteriormente como uma espécie de patrono do nacionalismo panamenho, Arosemena defendeu na ocasião um projeto de união hispano-americana em termos similares aos avançados por Torres Caicedo, ao mesmo tempo em que lutou pela autonomia desta província colombiana (McGuiness, 2008, p. 99-101; Arosemena, 1982, p. 181-256).

O contexto que produziu esta circulação simultânea da expressão é iluminado pelo livro da historiadora estadunidense Aims McGuinesse, *Path to Empire*. Estudando as relações entre a corrida para o oeste nos Estados Unidos e a questão social e racial na região do istmo do Panamá, a historiadora sugere nexos entre os conflitos decorrentes da expansão estadunidense e a difusão da expressão "América Latina". Em 1848, mesmo ano em que foi assinado o tratado Guadalupe-Hidalgo consumando a expansão territorial dos Estados Unidos a expensas do México vencido na guerra, anunciou-se a descoberta de ouro na Califórnia. Este episódio desencadeou migrações massivas de americanos do leste para o oeste do país, forçados a atravessar o continente por um de seus pontos mais estreitos: seja o istmo de Tehuantepec no México, a rota nicaraguense aproveitando-se do lago no interior do país, ou mais comumente, através do Panamá, que integrava a Nova Granada (futura Colômbia) naquele momento. Este afluxo em massa de estadunidenses à região causou diversos conflitos analisados por McGuiness, culminando na primeira de muitas intervenções militares estadunidenses na história panamenha, em 1856.

É neste mesmo ano que, após prestar serviços à facção vencedora na guerra civil entre as cidades de Leon e Granada, ascendeu à presidência da Nicarágua o famoso flibusteiro William Walker. Múltiplas motivações se entrelaçaram na empreitada deste filho do Tenessee, incluindo a disputa entre empresários ianques pela exploração da rota interoceânica através do Lago Nicarágua, e o projeto sulista de adicionar um voto escravista à federação, como pretendeu a fracassada expedição de Narciso Lopez a Cuba em 1850. De fato em seu breve governo, reconhecido pelos Estados Unidos, Walker aboliu as leis antiescravistas. Deposto por uma coligação militar liderada pelo presidente da Costa Rica, o flibusteiro prosseguiu em suas atividades até ser executado por autoridades hondurenhas em 1860.

Antes de serem episódios isolados, estes eventos evidenciam o movimento de expansão estadunidense, embalado pela ideologia do destino manifesto, em uma conjuntura em que os interesses do país também se expandiam em direção à Ásia (Williams, 1962). É este o substrato político da ocorrência simultânea da expressão em Torres Caicedo, Bilbao e Arosemena – quem diga-se de passagem, cita a conquista do Texas, o flibusteiro William Walker e a expedição do Comodoro Perry ao Japão em sua defesa do "interés latinoamericano". Assim, a despeito da polêmica em torno do pioneirismo no emprego do termo, a senda aberta por Ardao mostra que, ainda que a matriz ideológica subjacente à expressão "América Latina" seja tributária da cultura europeia em geral e francesa em particular, foi como uma reação política nativa à projeção estadunidense, particularmente na América Central, que o termo ganhou a densidade histórica que o consagrou.

Nesta mesma perspectiva, Monica Quijada (1998) discute o contexto em que o termo se afirmou como marca identitária principal da região. E novamente, a projeção estadunidense no subcontinente, foi decisiva. Quijada identifica nos esforços do secretário de Estado estadunidense James Blaine para concretizar uma união panamericana nos anos 1880, e sobretudo, no desfecho da Guerra da Independência Cubana entre 1895-98, que terminou com a ocupação da ilha por tropas estadunidenses, marcos decisivos para afirmar a noção de "América Latina" em oposição à "América Anglo-Saxônica". Não por acaso, o cubano José Martí, que formulou a análise mais profunda e radical da utopia da integração continental daquele século, participou de ambos acontecimentos. Em síntese, a noção de América Latina se origina e se afirma em resposta a expansão estadunidense.

Este recuo às origens do termo permite localizar as premissas políticas que fundamentam uma apreciação sobre a vitalidade ou não, do conceito de América Latina no século XXI: a pertinência de uma política de integração continental para contra-arrestar as pressões do capital internacional em geral e dos Estados Unidos em particular, nos marcos de uma estratégia para assumir o controle sobre o tempo e o ritmo da mudança social, objetivando afirmar sociedades relativamente equitativas e capazes de autodeterminação. Ou para enunciar em uma linha, sua pertinência está referida a uma apreciação da atualidade de um projeto de unidade continental no contexto do imperialismo.

2. Historicidade da unidade continental e o lugar do Brasil

Tomando como referência as considerações acima sobre o conteúdo político do conceito de América Latina, abordaremos a segunda proposição conclusiva de Bethell, sugerindo a impertinência de enquadrar o Brasil como parte da América Latina no século XXI. Desenvolveremos nosso argumento em dois movimentos articulados, assentados em premissas enunciadas nos parágrafos anteriores. Por um lado, recuperamos sucintamente a historicidade dos projetos de unidade continental, lembrando que seu conteúdo evolui em consonância com o próprio movimento da história latino-americana. Por outro lado, sugerimos que a constatação de que os brasileiros raramente se enxergam ou se enxergaram como parte da América Latina, não deve servir como premissa para um argumento de viés tautológico, justificando o que se pretende explicar. Ao contrário, este distanciamento deve ser problematizado a luz dos interesses de classe no país, endereçando em última análise, a seguinte questão: a quais brasileiros interessa construir-se como parte da América Latina?

Ao longo da história independente da região, o desígnio de unidade continental se revela indissociável da problemática da formação nacional, entendida como a superação do legado colonial substanciada na articulação entre dependência externa e assimetria social, visando consolidar as bases materiais, sociais, espaciais, políticas e culturais do Estado nacional. Em outras palavras, a unidade continental foi, desde Bolívar, projetada como uma estratégia defensiva, objetivando assegurar a soberania das jovens nações em um contexto internacional assimétrico e predatório. No entanto, este desígnio sempre padeceu de um paradoxo, na medida em que a almejada capacidade de guiar o próprio destino, a ser fortalecida pela união regional, se revela como requisito necessário para consumar a unidade pretendida. O intelectual e militante peruano José Carlos Mariátegui (1894-1930) assinalou com precisão o dilema em meados dos anos 1920:

> Pero lo que separa y aisla a los países hispano-americanos, no es esta diversidad de horario político. Es la imposibilidad de que entre naciones incompletamente formadas, entre naciones apenas bosquejadas en su mayoría, se concierte y articule un sistema o un conglomerado internacional. En la historia, la comuna precede a la nación. La nación precede a toda sociedad de naciones (Mariátegui, 1990, p. 14).

Nesta perspectiva, o significado e o conteúdo político de um projeto de unidade latino-americana orientado à soberania evoluíram desde a independência, de maneira correspondente ao próprio dilema da formação nacional. Partindo de uma situação na qual colônia e metrópole conformam uma unidade, a trajetória dos países americanos pode ser lida como uma progressiva diferenciação em direção à nação, a qual corresponde uma percepção do continente como uma totalidade histórica. Em linhas gerais, um olhar retrospectivo sugere uma progressiva evidenciação das dimensões política, cultural, social e econômica que compõem a especificidade continental (Zea,1995; Fernández, 2005; Pinedo, 2010).

Ponto de ruptura da unidade colônia-metrópole que caracterizava o antigo sistema colonial, as guerras de independência colocaram a questão da soberania como um problema político, que envolve uma dimensão cultural quando Bolívar defende instituições adequadas à realidade local. Neste contexto, a unidade continental é projetada como um meio para assegurar a independência conquistada pelas armas, e ameaçada pela reação europeia no contexto da Santa Aliança.

A necessidade de consumar a unidade nacional evidencia uma dimensão cultural da especificidade continental ao longo do século XIX, na medida em que a construção das nacionalidades enseja a afirmação de referências culturais e históricas próprias, convergentes com o processo de consolidação do Estado nacional. A dimensão continental desta problemática encontra expressão pioneira na trajetória e obra dos caraquenhos Andres Bello (1781-1865) e Simón Rodríguez (1769-1854), que escreveram: "Donde iremos a buscar modelos?– La América Española es *original* – ORIGINALES han de ser sus Instituciones y su Gobierno = *ORIGINALES* los medios de fundar uno y otro. *O Inventamos o Erramos*" (Rodríguez, 1990, p. 88, grifos no original).

Por outro lado, nas regiões em que se evidencia a fragilidade da soberania alcançada frente ao expansionismo estadunidense a partir de meados do século XIX, ressurgem propostas de unidade continental, conforme vimos, informadas pelo vocabulário racial em voga na Europa. Novamente, o risco que se pretende prevenir é principalmente a intervenção militar, embora a ameaça primordial não seja mais a Europa, onde a Santa Aliança se esfacelou no contexto revolucionário de 1848, mas os Estados Unidos.

No final do século XIX, em um contexto de afirmação do capital monopolista e difusão das relações de produção capitalistas, observa-se a passagem entre uma percepção política e cultural da especificidade continental e a apreensão dos dinamismos sociais e econômicos que conformam uma realidade própria, na qual a aspiração por soberania e integração nacional opõe-se ao movimento do imperialismo. Nesta conjuntura, afloram projetos de democratização radical das sociedades americanas em que a natureza singular desta formação histórica impõe aos militantes o desafio de discernir entre os aspectos comuns e as particularidades do desenvolvimento nacional em relação ao padrão civilizatório dos países centrais, em uma circunstância na qual fatores objetivos e subjetivos obstam esta diferenciação.

Esta problemática se evidencia no contraste entre o pensamento de dois expoentes da política radical latino-americana na virada do século XIX para o XX, Juan B. Justo (1865-1928) na Argentina e Ricardo Flores Magón (1874-1922) no México. Pregando uma adesão irrestrita aos valores da civilização ocidental em consonância com a tradição sarmentina[2] a reflexão de Justo está lastreada na falta de uma percepção crítica do imperialismo, que por sua vez, é uma preocupação fundamental do líder mexicano. Entretanto, embora os riscos da dependência econômica não fossem inteiramente alheios a Flores Magón, o ângulo pelo qual encara a unidade regional é primordialmente militar (Santos, 2016b).

2 Referência ao escritor e político argentino Domingo F. Sarmiento (1811-1888), um dos principais expoentes do liberalismo hispano-americano do século XIX. Em sua obra mais conhecida, *Facundo: Civilización y Barbarie en las Pampas Argentinas* (1845), Sarmiento defendia uma visão do mundo rural argentino e suas populações mestiças como inerentemente bárbaros, necessitando o país da cultura, da imigração e do comércio europeus para se civilizar. Cf. (Sarmiento, 1993).

A possibilidade de análise política do econômico, permitindo articular os problemas nacionais e continentais ao movimento do capital internacional como uma totalidade, se consolidará com a difusão de um padrão capitalista de estratificação social, impulsionado em particular pelo processo de industrialização substitutiva de importações. É nos marcos desta evolução que a autodeterminação econômica será percebida como uma dimensão fundamental do problema da formação da nação, questão que ganhará evidência política a partir dos efeitos da crise de 1929 no continente. José Aricó anota esta inflexão para o caso argentino, em relação à conjuntura em que militou o socialista Juan B. Justo no começo do século XX:

> En tal sentido, vale la pena recordar que salvo en las fantasmagóricas recreaciones de estas corrientes "nacionales", no existió en la Argentina anterior a los años treinta ningún grupo que opusiera un programa de desarrollo económico alternativo, y fundado en el predominio industrial, al impuesto por el bloque oligárquico-imperialista (Aricó, 1999, p. 107).

Esta evolução política está lastreada em uma diferenciação da esfera econômica, que tem como principal expressão ideológica a constituição de uma corrente de economia política latino-americana, que se consolida em torno de Raúl Prebisch a partir da fundação da Comissão Econômica para a América Latina e o Caribe (CEPAL) em 1948, tema ao qual voltaremos mais adiante. No entanto, como mostra Eduardo Devés Valdés (2000), este movimento articula elementos da ciência econômica contemporânea a um conjunto de motivos presentes no pensamento latino-americano ao menos desde os anos 1920, e não deve ser entendido como uma geração espontânea nem como aplicação reflexa de teorias europeias.

Nesta perspectiva, é notável que no período entreguerras o ideário de unidade continental associou-se à dimensão classista do problema da soberania, que inclui a esfera econômica, em um contexto de generalização de uma percepção anti-imperialista associada ao nacionalismo. Ainda nos anos 1910, o desenlace da Primeira Guerra Mundial favoreceu uma crítica a Europa como paradigma civilizatório,[3] ao mesmo tempo em que

3 Como afirma o historiador estadounidense Richard Morse, os pensadores latino-americanos deste período teriam revelado uma "capacidade acrobática" de recepcionar as correntes das

o triunfo bolchevique impulsionou a difusão do comunismo e do materialismo histórico na América Latina, em um momento em que o impacto da Revolução Mexicana (1910) encorajava horizontes políticos radicais (Portantiero, 1978:29; Godio, 1983, p. 32-33;). Assim, o mais conhecido manifesto do processo de reforma universitária que eclodiu na cidade argentina de Córdoba em 1918 e logo se espalhou por toda a América Latina, anunciava a chegada de uma "hora americana" (Federación Universitaria de Córdoba, 1978, p. 131). Entre os múltiplos desdobramentos do movimento, fundou-se uma organização com o propósito de reunir os intelectuais anti-imperialistas do continente, a Unión Latinoamericana, capitaneada pelo ensaísta argentino José Ingenieros.

De maior impacto político foi a constituição da Alianza Popular Revolucionaria Americana (APRA) em 1924, ainda sob a efervescência da Revolução Mexicana, liderada pelo ex-líder estudantil peruano Victor Raul Haya de la Torre (1895-1979). Organização referente da política peruana no século XX, o partido foi originalmente projetado como uma agremiação continental. No final dos anos 1920, Haya de la Torre protagonizou com Mariátegui e o ex-líder estudantil cubano Julio Antonio Mella (1903-1929), que também aderiu ao marxismo, uma dupla polêmica em torno da conveniência de uma estratégia de aliança anti-imperialista policlassista, encabeçada pela pequena-burguesia, em torno de um programa de capitalismo de Estado, ao passo que seus interlocutores comunistas defendiam que apenas o proletariado, em aliança com o campesinato, poderia encabeçar um programa anti-imperialista consequente, o qual se traduziria em uma revolução socialista (Kaysel, 2020).

No entanto, a difusão de um sentimento anti-imperialista no continente, que se expressou em um apoio generalizado à resistência comandada por Sandino à ocupação estadunidense na Nicarágua no final dos anos 1920 não se traduziu, de imediato, em esforços por abordar o fenômeno a partir da economia. Embora Mariátegui, na condição de marxista, atentasse para a importância da dimensão econômica da política, as preocupações que mais ressaltam em sua principal obra, *Siete Ensayos de Interpretación de La Realidad*

vanguardas políticas e culturais europeias, sendo ao mesmo tempo conscientes de que deveriam "criar algo novo", uma vez que o antigo centro difusor, a Europa pós-bélica, não seria mais capaz de lhes fornecer modelos (Morse, 1996, p. 10).

Peruana, publicada originalmente em 1928, são as estruturas de dominação de classe, focalizando em particular a relação entre a questão indígena e a questão agrária na formação social peruana (Mariátegui, 2008, p. 26-38). A despeito da extravagância teórica que caracterizaram as proposições de seu compatriota Victor Raul Haya de la Torre, apontadas por Michael Löwy como exemplo paradigmático da tentação do "excepcionalismo indo-americano" – ou seja, uma tendência a absolutizar a singularidade da formação continental, que o levaria a questionar o marxismo como teoria aplicável à América Latina (Löwy, 2003, p. 10), ambos autores expressam um esforço em discernir e articular o específico e o comum à formação latino-americana no contexto do capitalismo monopolista. Embora escrita em 1928, a análise do líder da APRA sobre o imperialismo, "*El Antimperialismo y el APRA*" (Haya de La Torre, 2008), foi publicada somente em 1935, e sua notável difusão indica um contexto em que esta problemática se populariza no continente, como anotou Devés Valdés:

> El antiimperialismo es uno de los temas recurrentes del pensamiento latinoamericano de los años 30 y puede incluso señalarse que es la forma que asume el pensamiento identitario de esos años, que se realiza como defensa de la economía continental o como nacionalismo económico (Devés Valdés, 1999, p. 204).

O anti-imperialismo não deixou de marcar presença no Brasil da década de 1930, sobretudo por meio da atuação da Aliança Nacional Libertadora (ANL), frente antifascista capitaneada pelo Partido Comunista do Brasil (PCB), que se propunha a instaurar no país um governo anti-imperialista e antifeudal (Del Roio, 1990). Porém, fora a breve existência da ANL (1935), o problema do imperialismo não teve centralidade no debate político brasileiro do período, só vindo a ganhar mais importância a partir dos anos 1950, sobretudo com a campanha pela nacionalização do petróleo (1953). Além disso, ideias como as de Haya de La Torre ou Manuel Ugarte tiveram muito pouco impacto no Brasil da época. Mesmo as de Mariátegui, ainda que o PCB tenha contado com delegados à Primeira Conferência Comunista Latino-americana (ocorrida em Buenos Aires, em 1929), aonde circularam e foram debatidos textos do intelectual peruano, só foram recepcionadas efetivamente no país muito mais tarde (Rubbo, p. 2021).

Desse modo, o país não se incorporou, ou foi incorporado, senão de maneira marginal, ao clima de ideias do entreguerras que associavam anti-imperialismo e defesa da unidade continental. Uma circulação mais fluída de ideias entre o Brasil e seus vizinhos hispano-americanos teria de esperar o segundo pós-guerra e a emergência do debate em torno do desenvolvimento.

Como já se afirmou acima, o avanço da industrialização substitutiva de importações, decorrente dos efeitos da depressão econômica do entreguerras na América Latina, gerou o contexto em que se afirmou a possibilidade de teorizar o continente como uma totalidade a partir da esfera econômica, movimento que encontrou sua expressão mais destacada na corrente de pensamento econômico que se difundiu a partir da CEPAL. Embora seja difícil precisar cronologicamente esta inflexão, é possível constatar que, após a Segunda Guerra Mundial, a dimensão econômica da problemática da dependência será nuclear para os projetos políticos balizados pelo dilema da formação nacional, assim como para as propostas de integração regional, em contraste com o lugar marginal desta questão nos esforços em teorizar a formação latino-americana no começo do século XX.

O desenvolvimento econômico, identificado com a industrialização, passou a ser percebido como uma condição necessária embora insuficiente para afirmar a nação. Em suas formulações críticas mais penetrantes, o enfrentamento da dimensão econômica da dependência denunciada de modo pioneiro por Prebisch a partir da crítica à teoria das vantagens comparativas e ao desenvolvimento "*hacia afuera*" (Prebisch, 2000), foi identificada como premissa para superar a articulação entre dependência externa e o padrão de privilegiamento social característicos do subdesenvolvimento, cuja raiz histórica na América Latina remonta às estruturas da colonização.

O subdesenvolvimento tem suas raízes numa conexão precisa, surgida em certas condições históricas, entre o processo interno de exploração e o processo externo de dependência. Quanto mais intenso o influxo de novos padrões de consumo, mais concentrada terá que ser a renda. Portanto, se aumenta a dependência externa, também terá que aumentar a taxa interna de exploração. Mais ainda: a elevação da taxa de crescimento tende a acarretar agravação tanto da dependência externa como da exploração interna. Assim, as taxas mais altas de crescimento, longe de reduzir o subdesenvolvimento tendem a agravá-lo, no sentido de que tendem a aumentar as desigualdades sociais (Furtado, 1974, p. 94).

A reflexão desenvolvida no seio da CEPAL por economistas como o brasileiro Celso Furtado, o argentino Raul Prebisch e o chileno Aníbal Pinto, sugere que a difusão das teorias econômicas e sociológicas desenvolvimentistas a partir do segundo pós-guerra foi um primeiro momento de integração mais intensa entre a intelectualidade brasileira e o conjunto da intelectualidade hispano-americana, com a circulação mais frequente de autores, obras e conceitos, avançando a percepção de que, mais do que por uma herança cultural comum, a América Latina se definiria enquanto unidade a partir de um conjunto de problemas e desafios socioeconômicos compartilhados: sintetizados no par subdesenvolvimento/desenvolvimento.

Como um exemplo deste impacto, podemos evocar uma entrevista concedida no final da vida pelo sociólogo brasileiro Alberto Guerreiro Ramos (1915-1981). Ao ser perguntado sobre a influência dos primeiros trabalhos da CEPAL sobre a sua geração de intelectuais nacionalistas e desenvolvimentistas, o sociólogo respondeu de maneira enfática: "Ah sim, tiveram uma importância enorme, um impacto. Aquilo foi uma coisa muito importante, a coisa mais eminente na história cultural da América Latina. (...). Aquilo teve uma grande influência sobre mim e sobre todos nós" (Ramos, 1995, p. 151-152).

Esta influência também pode ser vista pelo prisma estatal. Analisando a política econômica do último governo de Getúlio Vargas (1951-1954), Maria Antonieta Leopoldi enfatiza a convergência de ideias que se deu no Brasil entre a CEPAL, o Estado e um setor da classe empresarial, destacando a 5ª. Série de Sessões da CEPAL, ocorridas em Petrópolis em 1953, presididas pelo empresário e político Ewaldo Lodi e abertas com um discurso do presidente Vargas (Leopoldi, 1995, p. 195-196). Getúlio via a CEPAL com bons olhos na medida em que esta fornecia uma "base racional" para as políticas industrializantes, apoiadas no planejamento e na intervenção estatal.

Já nos anos sessenta, a evidenciação dos limites da industrialização substitutiva de importações como estratégia para enfrentar o subdesenvolvimento, ensejou respostas teóricas de sentido diverso. As reflexões referidas ao pensamento cepalino enfatizaram a necessidade de avançar na integração econômica regional, para além do Mercado Comum Centro-americano e da Associação Latino-Americana de Livre-Comércio (ALALC) então existentes (Nolff, 1975, p. 381). Concomitantemente, difundiram-se reflexões fora deste marco teórico que associava desenvolvimento a integração nacional, consagrado pelo pensamento cepalino. A obra *Dependência e Desenvolvimento na América Latina*, de Fernando Henrique Cardoso e Enzo Faletto, é paradigmática desta inflexão ideológica que atingiria a própria CEPAL nos anos seguintes, quando a hegemonia neoliberal consumaria a dissociação entre crescimento econômico e nação na América Latina (Cardoso; Faletto, p. 1977).

Por outro lado, o triunfo da Revolução Cubana em 1959 teve um impacto político e ideológico extraordinário no continente. Premido pela intransigente agressividade dos Estados Unidos, a rápida radicalização do processo explicitou a unidade entre os conteúdos nacional e democrático da revolução, problematizando a viabilidade histórica de afirmar a nação na América Latina nos marcos do capitalismo. Essa fusão entre o horizonte nacional-democrático e o socialismo é bem sintetizada pela seguinte passagem do sociólogo argentino Juan Carlos Portantiero:

> ... superando o populismo, contudo, o castrismo se põe em um universo de discurso similar e remete às mesmas instâncias que haviam constituído a política de massas latino-americana tradicional, a do nacionalismo democrático que, buscando a continuidade com o passado (...) coroava uma história nacional-popular na gesta quase juvenil dos guerrilheiros de Sierra Maestra." (Portantiero, 1990, p. 339).

Na esfera internacional, a hostilidade permanente sofrida pelo processo cubano no âmbito da Organização dos Estados Americanos (OEA), evidenciou a conduta servil dos estados latino-americanos diante dos Estados Unidos, expressão da unidade de interesses que aproximava as classes dominantes à potência hegemônica na região. O acirramento das tensões sociais nesta conjuntura se materializou no afloramento ou revigoramento de movimentos guerrilheiros em todo o continente, que o estado cubano procurou incentivar por meio da Organização Latino-Americana de Solidariedade (OLAS), ao mesmo tempo em que ditaduras militares assumiram o comando da repressão política e social em diversos países, com apoio explícito dos Estados Unidos. Esta regionalização da luta de classes contribuiu para projetar o dilema da formação nacional em um horizonte continental, em um contexto em que a articulação entre os aparelhos repressivos das ditaduras de segurança nacional, cujas expressões paradigmáticas foram a Escola das Américas e a Operação Condor, correspondia à intensificação da presença de multinacionais de capital estadunidense na região, acirrando os impasses vivenciados pelo processo de substituição de importações.

Por outro lado, a solidariedade entre os que resistiam à repressão, na luta armada ou no exílio, estimulou análises de escopo continental que, em resposta à radicalização da conjuntura, sugeriam a unidade do conteúdo democrático e socialista da revolução latino-americana. Nessa direção, a corrente mais radical da teoria da dependência, expressa em autores como Ruy Mauro Marini, Teotonio dos Santos, Vania Bambirra, André Gunder Frank, Aníbal Quijano e Luis Vitale, assim como as análises de Florestan Fernandes, os documentos de numerosos partidos e organizações revolucionárias da época, além da militância paradigmática de Che Guevara, apontam para esta convergência entre nação, socialismo e unidade continental. Nessa direção, alinhando-se sem ambiguidades à Revolução Cubana, o programa da Unidad Popular no Chile vinculou nacionalismo e antiimperialismo à necessidade de refundar os marcos institucionais em que se articulavam os países latino-americanos:

> A posição de defesa ativa da independência do Chile implica na denúncia da atual OEA como instrumento e organização do imperialismo norte-americano e na luta contra qualquer forma de pan-americanismo implícita nessa organização. O Governo Popular providenciará a criação de um organismo realmente representativo dos países latino-americanos (PROGRAMA, 1970, p. 111).

Em parte um fruto tardio da estratégia das frentes populares, concebida pelos partidos comunistas em meados dos anos 1930 (Portantiero, 1990, p. 349-350), a experiência chilena da Unidad Popular, sob a presidência de Salvador Allende (1970-1973) mobilizou as esperanças de toda uma geração. Sua derrocada, com o golpe militar de 11 de setembro de 1973, assinalou em seu momento a derrota de um horizonte civilizatório, que apontava para a convergência entre nação e socialismo, referida a uma aproximação entre os povos do continente.

Durante o período que vai do governo desenvolvimentista de Eduardo Frey Montalva à queda da Unidade Popular (1964-1973), o Chile recebeu numerosos exilados de diferentes países da região, que criaram ali uma importante comunidade latino-americanista que marcou um momento-chave da vida intelectual latino-americana. Como evidencia a lista acima citada de nomes associados às teorias da dependência, os brasileiros tiveram uma contribuição de destaque para esse esforço coletivo. Nomes como os de Marini, dos Santos e Bambirra, por exemplo, ao lado de chilenos como Orlando Caputo e Sérgio Ramos, e do teuto-estado-unidense Gunder Frank, foram fundamentais para a consolidação do Centro de Estudios Socioeconómicos (CESO) da Universidade do Chile, no qual se produziu uma parte importante do debate em torno da dependência (Castro, 2015).

Referindo-se a este mesmo contexto, o antropólogo Darcy Ribeiro, que durante seu longo exílio passou por diferentes países do continente, fez a seguinte observação: "(...)No caso do Brasil, pode-se afirmar que seus numerosos exilados políticos estão amadurecendo para atuar como a primeira geração de brasileiros com postura latino-americana." (Ribeiro, 1983:200). Dessa maneira, a experiência dos exílios, em um contexto histórico no qual a dinâmica revolução/contra-revolução ganhou uma dimensão continental, ensejando, ao mesmo tempo, um florescimento inédito da cultura latino-americana, criou as condições para que a intelectualidade brasileira de esquerda incorporada à esse processo de circulação regional das ideias, passasse a ver o país como parte da América Latina, entendida como uma unidade, ao menos potencial.

3. Integração regional depois da Guerra Fria

Os projetos de integração regional voltaram ao debate continental nos anos 1990, no contexto da formação de blocos econômicos nos marcos da concorrência intercapitalista após o colapso soviético. Nesta perspectiva, a derrota dos projetos nacional-democráticos na América Latina no curso da Guerra Fria pode ser interpretada como um capítulo da derrota política que facultou a escalada neoliberal no mundo, evidente de modo paradigmático no desenlace da experiência da Unidad Popular no Chile.

Em um movimento que se confunde com a própria globalização, a aceleração das tendências à financeirização do capitalismo pressionou por uma abertura econômica multilateral, associada à difusão da agenda política identificada com o neoliberalismo, em um processo cuja racionalidade reforçou a liderança geopolítica dos Estados Unidos (Brenner, 2003; Gowan, 2003). Expressão regional deste movimento, a constituição do North American Free Trade Agreement (NAFTA) e da União de Nações Sul-Americanas (UNASUL), iniciativas a que se refere Bethell, está referida a este contexto adverso às forças populares, cujas linhas gerais é preciso reconstituir.

Em 1990, no momento em que se desmanchava a União Soviética, o presidente George Bush lançou a "Iniciativa para as Américas", uma proposta de integração regional balizada pelo tripé livre comércio, fluxo de investimentos e pagamento da dívida externa, prevendo uma integração comercial hemisférica, excluindo Cuba. Em 1994, na 1ª Cúpula das Américas em Miami a proposta ganhou corpo, substanciando-se no projeto da Área de Livre-Comércio das Américas (ALCA), que deveria ser implementada até 2005. Simultaneamente, entrou em vigor um acordo de livre comércio entre Estados Unidos, México e Canadá em 1994, o NAFTA.

Entretanto, a proposta da ALCA enfrentou resistências do estado e de amplos setores da sociedade no Brasil e em outros países latino-americanos, resultando no fracasso da iniciativa, consumado na V Cúpula das Américas em 2005. A partir de então, os Estados Unidos adotaram como estratégia a assinatura de tratados bilaterais de livre-comércio, firmando acordos com países centro-americanos, Chile, Colômbia e mais recentemente, o Peru, ao mesmo tempo em que aprofundaram as dimensões que lhe interessavam na integração regional, principalmente relacionadas à segurança, por meio de iniciativas como a Aliança para a Segurança da América do Norte (ASPAN). Se o NAFTA e seus desdobramentos são identificados com uma integração subordinada, unanimemente condenada pelo campo popular no continente (Arroyo Picard, 2009), o processo que levou a constituição da UNASUL está marcada por ambiguidades que devem ser ponderadas.

Ao consumar-se o atrelamento da política mexicana aos Estados Unidos em meados dos anos 1990, a diplomacia brasileira visualizou progressivamente a América do Sul como referência geográfica de um projeto de liderança regional. Esta perspectiva materializou-se em uma aproximação entre o Mercosul e a Comunidade Andina das Nações (CAN), como uma estratégia para a constituição de um bloco econômico alternativo no espaço sul-americano. É neste contexto que surgiu, durante o governo de Fernando Henrique Cardoso, a proposta da Iniciativa para a Integração da Infraestrutura Regional Sul-Americana (IIRSA), sinalizando para uma integração sul-americana referenciada no que a CEPAL descreveu neste momento como um "regionalismo aberto" – uma modalidade de integração regional orientada à abertura comercial multilateral.

Originalmente pensada como a dimensão de infraestrutura deste projeto de integração regional, proposta em uma cúpula de presidentes sul-americanos em Brasília em 2000, a IIRSA foi repaginada pelo governo Lula, que a converteu no esteio material da UNASUL, constituída em 2008. Para justificar este movimento, os defensores da gestão petista alegam uma inflexão na orientação da política externa brasileira, que teria abandonado o regionalismo aberto característico dos anos anteriores em nome de uma política que enfatiza a integração sul-americana como estratégia de inserção internacional soberana, descrita como "regionalismo desenvolvimentista" ou "pós-liberal". Nesta perspectiva, sugere-se que esta modalidade de integração promoverá "a interconexão física entre os interiores dos países, passo fundamental para a integração de cadeias produtivas de fornecedores e produtores relacionados, objetivando a formação de economias de escala e a própria integração das sociedades sul-americanas" (Desiderá Neto, 2012, p. 32-33).

No entanto, esta proposição foi problematizada por múltiplas evidências políticas, que incluem os paradoxos vivenciados pela diplomacia brasileira na crise que culminou na deposição do presidente Fernando Lugo no Paraguai em 2012, além dos numerosos conflitos socioambientais envolvendo a expansão das empreiteiras brasileiras no continente, apoiada na atuação controversa do Banco Nacional de Desenvolvimento Econômico e Social (BNDES), o que levou um analista a descrever a IIRSA como uma espécie de "PAC para a América do Sul" (Novoa Garzón, 2011). No plano teórico, ressurgem reflexões que resgatam, de modo explícito ou não, as proposições de Rui Mauro Marini nos anos 1970, apontando para o que descreveu como um "subimperialismo brasileiro" (Marini, 2000, p. 109).

A despeito de eventuais contradições políticas e inconsistências teóricas, o sentido geral destas contestações sugere que, sob o verniz de um "player" na disputa por um mundo multipolar, revela-se um estado a serviço da expansão de determinados setores capitalistas nacionais na América do Sul (como as empreiteiras e o agronegócio), por meio de uma modalidade de integração voltada à constituição de corredores de exportação de *commodities*, tais como a soja, o etanol e minérios e que aponta, em última análise, para uma reprimarização da economia do subcontinente sob a liderança regional brasileira, funcional ao movimento do capitalismo contemporâneo. A polêmica em torno ao caráter da IIRSA redunda, em última análise, em uma apreciação sobre o sentido das gestões presidenciais petistas no Brasil.

Ao romper com o escopo continental de propostas de integração regional pretéritas, a constituição da UNASUL e do NAFTA atestam, segundo Bethell, a inutilidade do conceito de América Latina na atualidade. Assim, o argumento do historiador inglês tem como premissa uma redução das possibilidades históricas de integração, assumindo como definitivos dois movimentos de integração regional: um protagonizado pelos Estados Unidos, que a partir do estabelecimento do NAFTA em 1994 procura cimentar sua influência regional por meio de iniciativas em conluio com o estado mexicano, como o Plan Puebla-Panama, o Plan Merida e a ASPAN, ao mesmo tempo em que assina tratados bilaterais de livre-comércio com países da região, enfraquecendo as possibilidades de uma iniciativa latino-americana alternativa. Outro capitaneado pelo Brasil, substanciado em um projeto de integração sul-americana que ganhou corpo a partir da eleição de Lula em 2002, e recebeu expressão política mais elaborada com a constituição da UNASUL em 2008. A despeito da controvérsia sobre o sentido desta integração protagonizada pelo Brasil, podemos deduzir que uma iniciativa reunindo as antípodas políticas no subcontinente no último período, Colômbia e Venezuela, estaria mais próxima de ser uma organização "guarda-chuva", como advoga o Brasil, do que uma alternativa ao modelo neoliberal, como defendia o então presidente venezuelano Hugo Chávez (Sanahuja, 2012), – propositor, diga-se de passagem, da Aliança Bolivariana para as Américas (ALBA), como uma via de integração diversa e de escopo continental. Seja como for, naturalizar as orientações simbólicas e ideológicas que subjazem a determinadas iniciativas de integração regional, como faz Bethell, é problemático por ao menos dois motivos: pressupõe aquilo que deve ser explicado e, ao mesmo tempo, deixa de lado a contingência e transitoriedade que é própria de qualquer configuração histórica, ponto ao qual retornaremos na conclusão.[4]

4. O Brasil na América Latina – ontem e hoje

Após resgatar as motivações na origem de um projeto de unidade continental, analisando a evolução histórica de seu conteúdo, retomaremos agora o diálogo com a segunda proposição de Bethell, problematizando a pertinência de pensar o Brasil como parte de uma totalidade designada como "América Latina" no século XXI diante dos processos de integração regional recentes acima descritos.

Nossa análise se baseia em três premissas subjacentes ao argumento desenvolvido até este momento. Primeiramente, salientamos a historicidade do conceito de América Latina, apontando que seu significado e conteúdo político evoluem em consonância com o movimento da história continental. Por sua vez, o sentido deste movimento resulta de uma disputa política, em que a dinâmica da luta de classes local e mundial se entrelaça. Em outras palavras, a vitalidade e o conteúdo político de um projeto de integração regional está relacionado à correlação de forças entre as classes sociais, em âmbito nacional e internacional. Assim, o panamericanismo de James Blaine está nas antípodas políticas da *Nuestra América* de José Martí, assim como a ALBA de Hugo Chávez se gestou em oposição explícita à ALCA de Bush, embora as quatro propostas expressem modalidades de integração regional. Como corolário das proposições anteriores, a atualidade do conceito de América Latina no Brasil e nos demais países do continente revela-se uma questão politicamente densa, relacionada não somente à leitura que se faz do movimento da história contemporânea e à correlação de forças entre os atores sociais, mas sobretudo, ao horizonte civilizatório que se projeta para o continente. A implicação deste corolário é que, entre a proposição de Bethell e a nossa

4 Note-se que, no caso das duas iniciativas acima abordadas, a década transcorrida desde a publicação do ensaio do historiador inglês trouxe grandes transformações, sob o impacto da onda conservadora dos últimos anos, que impactou tanto os EUA como a América Latina. Por um lado, sob o governo de Donald Trump (2017-2021) o NAFTA passou por uma importante renegociação. Já a UNASUL foi simplesmente desarticulada pelos novos governos de direita na região, tendo sido sua sede em Quito retomada pelo governo equatoriano de Lenin Moreno.

não há quem esteja certo ou errado abstratamente. O que se constata são premissas ideológicas diferentes que nos colocam, em relação a esta questão, em campos políticos divergentes. A partir destas considerações gerais, que se aplicam a todos os países latino-americanos, resumiremos nossa leitura sobre a singular relação política e ideológica entre o Brasil e a América Latina nas linhas seguintes.

Vimos que o projeto de unidade continental foi avançado originalmente no contexto das guerras de independência hispano-americanas como um instrumento político visando afiançar a soberania dos novos países, diante do risco de intervenção europeia. Ocorre que na emancipação do Brasil, em contraste com a América Espanhola continental, prevaleceu uma solução pactuada em lugar do confronto militar, de modo que o novo país vivenciou o paradoxo de ser governado por um príncipe português, preservando-se a unidade territorial da antiga colônia e a escravidão como pilar da ordem social (Novais, 1984). Nesta conjuntura singular, o risco de uma intervenção europeia não esteve no horizonte político da monarquia escravocrata, que se afirmou como bastião conservador no continente.

Por outro lado, o Império brasileiro herdou uma série de disputas fronteiriças com seus vizinhos, oriundas dos litígios entre as antigas metrópoles coloniais, o que redundou em conflitos bélicos como a Guerra da Cisplatina (1825-1828) e a Guerra da Tríplice Aliança (1864-1870). Assim, não foi por acaso que as elites imperiais encararam seus vizinhos como uma fonte de instabilidade e conflito, ao mesmo tempo em que o Brasil era visto com desconfiança pelas repúblicas que o cercavam: o império escravista pairava como uma ameaça expansionista em potencial.

Esta percepção das elites imperiais ajuda a explicar um afastamento corroborado pela produção de um discurso particular sobre os países sul-americanos, mas extensível para o conjunto da Hispanoamérica. Pesquisando jornais, obras de historiadores e políticos em dois momentos do século XIX – o da construção do Estado nacional e da proclamação da República –, Coelho Prado avança a hipótese de que estes intelectuais e políticos teriam produzido uma série de imagens, símbolos e argumentos que forjaram um discurso brasileiro sobre a hispanoamérica, separando-a do Brasil (Prado, 2001, p. 129).

Por outro lado, quando em meados do século XIX o conceito de América Latina surgiu em resposta às tensões decorrentes do expansionismo estadunidense na direção de México, América Central e Caribe, o Brasil tampouco tinha razões para temer a projeção continental de seu principal aliado na resistência às pressões inglesas pelo fim da escravidão, a despeito de projetos inconsequentes de anexação da Amazônia instigados por flibusteiros, nos moldes daqueles praticados ao norte do estreito de Darién (Moniz Bandeira, 1998, p. 87-95).

Na virada do século XIX para o XX a difusão das relações de produção capitalistas no contexto do imperialismo e a intervenção ianque na guerra de independência cubana, seguida de sucessivas invasões na região nos primeiros decênios do século, convergem para um *aggiornamento* da utopia de unidade continental, sempre em oposição aos Estados Unidos. Para além de pregadores incisivos porém sem base social, como o argentino Manuel Ugarte, a repercussão das revoluções mexicana e bolchevique instigou a difusão de um sentimento anti-imperialista, bem como do ideário comunista e do materialismo histórico, em um contexto de aceleradas transformações socioeconômicas. Ressoando às reformas universitárias iniciadas em Córdoba em 1918 e à simpatia despertada pela resistência de Sandino na Nicarágua no final dos anos 1920, constituíram-se organizações referidas a um ideário latino-americanista em países diversos como Peru, Cuba e Argentina.

E o Brasil nesta conjuntura? No final do século XIX o país já tinha produzido ao menos uma obra de destaque crítica aos Estados Unidos, o livro de Eduardo Prado, *A Ilusão Americana*. Escrita à sombra da interferência ianque no episódio conhecido como a Revolta da Armada em 1893 que ameaçou o governo de Floriano Peixoto e a própria república, a obra está orientada pelo ideário monarquista, podendo ser classificada como reacionária e evidentemente, não tinha como horizonte a integração continental. Longe de excepcional, este livro ilustra as dificuldades para se afirmar uma tradição política progressista em um país recém egresso da escravidão, e dominado pelo conservadorismo. É em reação a esta situação, que contrasta com outros países latino-americanos, que Antonio Candido reivindica um estatuto político transformador para aqueles que descreveu como intelectuais "radicais" no Brasil.

Pode-se chamar de radicalismo, no Brasil, o conjunto de ideias e atitudes formando contrapeso ao movimento conservador que sempre predominou. Este conjunto é devido a alguns autores isolados que não se integram em sistemas, pois aqui nunca floresceu em escala apreciável um corpo próprio de doutrina politicamente avançada, ao contrário do que se deu em países como o Uruguai, Peru, México e Cuba (Candido, 1990, p. 4).

A nosso ver, é sobre este pano de fundo que devem ser apreciadas as visões sobre a América Latina produzidas no Brasil no início do século XX, algumas das quais foram abordadas na tese de doutorado de Gerab Baggio (1998). Chama a atenção que, entre os diversos intelectuais analisados (Eduardo Prado, Oliveira Lima, Manuel Bomfim, José Veríssimo, Euclides da Cunha, Joaquim Nabuco, Artur Orlando e Sílvio Romero), nenhum deles possuiu vínculo orgânico com um movimento que possa ser considerado como progressista. Aqueles que não estão no campo conservador, aproximam-se da situação de "autores isolados que não se integram em sistemas" referida por Candido, como Manuel Bomfim ou Euclides da Cunha.

Assim, o limitado impacto do movimento pela reforma universitária que eclodiu em Córdoba em 1918 deve ser entendido como parte deste quadro geral: embora um abrangente estudo sobre o episódio identifique alguma repercussão no Brasil uma década mais tarde (Portantiero, 1978, p. 18), materializada no movimento tenentista, o fato é que em 1918, o Brasil simplesmente não tinha universidades.[5] Luis Carlos Prestes, expressão máxima da radicalização tenentista nos anos seguintes, aprofundou seu conhecimento sobre o marxismo na Argentina, ao final da épica empreitada que ficou conhecida com o seu nome – a "Coluna Prestes" – na qual seus comandados percorreram parte do Brasil, antes de refugiar-se em países vizinhos.

Como discutido acima, a percepção de que o Brasil partilhava de um legado histórico e de dilemas políticos comuns a seus vizinhos maturou em consonância com o processo de industrialização substitutiva de importações, que evidenciou, em uma palavra, o fenômeno do subdesenvolvimento. É a percepção da dimensão econômica da dependência, em um contexto em que a hegemonia geopolítica estadunidense se projeta ao sul do Canal do Panamá, que instiga a integração latino-americana como um horizonte político para o Brasil. O esgotamento da substituição de importações nos anos 1960 estimulou proposições de integração regional de motivação eco-

5 A primeira universidade brasileira propriamente dita foi criada por iniciativa do governo federal no Rio de Janeiro em 1920, aglutinando as escolas Politécnica, de Medicina e de Direito já existentes. No âmbito estadual, em 1912 reuniram-se no Paraná a Escola de Engenharia, a Faculdade de Medicina e a Faculdade de Direito, dando origem à Universidade do Paraná.

nômica, enquanto a repressão estatal apoiada pelos Estados Unidos aos movimentos de orientação nacional-democrática generalizou a dimensão política da solidariedade continental. Neste contexto, é significativo o número de intelectuais críticos brasileiros que pensam a América Latina, muitos dos quais foram também militantes exilados, como os acima citados Celso Furtado, Florestan Fernandes, Darcy Ribeiro, Fernando Henrique Cardoso, Octavio Ianni, Rui Mauro Marini, Vania Bambirra, Theotonio dos Santos, entre outros.

O fim das ditaduras no Cone Sul nos anos 1980 significou uma democratização limitada, caracterizada por continuidades econômicas e sociais. A alternância política que sucedeu mal disfarçou os constrangimentos legados, intensificados com a difusão das políticas neoliberais no continente. Como decorrência, observou-se um desgaste generalizado de partidos tradicionais, abrindo espaço para a eleição de novas lideranças políticas (como Chávez na Venezuela; Morales na Bolívia; Correa no Equador; Lugo no Paraguai) ou para o triunfo de candidatos identificados com a oposição, como Tabaré Vazquez no Uruguai, Maurício Funes pelo Frente Farabundo Martí em El Salvador e Lula da Silva no Brasil. A despeito das credenciais radicais de alguns destes líderes, prevaleceram governos nos marcos do que foi descrito como *izquierda permitida* (Webber; Carr, 2013:5), caracterizados pela complacência em relação ao neoliberalismo, como é o caso das gestões petistas no Brasil. O ressurgimento de um projeto de integração subcontinental liderado pelo país neste contexto foi marcado por ambiguidades, na medida em que a materialização de uma proposta que reivindicava este ideário, historicamente identificado com a soberania, também reafirmou assimetrias regionais, em lugar de amenizá-las. Diante desta situação relembramos que, do ângulo das correntes democráticas latino-americanas, a integração regional nunca foi vista como um fim em si, mas como um meio para enfrentar a dupla articulação entre assimetria social e dependência externa.

Reflexões finais

Iniciamos este texto resgatando o contexto político-ideológico na origem da expressão "América Latina", com o propósito de deduzir as premissas que fundamentam a atualidade desta noção no século XXI. Indicamos que a pertinência do conceito está relacionada à integração regional como estratégia de inserção internacional, balizada pelo desígnio de assumir o controle sobre o tempo e o ritmo da mudança social no continente no contexto do imperialismo.

Portanto, quando Leslie Bethell afirma que o conceito de América Latina "seguramente perdeu a utilidade que talvez tenha tido alguma vez", inferimos que o historiador inglês considera desatualizada ou irrelevante a problemática que motivou sua origem, qual seja, a natureza assimétrica e predatória da relação entre os Estados Unidos e os demais países da região.[6] Esta é uma leitura política possível, embora contestada por uma ampla e plural tradição crítica latino-americana, que situa a questão do imperialismo – ou para usar os termos da CEPAL, as relações centro-periferia – no âmago da problemática do subdesenvolvimento.

Por outro lado, ao considerar que o sentido do termo América Latina se esvaziou desde que o México aderiu ao NAFTA e o Brasil orientou sua política externa na direção da América do Sul sob a égide da UNASUL, Bethell assume, conforme indicado acima, como dados processos políticos em curso e portanto, objetos de disputa. Recordemos o levantamento zapatista em Chiapas em 1º de janeiro de 1994, mesmo dia em que entrou em vigor o NAFTA, ou o plebiscito popular sobre a ALCA em 2002, ponto culminante de uma intensa mobilização social contra esta proposta no Brasil, e que incidiu no fracasso da iniciativa. Para aqueles que consideram irreversível os rumos da política, é pertinente lembrar que, embora os processos históricos não sejam reversíveis – porque o próprio tempo não o é –, tampouco são inexoráveis. Para dar dois exemplos aleatórios, eram raros os franceses que, no começo do século XX, imaginavam uma Argélia independente, ou os soviéticos que vislumbraram o esfacelamento da União quando morreu

6 Esta leitura é coerente com a linha interpretativa de seus trabalhos, exemplificada em artigo sobre a Guerra do Paraguai em que desconsidera o papel dos ingleses como financiadores dos aliados, evidenciado no livro de Pomer, citado pelo próprio Bethell: Bethell:1995; Pomer:1968. Sua perspectiva ideológica incidiu no critério de seleção dos colaboradores da *História da América Latina* que organizou para a Cambridge. Por exemplo, Fernando Novais conta que teve sua contribuição elaborada em parceria com Carlos Guilherme Mota rejeitada, e substituída por um artigo do próprio Bethell. Este texto foi posteriormente publicado como: Novais; Mota:1996.

Stálin. Nesta perspectiva, a naturalização de um contexto político em disputa revela-se como um procedimento intelectual antidemocrático, na medida em que ignora o potencial de mudança social inerente à própria história, o que na era neoliberal ressoa à ideologia do fim da história.

Nesta perspectiva, reivindicar a atualidade do conceito de América Latina significa posicionar-se criticamente em relação às políticas que reafirmam uma inserção internacional da região subordinada aos Estados Unidos e que como decorrência, reforçam a fragmentação continental, como é o caso do Plan Colombia, do NAFTA, dos Tratados de Livre Comércio assinados por diversos países em anos recentes, entre outras. De modo correspondente, sugerir que a noção de América Latina está ultrapassada justamente em função de políticas desta natureza, revela um empenho em transformar uma questão em disputa em um fato consumado, operação característica da ideologia e não do pensamento crítico.

Em outras palavras, se a noção de América Latina terá vitalidade conceitual em anos futuros é uma questão em aberto, a ser resolvida não na academia, mas sim no terreno da política, no qual os intelectuais têm um papel relevante, mas limitado. Afinal, há sempre o risco de que a teoria seja atropelada pela história.

Nesta perspectiva, a constatação de que a maioria dos brasileiros não se identifica com a América Latina, a respeito da qual sabem muito pouco, não deve ser interpretada como evidência natural da desconexão do país com sua região geográfica, mas antes como um indício de força do que Candido descreveu como o "movimento conservador" no Brasil. A mesma leitura se aplica às visões preconceituosas sobre os latino-americanos, que prevalecem no senso comum. Devemos lembrar que as identidades nacionais e regionais são construções históricas, que se afirmam por oposição e se modificam no tempo.

Em sua trilogia sobre o orientalismo, Edward Said atenta para uma dimensão do discurso orientalista que caracteriza a sociedade contemporânea, em que os meios de comunicação de massas expressam a hegemonia estadunidense, ou ocidental: os estereótipos que informam a produção e circulação de notícias sobre o mundo não europeu balizam a formação de opinião entre os próprios povos deformados por esta "cobertura", cujo caráter ideológico resulta em um "acobertamento".[7] De modo análogo, entendemos que o "descobrimento" da América Latina pelos brasileiros é e será uma construção política, justificada pelo desígnio de solidificar laços entre povos interessados em superar dilemas históricos comuns.

Referências

BARRIOS, Miguel Ángel. *El Latinoamericanismo en el pensamiento de Manuel Ugarte*. Buenos Aires: Biblos, 2007.

ARDAO, Arturo. La Idea de Latinoamerica. Montevideo: *Semanario Marcha*, n. 1282, 27 de novembro de 1965.

ARDAO, Arturo. *Genesis de la idea y el nombre de América Latina*. Caracas: Centro de Estudios Latinoamericanos "Romulo Gallegos", 1980.

ARICÓ, José. *La Hipótesis de Justo*. Buenos Aires: Sudamericana, 1999.

AROSEMENA, Justo. *Fundación de la nacionalidad panameña*. Caracas: Fundación Biblioteca Ayacucho, 1982.

ARROYO, Alberto Picard. México a 14 años del TLCAN: Realidad y Propaganda. In: SANDOVAL, Palacios; MANUEL, Juan (orgs.). *TLCAN: Balance general e impactos subregionales y sectoriales*. México: Red Mexicana de Acción Frente al Libre Comercio, 2009.

BAGGIO, Katia Gerab. *A "Outra" América: a América Latina na visão dos intelectuais brasileiros das primeiras Décadas Republicanas*. Tese de Doutorado, FFLCH-USP, 1998.

BETHELL, Leslie. Org.). *História da América Latina*. São Paulo: EDUSP; Brasília: Fundação Alexandre Gusmão, 1997-2009.

BETHELL, Leslie (Org.). *The Cambridge History of Latin America*. Cambridge: Cambridge University Press, 1990-1999.

BETHELL, Leslie. O Brasil e a Ideia de "América Latina" em Perspectiva Histórica. Rio de Janeiro: *Estudos Históricos*, vol. 22, n. 44, 2009.

7 Daí o jogo de palavras no título de um dos livros de Said, "Covering Islam", referindo-se ao "acobertamento" ideológico operado pelas coberturas jornalísticas sobre o tema no Ocidente (Said, 1981).

BETHELL, Leslie. O Imperialismo Britânico e a Guerra do Paraguai. In: Marques, Maria Eduarda Castro Magalhães, (org.). *A Guerra do Paraguai – 130 anos Depois*. Rio de Janeiro: Relume-Dumará, 1995.

BRENNER, Robert. *O boom e a bolha. Os Estados Unidos na Economia Mundial*. Rio de Janeiro: Record, 2003.

CANDIDO, Antonio. Radicalismos. São Paulo: *Revista do Instituto de Estudos Avançados*, USP, vol. 4, n. 8, jan./abr. 1990.

CARDOSO, Fernando Henrique; FALETTO, Enzo. *Dependência e desenvolvimento na América Latina*. Rio de Janeiro: Zahar, 1977.

CASTRO, Juan Cristobal Cárdenas. Una Historia Sepultada: El Centro de Estudios Socioeconómicos de la Universidad de Chile, 1965-1973 (a 50 Años de su Fundación)". *De Raíz Diversa: Revista Especializada en Estudios Latinoamericanos*, vol. II, n. 3. México D. F.: UNAM, 2015.

DEL ROIO, Marcos. *A Classe Operária na Revolução Burguesa: A Política de Alianças do PCB (1928-1935)*. Belo Horizonte: Oficina de Livros, 1990.

DESIDERA NETO, Walter; TEIXEIRA, Rodrigo. La Recuperación del Desarrollismo en el Regionalismo Latinoamericano. *Perspectivas para la Integración de América Latina*. Brasília: CAF; IPEA, 2012.

DEVÉS VALDÉS, Eduardo. *Del Ariel de Rodó a la Cepal (1900-1950)*. Buenos Aires: Biblos, 2000.

FEDERACIÓN UNIVERSITARIA DE CÒRDOBA. La Juventud Argentina De Córdoba A Los Hombres Libres. In: PORTANTIERO, Juan Carlos. *Estudiantes y Política en América Latina. 1918-1930. El proceso de la Reforma Universitaria*. México: Siglo XXI, 1978. *Pensamiento de Nuestra América*. Buenos Aires: Clacso, 2005.

FURTADO, Celso. *O Mito do Desenvolvimento Econômico*. Rio de Janeiro: Paz e Terra, 1974.

GALASSO, Norberto. *Manuel Ugarte y la Lucha por la Unidad Latinoamericana*. Buenos Aires: Corregidor, 2001.

GODIO, Julio. *Historia del Movimiento Obrero Latino-americano (1918-1930)*, vol .II. Caracas/México/Buenos Aires: Nueva Imagen, 1983.

GOWAN, Peter. *A roleta Global*. Rio de Janeiro: Record, 2003.

HAYA DE LA TORRE, Victor Raúl. *El Antiimperialismo y El APRA. Obras Escogidas de Victor Raúl Haya de La Torre,* vol. II. Lima: Instituto Victor Raúl Haya de La Torre, 2008.

KAYSEL, André. Filosofia da História ou Método Histórico? Os Usos do Marxismo nas Controvérsias entre Julio Antonio Mella, Victor Raúl Haya de La Torre e José Carlos Mariátegui (1927-1930). *Crítica Marxista,* n. 51. São Paulo: Editora da UNESP, 2021.

LaFEBER, Walter. *The New Empire. An Interpretation of American Expansion.* New York: Cornell University Press, 1969.

LEOPOLDI, Maria Antonieta. O Difícil Caminho do Meio: Burguesia, Estado e Industrialização no Segundo Governo Vargas (1951-1954). In. GOMES, Angela de Castro (org.). *Vargas e a crise dos anos 1950.* Rio de Janeiro: Relume-Dumará, 1995.

LOWY, Michael (Org.). *O Marxismo na América Latina: Uma Antologia de 1909 aos Dias Atuais.* São Paulo: Perseu Abramo, 2003.

MARIÁTEGUI, José Carlos. *Temas de nuestra América.* 11ª edição. Lima: Amauta, 1990.

MARIÁTEGUI, José Carlos. *Siete ensayos de interpretación de La Realidad Peruana.* Estudio Introductorio de Aníbal Quijano. Caracas: Biblioteca Ayacucho, 2008.

MARINI, Ruy Mauro. *Dialética da Dependência. Uma antologia da obra de Ruy Mauro Marini.* Petrópolis: Vozes, 2000.

McGUINESS, Aims. *Path of Empire. Panama and the California gold rush.* Ithaca: Cornell University Press, 2008.

MONIZ BANDEIRA, Luis Alberto. *Relações Brasil-EUA no contexto da globalização. I – Presença dos EUA no Brasil.* São Paulo: SENAC, 1998.

MORSE, Richard. The Multiverse of Latin American Identity. In: BETHELL, Leslie (org.). *Ideas and Ideologies in 20th Century Latin America.* Cambridge: Cambridge University Press, 1996.

MOTA, Carlos Guilherme; NOVAIS, Fernando. *A independência política do Brasil.* 2ª edição. São Paulo: Hucitec, 1996.

NOLFF, Max C. (Org.). *Desarollo Industrial Latinoamericano*. México: FCE, 1975.

NOVAIS, Fernando Antônio. Passagens para o Novo Mundo. *Novos Estudos Cebrap*, vol. 9, n. 2, 1984.

NOVOA GARZÓN, Luis Fernando. Brasil, via BNDES Reforça Caráter Regressivo da Integração Latino-americana. Entrevista ao *Correio da Cidadania*, São Paulo, 19 de novembro de 2011.

PHELAN, John L. El Origen de la Idea de Latinoamérica. In: *Ideas en Torno de Latinoamérica*. México: UNAM/ Unión de Universidades de América Latina, 1986.

PINEDO, Javier. El Concepto Segunda Independencia en la Historia de las Ideas en América Latina: Una Mirada desde el Bicentenario. *Revista Atenea*, n. 502, 2010.

POMER, Leon. *La Guerra del Paraguay: Gran Negocio!* Buenos Aires, 1968.

PORTANTIERO, Juan Carlos. *Estudiantes y Política en América Latina. 1918-1930. El Proceso de la Reforma Universitaria*. México: Siglo XXI, 1978.

PORTANTIERO, Juan Carlos. "O Marxismo Latino-americano". In: Hobsbawm, Eric J., (org.). *História do Marxismo*, vol. XI. Rio de Janeiro: Paz e Terra, 1990.

PRADO, Eduardo. *A Ilusão Americana*. São Paulo: Alfa-Ômega 2001.

PRADO, Maria Lygia Coelho. O Brasil e a Distante América do Sul. *Revista de História*, n. 145. São Paulo: FFLCH-USP, 2001.

PREBISH, Raúl. O Desenvolvimento Econômico da América Latina e Alguns de seus Principais Problemas. In: Bielchowsky, Ricardo (org.). *Cinqüenta Anos de Pensamento na CEPAL*. Rio de Janeiro: Record, 2000.

PROGRAMA DA UNIDADE POPULAR. In: Carlos, Newton; Freitas, Galeno de; Vettori, Marcia (orgs.). *Chile com Allende, para Onde Vai?* Rio de Janeiro: Gernasa, 1970.

QUIJADA, Monica. Sobre el Orígen y Difusión del Nombre 'América Latina' (o Una Variación Heterodoxa en Torno al Tema de la Construcción Social de la Verdad). *Revista de Indias*, vol. VIII, n. 214, 1998.

RAMOS, Alberto Guerreiro. Entrevista a Lucia Lippi de Oliveira e Alzira Alves de Abreu. In: Oliveira, Lúcia Lippi (org). *A Sociologia do Guerreiro*. Rio de Janeiro: UFRJ, 1995.

RETAMAR, Roberto Fernández. *Todo Caliban*. Buenos Aires: Clacso, 2004.

RIBEIRO, Darcy. *O dilema da América Latina*. Petrópolis: Vozes, 1983.

RODRÍGUEZ, Simón. *Sociedades Americanas*. Caracas: Biblioteca Ayacucho, 1990.

ROJAS MIX, Miguel. Bilbao y el Hallazgo de América latina: Unión Continental Socialista y Libertaria". *Cahiers du Monde Hispanique et Luso-Brasilien-Caravelle*, Toulouse, n. 46, 1986.

RUBBO, Deni. *O Laberinto Periférico. Aventuras de Mariátegui na América Latina*. São Paulo: Autonomia Literária, 2021.

SAID, Edward. *Covering Islam*. New York: Pantheon Books, 1981.

SANAHUJA, José Antonio. Regionalismo Post-liberal y Multilateralismo en Sudamérica: El Caso de UNASUR. In: Serbin, Andrés; Martínez, Laneydi; Ramazini Júnior, Haroldo (orgs.). *El Regionalismo "Post–liberal" en América Latina y el Caribe: Nuevos Actores, Nuevos Temas, Nuevos Desafíos*. Anuario de la Integración Regional de América Latina y el Gran Caribe 2012. Buenos Aires: Coordinadora Regional de Investigaciones Económicas y Sociales, 2012.

SANTOS, Fabio Luis Barbosa dos. *O lugar do Brasil na América Latina e Vice-versa*. Buenos Aires: Clacso, 2016a.

SANTOS, Fabio Luis Barbosa dos. *Origens do pensamento e da política Radical na América Latina*. Campinas: Unicamp, 2016b.

SARMIENTO, Domingo F. *Facundo: Civilización y barbarie en las pampas Argentinas*. Buenos Aires: Compañía Espasa Calpe, 1993.

WEBBER, Jeffery; CARR, Barry. *The new Latin American Left. Cracks in the Empire*. Lanham: Rowman & Littlefield Publishers, 2013.

WILLIAMS, William Appleman. *The tragedy of American Diplomacy. Revised and Enlarged Edition*. Nova Iorque: Delta Book, 1962.

ZEA, Leopoldo. *El pensamiento latinoamericano*. Barcelona: Ariel, 1976.

ZEA, Leolpoldo (Org.). *Fuentes de la Cultura Latinoamericana*. México: FCE, 1995.

Ideias de Brasil: perspectivas e possibilidades

O sonho brasileiro e uma teleologia do país do futuro

Roberto de Sousa Causo

Tendo como um dos seus interesses principais a especulação acerca do futuro, a ficção científica deveria se casar melhor com as conjunturas do Brasil, o "País do Futuro", potência emergente de ontem, nação de presente conturbado. O fato, porém, é que a nossa FC apresenta uma grande dificuldade em explorar o futuro do país como uma especulação social, política e científica coerente. Essa dificuldade se insere em uma problemática que inclui a precária aceitação desse gênero pelo *establishment* cultural brasileiro, e por sua acentuada dependência em relação a modelos e tendências exteriores.

Para muitos pesquisadores e historiadores literários, a ficção científica possui uma história de séculos, sob a forma de "proto ficção científica"; isto é, estruturas narrativas, temas e *leitmotifs* que antecedem ao estabelecimento do gênero como tal, nos séculos XIX e XX. Boa parte recua à antiguidade clássica e envolve jornadas a lugares fabulosos, mitológicos, e que por isso foram chamadas de "viagens imaginárias" — tradição que chega ao século XIX na influente série de novelas e romances Voyages Extraordinaires, de Jules Verne. No século XX, projeta-se para o espaço, com planetas longínquos no lugar de ilhas perdidas na bruma, e espaçonaves substituindo barcos: um movimento entre a *Odisseia* de Homero e a *Odisseia no Espaço*, de Arthur C. Clarke.[1]

1 Isaac Asimov (1984, p. 22) é uma importante personalidade da FC que concorda com essa perspectiva: "A ficção científica começou, portanto, como um desenvolvimento das histórias de viagens, delas diferindo principalmente porque os meios de transporte empregados ainda não existiam [...]."

Contudo, a ideia do futuro como conjunto de possibilidades e estado de coisas acessível à imaginação incorporou-se relativamente tarde, ao arsenal da proto ficção científica. O pesquisador Paul K. Alkon, em *Origins of Futuristic Fiction* (1987), afirma que a "impossibilidade de se escrever histórias sobre o futuro era tão amplamente presumida até o século XVIII, que apenas duas obras anteriores desse tipo são conhecidas". São elas, *Aulicus his Dream of the Kings Sudden Coming to London* (1644), de Francis Cheynell, um panfleto de propaganda política, e *Epigone, Histoire du siècle futur* (1659), de Jacques Guttin, uma obra inacabada. Alkon observa ainda que, "antes do notável livro de Guttin o futuro estava reservado a profetas, astrólogos e praticantes de retórica deliberativa" (1987, p. 3), e lembra a recomendação de Aristóteles de que, na retórica, a narração reserva-se apenas a fatos do passado, mencionados para "ajudar os ouvintes a fazerem planos melhores para o futuro". (Aristóteles, 1954, p. 210). Alkon associa a evolução da ficção futurista a uma transposição do conceito da utopia de outro lugar para o futuro possível, o mesmo servindo para a distopia, que, sob a forma de distopia totalitária, acabou ganhando prestígio e popularidade no século XX. Obviamente, para o leitor habitual de FC, o recurso assume uma variedade de possibilidades, como a especulação acerca da evolução da espécie humana ou do planeta (como no final desolador de *A Máquina do Tempo*, novela de H. G. Wells de 1895), da evolução de tecnologias e conceitos científicos, e ainda, de questões sociais e políticas particulares (pertinentes, por exemplo, a sexualidade, etnicidade, conflitos de classe, sistemas políticos, comércio, arte, esporte, e o acesso ao conhecimento e a direitos civis).

Para Isaac Asimov e outros observadores (como o sociólogo futurista Alvin Toffler), a FC como gênero literário propriamente dito é filha da Revolução Industrial: "Tenho freqüentemente [*sic*] afirmado que a verdadeira ficção científica é uma criação dos dois últimos séculos." [...] Não poderia existir como uma visão do futuro enquanto as pessoas não tivessem adquirido a noção de que a ciência e a tecnologia produzem o futuro [...]." (Asimov, 1984, p. 117). E ainda:

> Naturalmente, ninguém seria capaz de adquirir essa noção enquanto a velocidade das mudanças científicas e tecnológicas não se tornasse suficientemente grande para ser observada pelas pessoas no decurso de suas

> vidas. Isso ocorreu com a Revolução Industrial, digamos, em torno de 1800. [...] (Idem, 198, p. 118).

O gênero surge, portanto, dentro de uma percepção de mudança temporal em que a presença do futuro se imiscui cada vez mais na vida individual e coletiva, introduzindo inquietações associadas à modernidade, mas também o entendimento de que um conhecimento prévio (em ciência e tecnologia, em processos sociais associados aos meios de produção) poderia amparar um exercício de antecipação do porvir. Nessa chave, a FC como literatura com tal função foi saudada por Toffler, como dotada de um "papel especial em aumentar nossas habilidades em nos adaptarmos" (Toffler, 1976, p. 117). "Ao desafiar o antropocentrismo e o provincialismo temporal, a ficção científica escancara o todo da civilização e de suas premissas para a crítica construtiva" (Idem, 1976, p. 118) afirmou, acrescentando:

> Nada é mais necessário em um momento revolucionário. Ao lidar com possibilidades não comumente consideradas [...] ela alarga o nosso repertório de respostas possíveis à mudança. Ajuda-nos a ver o mundo como um sistema, como um todo. Ajuda-nos a pensar na história em movimentos muito amplos, ao invés de em pequenas fatias. [...] (*Ibidem*, 1976, p. 118).

Em *The Age of Revolution: 1789-1848* (1996), o historiador Eric Hobsbawn empresta a distância diacrônica de um imaginário historiador do ano 3000 AD (em irônico exercício futurista) e a distância sincrônica do "observador chinês ou africano", para notar que a Revolução Francesa e a Revolução Industrial "ocorreram num lugar ou outro do noroeste da Europa e de seus prolongamentos no exterior, e que não se poderia esperar que ocorressem, com qualquer probabilidade, nessa época em qualquer outra parte do mundo". (Hobsbawn, 1996, p. 2). Ele também associa os dois eventos ao triunfo do capitalismo burguês-liberal. No período em questão, o Brasil ainda possuía uma matriz relativamente diversa desse processo, de modo que se tem aí uma primeira resposta à carência de um pensar crítico do futuro do país, na sua FC: "Os resultados das revoluções americanas foram, grosso modo, os países prosseguindo muito como antes, só que sem o controle político de britânicos, espanhóis e portugueses." (Idem, 1996, p. 54). Aqui, mais ainda, considerando que mantivemos a mesma família monárquica, numa separação com conflito armado relativamente brando, em comparação com países latino-americanos em que monarquia foi cedo substituída pela república. Contudo, ao preparar o argumento de que a Inglaterra em breve perderia para outras nações o monopólio de potência global e de "oficina do mundo", centro da Revolução Industrial, Hobsbawn escreve que os EUA desfrutavam de "duas imensas vantagens: a ausência de quaisquer potências vizinhas ou rivais que pudessem impedir [...] a sua expansão pelo enorme continente até o Pacífico [...] e uma taxa de crescimento extremamente rápida" (*Ibidem*, 1996, p. 54). Uma posição não disputada é apontada por ele como vantagem partilhada pelo Brasil, que, como vimos, "separando-se pacificamente de Portugal, escapou da fragmentação que uma geração de guerra revolucionária trouxe à maior parte da América espanhola; mas sua riqueza de recursos permanece virtualmente inexplorada". (*Ibidem*, 1996, p. 301). Tem-se nessa concepção intuída de uma semelhança que se completará pelo pleno acesso à riqueza de recursos naturais o embrião da ideia posterior do "país do futuro" (de Stefan Zweig) e do "gigante adormecido" — bem viva na atual administração federal e sua aliança com o agronegócio, seu patrocínio do desmatamento e do garimpo, legalização da grilagem e tomada de terras indígenas e quilombolas. No bojo, jaz o mito do "celeiro do mundo", em que persiste a matriz extrativista/mercantilista do Brasil Colônia e uma compreensão positivista, de regularidade observáveis, da história, em que se deseja alcançar o estágio de desenvolvimento das potências europeias e norte-americana trilhando seus estágios anteriores pela destruição de florestas e pela homogeneização racial, mesmo na era da "crise climática", da "indústria 4.0" e da "economia circular". Essa concepção é também placenta perene do patriarcado local, discutido por Gilberto Freyre (1933).

Entre nós, a ficção científica chega em meados do século XIX. Relativamente cedo, considerando que o primeiro jornal brasileiro data de 1808, quando do "transplante de cérebro" representado pela vinda da corte portuguesa ao Rio de Janeiro, trazendo com ela instituições culturais da metrópole a serem refundadas na província. O primeiro texto de FC brasileira que se conhece é de Joaquim Manuel de Macedo, justamente o autor do primeiro romance brasileiro de importância, a obra de costumes *A Moreninha* (1844). Sua FC é o conto "O Fim do Mundo" (1857) — provavelmente inspirado pela narrativa "The Conversation of Eiros and Charmion" (1831) de Edgar Allan Poe, pois ambos propõem o fim do mundo pelo contato com os gases da cauda de um cometa. A ousadia de Macedo, de datar o apocalipse no momento da leitura do conto, é prontamente anulada pelo recurso (próprio do Romantismo) do desfecho que revela que tudo não passou de um sonho. Semelhante a ele, embora em tom mais sombrio, é "Demônios" (1895), de Aluísio de Azevedo, em que, ao final, o autor oferece abertamente ao leitor a sua composição apocalíptica.

O primeiro texto nacional conhecido a ambientar-se no futuro é o conto "A História do Brasil Escrita pelo Dr. Jeremias no Ano de 2862", do advogado e político Joaquim Felício dos Santos. Apareceu em *O Jequitinhonha* de 22 de novembro de 1862, jornal republicano daquela cidade de Minas Gerais (Ximenes, 2021). Lança o narrador mil anos adiante no tempo, quando ele adquire uma história do Brasil em vários volumes de autoria do personagem constante do título. Não apresenta grandes extrapolações neste, excetuando o elogio da eletricidade a se tornar onipresente. No século XXIX, o narrador faz graça e olha para o presente do leitor sem oferecer perspectivas comparativas com o futuro distante e centrando-se na corrupção da política imperial. Santos era a principal pessoa por trás do periódico, e mais tarde retornaria ao mesmo modelo satírico com a novela em folhetim "Páginas da História do Brasil, Escrita no Ano de 2000" (1868 a 1872),[2] chamada por Basílio de Magalhães de "a melhor crítica da monarquia no nosso país", segundo Ferreira (2011:25), que credita a Braulio Tavares o ingresso dessa novela ao campo de interesse da FC. Na segunda parte da narrativa, o Imperador D. Pedro II visita o futuro, viagem da qual ficamos sabendo por recepção mediúnica do seu relato — Santos antecipando aí algo do recurso usado por Jeronymo Monteiro em *3 Meses no Século 81* (1947) e por Dinah Silveira de Queiroz em "Ânima" (1971), ambientados respectivamente em futuros distante e próximo, sendo que no primeiro a transmigração da alma permite a viagem pelo tempo, e no segundo, pelo espaço.

Resgatado em 1994 pela Editora da UFRJ, *O Doutor Benignus* (1874), de Augusto Emilio Zaluar, imagina expedição científica aos sertões brasilei-

2 Rachel Haywood Ferreira (2011, p. 23). Ela analisa a novela de Santos e seu contexto, nas páginas 23-34.

ros e especulações espíritas sobre a pluralidade dos mundos, mas não apresenta suspense e aventura como se esperaria de um livro influenciado por Jules Verne. Um dos destaques da FC nacional no século XIX e muitas vezes resgatado (a mais recente, em 2020), *A Rainha do Ignoto* (1899), de Emília Freitas, apresenta uma interessante tensão entre observação social e aventura de capa e espada, mas sua sociedade secreta de paladinas que, sob o comando de uma líder de várias identidades, libertam escravizados nos rincões e mulheres oprimidas pelo patriarcado, existe no tempo da autora — como ocorre com o livro de Zaluar. Mais imaginativa em termos tecnológicos, a noveleta "Viagens Maravilhosas do Dr. Alpha aos Mundos dos Planetas" (1907), de Oswaldo Silva, registra o emprego de veículos e aparelhos vernianos. Recentemente revelada pelo pesquisador Athos Eichler Cardoso, deve ser a primeira história de viagem espacial brasileira, mas tem a forma de relato redescoberto pelo narrador, isto é, relata eventos do "passado verniano" (o escritor francês esteve em atividade de 1851 até 1905) de um inventor igualmente ignoto.

Outro candidato a primeiro romance futurista brasileiro, *São Paulo no Ano 2000 ou Regeneração Nacional (Crônica da Sociedade Brasileira Futura)* (1909), de Godofredo E. Barnsley, leva o protagonista ao final do século por via de sonho — como em *A Relíquia* (1887), de Eça de Queiroz, cujo herói vai à Palestina nos tempos de Cristo. Deve ser, de qualquer modo, um livro que antecipa o nosso "Ciclo de Panfletos Utópicos" pela postura didática higienista do tratamento do assunto. Segundo Braulio Tavares (2008), "é claramente o livro de um indivíduo culto e que tem idéias [*sic*] muito firmes sobre o que precisaria ser feito para que o mundo fosse um lugar decente de se viver". O pesquisador também observa que pessoas

> com este perfil são os grandes autores de romances utópicos como os que provavelmente serviram de inspiração e modelo a Barnsley: *Looking Backward: 2000-1887* de Edward Bellamy (1888) e *News from Nowhere* (1890) de William Morris. Nestes dois livros, como no de Barnsley, os protagonistas adormecem no presente e acordam no futuro. (Idem, 2008).

O romance do filho de imigrantes confederados Barnsley leva o jovem latinista Jeremias (xará do historiador no conto de Santos) Serapião ao futuro para papear com um seu contemporâneo, o mui conservado médico

Orecnis Oitirc (anagrama de "crítico sincero"), que funciona como guia junto a ele. O diálogo é centrado no trajeto do presente do autor ao futuro de regeneração higienista, educacional e moralizante do país. Assim como o autor, o guia é indivíduo binacional e profissional de saúde (Barnsley foi um dentista destacado e professor, e dedica um irônico capítulo à profissão). Muito do livro saúda o mito do "celeiro do mundo", sublinhando a vocação agrícola do país, a ser explorada cientificamente e com forte cunho anti-oligárquico. Parte do seu diagnóstico dos problemas nacionais soa coerente mais de cem anos depois. Apresenta fotos, diagramas e notas de rodapé que lhe acentuam o caráter didático, mas algumas parábolas chistosas o tornam mais digerível que outra obra didática do mesmo ciclo, a novela de Adalzira Bittencourt, *Sua Excia. a Presidente da República no Ano 2500* (1929), também obviamente ambientado em um Brasil potência, mas após a adoção da eugenia pelo Estado. Ambos imaginam fatores em circulação na época e que hoje chamaríamos "infrapolíticos", como meios de acesso à utopia: a higiene e o saneamento, a mulher liberta dos constrangimentos insalubres da moda e do confinamento doméstico no primeiro; no segundo, eugenia e limpeza étnica, e a mulher como bússola moral da sociedade. A simpatia de Barnsley pela mistura racial — "Aqui não é Estados Unidos nem Europa: não temos hoje mais castas [raciais]" (Barnsley, 1909, p. 54) — como solução contrária à consanguinidade patriarcal contrasta bem com a afirmativa de Bittencourt de que o processo eugenista devolveria os afro-brasileiros à África (Causo, 2003, p. 168). Contudo, Ferreira observa que tal cadinho de raças tem algo de branqueamento. Igualmente, de conformação das etnias a uma composição utilitária do brasileiro, como nos apelos de Sílvio Romero, cujo celebrado e repetido ataque ao indianismo é francamente racialista e utilitário. "As leis de seleção na literatura e no povo brasileiro dão a perceber que a raça que há-de vir a triunfar na luta pela vida, neste país, é a *branca*", escreveu em 1888, em tom darwinista social. "A história o prova; ela nos mostra a inteligência e a atividade mais especialmente residindo no branco puro ou no mestiço; e nunca no índio ou no negro estremes de qualquer mistura." (Romero, 1978, p. 66). Antonio Candido enxerga a sua saudação do mestiço como o tipo essencialmente brasileiro em tons progressistas por, tomando as teorias de racismo científico oferecidas por Arthur de Gobineau mas divergindo delas, dar ângulo otimista a uma experiência brasileira que "elevaria" as outras raças e melhor adaptaria o elemento branco central ao contexto dos trópicos.[3]

Como em *O Reino de Kiato (No País da Verdade)*, novela de Rodolpho Teophilo publicada em 1922 (sem abordar o futuro), o ímpeto didático higienista de Barnsley o leva a elencar os maiores males do Brasil, "a syphilis [*sic*], a thysica [*sic*], o alcoolismo, os casamentos consanguineos [*sic*] e o espartilho" (Barnsely, 1909, p. 94). Teophilo concorda com sífilis e alcoolismo, contribuindo ainda com o fumo. Mais famoso do que todos os demais livros do Ciclo de Panfletos Utópicos, *O Presidente Negro* ou *O Choque das Raças* (1926), do eugenista Monteiro Lobato, imagina, em turbulenta eleição norte-americana de 2228, um trágico conflito racial tratado com leveza, visto pelo "porviroscópio" inventado por um cientista estrangeiro que vive no Rio de Janeiro (mas negligencia a visualização de qualquer futuro do Brasil). Superior, o romance *A Amazônia Misteriosa* (1925), de Gastão Cruls, tem uma viagem no tempo por meio de beberagem alucinógena amazônica... mas para o passado pré-colombiano. Trata-se da primeira aventura de mundo perdido nacional, logo seguida de *A República 3000* ou *A Filha do Inca* (1930), novela de Menotti del Picchia, e do romance *Kalum, o Mistério do Sertão* (1936), também de del Picchia, ambos ambientados na Amazônia. Del Picchia não trata do futuro, mas ao propor que colonos cretenses teriam alcançado o Brasil antes dos portugueses e dominado o território milhares de anos antes, projeta, no primeiro livro, uma visão da evolução da humanidade, como uma sociedade de ciborgues; no segundo, o inverso: a degeneração racial, por dependência tecnológica, de uma dissidência cretense instalada em subterrâneos da selva.

Mais próximo das especulações do futurismo daquela FC americana que trata de inventos capazes de alterar substancialmente a sociedade, está o contista Berilo Neves, que publicou com proficuidade a partir de 1927, com "O Suco de Yajé". (Ximenes, 2021)· Popular no seu tempo, foi um satirista voltado superficialmente ao tema da "guerra dos sexos", repisando o recurso da incubadora que substitui a mulher no papel da reprodução. Em "No Ano 2000", por exemplo, o protagonista viaja, em sonho, de 1927 a 2000, desper-

3 Ver Candido (1978, p. XXI). Vale apontar que a interessante proposta de Gilberto Freyre, de uma ciência da tropicologia, tinha caráter utilitário semelhante, de resto enfraquecido pelos processos de descolonização na segunda metade do século XX.

tando em um Rio de Janeiro higienista, e é informado de que, naquele ano, existe apenas um sexo — razão de estabilidade social no mundo. Na variante "Uma Carta de Amor do Século XX", o ano é 2501 e o útero artificial liberou a mulher para se "masculinizar" (no que Neves talvez tenha antecipado algo dos efeitos sociocomportamentais do anticoncepcional), mas a masculinização livra a mulher dos "vícios" do comportamento feminino, o romantismo entre eles. Seu "Evópolis em Pé de Guerra", sátira às feministas, explicita o conflito entre os sexos na capital da República das Mulheres. Já "Blatóforos Cosmogônicos" (1933), de Abilio C. de Carvalho, leva um atarantado jornalista ao ano 2039, quando as pessoas andam nuas, não consomem alimentos sólidos (como em *3 Meses no Século 81*, de Jeronymo Monteiro) e o sexo feminino é obsoleto — tudo terminando em sonho causado por clorofórmio. Epaminondas Martins, autor do conto "O Extrato da Alma" (1927), fábula metaficcional dedicada a zombar do Movimento Futurista e a inverter as relações de gênero sexual, teria dado a deixa a Neves e outros.[4] Martins descreve seu conto nestes termos: "A acção se desenrolava no anno de... 3.001, num ambiente phantástico", onde o leitor se depara "com uma civilização estapafurdia em que haviam triumphado as varias utopias sociaes e estheticas que agitam a nossa época e o protagonista não passava naquelle meio extranho de mera curiosidade anthropologica."[5] E logo, veladamente, acusa Neves e o jovem Fernando Castro (autor do conto "No Anno de 2.028") de plagiá-lo. Mas o seu texto é resposta, com empréstimos diretos, a um outro, "O País que Ninguém Sonhou" (1925), de Gomes Netto, sátira dos argumentos evolucionistas darwinianos, ambientada em 2125. Eis aí o possível gatilho de um ciclo de histórias futuristas e jocosas, e a precoce (e talvez hipócrita) crítica do caráter repetitivo das suas especulações.[6]

Outro autor muito popular, escolhido Intelectual do Ano em 1963, Afonso Schmidt publicou em 1928 o conto "O Homem Silencioso", no qual

4 Martins, Epaminondas. "O Extrato da Alma". "Suplemento" *Correio da Manhã* de 24 de abril de 1927. Disponível em http://memoria.bn.br/docreader/DocReader.aspx?bib=089842_03&pagfis=30506.

5 Martins, Epaminondas. "...E Nosso Será o Reino dos Céos". *O Malho* de 23 de agosto de 1930. Disponível em http://memoria.bn.br/docreader/DocReader.aspx?bib=116300&pagfis=74224.

6 Martins também dedicaria um livro curto à FC, *O Outro Mundo* (1934), com duas narrativas, uma novela que reaproveita narrativas anteriores, e um conto, tudo sem demonstrar grande evolução. No mesmo ano, Gomes Netto publicou a coletânea *Novelas Phantasticas*.

a revolução tecnológica dos robôs (emprega os termos "autômato", "*robot*" e "androide") gera uma corrida armamentista de substituição dos soldados por autômatos — e com a venda do excedente militar, desemprego em massa e conflitos entre as nações. Uma especulação mais distante do chiste e mais ciente da luta de classes. Schmidt foi um jornalista e militante anarquista e da causa operária, aqui preocupado com o futuro do trabalho. O conto teria inspirado Schmidt a escrever a sua novela clássica, "Zanzalá" (1936), que guarda traços das situações inconsequentes dos contos "leves" do período, e à qual retornaremos mais adiante. Por ora, basta dizer que, pelo fim da década de 1930, o "Ciclo de Contos de Chiste e Sátira" possivelmente iniciado com o conto de Gomes Netto ou algum texto anterior, começava a minguar.[7]

Publicado em 1947, *3 Meses no Século 81* é um romance mais qualificado sobre o futuro, com uma estrutura clara, um caráter moralizante menos subordinado, e ancorado em uma FC mais sólida e influente — a do inglês H. G. Wells. Médiuns arremessam o espírito do jornalista Campos ao futuro distante, para uma sociedade totalmente arregimentada, com divisões de trabalho de proporções continentais. Ocupando o corpo de um importante industrial (vítima de acidente), fabricante de armas contra Marte, o herói toma partido dos marcianos agredidos, alia-se a um grupo de resistência e lidera a guerra final contra a sociedade futura. Enquanto as obras de Santos e Barnsley são passeios turísticos ao futuro, e as de Lobato e Erico Verissimo (*Viagem a Aurora do Mundo*; 1939) sobre visores temporais permitem apenas o testemunho da história, em Monteiro o herói alcança o futuro pelos "poderes espirituais" do brasileiro (na falta de tecnologia), e uma vez lá, *age*. De origem trabalhadora e entusiasta da FC, o também jornalista Monteiro não tinha problema em ver a tecnologia fora dos salões da burguesia, ao contrário de Lobato e Verissimo. O seu futuro detestável é o do império da desumanização da sociedade em um coletivismo difuso e carente da vontade individual de poder (ponto central da FC anglo-americana), como diria Adam Roberts em *A Verdadeira História da Ficção Científica* (2018, p. 256-257).

No romance, Monteiro expressa a sua assimilação dos valores da ficção *pulp*, formada nas páginas das *pulp magazines* americanas das décadas de

7 Cerca de trinta narrativas desse tipo foram identificadas (a partir de levantamentos de Ximenes e outros, como o pesquisador-fã Ruby Felisbino Medeiros) até o momento, escritas por Fernando Castro, Epaminondas Martins, Gomes Netto, Berilo Neves e Afonso Schmidt.

1920 e 1930, nos *fascicules* franceses, e nos *dime novels* americanos e *penny dreadfulls* ingleses de uma geração antes. Em 1937, havia criado o primeiro herói *pulp* da FC nacional, no programa "*As Aventuras de Dick Peter* [...] um seriado radiofônico com o patrocínio do Café Jardim [...] em episódios semanais com transmissões, primeiramente pela Rádio Difusora". O seriado foi então para a "Rádio Tupi (1938), ligada aos Diários Associados, em São Paulo, mantendo com sucesso, durante três anos". (Alexandre, 2015). Logo no ano seguinte, chegaria às livrarias como expansões dos episódios, em 15 volumes assinados pelo pseudônimo "Ronnie Wells" e posteriormente republicados em 1947 — nesse ano, também virou histórias em quadrinhos desenhadas por "Abílio Corrêa no jornal *Diário da Noite*", e em revista própria em 1952, com arte do famoso Jayme Cortez. (Idem, 2015).

Outros autores, antes e depois, teriam o mesmo registro *pulp* de ênfase na "ação, romanesco, o heroísmo, sucesso, *milleaux* exótico, aventuras fantásticas [...] e quase invariavelmente com um final positivo", conforme *The Encyclopedia of Science Fiction* (Terceira Edição, *online*), que também assinala: "Boa cadência narrativa, de modo algum uma qualidade negligenciável, era regularmente encontrada nos *pulps*, assim como as virtudes do colorido, inventividade, claridade de imagem e ocasional observação aguda [...]."[8] Outro caso nacional é Hamilcar de Garcia, cujo *O Rei do Mundo Perdido* (1944) é exemplar, constituindo ainda a primeira obra localizada de romance *fix-up* (reunião de narrativas autônomas que, lidas juntas em um mesmo volume, funcionam como um romance) brasileiro de FC e aventura. Garcia havia trabalhado como tradutor para a revista de emoção *A Novela* (1936-1939).[9] Outro exemplo é *A Destruição do Mundo* (1955?), romance curto de Vero de Lima ambientado nos Estados Unidos em futuro próximo, escrito originalmente em 1936. A primeira parte apareceu como uma novela, no jornal *A Época*, sob o pseudônimo de "J. Allan Patrick". O protagonista é o jovem herdeiro milionário Richard Write, que, depois de voltar da guerra, abandona a *vida loca* e resolve empregar seu capital e interesse científico para o avanço da humanidade. O arrazoado científico é confuso: a princípio, fala-se de que o segredo da "de-

8 "Pulp". *The Encyclopedia of Science Fiction*, Third Edition. http://www.sf-encyclopedia.com/entry/pulp.

9 Para mais sobre as revistas de emoção/*pulp magazines*, veja o artigo emblemático de Athos Eichler Cardoso (2009) e Causo (2014).

sintegração nuclear" trará uma revolução à humanidade. Mais tarde, fala-se de um "raio condutor" e de uma placa com propriedades energéticas empregável tanto como arma quanto como fertilizante. Depois que suas intenções vazam para a imprensa, Write é convidado a falar em um evento da elite novaiorquina, na sede da Liga Anti-Guerreira, mas seu discurso evita o comentário científico, assumindo retórica pacifista e moralizante. A história, que nada trata do Brasil, antecipa algo do período seguinte, a Primeira Onda da FC Brasileira (1957-1972), já que a narrativa termina num apocalipse nuclear —fim muito efetivo da ideia do processo histórico, embora ainda possa haver futuro sob a forma de uma existência no "pós-holocausto".

Sente-se em Vero de Lima (que se tornaria editor da revista *Fantastic* em 1956) as tensões da guerra fria, tônica da Primeira Onda em narrativas de futuro próximo como a noveleta "Estação Espacial Alfa" (1960), de Monteiro, em que os tripulantes de uma estação orbital testemunham a guerra nuclear, ou como o notável conto de Levy Menezes, "O Último Artilheiro" (1965), ambientado já no pós-apocalipse. Certamente, representar a guerra termonuclear global, destino escatológico da humanidade toda, prescinde de enfocar o Brasil — algo que, dentro do tema do pós-holocausto, seria feito com propriedade e algum fôlego com a novela do franco-brasileiro Daniel Fresnot, *A Terceira Expedição* (1987), que adota nossa geografia, tipos humanos e modo de narrar. Nesse mesmo período, o conto de Domingos Carvalho da Silva, "Sociedade Secreta" (1966), antecipa o que seria a representação do futuro brasileiro na década seguinte: narrativa distópica, em que as dissidências são acomodadas por uma viagem temporal que joga um líder revolucionário, capturado pelo regime, ao passado rural e bruto de um Brasil mais simples e alegre, superado pela arregimentação social. O exílio é mais do que bem-vindo pelo protagonista, que reconhece ali uma existência mais humana — argumento de fundo de muito do que seria a nossa FC da década de 1970, no Ciclo de Utopias e Distopias (1972 a 1982), de rejeição do processo modernizador autoritário do regime militar e tecnocracia adjunta, segundo a interpretação de M. Elizabeth Ginway no seu influente *Ficção Científica Brasileira: Mitos Culturais e Nacionalidade no País do Futuro* (2004). Ginway assinala no conto "A Espingarda" (1966), de André Carneiro — em que o encontro de dois brasileiros no pós-apocalipse redunda em confronto armado, espelhando as dualidades "norte/sul, tecnologia/destruição, cooperação/competição e civilização/caos" (Ginway, 2005, p. 90) — , a trágica persistência dos ressentimentos entre Norte-Nordeste e Sul-Sudeste. Outro texto da Primeira Onda a antecipar tendências trazidas pela ditadura já instalada é o conto "O Olho Mágico" (1968), de Wladyr Nader, narrativa kafkiana ambientada em futuro indefinido, sob o tacão de um regime que se autointitula "o Poderio".

O Ciclo de Utopias e Distopias foi dominado pela perspectiva dupla de arregimentação social e catástrofe nuclear ou ambiental. Assim como no esquema de "A História do Brasil Escrita pelo Dr. Jeremias no Ano de 2862", a novela *Depois do Juízo Final* (1983), de Silveira Júnior, olha do futuro para o presente de modo didático (durante aula de História), para compreender os processos que conduziram ao desastre. Por outro lado, como em "Sociedade Secreta", a novela *Adaptação do Funcionário Ruam* (1975), de Mauro Chaves, faz o seu protagonista viajar do futuro distópico militarizado para o presente do autor, onde ele, ao contrário do conto de Carvalho da Silva, acaba se confrontando com as raízes massificantes e desumanizadoras do Brasil futuro. Repleto de recursos formais remetentes ao modernismo, o livro de Chaves meio que codifica muito da literatura *pop* brasuca da década de 1970, e como ela manipulou a FC distópica. Uma das melhores utopias/distopias do período, também publicada na Suécia, *Piscina Livre* (1980), de André Carneiro, é ambientada em um futuro indefinido, para além da história, acessível apenas por meio de uma forma de psicodrama — como se o passado tivesse se tornado um traço do inconsciente de um ser humano que, pelo sexo livre e a tutela do Computador Central, transcendeu a condição humana como a conhecemos. O futuro de *Não Verás País Nenhum* (1981), de Ignácio de Loyola Brandão, é próximo e definido, focado no Brasil mas de tom absurdista. Neste que é o mais lembrado romance do ciclo, o quadro pintado, por baixo do cobertor alegórico, é o de um Brasil sob crise climática, desertificado, a água reciclada de urina, com estados da federação terceirizados a outros países, retirantes condenados a cozinharem nas periferias de São Paulo, e um ufanismo fora de lugar. A partir dele, a imagem futura da Amazônia transformada em deserto passou a ser variante nacional do ícone da terra devastada na ficção científica, aparecendo em *A Porta de Chifre* (1986), de Herberto Sales, e no premiado *Os Filhos do Rio* (1994), de Paulo Condini.

Apesar da tônica distópica, o período entre 1972 e 1982 registra a sobrevivência de autores da Primeira Onda (além de Carneiro, Fausto Cunha, Rubens Teixeira Scavone, Zora Seljan e Dinah Silveira de Queiroz) e autores novos dedicados à uma FC *hard* (exploradora das ciências da astronomia, astronáutica, física e química) mais otimista. Gerald C. Izaguirre foi o principal representante dessa corrente dominante nos EUA, com os seus romances *Espaço sem Tempo* (1977) e *Fenda no Tempo* (1980). Mas é *O Terceiro Milênio: Um Sonho no Espaço*, de José Maria Doménech T., o caso mais peculiar, já que o conteúdo e o projeto editorial — que incluiu duas edições em 1972, uma delas ilustrada e a outra pela Editora Vozes, conhecida pela sua linha de sociologia, uma adaptação em quadrinhos pela EBAL, e publicação nos Estados Unidos e em Portugal (1975)[10] — traduziam o desejo desse autor catalão radicado no Brasil de se alinhar ao futurismo de Isaac Asimov, Arthur C. Clarke (autores de FC citados por ele na introdução) e Alvin Toffler (a chamada da capa, "perspectiva de ficção científica para receber sem trauma o violento impacto do futuro", inspira-se no conceito de Toffler do "choque do futuro"). A ambição é temperada por declarações como esta, no prefácio do livro: "Este livro não é um tratado de futurologia e também não deve ser consultado como monitor científico, muito embora o que nele se descreve possa vir a acontecer em futuro mais ou menos próximo [...]." (Doménech T., 1972, p. 13). Ao contrário da crítica à ciência embutida nas distopias inimigas da tecnocracia e do regime militar de então, o romance se alinha com a postura redentora de Asimov e Clarke, ao declarar que, na "era supertecnológica que se aproxima em que todos os poderes" serão outorgados à humanidade, "inclusive o do controle remoto de sua própria genética, galgar os últimos degraus que a separam ainda da plenitude total e da suprema felicidade, abolindo definitivamente da face da Terra a miséria, a ignorância, a doença e a maldade [...]." (Idem, 1972, p. 14). Pesado em seu pendor ensaístico, este que é um sério candidato a primeiro romance brasileiro de FC *hard* apresenta personagens e situações apenas no capítulo XVII (p. 63), e a primeira linha de diálogo no capítulo XXXII (p. 104). Propõe uma expedição extra-solar a vários planetas candidatos a colônia humana, mas a dilatação temporal faz com que a tripulação retorne após uma avassa-

10 Publicado nesse país como *O Ano 3000*, pela editora Círculo de Leitura.

ladora guerra nuclear, *leitmotif* herdado da Primeira Onda mas também na ordem do dia do novo momento. O interesse da solução do autor está no retorno da tripulação levando-a a uma humanidade reformulada como sociedade de bem-estar e deleite. Por outro lado, se no ciclo chistoso de contos de FC do início do século XX o recurso do "foi tudo um sonho" protege o autor da pecha de visionário louco, em *O Terceiro Milênio* (toda a exploração da guerra nuclear era um sonho do comandante da expedição extra-solar) ele mina o autor justamente da convicção do futurista.

Há pouco de Brasil no livro, e a ausência de um material subsequente pelo autor (o livro seria o primeiro de uma série) sugere que o seu projeto de assumir o manto de Asimov, Clarke e Toffler entre nós não progrediu. Mas seu vasto conhecimento científico-tecnológico e a propensão hedonista expressa nos capítulos finais encontram eco na figura de Jorge Luiz Calife, adepto da FC *hard*, autor de romances marcantes como *Padrões de Contato* (1985) e *Horizonte de Eventos* (1986), mais imaginativos do que a mera dimensão futurista e com um quê brasileiro, carioca, Bossa Nova na proposição de uma sociedade espacial livre, amigável e harmoniosa. Henrique Flory, outro autor de FC *hard* do período (1982 a 2015), tem postura mais pessimista, centrada no futuro próximo e seus desenvolvimentos tecnológicos, abordando o Brasil mais particularmente na noveleta de guerra futura entre Brasil e Argentina, "A Pedra que Canta" (1991). Essencialmente ambientado no futuro do Brasil, o tupinipunk (cyberpunk tupiniquim) iniciado com *Silicone XXI* (1985), de Alfredo Sirkis, retoma um teor jocoso, agora em cores modernistas/antropofágicas, sem se esquivar de estereótipos raciais, sexuais e culturais, bastante diverso do cyberpunk americano e a sua tendência futurista tanto em textura quanto em temática. Pode-se dizer, porém, que o romance de Sirkis foi politicamente antecipativo da encruzilhada nacional que vivemos no presente, entre a democracia representativa em crise e o saudosismo autoritário, como o *booktuber* Davenir Viganon notou recentemente[11] — ambienta-se no Brasil de 2019, com um ex-militar aloprado, homofóbico e *serial killer* articulando um grave atentado terrorista com substâncias radioativas. Entrando na vigência da Terceira Onda (2004 ao presente), na

11 Ver Davenir Viganon em *Diário de Anarres #59: Silicone XXI*. Disponível em https://www.youtube.com/watch?v=Z1xr3IO_xks

novela *Os Dias da Peste* (2009), de Fábio Fernandes, o futuro muito próximo reserva o advento da singularidade tecnológica, com uma consciência cibernética surgida da internet. O seu Brasil futuro não tem mais elementos especulativos que o diferenciem do presente.

A cultura de um país se expressa nos procedimentos da sua sociedade, que por sua vez se organiza como Estado. Não há Estado sem um regime de governo, sem política formal, e nesse sentido, o escritor escocês de FC Ken MacLeod lembra:

> A política [...] ocupa duas áreas dentro da FC distinta da utopia ou distopia: em histórias que levam em conta, ou têm como seu tema, o processo político em si; e em histórias em cuja ambientação ou enredo as consequências de uma filosofia política particular são examinadas. Na FC a primeira é menos comum. A política, como uma das artes práticas — de coalizão e comprometimento, conflito e coerção — requer um estado mental e conjunto de prioridades diferente daquele da maioria dos leitores e escritores de FC, cujos modos característicos de pensar são econômicos, técnicos e científicos. (MacLeod, 2003, p. 230).

Marcello Simão Branco lembra, no ensaio "Afinidades Eletivas entre Ficção Científica e Política" (2011), que, talvez a par com nossa primeira observação da dificuldade de se imaginar o futuro do Brasil, na "FC brasileira, aquelas 'afinidades eletivas' referidas no título são menos constantes". Entre as razões possíveis, a "intermitência histórica com que o gênero foi praticado e pelos efeitos que os próprios eventos políticos do país provocaram, marcados por ciclos de regimes autoritários e outros mais democráticos". (Branco, 2011, p. 23). Historicamente, nossa política é inconstante, e com isso, o Estado e seus processos. É compreensível, portanto, que a cultura se volte à sua primeira dimensão, centrando-se na sociedade e, frequentemente, retornando às tradições em momento de transformação aguda. Durante a revolução do Modernismo Brasileiro, o ciclo de contos chistosos de FC satiriza a nova mulher, a nova cidade, as novas utopias, e se refugia na fábula moralizante risonha e no pensamento católico. Antes da República de Vargas, a FC nacional ansiava por um homem forte que realizasse a utopia moral (e não técnica) da eugenia. Durante o empenho modernizador da ditadura militar, mesmo as distopias que o condenavam focavam-se em reprodução e família — preocupação também do regime e seus censores — e até um filme-protesto como *Manhã Cinzenta* (1969), de Olney Alberto São Paulo, com um robô torturador simbolizando a força desumanizadora da ditadura, incorpora um discurso sobre família e filhos na voz de um líder subversivo (Suppia; Causo, 2018, p. 386-387). No meu próprio tempo de vida, o país passou pela ditadura, pela patinante redemocratização sob processo hiperinflacionário, pelo primeiro *impeachment*, pela estabilização da moeda e guinada neoliberal, pelo "país inviável" do segundo mandato de Fernando Henrique Cardoso (o responsável pela estabilização), pela nação emergente parte do BRICS e de fome zero e pleno emprego do Governo Lula, pelo seu mensalão/petrolão, pela crise fiscal e o segundo *impeachment*, e pela nova direita autoritária e necropolítica com desempenho trágico, desumano, na pandemia da covid-19... O Brasil não é para iniciantes — nem para a nossa sempre neófita ficção científica.

Ainda assim, Branco assinala alguns romances que abordaram a política nacional, no futuro próximo: *Rega-Bofes na Ilha Fiscal* (1994), de Xavier de Oliveira, e *Admirável Brasil Novo* (2001), de Ruy Tapioca, ambos de cunho satírico. No primeiro, um plebiscito realizado em 1997 determina a futura forma de governo: "a monarquia vence e o texto discute a sua implantação e de como, pouco a pouco, os mesmos vícios clientelistas e corruptos se mantêm no Brasil." (Branco, 2011:31). O segundo se passa cinquenta anos no futuro: "o regime, bem ou mal, é democrático, ainda que liderado por um evangélico [como se tem hoje] rodeado de costumes políticos em nada diferentes do que havia na época em que o livro foi escrito [...]." (Idem, 2011, p. 32). Ou seja, tanto como sátiras quanto em seu aspecto pouco imaginativo, expressam a tendência nacional à conciliação e à persistência das estruturas de poder presentes na própria origem do Brasil como país independente. Uma alternativa possível a essa intuição de imutabilidade está no pequeno conjunto de narrativas nacionais simpáticas ao anarquismo, começando com a mencionada "Zanzalá", de Afonso Schmidt, e prosseguindo com a novela de história alternativa escrita por José J. Veiga, *A Casca da Serpente* (1990), com o romance de Mário Kupermann, *Labirinto Digital* (2004), e a novela juvenil de Domingos Pellegrini, *Não Somos Humanos* (2005).

Ken MacLeod (2003, p. 268) define a anarquia como "extremismo de pluralismos", e a toma principalmente pelo anarcocapitalismo explorado pelo cyberpunk e pela tendência ultraliberal (econômica) da FC americana, especialmente em sua associação com a Internet. A experiência brasileira, ao contrário e conforme expressa no conjunto de narrativas listadas acima, é de resistência e de renúncia ao pior do capitalismo e do autoritarismo. Em "Zanzalá", ela incorpora ainda uma qualidade francamente utópica. Em formato rapsódico, a novela localiza a sua utopia de vida livre em contato com a natureza num vale de Cubatão-SP — cidade natal do autor, e infame na década de 1980 justamente pelo oposto: lar de um polo petroquímico, foi declarada pela ONU a cidade mais poluída do mundo,[12] situação subsequentemente revertida. A novela começa com um casal chegando à localidade para trabalhar, armando sua barraca em área pré-estabelecida, vestindo maiôs higiênicos e participando de uma vida comunitária de atividades artísticas. A mulher tem uma doença misteriosa e o casal se dedica a procurar ajuda, percorrendo práticas místico-religiosas desse futuro sincrético. Alguns episódios caracterizam a vida simples, distante da arregimentação e da máquina, até o ápice em que o lugar é invadido por forças imperialistas estrangeiras não identificadas (provavelmente europeias), exceto pela alcunha local de "caborés" (palavra de origem tupi, termo pejorativo para "homem feio" ou "homem do mato"). Esses homens trazem com eles um símbolo de atraso civilizatório desconhecido pelos cidadãos desse Brasil futuro: a guerra. Com a narrativa assumindo cores absurdistas, a resposta dos cidadãos é acorrerem inocentemente ao local para testemunhar o anacronismo. Os caborés se cansam de matá-los e acabam capitulando. O castigo é serem reeducados pelas famílias locais — e terem cabelos e barbas cortados depois de forçados a tomar banho. Embora algo do terror da guerra seja explorado por Schmidt, o seu recurso ao bizarro evita qualquer cunho heroico ou significância maior da guerra, do imperialismo ou do militarismo. Mais importante, aquilo que ele opõe a esses fatores — a vida simples e sossegada, o amor pela natureza e pelas artes que a representam, uma civilização despretensiosa e sociedade harmônica e cordial — plasma exemplarmente aquilo que tenho chamado de sonho brasileiro, emanado dos nossos conceitos de cordialidade, da formação mestiça e da aceitação do imigrante. Essa aceitação já foi branqueadora, mas agora reverte a perspectiva com o crescente número de brasileiros

12 Veja https://pt.wikipedia.org/wiki/Cubat%C3%A3o.

oriundos de Angola, Bolívia, Haiti e Nigéria. O sonho brasileiro é o de uma sociedade aberta, em que pessoas vindas de qualquer lugar do mundo podem se reinventar como brasileiros, em uma sociedade de vida plena, sossegada, despretensiosa, livre de divisões e em contato com uma natureza bela e exuberante. Uma das utilidades do conceito é a sua oposição crítica ao "sonho americano" — definido como o de uma sociedade rica, em que pessoas vindas de qualquer lugar do mundo podem se reinventar como americanos, reorientando etnia ou gênero na busca de fama e fortuna, em uma sociedade de vida plena pelo acesso a recursos financeiros. A comparação parece urgente, considerando o quanto uma ideologia neoliberal destituída de qualquer retórica cortês e reimportada dos EUA pela atual onda da "nova direita" parece ameaçar conquistas sociais, constitucionais e culturais do Brasil. Eduardo Giannetti, em *Trópicos Utópicos: Uma Perspectiva Brasileira da Crise Civilizatória* (2016), define o que eu chamo de "sonho brasileiro" como "utopia brasileira":

> Do que nos fala a utopia de um Brasil que nos faz acreditar que podemos ser mais [...] que coadjuvantes servis de um mundo caduco ou material etnográfico para a diversão de turistas e antropólogos? Ela nos fala de um ideal de vida assentado na tranquilidade de ser o que se é. Ela nos fala da existência natural do que é belo, da busca da perfeição pela depuração de tudo que afasta do essencial. Ela nos fala de outro Brasil, nem mais verdadeiro nem mais falso que o existente — apenas reconciliado consigo próprio. De um Brasil altivo e aberto ao mundo, enfim curado da doença infanto-colonial do progressismo macaqueador e seu avesso — o nacionalismo tatu. De um Brasil em que a democracia racial deixou de ser mito a encobrir para fazer-se forma de vida a revelar. De um Brasil que trabalha (o suficiente), mas nem por isso deixa de transpirar *joie de vivre* e libido por todos os poros. De um Brasil capaz de apurar a forma da convivência sem perder o fogo dos afetos. [...] (Giannetti, 2016, p. 172).

Um "sonho brasileiro", assim como um "sonho americano", não é um ideal cego a ser perseguido, mas expressão de desejos motivadores que sobrevivem ao passar dos anos e que servem igualmente como denúncia, pelo *fracasso* da sociedade em realizá-lo. Em vasto exercício de erudição clássica, medieval e renascentista, *Visão do Paraíso: Os Motivos Edênicos no Descobrimento e Colonização do Brasil* (1958), Sérgio Buarque de Holanda realiza uma sutil "demitificação", tentando demonstrar "como os descobridores, povoadores, aventureiros, o que muitas vezes vêm buscar, e não raro acabam encontrando nas ilhas e terra firme do Mar Oceano, é uma espécie de cenário ideal, feito de suas experiências, mitologias ou nostalgias ancestrais". (Holanda, 2000:383). Do conjunto de lendas que vêm da antiguidade clássica e da mitologia bíblica medieval, compondo tal cenário ideal, teríamos tanto o mito da "visão singela e tranqüila da América portuguesa" quanto o mito da natureza que se entrega à exploração:

> Teremos também os nossos eldorados. Os das minas, certamente, mas ainda o do açúcar, o do tabaco, de tantos outros gêneros agrícolas, que se tiram da terra fértil, enquanto fértil, como o ouro se extrai, até esgotar-se, do cascalho, sem retribuição de benefícios. A procissão dos milagres há de continuar assim através de todo o período colonial, e não a interromperá a independência, sequer, ou a República. (Idem, 2000, p. 403).

Tal oposição é, grosso modo, entre o embrião do "sonho brasileiro" (ou utopia brasileira, em Giannetti) e o contínuo mito neomercantilista do "celeiro do mundo", reencarnado no discurso do *agrobusiness* corruptor e triunfalista de que o "agro é pop, agro é tudo". Em *Myth* (1997), o especialista Laurence Coupe resiste à noção de demitificação, citando Marina Warner: "Todo contar de um mito é parte desse mito; não há uma *Ur*-versão, nenhum protótipo autêntico, nenhum relato verdadeiro."[13] Isto é, explicitar as raízes de um mito não o desfaz, nem exclui as suas encarnações mais recentes. Investigá-las pode ser tão importante quanto a busca por vislumbres da formação do brasileiro (objetivo subjacente de Holanda). Robert Scholes, teórico estruturalista americano importante para os estudos de ficção científica, lembra que para "Levi-Strauss e outros críticos estruturalistas, o mito fornece uma reconciliação em forma ficcional de oposições culturais dolorosas demais para serem consideradas racionalmente". (Scholes, 1980:viiii). Portanto tem-se aí, na oposição proposta, o dilema do que se deseja para o Brasil.

O empenho de sociólogos brasileiros como Freyre, Buarque de Holanda, Caio Prado Júnior, Oliveira Vianna, Paulo Prado e Darcy Ribeiro

13 Walter, Marina. *Managing Monsters: Six Myths of Our Times.* Londres: Vintage, 1994, p. 8. CF. COUPE, Laurence. *Myth.* Londres/Nova York: Routledge, The New Critical Idiom, 1997, p. 189.

em compreender as raízes do Brasil, de modo a construir uma identidade brasileira, é refigurada pela perspectiva do sociólogo italiano Domenico de Masi como o ponto de partida de uma *teleologia* — mais do que identidade nacional a partir do conceito talvez limitado de "etnia brasileira", há no seu argumento o vislumbre de um *ponto de chegada*, destinação de impulso utópico a ser definido igualmente por uma intelectualidade brasileira atual, e que possa se configurar em uma contribuição para o conturbado mundo que se apresenta agora: "não há progresso sem felicidade", escreveu, "e o mundo não é feliz porque oscila entre desorientação e medo, afastando-se cada vez mais da miragem das revoluções burguesas e proletárias que explodiram em nome de igualdade, equidade e solidariedade". (De Masi, 2014, p. 17). Seus argumentos estão em *O Futuro Chegou* (2014), estudo de quinze modelos civilizatórios em chave tão diacrônica quanto sincrônica, partindo do humanismo espiritual indiano, passando pelos modelos chinês, japonês, hebraico, católico, muçulmano, protestante, iluminista, liberal, industrial capitalista, industrial socialista, industrial comunista, pós-industrial e brasileiro. Fechar com o Brasil não é fato insignificante. Para ele, o país cultivou, mesmo em séculos e décadas de subordinação aos modelos europeu e norte-americano, "seu próprio caráter, feito [...] de miscigenação, sincretismo, alegria, sensualidade, simpatia, acolhimento, solidariedade, esperança e beleza", construindo, sem ostentação ou advocacia, "um modelo de extraordinária vitalidade", sendo que a "civilização que o Brasil criou para si mesmo a partir de sua natureza generosa e de sua história dolorosa, agora espera para ser oferecida ao resto do mundo, que dela necessita". (Idem, 2014, p. 619). Não apenas identifica no modo de vida brasileiro a maior aproximação do conceito de "ócio criativo", harmonizando trabalho e existência pessoal e coletiva que antagonizam eficiência e arregimentação, como vê positivamente nossa história de conciliação e ausência de grandes conflitos armados — entre "todos os países do mundo, talvez o mais preparado para essas formas de conflito pós-industrial [seja o Brasil]", escreveu. (*Ibidem*, 2014, p. 728).

Interessantemente, no processo teleológico brasileiro identificado por ele, o ponto alfa desse impulso utópico é o substrato indígena. Enquanto Sílvio Romero e seus glosadores viam nesse elemento o componente derrotado, primitivo, destinado a desaparecer sem contribuição significativa, De Masi vê nos indígenas precursores e agentes do ócio criativo e fonte do que temos a oferecer: "A pré-história, que na Europa e no vizinho Oriente terminou há 5 mil anos", disse, "no Brasil durou até o século XVI; em muitas tribos indígenas ainda perdura. Quanto mais perdura a pré-história, mais perdura a doçura [...]." (*Ibidem*, 2014:647). E ainda: "a história dos brasileiros é longuíssima [e] funda suas raízes nas míticas civilizações tupi e tapuia, e [...] exatamente dessas raízes provém a sua melhor parte." (*Ibidem*, 2014, p. 673). O substrato indígena comporia um inconsciente leve e doce, em conflito com um superego agressivo de origem europeia e norte-americana. O psicanalista junguiano Roberto Gambini concorda, formulando deste modo a teleologia brasileira, em *Espelho Índio: A Formação da Alma Brasileira* (2000):

> A questão da identidade brasileira, fundamental para uma compreensão correta de nosso papel no presente visando a construção do futuro, deve ser colocada a partir de sua verdadeira origem, ou seja, o reconhecimento da existência de uma *alma ancestral* do Brasil [...] tudo aquilo que foi perdido no processo civilizatório que se instalou em nossa terra a partir do contato com o europeu. (Gambini, 2000, p. 19).

Para Gambini, a psique brasileira é cindida. Recalcado e aniquilado, o componente indígena deveria ser alvo de um "trabalho de reparação e resgate, de reintegração, de superação da condição dissociada" (Idem, 2000:25) da psique brasileira. A lição de obras como "Zanzalá" é a de que é possível evocar essa desejada teleologia enfocando o futuro de um modo mais mítico-maravilhoso, do que propriamente futurista. Daí a centralidade que essa obra inquietante de Schmidt deveria ocupar na nossa ficção científica, que também deveria escolher o sonho brasileiro, sobre o mito do celeiro do mundo, como chave para a grandeza nacional. Vale lembrar que a FC americana também possui a sua teleologia — na figura do "futuro de consenso", que, segundo o autor e crítico James Gunn, assumiu a forma de uma

> história do futuro [que] abarca a conquista do espaço pelo homem e sua colonização da Lua e dos planetas, sua luta para alcançar as estrelas mais próximas, seguida pela ascensão e queda do império galáctico humano, um período medieval, e a redescoberta da galáxia humana e da variedade de formas e sociedades humanas nas quais se desenvolvera a humanidade.

> O consenso existia na convicção não de que o homem necessariamente iria alcançar os planetas e as estrelas, mas de que ele deveria, e qualquer coisa que o afastasse desse objetivo era ruim não só em si mas porque seria uma frustração do destino do homem [...]. (Gunn, 1998, p. XIV-XV).

Parte do momento fundador dos EUA no século XIX, a realização do seu "destino manifesto", cultural e racialista, de um domínio da cultura europeia sob o território antes indígena, de costa a costa. O impulso imperialista está bem caracterizado no esquema de Gunn (especialmente adequado ao subgênero da *space opera*), embora a figura do império galáctico provavelmente reflita mais as inquietações do país depois de se tornar um superestado, na II Guerra Mundial. A derrocada ou expansão do império galáctico levaria, por sua vez, a um retorno à existência comunitária perdida com o advento do superestado: "Um tropo dialético da FC é a noção da expansão imperial como veículo de escape", MacLeod observou. "[S]e o império começa estendendo o alcance da opressão, ele termina por solapá-la." (MacLeod, 2003, p. 236). Daí, inclusive, a adoção tão frequente da *space opera* pelo "libertarianismo" americano. "Se liberdade é o motor do progresso, conforme o liberalismo e com ele a maior parte da FC afirmam", MacLeod faz a ressalva, "parece surgir a possibilidade de se escapar completamente do reino do político, por meio de uma autonomia individual ou comunal facultada pela distância interestelar ou pela autossuficiência tecnológica". (Idem, 2003, p. 237).

Se a dominante ficção científica americana configurou os seus próprios mitos e expressa o seu desejo teleológico, da nossa FC se espera que faça o mesmo com os mitos locais e construa a teleologia do que deseja para a sua civilização. Mesmo que em oposição à matriz anglo-americana. Afinal, como De Masi propõe, o que o Brasil pode oferecer ao mundo conturbado seria menos alinhamento e imitação, e mais uma alternativa justamente à onipresença do modelo neoliberal.

Referências

ALEXANDRE, Silvio. "As aventuras de Dick Peter". In: *Jeronymo Monteiro*, 8 de dezembro de 2015. https://jeronymomonteiro.wordpress.com/2015/12/08/as-aventuras-de-dick-peter.

ALKON, Paul K. *Origins of futuristic Fiction*. Atenas/Londres: The University of Georgia Press, 1987.

ARISTÓTELES. Rhetoric. In *Aristotle: rhetoric and poetic*. Nova York: Modern Library, 1954.

ASIMOV, Isaac. "Viagens Extraordinárias". In: *No mundo da Ficção Científica*. Rio de Janeiro: Francisco Alves, 1984.

ASIMOV, Isaac. "O Universo Pré-Científico". In: *No mundo da Ficção Científica*. Rio de Janeiro: Francisco Alves, 1984.

BARNSLEY, Godofredo E. *São Paulo no anno 2000 ou Regeneração Nacional (Chronicas da Sociedade Brasileira Futura)*. São Paulo: Typographia Brazi de Rothschild, 1909.

BRANCO, Marcello Simão. "Afinidades Eletivas entre Ficção Científica e Política". In: *Assembleia Estelar: Histórias de Ficção Científica Política*. BRANCO, Marcello Simão (ed.). São Paulo: Devir Livraria, 2011.

CANDIDO, Antonio. "Introdução". In: *Sílvio Romero: teoria, crítica e História Literária*, CANDIDO, Antonio (ed.). São Paulo/Rio de Janeiro: Edusp/LTC, 1978.

CARDOSO, Athos Eichler. "As revistas de emoção no Brasil (1934-1949): O último lance da invasão cultural americana". Trabalho apresentado no NP-Produção Editorial do IX Encontro de Núcleos de Pesquisa em Comunicação, evento componente do XXXII Congresso Brasileiro de Estudos Interdisciplinares da Comunicação. Curitiba, PR – 4 a 7 de setembro de 2009. Disponível em PDF em http://www.intercom.org.br/papers/nacionais/2009/resumos/R4-1833- 2.pdf.

CAUSO, Roberto de Sousa. *Ficção Científica, fantasia e horror no Brasil: 1875 a 1950*. Belo Horizonte: Editora UFMG, Coleção Origens, 2003.

CAUSO, Roberto de Sousa. "Os Pulps Brasileiros e o Estatuto do Escritor" de Ficção de Gênero no Brasil. *Alambique. Revista académica de ciencia ficción y fantasía/Jornal acadêmico de ficção científica e fantasía*: Vol. 2: edição 1 (2014.) Disponível em https://scholarcommons.usf.edu/alambique/vol2/iss1/5

COUPE, Laurence. *Myth*. Londres/Nova York: Routledge, The New Critical Idiom, 1997.

De MASI, Domenico. *O futuro chegou*. Rio de Janeiro: Casa da Palavra, 2014.

DOMÉNECH T., José Maria. *O Terceiro Milênio: um sonho no espaço*. Petrópolis, RJ: Editora Vozes, 2.ª edição, 1972. Introdução de Ronaldo Rogério de Freitas Mourão, texto de orelha de Rose Marie Muraro.

FERREIRA, Rachel Haywood. *The emergence of Latin American Science Fiction*. Middletown, CT: Wesleyan University Press, 2011.

FREYRE, Gilberto. *Casa-Grande & Senzala: formação da Família Brasileira Sob o Regime da Economia Patriarcal*. São Paulo: Círculo do Livro, s.d. [1933].

GAMBINI, Roberto. *Espelho Índio: A formação da alma brasileira*. 2.ª edição. São Paulo: Axis Mundi Editora/Editora Terceiro Nome, 2000.

GIANETTI, Eduardo. *Trópicos Utópicos: uma perspectiva brasileira da crise Civilizatória*. 1.ª edição. São Paulo: Companhia das Letras, 2016.

GINWAY, M. Elizabeth. *Ficção Científica Brasileira: mitos culturais e nacionalidade no País do Futuro*. São Paulo: Devir Livraria, 2005.

GUNN, James. "Introduction". In: *The Road to Science Fiction Volume 3: From Here to Eternity*, GUNN, James (ed.). Clarkston, Georgia: White Wolf Publishing, 1998.

HOLANDA, Sérgio Buarque de. *Visão do Paraíso: Os motivos edênicos no descobrimento e colonização do Brasil*. São Paulo: Publifolha, Grandes Nomes do Pensamento Brasileiro, 2000.

HOBSBAWN, Eric. *The Age of revolution: 1879-1848*. Nova York: Vintage Books, 1996.

MacLEOD, Ken. "Politics and Science Fiction". In: *The Cambridge Companion to Science Fiction*, Edward James & Farah Mendlesohn, eds. Cambridge/Nova York: Cambridge University Press, 2003.

ROBERTS, Adam. *A verdadeira história da Ficção Científica: do preconceito à conquista das massas*. São Paulo: Seoman, 2018.

ROMERO, Sílvio. "Poesia — Segunda Fase do Romantismo". In: *Sílvio Romero: Teoria, Crítica e História Literária*, Antonio Candido, ed. São Paulo/Rio de Janeiro: Edusp/LTC, 1978.

SCHOLES, Robert. "Editor's Note". In: *Robert A. Heinlein: America as Science Fiction*, FRANKLIN, H. Bruce. Oxford/Nova York: Oxford University Press, 1980.

STABLEFORD, Brian. "Narrative Strategies in Science Fiction". In: *Reading Science Fiction*, GUNN, James; BARR, Marleen S.; MARLEEN, Candelaria (eds.). Basingstoke/Nova York: Palgrave Macmillan, 2009.

SUPPIA, Alfredo; CAUSO, Roberto de Sousa. "Como Era gostoso o meu robô: Cinema Brasileiro de Ficção Científica, Guerra Fria e Ditadura Militar". In: *Golpe de Vista: Cinema e Ditadura Militar na América do Sul*. ABREU, Nuno Cesar; SUPPIA, Alfredo; FREIRE, Marcius (eds.). São Paulo: Alameda Editorial, 2018.

TAVARES, Braulio. "Ficção Científica Paulista do começo do século Passado". *Universo Fantástico: O Espaço Replicante das Coisas Fantásticas*, 2008, Disponível em https://universofantastico.wordpress.com/2008/07/08/ficcao-cientifica-paulista-do-comeco-do-seculo-passado. Acessado em 6 de julho de 2021.

TOFFLER, Alvin. "Science Fiction and Change". In: *Science Fiction at large*, NICHOLLS, Peter (ed.). Nova York: Harper & Roll, 1976.

VIGANON, Davenir. *Diário de Anarres #59: Silicone XXI*. Disponível em https://www.youtube.com/watch?v=Z1xr3IO_xksF

XIMENES, Sérgio Barcelos. *Cronologia Atualizada da Ficção Científica Brasileira*: 1857 a 1960. https://medium.com/@sergiobximenes/cronologia-atualizada-da-fic%C3%A7%C3%A3o-cient%C3%ADfica-brasileira-1857-1960-5315acfd23d

Sobre os autores

André Kaysel Velasco e Cruz é bacharel em Ciências Sociais pela Universidade de São Paulo, mestre e doutor em Ciência Política pela mesma instituição. Lecionou no curso de Ciência Política e Sociologia da Universidade Federal da Integração Latino-americana (UNILA) (2013-2017). Atualmente é professor do Departamento de Ciência Política da Universidade Estadual de Campinas (Unicamp) e coordenador do Laboratório de Pensamento Político (PEPOL), vinculado ao Centro de Estudos Marxistas (CEMARX), do qual também é diretor. Atua nos campos de estudo do pensamento político brasileiro e latino-americano, com interesse nos seguintes temas: marxismo, nacionalismo, populismo e conservadorismo. É autor dos livros *Dois Encontros entre O Marxismo e A América Latina* (2012), *Entre a Nação e a Revolução: Marxismo e Nacionalismo no Peru e no Brasil (1928-1964)* (2018) e co-organizador da coletânea *Direita Volver! O Retorno da Direita e o Ciclo Político Brasileiro* (2015).

André Roberto de A. Machado é professor do Departamento de História da Universidade Federal de São Paulo (Unifesp). Graduado e doutor em História pela Universidade de São Paulo, realizou pós-doutorados no Centro Brasileiro de Análise e Planejamento (Cebrap), na Brown University e na Harvard University. Suas pesquisas e publicações estão concentradas na História do Brasil no século XIX, com especial destaque para o processo de formação do Estado e da nação e, mais recentemente, para o estudo da manutenção de sistemas de trabalho compulsório de indígenas no mesmo período.

Cláudia Alessandra Tessari é graduada em Economia pela Universidade Estadual Paulista (Unesp), mestre em História Econômica e doutora em Desenvolvimento Econômico pelo Instituto de Economia da Universidade Estadual de Campinas (IE-Unicamp). É professora do Departamento de Economia da Escola Paulista de Política, Economia e Negócios da Universidade Federal de São Paulo (Eppen/Unifesp) e do Programa de Pós-graduação em Economia e Desenvolvimento (Unifesp), lecionando nas áreas de História Econômica, Formação Econômica do Brasil e Economia Brasileira. Atualmente, ocupa a vice-presidência (gestão 2021-2023) da Associação Brasileira de Pesquisadores em História Econômica (ABPHE). Foi editora da revista *História Econômica e História de Empresas*, entre 2012 e 2015, editada pela ABPHE. Pesquisa temas relacionados à formação do mercado de trabalho, tendo defendido mestrado e doutorado, publicado livro e artigos sobre o assunto.

Claudia Moraes de Souza é historiadora graduada, mestra e doutora em História Social pela Universidade de São Paulo. Professora Doutora Adjunta da Universidade Federal de São Paulo-Campus Osasco, desde 2013. Professora da Pós-graduação Interdisciplinar "Humanidades, Direitos e outras Legitimidades" da FFLCH/USP desde 2012. Pesquisadora membro e coordenadora do Laboratório de Estudos Interdisciplinares e Análise Social (LEIA), grupo de pesquisa Diretório CNPq. Pesquisadora membro do Diversitas/Núcleo de Estudos das Diversidades, Intolerâncias e Conflitos da USP. Autora dos livros *Movimentos Sociais no Brasil Contemporâneo* (1997) e *Pelas Ondas do Rádio: Camponeses, Cultura Popular e o Rádio nos Anos de 1960* (2014). Tem experiência em pesquisa em temas que se interseccionam aos estudos culturais, estudos de gênero, a história pública, história oral e história audiovisual, com foco na interação entre atores sociais e instituições políticas, abrangendo as temáticas: movimentos e lutas sociais, memória social, resistências culturais e políticas e políticas públicas.

Daniel Monteiro Huertas é graduado em Geografia pela Universidade Federal de Uberlândia e Jornalismo pela Universidade Metodista de São Paulo, mestre e doutor em Geografia Humana e pós-doutor em História Econômica pela Universidade de São Paulo. É professor adjunto da Escola Paulista de Política, Economia e Negócios da Universidade Federal de São

Paulo (Eppen/Unifesp), onde atua na graduação da área Multidisciplinar na unidade curricular "Compreensão da Realidade Brasileira". Tem experiência na área de Geografia Humana e História Econômica, atuando principalmente com temas relacionados à circulação, transportes e logística. É autor de *Da Fachada Atlântica à Imensidão Amazônica: Fronteira Agrícola e Integração Territorial* (2009). Em 2015, no XI Encontro da Associação Nacional de Pós-Graduação e Pesquisa em Geografia (Anpege), realizado em Presidente Prudente, a tese de doutorado "Território e Circulação: Transporte Rodoviário de Carga no Brasil" foi premiada com menção honrosa e publicada como livro homônimo em 2018.

Fábio Alexandre dos Santos é graduado em Ciências Sociais pela Universidade Estadual Paulista (Unesp/Araraquara), mestre e doutor em História Econômica pelo Instituto de Economia da Universidade Estadual de Campinas (IE-Unicamp). É professor-associado da Escola Paulista de Política, Economia e Negócios da Universidade Federal de São Paulo (Eppen/Unifesp). É um dos organizadores de *Aguas y Políticas Públicas en Argentina, Brasil y México* (2021), e autor de *Rio Claro: Uma Cidade em Transformação, 1850-1906* (2002) e *Domando Águas. Salubridade e Ocupação do Espaço na Cidade de São Paulo, 1875-1930* (2011), além de artigos e capítulos de livros sobre cidade e águas (saneamento, inundações, rios, tamponamentos etc.).

Fabio Luis Barbosa dos Santos é professor do Departamento de Relações Internacionais da Unifesp e do Prolam-USP. É pesquisador associado do Society, Work and Politics Institute (SWOP), na Universidade de Witwatersrand, Johanesburg. Autor de *Origens do Pensamento e da Política Radical na América Latina* (2016), *Além do PT. A Crise da Esquerda Brasileira em Perspectiva Latino-americana* (2016), *Uma História da Onda Progressista Sul-americana (1998-2016)* (2018). Com Daniel Feldmann, escreveu *O Médico e o Monstro. Uma Leitura do Progressismo e seus Opostos* (2021). Tem livros traduzidos para o inglês, espanhol e francês. Coordena o programa Realidade Latino-Americana, que há sete anos leva estudantes para uma imersão crítica em diferentes países do continente. Com este projeto, organizou livros sobre Cuba, México, Uruguai e Paraguai. Também co-organizou o livro *O Pânico como Política. O Brasil no Imaginário do Lulismo* (2020) e apresentou a série *Caminhos Latinos* do podcast *Pulso Latino*.

Fábio Venturini é graduado em Jornalismo pela Universidade São Judas Tadeu, mestre e doutor em História pela Pontifícia Universidade Católica de São Paulo. É professor adjunto da Escola Paulista de Política, Economia e Negócios da Universidade Federal de São Paulo (Eppen/Unifesp), onde atua na graduação na área Multidisciplinar na unidade curricular "Pensamento e Metodologia do Trabalho Científico". Atua nas áreas de história do Brasil e contemporânea, economia política, pensamento marxista e metodologia científica em Ciências Humanas, Sociais e Sociais Aplicadas. Pesquisa as relações de poder no Brasil, tendo como recorte espaço-temporal os períodos pós-1964 e pós-1988.

Ismara Izepe de Souza é graduada em História, mestre e doutora em História Social pela Universidade de São Paulo. É professora do Departamento de Relações Internacionais da Escola Paulista de Política, Economia e Negócios da Universidade Federal de São Paulo (Eppen/Unifesp), na área de Política Externa Brasileira: história e contemporânea. Atua como professora do quadro permanente do Programa de Pós-Graduação em Relações Internacionais da Universidade Federal do ABC (Ufabc). É autora da tese de doutorado "Caminhos que se Cruzam: As Relações Históricas entre Brasil e Espanha" (2009), e dos livros: *Espanhóis: História e Engajamento* (2006) e *Solidariedade Internacional: A Comunidade Espanhola do Estado de São Paulo e a Polícia Política diante da Guerra Civil da Espanha* (2005). Pesquisa temas relacionados à política externa brasileira e suas interações com a imprensa. Entre suas publicações mais recentes está "A Política Externa Brasileira e a Busca por Autonomia no Sistema Internacional (1961-2010)", em *Compreensão da Realidade Brasileira*. 2a edição, 2020.

Julio Cesar Zorzenon Costa é graduado em História pela Pontifícia Universidade Católica de São Paulo, mestre e doutor em História Econômica pela Universidade de São Paulo. É professor-associado da Escola Paulista de Política, Economia e Negócios da Universidade Federal de São Paulo (Eppen/Unifesp), no curso de Ciências Econômicas no qual leciona as disciplinas de Formação Econômica do Brasil I e II. Atualmente tem se dedicado ao estudo dos processos de integração econômica no Brasil, no período pós-1930.

Marcello Simão Branco é graduado em Ciências Sociais pela Universidade de São Paulo, mestre e doutor em Ciência Política pela mesma instituição, e graduado em Jornalismo pela Universidade Metodista de São Paulo. É professor da Escola Paulista de Política, Economia e Negócios da Universidade Federal de São Paulo (Eppen/Unifesp), onde atua na graduação da área Multidisciplinar na unidade curricular "Compreensão da Realidade Brasileira". É autor de, entre outros, *Democracia na América Latina: Os Desafios da Construção (1983-2002)* (2007), e organizou as antologias *Assembleia Estelar: Histórias de Ficção Científica Política* (2011), *Compreensão da Realidade Brasileira* (2018), e *As Melhores Histórias Brasileiras de Horror* (2018) – esta como coorganizador. Atua como colaborador do projeto "Varieties of Democracy", da University of Gothenburg, e entre suas áreas de pesquisa e interesse estão instituições políticas e federalismo, democracia e política comparada no Brasil e na América do Sul.

Murilo Leal Pereira Neto é graduado em História, mestre e doutor em História Social pela Universidade de São Paulo, e pós-doutor em História Social da Política pela Universidade Estadual de Campinas (Unicamp). É professor-associado da Escola Paulista de Política, Economia e Negócios da Universidade Federal de São Paulo (Eppen/Unifesp), onde atua na graduação da área Multidisciplinar na unidade curricular "Compreensão da Realidade Brasileira". É autor de *À Esquerda da Esquerda; Trotskistas, Comunistas e Populistas no Brasil Contemporâneo (1952-1966)* (2002), *A Reinvenção da Classe Trabalhadora (1953-1964)* (2011) e *Olavo Hanssen, uma Vida em Desafio* (2013). Pesquisa sobre a história da esquerda brasileira e sobre as relações de trabalho na indústria no período de 1950 a 1980.

Roberto de Sousa Causo é bacharel em Letras Inglês/Português, e doutor em Estudos Linguísticos e Literários em Inglês, ambos pela Universidade de São Paulo. É autor do estudo *Ficção Científica, Fantasia e Horror no Brasil: 1875-1950* (2003). Seus ensaios apareceram em livros como *Volta ao Mundo da Ficção Científica* (2007), *New Boundaries in Political Science Fiction* (2008), *Reading Science Fiction* (2008) e *Cartografias para a Ficção Científica Mundial* (2015). Faz parte dos conselhos editoriais das revistas acadêmicas destinadas a FC e fantasia *Zanzalá* e *Alambique*. Organizou as antologias *Os Melhores*

Contos Brasileiros de Ficção Científica (2007) e *As Melhores Novelas Brasileiras de Ficção Científica* (2011). Como ficcionista, seus quase 100 contos foram publicados em 13 países e apareceram em antologias representativas da FC latino-americana publicadas em Cuba e na Espanha, e em uma do horror internacional, publicada nos Estados Unidos. É autor de cinco romances e ganhador do Projeto Nascente 11.

Alameda nas redes sociais:
Site: www.alamedaeditorial.com.br
Facebook.com/alamedaeditorial/
Twitter.com/editoraalameda
Instagram.com/editora_alameda/

Esta obra foi impressa em São Paulo no outono de 2022. No texto foi utilizada a fonte ArnoPro em corpo 11,5 e entrelinha de 15,0 pontos.